손진숙
영어 독해
260제

**SIMPLE
& SMART,
EASY
& PERFECT**

Prologue

강의를 하면서 늘 안타깝게 생각해 오던 것 중의 하나는 독해의 해법을 찾지 못해 방황하는 많은 학생들을 볼 때입니다. 독해의 실력은 하루 아침에, 갑자기 오르는 것이 아니므로 수험을 목적으로 하는 수험생들이 가장 힘들어 합니다.

독해 문제를 풀기 위해서, 이 책을 편 학생들이라면 먼저 생각해 보아야 할 것이 있습니다.

독해에 필요한 필수조건이 있습니다.
첫째, 어휘 능력, 둘째, 해석 능력, 그리고 셋째, 가장 중요한 논리와 이해 능력입니다.

문제를 풀기 전에, 기본이론 학습을 통해 기본적인 독해 어휘력과 문장해석 능력을 키워야 합니다. 지문을 봤을 때 단어조차 모르고, 문장해석도 안 되는데, 문제를 풀고 정답을 맞추더라도 그것은 정확한 내 실력이 아닙니다.

영어는 언어이므로 모든 영역이 유기적으로 연결되어 있습니다.
처음에, 문법의 이론과 구문을 학습하는 이유가 바로 여기에 있습니다. 물론 문법과 어휘 영역을 평가하는 문제도 나오지만, 독해 문제를 풀기 위해서 문법과 어휘 학습은 문장을 이해하고 전체 해석하기 위해 중요한 작용을 합니다. 따라서 독해에 필요한 필수조건 중 어휘 능력과 해석 능력은 이론 수업에서 충분히 학습이 되어야 합니다.
그러나 이론을 열심히 학습했다고 생각하는 학생들도, 막상 실제 문제를 풀었을 때 독해가 매끄럽게 되지 못하고 글의 흐름을 정확하게 파악하지 못하는 것이 대부분입니다. 그 이유는 세 번째 필수조건인 논리와 이해 능력이 뒷받침되지 못하기 때문입니다. 단어 암기나 문장 해석의 경우, 배운 이론과 단어집 등을 통해 충분히 학습이 가능하나 논리와 이해 능력은 스스로 해야 할 부분이 가장 많고, 가장 힘든 조건입니다.

독해는 어느 정도의 해석 능력을 갖추었다면, 혼자서 양질의 문제를 다량으로 풀어보면서, 혼자서 고민하고 머리를 쥐어짜면서 생각을 하면서 연습을 해야만 향상될 수 있는 부분입니다. 독해 문제를 푸는 데 어떤 이들은 '스킬'을 이야기 합니다. 물론, 문제 유형에 맞추어 읽는 방법을 조금씩 달라져야 합니다. 그러나, 절대적인 문제 풀이의 스킬은 존재하지 않습니다. 가령, "주제문은 맨 앞에 있는 문장이다." 혹은 "'그러나' 뒤가 주제이다" …… 등등의 말은 적용이 되는 문제도 있지만, 그렇지 않은 문제도 더 많기 때문에 오히려 시험장에 가서 낭패를 볼 수 있습니다.

기본적인 글에 대한 이해력과 논리가 갖추어져 있으면, 어떠한 유형의 문제도 잘 풀 수 있습니다. 방법은 많이 읽고, 많이 생각하는 것 밖에 없습니다.

〈손진숙 영어 독해 260제〉는 이러한 독해를 잘하기 위한 해법으로 만들었습니다.

본 교재는 인사혁신처에서 예고한 출제기조 전환에 맞춘 신경향을 반영하여 집필하였습니다.
두 번에 걸쳐 발표된 신경향 문제는 이전의 문제와 몇 가지 차이가 있습니다.

1. 독해 비중 증가
2. 실용문 출제
3. 전체적으로 평이한 난이도

독해의 비중이 증가했으므로 독해력이 다른 분야보다 더 중요해진 것은 사실이지만, 이전에는 출제되지 않았던 실용문의 비중이 커졌습니다. 실용문은 문장이 단순하고 길지 않아 큰 어려움 없이 풀 수 있어서, 전반적으로 독해는 이전보다는 더 해볼 만한 파트가 되었습니다. 실용문을 제외하고는 대의파악, 빈칸 넣기, 순서 배열 등의 유형은 이전과 큰 차이가 없으므로 기존 방식과 다르게 준비하실 필요는 없습니다.
이 교재는 기존의 문제 뿐만 아니라 실용문을 추가했으며, 실제 시험과 같이 1DAY에 13개의 독해 문제를 실었습니다.

이 한 권으로 항상 고민거리인 독해의 해답을 얻을 수 있다고 자신하며, 여러분의 합격을 위한 초석이 되길 바랍니다. 모쪼록 이 교재로 합격에 발돋움 할 수 있는 계기가 되기를 바랍니다. 항상 여러분을 응원합니다.

2024년 11월
손진숙

Structure

기출문제의 유형과 구성을 철저히 반영하여 DAY 당 13문제로 배치하였으며, 이를 반복훈련하여 기출문제의 흐름을 체화할 수 있도록 하였습니다.

전면 전환이 예고된 출제기조에 맞춘 신경향의 지문을 다수 수록하여 반복적인 독해 연습을 통해 실용문에 익숙해질 수 있도록 하였습니다.

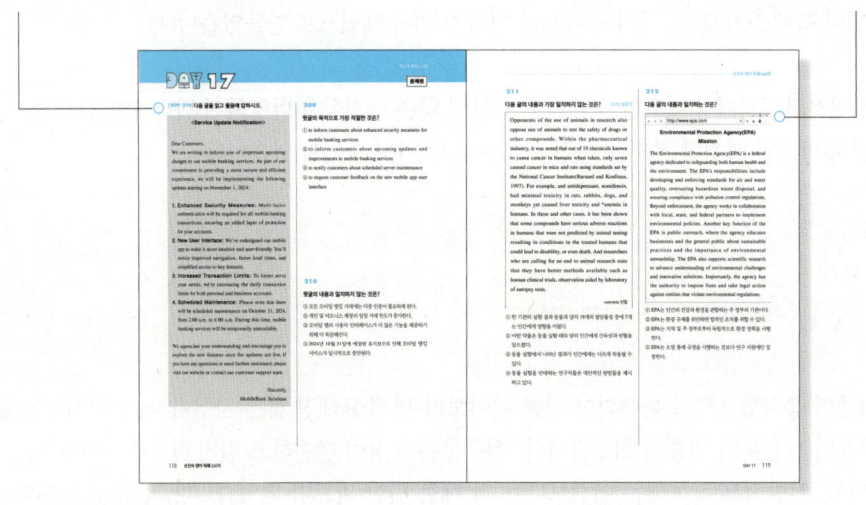

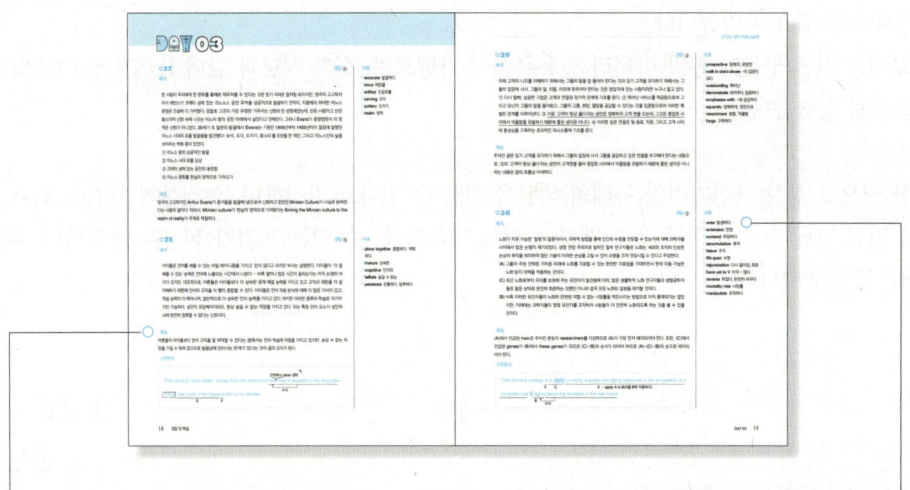

독해 유형에 따른 풀이 방법과, 지문을 논리적으로 해석하고 정답을 이끌어내는 연습을 할 수 있도록 상세한 해설을 수록하였습니다.

지문과 선택지의 친절한 해석, 문제 풀이 해설, 중요 구문이 있는 경우 상세한 구문분석을 수록하였으며, 중요한 어휘도 체크할 수 있도록 구성하였습니다.

Contents

	문제	정답 및 해설
Day 01	006	002
Day 02	013	010
Day 03	020	018
Day 04	027	026
Day 05	034	035
Day 06	041	044
Day 07	048	052
Day 08	055	060
Day 09	062	069
Day 10	069	078
Day 11	076	087
Day 12	083	096
Day 13	090	104
Day 14	097	113
Day 15	104	122
Day 16	111	131
Day 17	118	140
Day 18	125	148
Day 19	132	157
Day 20	138	166

001

다음 공지문의 내용과 일치하지 않는 것은?

2024 K-pop Contest

Content:
- K-pop Dancing / Singing / Dancing and Singing

Eligibility:
- Including at least one Korean class student in Public high schools
- Less than five teams per school

How to Apply
1. Upload your video on Youtube
2. Submit the application given by the Korean teacher

Notice:
- Group participation is recommended.
- Length: Less than 8minutes(Resolution – Higher than 720 DPI)

Schedule:
- Application Period: Mar 1 – Apr 18
- Result announcement: Apr 24
- Awards ceremony: Apr 27(SAT) 19:30 via Zoom

---

① Participating as a group is preferred.
② Winners will be awarded the prizes in person.
③ Application period will last over a month.
④ A resolution above a certain level is required.

002

다음 글의 주제로 적절한 것은? *2024 지방직 9급*

In recent years Latin America has made huge strides in exploiting its incredible wind, solar, geothermal and biofuel energy resources. Latin America's electricity sector has already begun to gradually decrease its dependence on oil. Latin America is expected to almost double its electricity output between 2015 and 2040. Practically none of Latin America's new large-scale power plants will be oil-fueled, which opens up the field for different technologies. Countries in Central America and the Caribbean, which traditionally imported oil, were the first to move away from oil-based power plants, after suffering a decade of high and volatile prices at the start of the century.

① booming oil industry in Latin America
② declining electricity business in Latin America
③ advancement of renewable energy in Latin America
④ aggressive exploitation of oil-based resources in Latin America

[003~005] 밑줄 친 부분에 들어갈 말로 가장 적절한 것을 고르시오.

003

On our own level it is generally difficult to make a complete divorce between objective reality and our linguistic symbols of reference to it, and things, qualities, and events are on the whole felt to be what they are called. For the normal person, every experience, whether it is real or potential, is saturated with verbalism. This explains why so many lovers of nature, for instance, do not feel that they are truly in touch with it until they have mastered the names of a great many flowers and trees, as though the primary world of reality were a verbal one and as though one could not get close to nature unless one first mastered the terminology which somehow magically expresses it. It is this _____ that removes language from the cold status of such purely and simply symbolic systems as mathematical symbolism or flag signaling.

① symbolic power of a common language
② slow and long process of language development
③ distinct relationship between language and culture
④ constant interplay between language and experience

004

Sudden success or winnings can be very dangerous. Neurologically, chemicals are released in the brain that give a powerful burst of excitement and energy, leading to the desire to repeat this experience. It can be the start of any kind of addiction or manic behavior. Also, when gains come quickly we tend to lose sight of the basic wisdom that _____. We try again and again to recapture that high from winning so much money or attention. We acquire feelings of superiority. We become especially resistant to anyone who tries to warn us — they don't understand, we tell ourselves. Because this cannot be sustained, we experience an inevitable fall, which is all the more painful, leading to the depression part of the cycle. Although gamblers are the most prone to this, it equally applies to businesspeople during bubbles and to people who gain sudden attention from the public.

① in Rome, do as Romans do
② the early bird catches the worm
③ failure is a stepping stone to success
④ true success must come through hard work

005

Life in an advanced industrial society can lead us to believe that we are no longer dependent on our natural environment. It seems that we can escape from it when necessary or that we can modify it to meet our needs. For example, when we need to produce more food, we can turn useless land into productive farmland by means of irrigation, artificial fertilizers, and pesticides. However, the idea that we can escape from our dependence on the natural environment is recognized by most scientists as a _____. By our overuse of irrigation and agricultural chemicals, we are reducing the source of life — water. We may even change our natural environment to the point where it can no longer support us. We need, therefore, to acknowledge our dependence on the natural environment, and refrain from creating the artificial environment.

① long-lasting truth
② dangerous illusion
③ useful advice
④ reasonable justification

006

Duke Kahanamoku에 대한 다음 글의 내용과 가장 일치하지 않는 것은? 2024 법원직

Duke Kahanamoku, born August 26, 1890, near Waikiki, Hawaii, was a Hawaiian surfer and swimmer who won three Olympic gold medals for the United States and who for several years was considered the greatest freestyle swimmer in the world. He was perhaps most widely known for developing the flutter kick, which largely replaces the scissors kick. Kahanamoku set three universally recognized world records in the 100-yard freestyle between July 5, 1913, and September 5, 1917. In the 100-yard freestyle Kahanamoku was U.S. indoor champion in 1913, and outdoor titleholder in 1916-17 and 1920. At the Olympic Games in Stockholm in 1912, he won the 100-metre freestyle event, and he repeated that triumph at the 1920 Olympics in Antwerp, Belgium, where he also was a member of the victorious U.S. team in the 800-metre relay race. Kahanamoku also excelled at surfing, and he became viewed as one of the icons of the sport. Intermittently from the mid-1920s, Kahanamoku was a motion-picture actor. From 1932 to 1961 he was sheriff of the city and county of Honolulu. He served in the salaried office of official greeter of famous personages for the state of Hawaii from 1961 until his death.

*intermittently 간헐적으로 **sheriff 보안관

① 하와이 출신의 서퍼이자 수영 선수로 올림픽 금메달리스트이다.
② 그는 플러터 킥을 대체하는 시저스 킥을 개발한 것으로 널리 알려져 있다.
③ 벨기에 앤트워프 올림픽의 800미터 계주에서 우승한 미국 팀의 일원이었다.
④ 그는 1920년대 중반부터 간헐적으로 영화배우로도 활동했다.

[007~008] 다음 글을 읽고 물음에 답하시오.

Financial Aid & Scholarship Application

To All Concerned Students of ICMAB

We are pleased to announce that the Institute is now accepting applications for Financial Aid and Scholarships under various trusts. Interested and eligible students are encouraged to apply for ICMAB Scholarship within the stipulated time.

Eligibility
1. Applicants must be a registered ICMAB student.
2. Applicants must demonstrate academic excellence.
3. Applicants must be from financially <u>indigent</u> background.
4. Students who are currently receiving scholarship of the Institute will not be eligible.

How to Apply
* Prepare a "Personal Statement" explaining why you are deserving the scholarship and how the scholarship will support achieving your goal.
* Download and complete the Financial Aid &Scholarship Application Form.
* Attach required documents (as specified in the form)
* Attach a passport size colored recent photograph
* Submit the completed form along with the required documents to the Education Department/ Branch/ Study Center of ICMAB on or before August 29, 2024.

Required Documents
1. Completed application Form
2. Personal Statement
3. Copies of transcripts
4. One passport-size colored recent photo

For any further information and assistance, please contact us at +1 (184) 723-2401.

007

위 안내문의 내용과 일치하지 않는 것은?

① 재정적 상태와 관계없이 누구나 지원할 수 있다.
② 지원서 양식은 인터넷에서 다운받을 수 있다.
③ 다른 장학금을 받고 있는 학생들은 지원할 수 없다.
④ 필요서류는 지원서와 함께 제출해야 한다.

008

밑줄 친 "indigent"의 의미와 가장 가까운 것은?

① integrated
② privileged
③ endangered
④ impoverished

009

다음 글의 내용과 일치하지 않는 것은?

Today immigration is the main driver of growth in the European Union's aging population. The booming economies of the 1950s and '60s created the need for Europe's big wave of immigrant labor, often from former colonies: Moroccans and Algerians emigrated to France; Indians to Great Britain; Angolans to Portugal. But with the financial stagnation that began in the mid-1970s, many Europeans came to resent immigrants competing for jobs and to fret that national identities were being diluted by the influx. There is a perception that Europe is becoming Islamized and Arabized, but it is difficult to say how many Europeans today are Muslim or non-European descent. Many countries do not keep statistics on the religion or ethnicity of their citizens; they track only those who are foreign-born. Current economic woes have been worsening rising xenophobia. As a result, European countries that once actively recruited laborers are attempting to tighten their immigration policies.

① People from former colonies immigrated to Europe in the 1950s and 1960s.
② Since the mid-1970s, Europeans have worried about keeping their identities.
③ It is difficult to say how many Europeans are ethnically Arabs.
④ Still, European countries are trying to attract immigrants due to labor shortage.

010

다음 글의 흐름상 어색한 문장은?   2024 지방직 9급

Critical thinking sounds like an unemotional process but it can engage emotions and even passionate responses. In particular, we may not like evidence that contradicts our own opinions or beliefs. ① If the evidence points in a direction that is challenging, that can rouse unexpected feelings of anger, frustration or anxiety. ② The academic world traditionally likes to consider itself as logical and free of emotions, so if feelings do emerge, this can be especially difficult. ③ For example, looking at the same information from several points of view is not important. ④ Being able to manage your emotions under such circumstances is a useful skill. If you can remain calm, and present your reasons logically, you will be better able to argue your point of view in a convincing way.

011

주어진 글 다음에 이어질 글의 순서로 적절한 것은?

> The novel as a literary form began at the start of the eighteenth century in England, during the period of the Industrial Revolution.

(A) Both Daniel Defoe's *Robinson Crusoe*(1719) and Charles Dickens' *Great Expectations*(1860) portray the life of the middle class society in their prose fiction.

(B) Since then, the emergence of the modern novel has been rather intertwined with the rise of the middle class.

(C) This rising middle class came to be the audience that fiction writers began to deal with and this change of attention from the aristocracy to the middle class can be identified in many author's works.

① (A) — (B) — (C)
② (A) — (C) — (B)
③ (B) — (A) — (C)
④ (B) — (C) — (A)

012

글의 흐름으로 보아, 주어진 문장이 들어가기에 가장 적절한 곳은?

2023 법원직

> Healthcare chatbots have been purposed to solve this problem and ensure proper diagnosis and advice for people from the comfort of their homes.

People have grown hesitant to approach hospitals or health centers due to the fear of contracting a disease or the heavy sum of consultation fees. (①) This leads them to self-diagnose themselves based upon unverified information sources on the Internet. (②) This often proves harmful effects on the person's mental and physical health if misdiagnosed and improper medicines are consumed. (③) Based upon the severity of the diagnosis, the chatbot prescribes over the counter treatment or escalates the diagnosis to a verified healthcare professional. (④) Interactive chatbots that have been trained on a large and wide variety of symptoms, risk factors, and treatment can handle user health queries with ease, especially in the case of COVID-19.

013

다음 글의 주제로 적절한 것은?

Ideally the subject matter of history is man and all that man has thought, said, and done since the dawn of civilization. For practical purposes, however, history cannot include every thought, every word, every action or event where man has been involved. For of all the thoughts, words, and actions of millions of men through countless generations, only a minute fragment can be known today. And even that minute fragment can be known only imperfectly through the mute evidence of those things man has made which have withstood the ravages of time. The history we can know, the history we can learn and study, is, therefore, something much less comprehensive than history considered as the sum of all past events. It is recorded history. It includes only those things, the memory of which has survived and is still available today.

① the origins of recorded human history
② the limited nature of recorded human history
③ the rise and development of human civilization
④ the interpretation of historically significant events

DAY 02

014

다음 글의 요지로 가장 적절한 것은?

When tragedy or misfortune comes our way, it can be very helpful to make a comparison with another event, or to call to mind worse situations faced by others around us. If we can actually shift our focus away from self and toward others, we experience a freeing effect. There is something about the dynamics of self-absorption, or worrying about ourselves too much, which tends to magnify our suffering. Conversely, when we come to see it in relation to others' suffering, we begin to recognize that, relatively speaking, it is not all that unbearable. This enables us to maintain our peace of mind much more easily than if we concentrate on our problems to the exclusion of all else.

① Just be yourself and pace yourself.
② Reflect on yourself and a peace of mind will come.
③ Comparing yourself to others in worse situations helps.
④ Do not place yourself in others' shoes to compose yourself.

015

다음 글의 제목으로 적절한 것은?   2024 지방직 9급

Every organization has resources that it can use to perform its mission. How well your organization does its job is partly a function of how many of those resources you have, but mostly it is a function of how well you use the resources you have, such as people and money. You as the organization's leader can always make the use of those resources more efficient and effective, provided that you have control of the organization's personnel and agenda, a condition that does not occur automatically. By managing your people and your money carefully, by treating the most important things as the most important, by making good decisions, and by solving the problems that you encounter, you can get the most out of what you have available to you.

① Exchanging Resources in an Organization
② Leaders' Ability to Set up External Control
③ Making the Most of the Resources: A Leader's Way
④ Technical Capacity of an Organization: A Barrier to Its Success

DAY 02

[016~017] 다음 글을 읽고 물음에 답하시오.

New message

To: Roberta Wallace@email.com
Subject: Resignation

Dear Mr. Roberta Wallace,

 I am writing this letter to formally announce my resignation from my position as Senior Analyst at Innovative Solutions Corp., effective two weeks from today, March 15, 2024. The decision was made after much thought that it is the right choice for my personal and professional development.

 I have accepted a position that will offer me new challenges and opportunities for growth. While I am excited about the next chapter in my career, leaving Innovative Solutions Corp. is bittersweet. I have genuinely enjoyed my time here and am grateful for the opportunities to work on challenging projects and grow under the guidance of supportive colleagues and management.

 I will do everything in my power to wrap up my duties and assist in handing over my responsibilities. I am happy to help train a successor or work with the team to ensure that my departure is as <u>seamless</u> as possible.

 Thank you once again for the opportunity to be a part of Innovative Solutions Corp. I look forward to staying in touch.

Warmest regards,
Jordan K. Lee

016

Jordan K. Lee에 대해서 일치하지 않는 것은?

① He will take a career break for a while before finding another job.
② His decision to quit was made with careful consideration.
③ He has ambivalent feelings about leaving the company.
④ He is willing to train his replacement and hand over his duties.

017

밑줄 친 seamless의 의미와 가장 가까운 것은?

① plain
② rapid
③ smooth
④ overcast

018

Peanut Butter Drive에 관한 다음 안내문의 내용과 가장 일치하지 않는 것은?

2021 법원직

SPREAD THE LOVE
⟨Fight Hunger During the Peanut Butter Drive⟩

Make a contribution to our community by helping local families who need a little assistance. We are kicking off our 4th annual area-wide peanut butter drive to benefit children, families and seniors who face hunger in Northeast Louisiana.

Peanut butter is a much needed staple at Food Banks as it is a protein-packed food that kids and adults love. Please donate peanut butter in plastic jars or funds to the Monroe Food Bank by Friday, March 29th at 4:00 pm. Donations of peanut butter can be dropped off at the food bank's distribution center located at 4600 Central Avenue in Monroe on Monday through Friday, 8:00 am to 4:00 pm. Monetary donations can be made here or by calling (427) 418-4581.

For other drop-off locations, visit our website at https://www.foodbanknela.org

① 배고픈 사람들에게 도움을 주려는 행사이다.
② 토요일과 일요일에도 땅콩버터를 기부할 수 있다.
③ 전화를 걸어 금전 기부를 할 수도 있다.
④ 땅콩버터를 기부하는 장소는 여러 곳이 있다.

019

주어진 문장 다음에 이어질 글의 순서로 적절한 것은?

An individual's ability to make adequate decisions heavily depends on the amount of information to which the person is exposed.

(A) But the positive correlation between the amount of information and the quality of decision-making has limitations. At some point, additional information cannot be processed and integrated. In fact, the extra information may result in information overload, with consequences that include confusion, frustration, panic, or even paralysis.

(B) Life experience suggests that more information increases the overall quality of decisions. If a decision-maker gets too little information, he or she can't see the full picture and runs the risk of making a decision without having taken important information into account.

(C) Many people these days face this paradox of choice. As behavioral economics teaches, the more the options, the greater the chance that a person will make no decision at all.

① (A) — (C) — (B)
② (B) — (A) — (C)
③ (B) — (C) — (A)
④ (C) — (A) — (B)

020

주어진 문장이 들어가기에 적절한 곳은?

> This dispute is, of course, regarding oil.

Russia thinks it can claim a huge chunk of the Arctic Ocean's floor by flying its national flag at the North Pole. (①) However, the Canadian prime minister said: "We've established a long time ago that this is Canadian property. You can't go around the world these days dropping a flag somewhere. This isn't the 14th or 15th century." (②) Experts believe about a quarter of the world's untapped oil and natural gas lie under the Arctic Ocean. (③) Under the law of the sea agreement, a country can claim a larger section of the ocean bed if it can prove that it is an extension of its continental shelf. (④) Russia says that the North Pole is an extension of the Eurasian continent.

021

글의 흐름상 가장 어색한 것은?   2022 지방직 9급

The skill to have a good argument is critical in life. But it's one that few parents teach to their children. ① We want to give kids a stable home, so we stop siblings from quarreling and we have our own arguments behind closed doors. ② Yet if kids never get exposed to disagreement, we may eventually limit their creativity. ③ Children are most creative when they are free to brainstorm with lots of praise and encouragement in a peaceful environment. ④ It turns out that highly creative people grow up in families full of tension. They are not surrounded by fistfights or personal insults, but real disagreements. When adults in their early 30s were asked to write imaginative stories, the most creative ones came from those whose parents had the most conflict a quarter-century earlier.

[022~023] 밑줄 친 부분에 들어갈 말로 가장 적절한 것을 고르시오.

022

Diseases may require a minimum threshold of population size or density to support ongoing transmission of the disease. Therefore, a rise in human population size or density can expose the population to a disease that previously could not be sustained in the population. For example, the advent of agriculture that requires higher population density than hunter-gatherer societies resulted in the transmission of countless diseases. Malaria is an example of a massive killer that probably took on its modern killer form around five thousand years ago with the introduction of settled farming in Africa. Until settled agriculture, hunter-gatherer communities in Africa were too small and sparsely settled to support the sustained transmission of malaria. Urban life similarly supports the spread of numerous diseases that require higher population densities than in agricultural settlements. Therefore, throughout history, when societies achieved breakthroughs in farming that enabled the growth of an urban population, the initial spread of urbanization _____.

① was often set back by bouts of infectious diseases
② also gained a foothold in sustainable development
③ was widely perceived as the end of uncivilized life
④ did not necessarily mean the victory of humans over nature

023

According to a group of economists, current income doesn't necessarily reflect the amount of money people actually spend. When the rich get richer, they don't buy more. In the same way, when the poor get poorer, they don't buy less. People rather tend to base their spending on what they expect their long-term prospects to be, not on what they are making at a given moment in time. That is why consumers keep buying when the economy is in bad shape. They are making less money at present, but _____.

① they wish to save more money in years to come
② they expect that situation to be temporary
③ they hope to spend more after the economic downturn
④ they do not expect their income to go up

024

빈칸 (A), (B)에 들어갈 가장 적절한 것은?

It's important that the media provide us with diverse and opposing views, so we can choose the best available options. Let's take the example of going to war. War should be a last resort, obviously, undertaken when all other options have failed. So, when someone is threatening to go to war, or trying to convince us and mounting a huge public relations campaign to justify it, the news media have a responsibility to ___(A)___ everything. They should provide the most intense scrutiny on our behalf, so the public can see the other side of things. Otherwise, we may be drawn into unnecessary wars, or wars fought for reasons other than those presented by governments. Most of the time, the media fail to perform this crucial role. Even the large, so-called "liberal" American media such as the New York Times and Washington Post admitted that they had not always been watchdogs for the public interest, and that their own coverage on some major issues "looks strikingly ___(B)___ at times."

	(A)	(B)
①	accept	balanced
②	accept	one-sided
③	question	balanced
④	question	one-sided

025

글의 내용과 일치하는 것은?

"Working memory" is the ability to retain and manipulate information during a short period of time to solve a problem. As odd as it may seem, highly intelligent individuals with what is called a "high working memory capacity" tend to struggle when working under pressure. A new study has found that if individuals with high working-memory capacity, which normally allows them to excel, work under pressure, they may do worse on simple exams than when allowed to work with no constraints. Because the pressure causes worries, intelligent individuals become overly worried at the chance of failure. These thoughts of failure occupy the same part of the brain that executes working memory. Thus, the thoughts of worry take up space that should be used for concentrating on the task at hand.

① Working memory is concerned with processing information on a long-term basis.
② The fear of failure takes up the space in the brain that deals with working memory.
③ Pressure enables people with high working memory capacity to excel in dealing with tasks at hand.
④ Those who have high working memory capacity tend to have less intense apprehension of failure than those who do not.

026

The Edinburg Festival Fringe에 관한 다음 글의 내용과 일치하는 것은?

> The Edinburg Festival Fringe is the world's greatest arts festival. Last year's Fringe, featuring 34,265 performances of over 2,2000 shows in 256 different venues, broke all previous records. An estimated 18,901 performers took to the stage, and a whopping total of 1,989,235 tickets were sold – a 21 percent increase on the previous record, set the year before. Thirty-seven percent of the shows had their world premiere performances at Fringe 2023, and 465 shows were absolutely free. This year's festival promises to be even bigger. Don't miss out on the largest arts festival on Earth!

① Almost nineteen thousand audience participated in it last year.
② Tickets sales for the last festival reached an all-time high.
③ Last year's festival featured a total of 256 performers.
④ It costs spectators nothing to see any of its shows.

027

다음 글의 주제로 적절한 것은?   2024 국가직 9급

It seems incredible that one man could be responsible for opening our eyes to an entire culture, but until British archaeologist Arthur Evans successfully excavated the ruins of the palace of Knossos on the island of Crete, the great Minoan culture of the Mediterranean was more legend than fact. Indeed, its most famed resident was a creature of mythology: the half-man, half-bull Minotaur, said to have lived under the palace of mythical King Minos. But as Evans proved, this realm was no myth. In a series of excavations in the early years of the 20th century, Evans found a trove of artifacts from the Minoan age, which reached its height from 1900 to 1450 B.C.: jewelry, carvings, pottery, altars shaped like bull's horns, and wall paintings showing Minoan life.

① King Minos' successful excavations
② Appreciating artifacts from the Minoan age
③ Magnificence of the palace on the island of Crete
④ Bringing the Minoan culture to the realm of reality

028

다음 글의 요지로 적절한 것은?   2024 국회직 9급

Children don't have some secret mechanism that allows them to learn language, Dr. Lichtman explained. Their ability to "learn better" comes from the amount of time they're exposed to the language — though how much time it takes is still up for debate. In contrast, adults can piece together the rules of a language more quickly than children because they have more mature puzzle-solving skills and are better at understanding rules and patterns. They have more knowledge about how language works, better study skills and generally have more mature cognitive abilities. But that kind of learning only goes so far. Even if an adult becomes fluent, they'll always carry a telltale accent. It's a sign that certain elements of language can never fully penetrate the adult brain.

① 아이들이 언어를 배우는 방식은 문제 해결 능력과 관련된다.
② 아이들이 성인보다 언어의 작동방식에 대해 더 많이 알고 있다.
③ 학습 대상 언어에 얼마나 노출되어야 하는지에 대해 이견은 없다.
④ 아이들은 성인에 비해 언어 규칙과 패턴을 잘 이해하여 빠르게 언어를 습득한다.
⑤ 성인은 아이들에 비해 언어학습에 많은 장점을 갖고 있지만 발음상 한계를 지닌다.

029

글의 흐름상 가장 어색한 문장은?

Anyone in sales knows that you must listen to your prospective customers to understand their needs, and to maintain long-term customers, you must also walk in their shoes, in their words, rhythms, and tone. ① In other words, successful businesses are based on long-term relationships in which you connect with your customers. ② You achieve this special connection by providing outstanding service and by demonstrating that you've heard them and can empathize with their pain, hopes, and aspirations. ③ Sometimes, "the customers are always right" maxim squarely favors the customer — which is not a good idea, because it causes resentment among employees. ④ This deep connection is based on effective communication that forges loyalty among teammates, employees, and customers.

030

주어진 글 다음에 이어질 글의 순서로 가장 적절한 것은?

Much debate has arisen among scientists as to whether aging is a type of "disease" that may be curable, allowing extension of human life through scientific methods. Some researchers, known as life extensionists, contend that aging is simply an accumulation of damage to cells and tissue and that advanced technology can fix this damage, thus greatly extending life span.

(A) Their primary strategy is to apply currently available anti-aging measures in the anticipation of a complete cure to aging becoming available in the near future.

(B) Though these genes have yet to be controlled in such a way as to reverse the inevitable mortality rate associated with aging, it's possible that the future may see scientists manipulating some genes so people age more slowly.

(C) With the recent discovery of genes that protect us from aging, many biogerontoloigists and bioengineering will eventually eliminate all aging and disease, as well as allowing complete rejuvenation to a youthful condition.

① (A) — (B) — (C)
② (A) — (C) — (B)
③ (B) — (A) — (C)
④ (B) — (C) — (A)

031

글의 흐름상 주어진 문장이 들어갈 가장 적절한 것은?

> However, sperm whales and certain other marine mammals can tolerate more than 200 atmospheres with no adverse effects.

At sea level, air has a pressure of 14.7 pounds per square inch(psi; 14.7 psi is called 1 atmosphere of pressure). Because water is heavier than air, it exerts more pressure. For every 33 feet(10 m) you descend underwater, the pressure increases by another 14.7 psi. At 99 feet(30 m) underwater, for example, the pressure is 58.8 psi, or 4 atmospheres. (①) For humans, a pressure this high endangers air spaces in the body — the lungs, ear canals, and sinuses. (②) Submarines and other deep-sea vessels must have heavy walls; otherwise, the water pressure would crush them. (③) Elephant seals and beaked whales are other deep divers. (④) Scientists are studying these animals' physiology to understand how they can survive these high pressures.

032

글의 내용과 일치하지 않는 것은?

In the mid-twentieth century, Swiss companies ruled the international watch market. Their mechanical timepieces, famous for reliability, used a complex system of springs and gears to keep time. Swiss dominance, however, was challenged by a new technology that used an electronic device called an "oscillator," which was regulated by a quartz crystal, to measure time. This led to battery-powered watches that were cheaper and more precise. Despite quartz technology having been developed with the help of Swiss inventors, Swiss watchmakers looked down on the lower technical skill involved in producing quartz watches. By the 1970s, however, inexpensive quartz timepieces manufactured in both Japan and the United States had flooded the market. Swiss companies were slow to respond, even when it became clear that quartz would dominate the global market, and Swiss watch exports fell sharply. World-famous brands were put out of business, and by the end of the 1970s, the industry's work force had shrunk considerably.

① Swiss watch manufacturers thought little of the skill used to make quartz watches.
② Watches with oscillators were cheaper and more accurate in telling time.
③ Quartz watches mass produced in Japan and the U.S. dominated the global market in the 1970s.
④ Swiss watch makers were quick to climb on the bandwagon in the 1970s.

[033~034] 다음 글을 읽고 물음에 답하시오.

Position: Full-time Researcher(TEPS Editor)
Organization: Language Education Institute, Seoul National University
Location: Seoul, Republic of Korea

The Language Education Institute(LEI) at Seoul National University is seeking dedicated and qualified English test editors to work as full-time researchers.

QUALIFICATIONS:
Applicants must have at least a master's degree and be either a native English speaker or a bilingual Korean. Prior experience in editing is not necessarily required.

JOB DESCRIPTION:
Full-time researchers are expected to develop, write, review, edit, proofread, and score test items for TEPS and other tests produced by the TEPS Center. We are looking for competent writers who can produce large amounts of writing on a wide variety of topics under time pressure according to our test specifications.

SALARY:
The annual salary is 34,000,000 KRW. You will have the opportunity to do some overtime work for extra pay. Upon the completion of the contract, severance pay is also made.

VACATION:
You will have an annual total of four weeks paid vacation.

ADDITIONAL BENEFITS:
· Those with non-Korean citizenship will be paid the amount of 1,000,000 KRW for airfare upon the expiration of the last contract.
· You will be required to join the National Pension and Health Insurance Plans.
· This is a one-year contract that can be renewed multiple times.

DEADLINE & CONTACTS:
The application deadline is Sunday, February 4, 2024. If you have any questions, please feel free to contact Ms. Lee, Misoh at misohlee@snu.ac.kr.

033

위 글의 내용과 일치하지 않는 것은?

① 전임으로 근무할 수 있는 편집자를 구하고 있다.
② 초과 근무시에는 추가적인 임금을 지불받는다.
③ 계약 체결과 동시에 외국인에게는 항공료가 지불된다.
④ 1년간의 계약이며 여러 번 갱신될 수 있다.

034

밑줄 친 qualified의 의미와 가장 가까운 것은?

① fertile
② eligible
③ arduous
④ redundant

035

다음 글의 목적으로 적절한 것은?

Dear Mr. Stanton:
We at the Future Music School have been offering music education to gifted children for 10 years. We are holding a festival every year to give students the opportunity to share music with the community, and we always invite renowned musicians to perform in the opening ceremony. Our students consider you to be the musician who has influenced them the most. That is why we would like to ask you to perform at the opening event of the festival. It would be such a great honor to watch one of the most famous violinists of all time perform at the show. It would make the festival more colorful and impressive. I look forward to hearing a positive reply.

Sincerely,
Steven Forman

① to encourage him to participate in fund-raising event
② to ask him to play the violin at the opening ceremony
③ to ask him to become a mentor for music students
④ to celebrate him for being selected as the most influential musician

[036~038] 밑줄 친 부분에 들어갈 말로 가장 적절한 것을 고르시오.

036

An actor's role is to inhabit a variety of different characters with mind-sets that can differ substantially from their own. It has been suggested, however, that _____. Crucial to the success of an actor's performance is a phenomenon known as "suspension of disbelief," which involves convincing audiences to cast aside critical thinking and disregard the knowledge that the actor is not, in reality, the character being portrayed. Yet it is the ability of actors to lose themselves in the characters they play that makes suspension of disbelief possible, and many actors claim that the lengths they go to in their attempts to immerse themselves in characters' emotions take a psychological toll. This is said to be particularly true when actors portray individuals in stories dealing with domestic violence or sexual assault.

① only certain types of actors can do this
② this can sometimes be harmful to actors
③ an actor's true purpose is different
④ this is actually impossible for an actor

037

One of the most frequently used propaganda techniques is to convince the public that the propagandist's views reflect those of the common person and that he or she is working in their best interests. A politician speaking to a blue-collar audience may roll up his sleeves, undo his tie, and attempt to use the specific idioms of the crowd. He may even use language incorrectly on purpose to give the impression that he is "just one of the folks." This technique usually also employs the use of glittering generalities to give the impression that the politician's views are the same as those of the crowd being addressed. Labor leaders, businesspeople, ministers, educators, and advertisers have used this technique to win our confidence by appearing to be _____ _____.

① beyond glittering generalities
② just plain folks like ourselves
③ something different from others
④ better educated than the crowd

038

Western pharmaceutical companies are increasingly finding India an ideal testing ground for new drugs. The main reason is the _____. Drug makers are required by law to recruit, treat, observe, and pay hundreds of test subjects to measure the safety and effectiveness of their products. This process can often eat up two-thirds of available funding. In India, however, these expenses can be cut by as much as 60 percent. Add to that the large number of willing test subjects with the appropriate illnesses and one can easily see why so many companies are gravitating there.

① population increase
② market for new products
③ reduction in costs
④ advanced technology

039

글의 내용과 일치하지 않는 것은?

> Radon gas in homes is a serious environmental health problem. Radon is a radioactive daughter product of radium, which is derived in turn from the uranium in rocks. Exposure to radon gas increases the risk of lung cancer, especially for smokers; up to 30,000 lung cancer deaths annually are thought to be related to the indoor radon gas problem. The damage is caused by the solid daughter products of radon, particularly polonium-218, which remain in the lungs after radon gas is inhaled. Factors that control the concentration of indoor radon include geology, radon concentration in the soil and rock, moisture content of soil, type of house construction, and season of the year. Most exposure is from radon that is produced in the underlying rock and enters the atmosphere as gas, although some is from radon dissolved in water from private wells and some derives from materials formerly used in home construction. Fortunately, inexpensive technology is available to reduce or remove the radon problem.

① 라돈가스 노출은 비흡연자에게는 아무런 위협을 가하지 않는다.
② 손상의 주요 원인 중 하나는 polonium-218인데, 이는 계속 폐에 머문다.
③ 기저 암석에서 만들어진 라돈에 사람들이 가장 많이 노출된다.
④ 적은 비용으로 라돈 문제를 완화시킬 수 있는 기술이 존재한다.

040

다음 글의 요지로 가장 적절한 것은?

Science has a language of its own that has nothing to do with the scientist's native tongue. It is the language of logic in which reasoned arguments are developed from well-presented evidence and lead to sound and consistent conclusions. That language is the same regardless of the origin and preferred tongue of the person who writes it and good scientific writing depends primarily on expressing the science precisely and clearly. Subsequent editing by a native speaker to tidy up English expressions and comply with grammar is relatively easy. If the expression of the science is poor, no amount of correction of the English can turn it into a satisfactory paper. In other words, a limited fluency in English is not a valid reason for putting off writing an article to announce a good piece of research.

① Scientific papers published in academic journals need to be verified in advance.
② Scientists need to write articles in English, which is the main language of academia.
③ It is necessary to write scientific research papers in a language that is easy for the public to understand.
④ Regardless of the language, a clear representation of scientific language is important for scientific writing.

041

다음 글의 주제로 가장 적절한 것을 고르시오.

One of the most potentially productive trends in education today is the focus on interdisciplinary studies: teaching math as it applies to science, for example, or relating the various humanities. This applies to art education, too. If we trivialize art and remove it from the core of a mainstream education, we not only deny our students full access to one of humankind's most profound experiences, but we miss countless opportunities to improve their grasp of other subjects as well. Moreover, we deny students access to an extremely useful kind of training and a productive mode of thought. We should also consider that the more legitimately we weave art into the fabric of the general curriculum, the better our students will understand the important role art plays in culture.

① results of interdisciplinary education in the humanities
② necessity of integrating art in the curriculum
③ shortage of teaching materials in art education
④ causes of decrease in the number of art classes

042

다음 글의 흐름상 어색한 문장은? 2024 국가직 9급

In spite of all evidence to the contrary, there are people who seriously believe that NASA's Apollo space program never really landed men on the moon. These people claim that the moon landings were nothing more than a huge conspiracy, perpetuated by a government desperately in competition with the Russians and fearful of losing face. ① These conspiracy theorists claim that the United States knew it couldn't compete with the Russians in the space race and was therefore forced to fake a series of successful moon landings. ② Advocates of a conspiracy cite several pieces of what they consider evidence. ③ Crucial to their case is the claim that astronauts never could have safely passed through the Van Allen belt, a region of radiation trapped in Earth's magnetic field. ④ They also point to the fact that the metal coverings of the spaceship were designed to block radiation. If the astronauts had truly gone through the belt, say conspiracy theorists, they would have died.

043

주어진 문장이 들어갈 위치로 적절한 곳은?

Human beings, on the other hand, are not only the smartest of creatures but, by far the most adaptable. The birds that live in the woods behind your house would disappear if you were to cut down the trees.

If you were to cut down all similar forest environments, the other birds of that species might disappear as well. (①) Many creatures inhabit such a narrow ecological niche that a seemingly insignificant change in their habitats can doom their species to extinction. (②) We dominate the earth partially because of this ability. We seem to be able to make do with whatever Mother Nature throws at us. (③) In the working world, this translates into each of us being able to fill a wide range of jobs. (④) Given sufficient intelligence, the average human can do just about anything with reasonable competence.

044

주어진 글 다음에 이어질 글의 순서로 가장 적절한 것은?

Youth is a time of conflict. The more disturbing the environmental conditions in which an adolescent finds himself as he is struggling for self-realization, the greater the possibility of inadequate or undesirable development will be.

(A) This transition, if it is to be effective, must be gradual, since the adolescent at one and the same time needs both a feeling of security and an opportunity for self-expression and self-determination.

(B) Too much and too suddenly gained liberty finds the adolescent unprepared to meet it; then he may become prey to undesirable influences.

(C) The individual must progress successfully from dependence upon adult protection toward personal decision making and freedom of behavior.

① (A) — (B) — (C)
② (A) — (B) — (C)
③ (C) — (A) — (B)
④ (C) — (B) — (A)

045

다음 글의 목적으로 적절한 것은?

Have you ever thought about donating to charity but soon gave up because you didn't have the money? Now you can donate as much as you want: not your money, but your talents. Whether your talents involve playing video games, solving math problems, or other skills, ProBueno is a new web service that lets you put your talents to good use. Don't worry that your talents won't be useful for volunteering. Any talent can be valuable. If you're good at baking cookies, or translating documents from one language to another, create an entry at ProBueno and select a charity that you want to donate to. After that, all you have to do is offer your skills to the person who will donate money to that charity on your behalf. This service is designed to make fundraising for a charity much easier. If you don't have a lot of money to give, but have a skill to offer instead, ProBueno can help match you up with someone willing to make the donation in exchange for your skills.

① to advertise a new talent show
② to encourage people to volunteer their skills
③ to promote a free talent development program
④ to introduce ways to earn money with one's talent

[046~047] 다음 글을 읽고 물음에 답하시오.

NOTICE: EMPLOYEE WELLNESS PROGRAM ANNOUNCEMENT

We are excited to announce the launch of our new Employee Wellness Program, aimed at fostering a healthier and more productive work environment. At NEWNET, we prioritize the well-being of our employees, recognizing that a healthy workforce is a key driver of success.

In alignment with our commitment to employee welfare, the Employee Wellness Program has been designed to address various aspects of well-being, including physical, mental, and social health. This program is a testament to our dedication to creating a workplace where every team member can thrive both personally and professionally.

Program Schedule

A detailed schedule of wellness activities, including workshops, assessments, and challenges, will be provided to all employees. This schedule will be accessible through our company intranet and will outline upcoming events, enabling everyone to plan their participation accordingly.

Date	Program	Time
Jan 25, 2024	Fitness Assessment	10:00 AM – 12:00 PM
Feb 10, 2024	Stress Management Workshop	2:00 PM – 4:00 PM
Feb 28, 2024	Team Fitness Challenge	3:30 PM – 5:00 PM

How to Get Involved

Detailed instructions on how employees can participate in the program, register for events, and access relevant resources will be communicated through internal communications channels, including email and our company intranet.

We believe that a healthy and happy workforce is a cornerstone of our success. We encourage all employees to actively participate in the Employee Wellness Program and take proactive steps towards a healthier lifestyle.

046

위 안내문의 내용과 일치하지 않는 것은?

① The company is putting the well-being of its employees first.
② The new program is taking care of both physical and mental health.
③ All the new programs will be carried out in the same month.
④ Employees will be informed of the details through the intranet.

047

밑줄 친 testament의 의미와 가장 가까운 것은?

① legacy
② intention
③ evidence
④ allowance

048

Urban farming에 관한 다음 글의 내용과 가장 일치하지 않는 것은?

2024 법원직

> Urban farming, also known as urban agriculture, involves growing food within city environments, utilizing spaces like rooftops, abandoned buildings, and community gardens. This sustainable practice is gaining traction in cities across the world, including New York, Chicago, San Francisco, London, Amsterdam, and Berlin, as well as in many African and Asian cities where it plays a crucial role in food supply and local economies. Urban farming not only helps reduce carbon footprints by minimizing transport emissions but also increases access to fresh, healthy food in urban areas. It bolsters local economies by creating jobs and keeping profits within the community. Additionally, urban farms enhance cityscapes, improve air quality, conserve water, provide educational opportunities, promote biodiversity, connect people with nature, and improve food security by producing food locally, making cities more resilient to disruptions like natural disasters.
>
> *traction 흡입력, 견인력 **bolster 강화시키다

① 옥상, 버려진 건물, 그리고 공동체 정원과 같은 공간을 활용하여 도시 환경 내에서 식량을 재배하는 것이다.
② 지속 가능한 관행으로 식량 공급과 지역 경제에서 중요한 역할을 하는 많은 아프리카와 아시아를 포함한 세계의 도시들에서 인기를 얻고 있다.
③ 운송 배출을 최소화하여 탄소 발자국을 줄이는 것을 도울 뿐만 아니라 도시 지역에서 신선하고 건강한 식량에 대한 접근성을 증가시킨다.
④ 생물 다양성을 촉진하고, 지역에서 식량을 생산함으로써 식량의 안정성을 향상시키나, 자연 재해와 같은 혼란에 대한 도시의 회복력은 약화시킨다.

049

다음 글의 내용과 일치하지 않는 것은?

2020 지방직 9급

> Carbonate sands, which accumulate over thousands of years from the breakdown of coral and other reef organisms, are the building material for the frameworks of coral reefs. But these sands are sensitive to the chemical make-up of sea water. As oceans absorb carbon dioxide, they acidify—and at a certain point, carbonate sands simply start to dissolve. The world's oceans have absorbed around one-third of human-emitted carbon dioxide. The rate at which the sands dissolve was strongly related to the acidity of the overlying seawater, and was ten times more sensitive than coral growth to ocean acidification. In other words, ocean acidification will impact the dissolution of coral reef sands more than the growth of corals. This probably reflects the corals' ability to modify their environment and partially adjust to ocean acidification, whereas the dissolution of sands is a geochemical process that cannot adapt.

① The frameworks of coral reefs are made of carbonate sands.
② Corals are capable of partially adjusting to ocean acidification.
③ Human-emitted carbon dioxide has contributed to the world's ocean acidification.
④ Ocean acidification affects the growth of corals more than the dissolution of coral reef sands

[050~052] 밑줄 친 부분에 들어갈 말로 가장 적절한 것을 고르시오.

050

An illustration of the dangers of unrealistic optimism comes from a study of weight loss. In that study, psychologist Gabriele Oettingen found that the obese women who were confident that they would succeed lost 26 pounds more than self-doubters, as expected. Meanwhile, Oettingen also asked the women to tell her what they imagined their roads to success would be like. The results were surprising: women who believed they would succeed easily lost 24 pounds less than those who thought their weight loss journeys would be hard. Believing that the road to success will be rocky leads to greater success, because it forces us to put in more effort and persist longer in the face of difficulty. It is necessary to cultivate our realistic optimism by combining a positive attitude with _____.

① a critical analysis about the past
② systematic management of health
③ an unconditional belief in success
④ an honest assessment of the challenges

051   2024 법원직

Controversy over new art-making technologies is nothing new. Many painters recoiled at the invention of the camera, which they saw as a debasement of human artistry. Charles Baudelaire, the 19th-century French poet and art critic, called photography "art's most mortal enemy." In the 20th century, digital editing tools and computer-assisted design programs were similarly dismissed by purists for requiring too little skill of their human collaborators. What makes the new breed of A.I. image generating tools different is not just that they're capable of producing beautiful works of art with minimal effort. It's how they work. These tools are built by scraping millions of images from the open web, then teaching algorithms to recognize patterns and relationships in those images and generate new ones in the same style. That means that artists who upload their works to the internet may be unwittingly _____.

*unwittingly 자신도 모르게, 부지불식간에

① helping to train their algorithmic competitors
② sparking a debate over the ethics of A.I.-generated art
③ embracing digital technology as part of the creative process
④ acquiring the skills of utilizing internet to craft original creation

052

Today it often seems that we remember very little. When I wake up, the first thing I do is check my day planner, which remembers my schedule so that I don't have to. When I climb into my car, I enter my destination into the GPS, whose spatial memory supplants my own. When I sit down to work, I open up a notebook that holds the contents of my interviews. Now, thanks to the Internet, I rarely have to remember anything more than the right set of search terms to access humankind's collective memory. Growing up, in the days when you still had to press seven buttons, or turn a clunky rotary dial, to make a telephone call, I could recall the numbers of all my close friends and family. Today, I'm not sure if I know more than four phone numbers by heart. Our gadgets _____ the need to remember such things.

① create
② eliminate
③ promote
④ solidify

[053~055] 밑줄 친 부분에 들어갈 말로 가장 적절한 것을 고르시오.

053

Traditionally, most ecologists assumed that community stability — the ability of a community to withstand environmental disturbances — is a consequence of community _____. That is, a community with considerable species richness may function better and be more stable than a community with less species richness. According to this view, the greater the species richness, the less critically important any single species is. With many possible interactions within the community, it is unlikely that any single disturbance could affect enough components of the system to make a significant difference in its functioning. Evidence for this hypothesis includes the fact that destructive outbreaks of pests are more common in cultivated fields, which are low-diversity communities, than in natural communities with greater species richness.

① unity
② simplicity
③ diversity
④ uniqueness

054

Grizzly bears, which can be found in the western United States, Canada, and Alaska, hibernate during the coldest part of the year. In preparation for this period of inactivity, the bears behave in a way that _____. To build up necessary fat reserves in the months leading up to hibernation, the bears increase their daily food consumption to around 20,000 calories and they gain over three kilograms of body weight per day. In humans, excessive consumption is the prime cause of a condition known as Type 2 diabetes, which can lead to blindness, heart attacks, and strokes. A recent study may help to explain why grizzly bears do not get Type 2 diabetes. According to the study, it seems that the bears are able to regulate resistance to insulin. The study suggests this process is controlled by eight proteins. It is hoped that a greater understanding of this process in bears could lead to improved treatments for Type 2 diabetes in humans.

① scientists cannot yet explain
② can lead to environmental damage
③ would likely cause health problems in humans
④ sometimes puts them at risk

055

2023 법원직

As global temperatures rise, so do sea levels, threatening coastal communities around the world. Surprisingly, even small organisms like oysters _____. Oysters are keystone species with *ripple effects on the health of their ecosystems and its inhabitants. Just one adult oyster can filter up to fifty gallons of water in a single day, making waterways cleaner. Healthy oyster reefs also provide a home for hundreds of other marine organisms, promoting biodiversity and ecosystem balance. As rising sea levels lead to pervasive flooding, oyster reefs act as walls to buffer storms and protect against further coastal erosion.

*ripple effect 파급효과

① can come to our defense
② can be the food for emergency
③ may be contaminated by microplastics
④ can increase the income of local residents

056

주어진 글 다음에 이어질 글의 순서로 가장 적절한 것은?

Savant syndrome is a rare medical condition in which people have exceptional skills in areas like music, art, or mathematics. Until recently, scientists thought savant syndrome could only occur in two ways.

(A) However, we now know there is another scenario called sudden savant syndrome.
(B) People either were born with the syndrome, or they developed it after a serious head injury.
(C) Without explanation, some people suddenly demonstrate amazing skills in areas in which they had no prior interest or ability.

① (B) — (A) — (C)
② (B) — (C) — (A)
③ (C) — (A) — (B)
④ (C) — (B) — (A)

[057~058] 다음 글을 읽고 물음에 답하시오.

How to become an auditor

Many auditors go through the following steps to pursue a career as an auditor:

1. Earn a bachelor's degree

After you get your high school diploma, attend an accredited college or university to pursue a bachelor's degree in accounting, finance, economics, business or another related field. During this time, focus on taking classes focused on auditing, finance and data analytics. Each of these subjects can help you develop strong auditing skills and help you find entry-level auditing roles.

2. Intern at a public accounting firm

While pursuing your bachelor's degree, take advantage of the opportunity to intern for a public accounting firm. During this internship, you may have the chance to become involved in the audit process and find out whether _____ or to pursue another accounting role.

3. Get certified

Once you have earned your bachelor's degree, you can work to make yourself a more competitive candidate by earning relevant industry certifications. Many firms, especially large accounting firms, require auditors to have a CPA license. Earning this certification not only helps you expand your career options but can also increase your earning potential.

4. Prepare your resume

When you're ready to apply for auditor positions, you can write a comprehensive resume for each position. When creating your resume, make sure that you clearly and concisely describe your relevant education, certification, training and experience. Then, customize your resume with the language the job description uses.

057

빈칸에 들어갈 것으로 적절한 것은?

① the firm is currently hiring
② this job is a good fit for you
③ the company's benefit is appropriate enough
④ you have a right chemistry with your colleagues

058

윗글의 내용과 일치하는 것은?

① 대학에서 어떤 전공을 선택하는지는 관련이 없다.
② 대학교를 졸업하고 인턴 활동을 해야 한다.
③ 관련 산업의 자격증을 받으면 더 많은 연봉을 받을 수 있다.
④ 이력서는 이해하기 쉬운 일상의 언어로 써야 한다.

059

다음 편지 글의 내용과 일치하는 것은?

Dear Mr. Stewart,

Thank you for your kind letter regarding exceptional treatment by one of our employees. A copy of your letter has been forwarded to the personnel department and will be included in the employee's file.

So seldom is it that a customer takes the time to write a letter of appreciation that I want to reward your initiative.

Pleases accept the enclosed certificate, which, when presented, will entitle the bearer to a thirty percent discount on the merchandise being purchased at that time.

This is a small token of our appreciation of customers such as you, upon whose satisfaction we have been allowed to grow and prosper in this highly competitive marketplace.

Sincerely,
Susan Bacon

① Susan is thanking Mr. Stewart for his courteous treatment at the store.
② Mr. Stewart wrote a letter to express his satisfaction with an employee at the store.
③ Mr. Stewart has complained about the store's poor service before.
④ Susan has received a lot of letters from customers satisfied with the service of the store.

060

Northeastern Wildlife Exposition에 관한 다음 글의 내용과 일치하는 것은?　　2024 국가직 9급

NORTHEASTERN WILDLIFE EXPOSITION (NEWE)

Admission ticket for Saturday, March 30th, 2024
Price: $40.00
Opening hours: 10:00 a.m. – 6:00 p.m.

Kids 10 and under are free. Entry to shows and lectures are first-come, first-served. All venues open rain or shine.

March 20th is the last day to buy tickets online for the 2024 Northeastern Wildlife Exposition.

Please note: Purchasing NEWE tickets in advance is the best way to guarantee entry into all exhibits. NEWE organizers may discontinue in-person ticket sales should any venue reach capacity.

① 10세 어린이는 입장료 40불을 지불해야 한다.
② 공연과 강연의 입장은 선착순이다.
③ 비가 올 경우에는 행사장을 닫는다.
④ 입장권은 온라인으로만 구매할 수 있다.

061

다음 글의 주제로 가장 적절한 것은?

A child whose behavior is out of control improves when clear limits on their behavior are set and enforced. However, parents must agree on where a limit will be set and how it will be enforced. The limit and the consequence of breaking the limit must be clearly presented to the child. Enforcement of the limit should be consistent and firm. Too many limits are difficult to learn and may spoil the normal development of autonomy. The limit must be reasonable in terms of the child's age, temperament, and developmental level. To be effective, both parents (and other adults in the home) must enforce limits. Otherwise, children may effectively split the parents and seek to test the limits with the more indulgent parent. In all situations, to be effective, punishment must be brief and linked directly to a behavior.

① ways of giving reward and punishment fairly
② considerations when placing limits on children's behavior
③ increasing necessity of parents' participation in discipline
④ impact of caregivers' personality on children's development

062

다음 글의 제목으로 가장 적절한 것은? 2022 국가직 9급

Do people from different cultures view the world differently? A psychologist presented realistic animated scenes of fish and other underwater objects to Japanese and American students and asked them to report what they had seen. Americans and Japanese made about an equal number of references to the focal fish, but the Japanese made more than 60 percent more references to background elements, including the water, rocks, bubbles, and inert plants and animals. In addition, whereas Japanese and American participants made about equal numbers of references to movement involving active animals, the Japanese participants made almost twice as many references to relationships involving inert, background objects. Perhaps most tellingly, the very first sentence from the Japanese participants was likely to be one referring to the environment, whereas the first sentence from Americans was three times as likely to be one referring to the focal fish.

① Language Barrier Between Japanese and Americans
② Associations of Objects and Backgrounds in the Brain
③ Cultural Differences in Perception
④ Superiority of Detail-oriented People

063

글의 흐름으로 보아, 주어진 문장이 들어가기에 가장 적절한 곳은?

> The advent of literacy and the creation of handwritten scrolls and, eventually, handwritten books strengthened the ability of large and complex ideas to spread with high fidelity.

The printing press boosted the power of ideas to copy themselves. Prior to low-cost printing, ideas could and did spread by word of mouth. While this was tremendously powerful, it limited the complexity of the ideas that could be propagated to those that a single person could remember. (①) It also added a certain amount of guaranteed error. (②) The spread of ideas by word of mouth was equivalent to a game of telephone on a global scale. (③) But the incredible amount of time required to copy a scroll or book by hand limited the speed with which information could spread this way. (④) A well-trained monk could transcribe around four pages of text per day. A printing press could copy information thousands of times faster, allowing knowledge to spread far more quickly, with full fidelity, than ever before.

*fidelity 충실 **propagate 전파하다

064

다음 글의 흐름상 어색한 문장은?

The United States was born as a child of the European colonial enterprise, one of those hundreds of global sites that Europeans "discovered" in the seventeenth and eighteenth centuries, and claimed ownership of the people, the land, and the resources. ① As with all the colonial enterprises of the time, the colonialists carried their primary assumptions and worldviews from the old land to the new, including the newly developing concept of race. ② When the earliest settlers came to North America and began to create colonies, they brought with them a racial hierarchy, with all its rationalizations and justifications. ③ And at the top of the racial hierarchy was a deep belief in European superiority. ④ In one sense, therefore, it is important to emphasize that the race-based hierarchical structure of the United States is a product imported from Europe.

065

다음 글의 내용과 일치하지 않는 것은? 2020 지방직 7급

> In New Zealand, farmers are using drones to herd and monitor livestock, assuming a job that highly intelligent dogs have held for more than a century. The robots have not replaced the dogs entirely but they have appropriated one of the animal's most potent tools: barking. These drones have a feature that lets them record sounds and play them over a loud speaker, giving them the ability to mimic their canine counterparts. Corey Lambeth, a shepherd on a sheep and beef farm said the machines are surprisingly effective. "When you're moving cows and calves, the old cows stand up to the dogs, but with the drones, they've never done that," he said, noting that the drones move livestock faster, with less stress, than the dogs do. Some dogs already are learning to work alongside drones, identifying the machines as more co-worker than foe. For now, farmers say, there is still a need for herding dogs, primarily because they have a longer life span than drones, can work in bad weather and do not require an electrical socket every few hours to recharge.

① The drones herd the cows faster than dogs at the cost of more stress.
② Intelligent dogs have herded and monitored livestock for many years.
③ The life span of herding dogs is longer than that of drones.
④ There are drones that can mimic the barking of dogs.

066

다음 글의 주제로 가장 적절한 것은? 2024 법원직

While mindfulness meditation is generally safe, concerns arise from its side effects like panic attacks and psychosis, which are seldom reported and poorly understood in academic studies. Critics argue the rapid adoption of mindfulness by organizations and educational systems may inappropriately shift societal issues to individuals, suggesting that personal stress is due to a lack of meditation rather than addressing systemic causes like environmental pollution or workplace demands. Critics like Professor Ronald Purser suggest that mindfulness may make individuals more compliant with adverse conditions instead of empowering them to seek change. Despite these concerns, the critique isn't against mindfulness itself but against its promotion as a universal solution by entities resistant to change. For a more thorough understanding of mindfulness' benefits and risks, long-term and rigorously controlled studies are essential.

*psychosis 정신 질환 **compliant 순응하는

① the criticism regarding the safety and societal implications of the widespread adoption of mindfulness meditation
② the social and national measures which are taken to relieve personal stress and prevent social and cultural confusion
③ the basic elements of mindfulness that must precede the resolution of social problems rather than individual problems
④ the disadvantages that individuals and societies face due to the meditation performed improperly and the lack of meditation

067

다음 글의 제목으로 알맞은 것은?

The feeling of being loved and the biological response it stimulates are triggered by nonverbal cues: the tone in a voice, the expression on a face, or the touch that feels just right. Nonverbal cues — rather than spoken words — make us feel that the person we are with is interested in, understands, and values us. When we're with them, we feel safe. We even see the power of nonverbal cues in the wild. After evading the chase of predators, animals often nuzzle each other as a means of stress relief. This bodily contact provides reassurance of safety and relieves stress.

① How Do Wild Animals Think and Feel?
② Communicating Effectively Is the Secret to Success
③ Nonverbal Communication Speaks Louder than Words
④ Verbal Cues: The Primary Tools for Expressing Feelings

068

다음 글의 흐름상 어색한 문장은? 2023 국가직 9급

In our monthly surveys of 5,000 American workers and 500 U.S. employers, a huge shift to hybrid work is abundantly clear for office and knowledge workers. ① An emerging norm is three days a week in the office and two at home, cutting days on site by 30 % or more. You might think this cutback would bring a huge drop in the demand for office space. ② But our survey data suggests cuts in office space of 1 % to 2 % on average, implying big reductions in density not space. We can understand why. High density at the office is uncomfortable and many workers dislike crowds around their desks. ③ Most employees want to work from home on Mondays and Fridays. Discomfort with density extends to lobbies, kitchens, and especially elevators. ④ The only sure-fire way to reduce density is to cut days on site without cutting square footage as much. Discomfort with density is here to stay according to our survey evidence.

069

주어진 문장 다음에 이어질 글의 순서로 적절한 것은?

Marketing management is concerned not only with finding and increasing demand but also with changing or even reducing it. For example, Uluru (Ayers Rock) might have too many tourists wanting to climb it, and Daintree National Park in North Queensland can become overcrowded in the tourist season.

(A) In these and other cases of excess demand, the needed marketing task, called demarketing, is to reduce demand temporarily or permanently.

(B) Thus, marketing management seeks to affect the level, timing, and nature of demand in a way that helps the organization achieve its objectives.

(C) The aim of demarketing is not to completely eliminate demand, but only to reduce or shift it to another time, or even another product.

① (A) — (B) — (C)
② (A) — (C) — (B)
③ (C) — (A) — (B)
④ (C) — (B) — (A)

070

주어진 문장이 들어가기에 적절한 곳은?

> One simplified explanation is that as we repeatedly do a certain task, the neurons, or nerve cells, make new connections through communication gateways called 'synapses.'

If we create a routine, we don't have to expend precious energy every day prioritizing everything. We must simply expend a small amount of initial energy to create the routine, and then all that is left to do is follow it. (①) There is a huge body of scientific research to explain the mechanism by which routine enables difficult things to become easy. (②) With repetition, the connections strengthen and it becomes easier for the brain to activate them. (③) For example, when you learn a new word, it takes several repetitions at various intervals for the word to be mastered. (④) To recall the word later you will need to activate the same synapses until eventually you know the word without consciously thinking about it.

071

다음 편지글의 내용과 일치하는 것은?

> Dear Mr. Robinson
> You are hereby summoned to appear in court on March 16 at 8:30 am. Your case will be tried by Judge Lucielle Tremont. As discussed in the hearing, this court appointment will address the claim filed against you for reckless driving and property damage by the plaintiff, Ms. Donna Fleming, as allegedly occurred on January 8. This date cannot be changed. A copy of this notification has also been sent to your attorney Frank Lawrence. Failure to appear may result in a warrant being issued for your arrest.
> Sincerely,
> Lucas Corpuz, Will Country Clerk

① The consequence for not showing up is immediate arrest.
② It is impossible to change the date of the trial from January 8.
③ A copy of the notification has been sent to Mr. Robinson's lawyer.
④ Mr. Robinson is accused of causing physical injuries to Ms. Fleming.

072

While any child can tell you, on looking at a map of the world, that America fits into Africa, Alfred Wegener was criticized and ridiculed for his 1915 theory of "Continental Drift," which questioned the Biblical story that the world was created as it is now. 50 years had passed before the world realized that Wegener had been right. His "theory of continental drift" was formalized and updated, and renamed the "theory of plate tectonics." This is now the generally accepted explanation of the current configuration of continents around the world. Much of the world's population today now accept that _____.

① the "theory of continental drift" has logical flaw
② the Earth's continents have not moved an inch
③ the continental arrangement of the Earth has changed over time
④ the continents will become one big mass if the movement continues

073

_____. Nearly every major politician hires media consultants and political experts to provide advice on how to appeal to the public. Virtually every major business and special-interest group has hired a lobbyist to take its concerns to Congress or to state and local governments. In nearly every community, activists try to persuade their fellow citizens on important policy issues. The workplace, too, has always been fertile ground for office politics and persuasion. One study estimates that general managers spend upwards of 80 % of their time in verbal communication — most of it with the intent of persuading their fellow employees. With the advent of the photocopying machine, a whole new medium for office persuasion was invented — the photocopied memo. The Pentagon alone copies an average of 350,000 pages a day, the equivalent of 1,000 novels.

① Business people should have good persuasion skills
② Persuasion shows up in almost every walk of life
③ You will encounter countless billboards and posters
④ Mass media campaigns are useful for the government

074

Compared with farmers, hunter-gatherers led a more _____ life. Modern anthropologists who have spent time with surviving hunter-gatherer groups report that gathering food only accounts for a small proportion of their time — far less than would be required to produce the same quantity of food via farming. The !Kung Bushmen of the Kalahari, for example, typically spend twelve to nineteen hours a week collecting food, and the Hazda nomads of Tanzania spend less than fourteen hours. That leaves a lot of time free for leisure activities, socializing, and so on. When asked by an anthropologist why his people had not adopted farming, one Bushman replied, "Why should we plant, when there are so many mongongo nuts in the world?" In effect, hunter-gatherers work two days a week and have five-day weekends.

① leisurely
② systematic
③ dangerous
④ isolated

075

다음 글의 목적으로 가장 적절한 것은?

One of our goals at NorthTribune.com is to provide the type of information that our users want. To do that, we need to know more about you and all of our users. We're asking you to register so that we can offer content better suited to your interests and, in the future, better customize our information and services to your needs. We want to learn more about how you use our site so that we can improve your NorthTribune.com experience. We also, of course, want to increase the value of our site for advertisers, since it's advertising revenue that allows us to provide, maintain, and develop NorthTribune.com Through the brief registration form that we're asking you to complete, we can better develop a portrait of our audience for our advertisers. And your registration will also provide your access, in the future, to new features – discussion forums, e-mail, newsletters, contents, and so forth.

① 특집 기사의 주요 내용을 안내하려고
② 등록 양식을 작성해 줄 것을 부탁하려고
③ 광고주들에게 회사를 소개하려고
④ 새로 개설한 인터넷 사이트를 홍보하려고

[076~077] 다음 글을 읽고 물음에 답하시오.

It's time to elect or re-elect your local Community Councilors. Next month all your current Community Councilors must stand down, and, if they wish to, stand for re-election. We will definitely be looking for new members, so please consider putting your name forward. We have been actively working on many different community projects and initiatives so it is more important than ever that all sections and voices of Bridge of Allan are represented on the Community Council. It is open to anyone over 16. Nomination papers will be available from 1st October, and nominations will close on 19 October.

Bridge of Allan can have 13 Community Councilors and we're short of that at the moment and would be delighted if others would consider putting themselves forward so we can increase our numbers.

It is not a huge time commitment – at most 10 meetings a year and some possible follow up tasks but you would be helping to shape the decisions for our community.

You can find out more detail about Community Council's here.

https://www.stirling.gov.uk/_documents/community,-life-and-leisure/comcouncil_boundary-areas_2024.pdf

076

윗글의 내용과 일치하는 것은?

① 이번에 물러나는 의원들은 다시 입후보를 할 수 있다.
② 현재 13명의 의원이 입후보를 한 상황이다.
③ 후보 지명 서류는 10월초부터 한달 동안 접수를 받는다.
④ 연간 적어도 10번 이상의 회의가 개최된다.

077

밑줄 친 stand down의 의미와 가장 가까운 것은?

① resume
② resign
③ assign
④ submit

078

Henry Molaison에 대한 다음 글의 내용과 가장 일치하지 않는 것은?　2023 법원직

Henry Molaison, a 27-year-old man, suffered from debilitating *seizures for about a decade in the 1950s. On September 1, 1953, Molaison allowed surgeons to remove a section of tissue from each side of his brain to stop the seizures. The operation worked, but Molaison was left with permanent **amnesia, unable to form new memories. This tragic outcome led to one of the most significant discoveries in 20th century brain science: the discovery that complex functions like learning and memory are linked to specific regions of the brain. Molaison became known as "H.M." in research to protect his privacy. Scientists William Scoville studied Molaison and nine other patients who had similar surgeries, finding that only those who had parts of their ***medial temporal lobes removed experienced memory problems, specifically with recent memory. He discovered that a specific structure in the brain was necessary for normal memory. Molaison's life was a series of firsts, as he couldn't remember anything he had done before. However, he was able to acquire new motor skills over time. Studies of Molaison allowed neuroscientists to further explore the brain networks involved in conscious and unconscious memories, even after his death in 2008.

*seizure 발작　**amnesia 기억 상실증
***medial temporal lobe 내측 측두엽

① 외과의사들이 발작을 멈추기 위해 그의 뇌의 양쪽에서 조직의 한 부분을 제거하게 했다.
② 수술 결과는 학습과 기억과 같은 복잡한 기능들이 뇌의 특정 영역과 연결되어 있다는 발견으로 이어졌다.
③ 살아가면서 이전에 한 일을 조금씩 기억할 수 있었지만, 시간이 지나면서 운동 능력이 약화되었다.
④ 그에 대한 연구는 의식적 기억 및 무의식적 기억과 관련된 뇌의 연결 조직을 더 탐구할 수 있게 하였다.

079

다음 글의 주제로 가장 적절한 것은?

Certainly some people are born with advantages (e.g., physical size for jockeys, height for basketball players, an "ear" for music for musicians). Yet only dedication to mindful, deliberate practice over many years can turn those advantages into talents and those talents into successes. Through the same kind of dedicated practice, people who are not born with such advantages can develop talents that nature put a little farther from their reach. For example, even though you may feel that you weren't born with a talent for math, you can significantly increase your mathematical abilities through mindful, deliberate practice. Or, if you consider yourself "naturally" shy, putting in the time and effort to develop your social skills can enable you to interact with people at social occasions with energy, grace, and ease.

① advantages some people have over others
② importance of constant efforts to cultivate talents
③ difficulties shy people have in social interactions
④ need to understand one's own strengths and weaknesses

080

다음 글의 제목으로 적절한 것은?

Because of its potential for cutting costs, the distribution step in the marketing process is receiving more attention. Take an everyday product like shampoo. After it comes off the assembly line, it's packed in boxes and trucked to warehouses around the country. When orders come in from retailers, the shampoo is delivered to supermarket shelves. This is distribution. To be able to manage distribution effectively, inventory must be carefully monitored. This is where the computer revolution really helps. Computerized information systems give precise and up-to-date accounts of inventory on hand.

① How to Use Computers on Assembly Lines
② How to Make Transportation Cheaper
③ How Distribution Depends on Inventory Control
④ How Retailers Target Consumers

081

다음 이메일의 내용과 일치하지 않는 것은? 2024 지방직 9급

Dear Sir,

I am writing to ask for information about Metropolitan Conference Center.

We are looking for a venue for a three-day conference in September this year. We need to have enough room for over 200 delegates in your main conference room, and we would also like three small conference rooms for meetings. Each conference room needs wi-fi as well. We need to have coffee available mid-morning and mid-afternoon, and we would also like to book your restaurant for lunch on all three days.

In addition, could you please let me know if there are any local hotels with discount rates for Metropolitan clients or large groups? We will need accommodations for over 100 delegates each night.

I look forward to hearing from you.

Best regards,
Bruce Taylor, Event Manager

① 주 회의실은 200명 이상의 대표자를 수용할 수 있어야 한다.
② wi-fi가 있는 작은 회의실 3개가 필요하다.
③ 3일간의 저녁 식사를 위한 식당 예약이 필요하다.
④ 매일 밤 100명 이상의 대표자를 위한 숙박시설이 필요하다.

082

다음 글의 목적으로 적절한 것은?

Various activities related to the annual National Library Legislative Day in Washington, D.C. will be spread across three days, and states are encouraged to participate. The American Library Association will sponsor a preconference event on Sunday, May 11, explaining the importance of the day and offering tips for participants on how to make the most impact during visits to their legislator's offices. On May 12, a briefing will be held at the Hyatt Regency Washington to discuss ongoing legislative issues and offer advice on preparing presentations during visits to congressional offices. On May 13, participants will visit the offices of their Senators and Representatives. The day will conclude with a wrap-up session and legislators and their staff members are expected to attend.

① To encourage politicians to donate books to libraries
② To raise funds for libraries
③ To visit and urge lawmakers for necessary legislation
④ To protest against a newly passed law

083

다음 글의 흐름상 어색한 문장은?

Unpleasant or unwanted sounds are classified as noise. Currently the government is implementing a policy trying to reduce noise. ① On problem is that it is still very difficult to predict what sort of noise, and how much noise will cause someone to complain. ② A little bit of noise can increase concentration and help with productivity for some people. ③ Another problem is that of weighing people's annoyance against the cost of reducing the noise. ④ It is difficult to pass laws about what is acceptable, without upsetting people whose businesses will be damaged by being forced to limit their noise.

084

주어진 문장이 들어갈 위치로 적절한 곳은? 2022 지방직 9급

The comparison of the heart to a pump, however, is a genuine analogy.

An analogy is a figure of speech in which two things are asserted to be alike in many respects that are quite fundamental. Their structure, the relationships of their parts, or the essential purposes they serve are similar, although the two things are also greatly dissimilar. Roses and carnations are not analogous. (①) They both have stems and leaves and may both be red in color. (②) But they exhibit these qualities in the same way; they are of the same genus. (③) These are disparate things, but they share important qualities; mechanical apparatus, possession of valves, ability to increase and decrease the pressures, and capacity to move fluids. (④) And the heart and the pump exhibit these qualities in different ways and in different contexts.

085

주어진 글 다음에 이어질 글의 순서로 적절한 것은?

> The US department of labor has established specific conditions distinguishing an internship from paid labor or on-the-job training.

(A) The government defines an internship quite narrowly — as a primarily academic arrangement that provides the intern with an education about a specific industry.

(B) In reality, however, these regulations are often ignored, and many employers put interns to work doing office chores or participating in day-to-day operations, with little training or guidance.

(C) This means an employer can neither replace a paid worker with an intern nor receive "immediate advantage" from the intern's activities. In other words, any tasks the intern performs should not directly profit the company.

① (A) — (B) — (C)
② (A) — (C) — (B)
③ (C) — (A) — (B)
④ (C) — (B) — (A)

[086~088] 밑줄 친 부분에 들어갈 말로 가장 적절한 것을 고르시오.

086

> I visited a refugee camp for Bosnian war victims near Budapest in 1995. The people there were deeply traumatized by torture, the loss of homes and loved ones. I was interviewing one victim among tears and hysterical crying, when all of a sudden, composing herself, she asked me, "Wouldn't you like a tin of real Italian sardines and a true Italian coffee?" I was really happy to taste those delicacies after a long while. When I offered her money, she said, "Keep it for yourself. Cash means nothing to me here. I will also give you some shoes for your daughter. They gave them free to me, but I have nowhere to go in them." Her loss and despair _____.

① were that complete
② were not as horrible as expected
③ were nothing compared to other victims
④ were overshadowed by lack of foods and supplies

087

2024 국가직 9급

It is important to note that for adults, social interaction mainly occurs through the medium of language. Few native-speaker adults are willing to devote time to interacting with someone who does not speak the language, with the result that the adult foreigner will have little opportunity to engage in meaningful and extended language exchanges. In contrast, the young child is often readily accepted by other children, and even adults. For young children, language is not as essential to social interaction. So-called 'parallel play', for example, is common among young children. They can be content just to sit in each other's company speaking only occasionally and playing on their own. Adults rarely find themselves in situations where _____ _____.

① language does not play a crucial role in social interaction
② their opinions are readily accepted by their colleagues
③ they are asked to speak another language
④ communication skills are highly required

088

You hear again and again that some of the greatest composers were misunderstood in their own day. Not everyone could understand the compositions of Beethoven, Brahms, or Stravinsky in their day. The reason for this initial lack of acceptance is unfamiliarity. The musical forms, or ideas expressed within them, were completely new. And yet, this is exactly one of the things that makes them so great. Effective composers have their own ideas. Have you ever seen the classic movie Amadeus? The composer Antonio Salieri is the "host" of this movie; he's depicted as one of the most famous nongreat composers — he lived at the time of Mozart and was completely overshadowed by him. Now, Salieri wasn't a bad composer; in fact, he was a very good one. But he wasn't one of the world's great composers because his work wasn't _____. What he wrote sounded just like what everyone else was composing at the time.

① simple
② original
③ familiar
④ conventional

[089~090] 다음 글을 읽고 물음에 답하시오.

Paper Submission Guidelines

Each paper is limited to 6 pages normally, additional pages will be charged. Please follow the Conference format.

Formatting (DOC)

· The first page should include the paper's title, the abstract, a list of keywords indicating the paper's topic area(s), the authors' & co author's full names, affiliations, and e-mail addresses.

· Prospective authors are kindly encouraged to submit full text papers including results, tables, figures and references.

· All submitted articles should report original, previously unpublished research results, experimental or theoretical. Articles submitted to the Conference should meet these criteria and must not be under consideration for publication elsewhere. Manuscripts should follow the style of the Conference and are subject to both review and editing.

SUBMISSION METHOD

· Please log in the Electronic Submission System to submit your paper (.doc or .pdf).

· Otherwise submit your paper via email to info.leadershipforum@gmail.com in .doc or .pdf format.

· For any inquiry about the submission and conference, please feel free to contact us via **E-mail: info.leadershipforum@gmail.com**

089

위 안내문의 내용과 일치하는 것은?

① 6장이 넘는 논문은 페이지당 추가 요금이 부가될 수 있다.
② 컨퍼런스에 제출된 논문은 다른 곳에서는 재출간할 수 있다.
③ 제출된 원고는 검토 후 편집될 수도 있다.
④ 논문은 이메일로만 제출 가능하다.

090

밑줄 친 submit의 의미와 가장 가까운 것은?

① turn up
② hand in
③ show off
④ stand out

091

Which of the following is true according to the passage? 2023 국회직 8급

> Something was happening to books in 2020 that questions about human existence really were encouraging reading. Certainly, as the first reports came in of pandemic book sales, it did seem that people were at least buying more books. In the UK, physical book sales rose by 6 percent in the week prior to the first national lockdown, paperback fiction sales increased by 35 percent week on week, and Waterstones reported a 400 percent increase of online sales week on week. Physically closed, libraries reported significant growth in new digital users, with Hampshire County Council, for example, seeing an increase in loans of 770 percent. In Denmark, statistics showed that book sales increased by 5.6 percent in 2020 despite shops being closed. In addition, more people than ever subscribed to book streaming services in 2020.

① In 2020 people had less interest in questions about human existence.
② The pandemic created a moment for boosting sales of books.
③ More books were sold in Denmark than in the UK.
④ More people than ever visited libraries in 2020.
⑤ The pandemic has stimulated Denmark's economy.

092

다음 글의 내용과 일치하는 것은?

Dear Staff,

As you may have already heard, three colleges in the area will be holding job fairs soon. Our company president has decided to send employees from different departments to each of them. Here in the IT department, we'll be sending two employees to the West University Career Fair in Petersburg. We're going to that one because many students there study computer engineering.

The fair will be held on February 24, which means we will only have about one month to prepare. As the fair will be on Saturday, you can either take an extra day off during the following week or apply for overtime pay.

Please think about whether or not you want to take part in the fair. I'll talk about it again in more detail at our department meeting on Wednesday, and we can decide who will go then, too. The two employees and I will have an extra meeting on Friday morning to get started on preparing materials for the fair. Please reply to this email by 5 pm. on Tuesday if you're interested.

All the best
Stan Finley, IT Department Manager, TechBiZ

① IT 부서의 직원 두 명씩 각 학교의 박람회에 파견될 예정이다.
② West University에는 컴퓨터 공학을 전공하는 학생들이 많다.
③ 박람회에 참여하는 직원은 그 다음주에 하루를 쉴 수 있고 초과 근무 수당도 받을 수 있다.
④ 박람회에 참여하게 될 2명의 직원은 수요일에 회의를 하고 준비를 시작할 것이다.

093

글의 내용과 일치하는 것은?

Taste and smell are so intimately related that people are surprised to learn that what they think of as taste is more often than not a matter of smell. Foods lose their flavor when you have a cold because of your diminished sense of smell. What people commonly experience as flavor is actually a compound sensation of discriminating basic tastes (sweet, salty, bitter, sour) along with smell, temperature, and texture. Compared to our small handful of taste receptors, we possess about 1,000 olfactory receptors, the result being that aroma sensations are far more diverse than taste sensations. To prove the importance of smell to tasting, you have only to hold your nose while sampling a variety of foodstuffs. Do this and you will discover how bland many foods become. For example, you will be unable to distinguish an apple from an onion, or coffee from tea.

① We have a few more olfactory receptors than taste receptors.
② Taste and smell are two distinct sense that can be easily distinguished.
③ When you have a cold, you actually tend to have dull sense of taste.
④ If you taste foods with your nose covered, you can't detect the real taste.

094

다음 글의 내용과 가장 일치하지 않는 것은? 2021 법원직

Despite the increasing popularity of consuming raw foods, you can still gain nutrients from cooked vegetables. For example, our body can absorb lycopene more effectively when tomatoes are cooked. (Keep in mind, however, that raw tomatoes are still a good source of lycopene.) Cooked tomatoes, however, have lower levels of vitamin C than raw tomatoes, so if you're looking to increase your levels, you might be better off sticking with the raw. Whether you decide to eat them cooked or raw, it's important not to *dilute the health benefits of tomatoes. If you're buying tomato sauce or paste, choose a variety with no salt or sugar added—or better yet, cook your own sauce at home. And if you're eating your tomatoes raw, salt them sparingly and choose salad dressings that are low in calories and saturated fat.

*dilute 희석하다, 묽게 하다

① 토마토를 요리하여 먹었을 때, 우리의 몸은 리코펜을 더 효과적으로 흡수할 수 있다.
② 더 많은 비타민 C를 섭취하고 싶다면 생토마토보다 조리된 토마토를 섭취하는 것이 낫다.
③ 토마토 소스를 구입하고자 한다면, 소금이나 설탕이 첨가되지 않은 것으로 골라야 한다.
④ 생토마토를 섭취 시, 소금을 적게 넣거나, 칼로리가 적은 드레싱을 선택하도록 한다.

095

주어진 글을 한 문장으로 요약할 때, (A), (B)에 들어갈 것으로 가장 적절한 것은?

Moral relativism is the philosophical view that morality is relative and that different people hold different moral standards. Moral relativism can be divided into ethical subjectivism and cultural relativism. Ethical subjectivism holds that morality is relative to individuals, while cultural relativism says morality is relative to culture. Both say there cannot be moral absolutes that hold for all people in all places at all times. Under the view of moral relativism, no given act is generally good or bad. According to moral relativism, there is only goodness or badness within a specified context. That means there can never be an act that is good or bad in all situations.

⇨ Moral relativism is the view that there are no ___(A)___ ethical truths and that moral values are ___(B)___ to a given individual or society.

　　(A)　　　　(B)
① objective　　relative
② relative　　　subjective
③ objective　　subjective
④ relative　　　objective

096

다음 글의 제목으로 가장 적절한 것은?　　2022 지방직 9급

One of the areas where efficiency can be optimized is the work force, through increasing individual productivity – defined as the amount of work (products produced, customers served) an employee handles in a given time. In addition to making sure you have invested in the right equipment, environment, and training to ensure optimal performance, you can increase productivity by encouraging staffers to put an end to a modern-day energy drain; multitasking. Studies show it takes 25 to 40 percent longer to get a job done when you're simultaneously trying to work on other projects. To be more productive, says Andrew Deutscher, vice president of business development at consulting firm The Energy Project, "do one thing, uninterrupted, for a sustained period of time."

① How to Create More Options in Life
② How to Enhance Daily Physical Performance
③ Multitasking is the Answer for Better Efficiency
④ Do One Thing at a Time for Greater Efficiency

097

글의 요지로 가장 적절한 것은?

Human's ability to recall and reflect on what has passed is both a blessing and a curse. Doing so can help people become wiser and improve the way they deal with similar situations in the future. But some people have a tendency to become obsessed with the past too much. Such people often long to have back something they lost, or are uninterested about what is coming in the future. Sometimes it is much wiser to do one's best to learn from what happened in the past, and to move on to what should be done in the present.

① Don't count your chicken before they hatch.
② A bird in the hand is worth two in the bush.
③ The early bird catches the worm.
④ Let bygones be bygones.

098

주어진 글 다음에 이어질 글의 순서로 가장 적절한 것은?

After the Industrial Revolution, many of the people who had the land or pursued their own cottage crafts went to work in factories for someone else, or for something else — a corporation.

(A) Also, people's working time became standardized. Everyone worked in shifts, with each shift's workers starting at the same time, taking a break at the same time, and quitting at the same time. At the end of the day, as one shift of workers left, another was waiting to take its place.

(B) Instead of working by themselves, or with their families, most of them did it willingly, because they could earn more money and improve their material standard of living. The industrial laborer's life was very different, though.

(C) In factories, everything was standard sizes. All the machines were in rows. And people's activities became standardized, too. Instead of using their unique skills, workers with the same jobs were supposed to do the same things in the same way.

① (A) — (B) — (C)
② (A) — (C) — (B)
③ (B) — (A) — (C)
④ (B) — (C) — (A)

099

주어진 문장이 들어가기에 적절한 곳은?

This made supervision more efficient, too.

Beginning in the late 1960s, many companies began implementing cubicles in their business floor plans because they were seen as an economical and convenient way to manage office space. (①) Construction for cubicle offices was standard and cheap, as they could be made and assembled in large quantities with minimal skilled labor. (②) Cubicles also saved time, as workspaces were made smaller and offices were brought closer together. (③) For these reasons, cubicles became very popular in the workplace. (④) Nearly 70 percent of office work now happens in cubicles.

100

다음 글에서 전체 흐름과 관계 없는 문장은?

Scientists tend to work long and sometimes odd hours. If a scientist is out in the field, he is probably more or less working all day – making measurements, packing samples and so on. ① Work in a lab might be driven by the process the scientist is exploring – if a chemical reaction takes 12 hours to complete, going home after eight hours isn't an option. ② If data on a biological process needs to be taken every four hours, often that means that a scientist is going to be coming in every four hours, twenty-four hours a day, seven days a week until the experiment is done. ③ Most do the experiment because the pleasure of exploration and of seeing something for the first time is great experience that can't be given up easily, and they can't imagine themselves doing anything other than science. ④ Academic scientists usually need to teach classes as well, and scientists in industrial jobs might need to meet with colleagues in other departments. All in all, it tends to lead to lots of nights and weekends spent taking data or writing it up for others to study.

[101~103] 밑줄 친 부분에 들어갈 말로 가장 적절한 것을 고르시오.

101

Contrary to popular opinion, _____ _____. The phrase 'nature red in tooth and claw' has been widely misunderstood. Its only possible reference is to predatory behavior, where the killer may have blood-soaked weapons as it settled down to gorge on the body of its prey. But it has frequently been applied to fighting between rivals of the same species, with the assumption that, in the wild, animals are constantly fighting to death to establish themselves in a dominant role. Nothing could be further from the truth. The overwhelming impression one gets from watching animal disputes is of remarkable patience and self-control. The spilling of blood is not the norm – it is a rare event.

① animal aggression is an inborn trait
② animals can show empathy for others
③ animals go to great lengths to avoid fighting
④ dominance is not something that can be learned

102

One of the most controversial moments in the 1964 US presidential election between President Lyndon Johnson and challenger Barry Goldwater was a television advertisement known today as "Daisy." It began with a young girl counting the petals of a daisy but then suddenly transitioned to an ominous countdown followed by a nuclear detonation, ending with the words "Vote for President Johnson on November 3". The stakes are too high for you to stay home." As well as its powerful images, the Daisy commercial is known for being an ad _____ _____. Everyone who viewed it, though, was aware that the Cuban Missile Crisis had brought the world to the brink of nuclear apocalypse just two years before, and Goldwater was widely perceived as a radical and perhaps reckless politician with the potential to unleash a nuclear holocaust if elected. The advertisement's implications were more than enough to get its message across.

① where little was clearly expressed
② educating people about recent events
③ that focused on families with children
④ with a refreshingly honest approach

103

The essence of any satisfactory experiment is that it should be reproducible. In biological experiments this criterion is sometimes difficult to satisfy. If the results of the experiment vary even though the known factors have not been altered, it often means that some unrecognized factor is affecting the results. Such occurrences should be welcomed, because a search for the unknown factor may lead to an interesting discovery. As a colleague remarked recently: "It is when _____ that we find things out."

① we take large risks
② experiments go wrong
③ there is no unknown factor
④ we start with a modest hypothesis

104

밑줄 친 (A), (B)에 들어갈 말로 가장 적절한 것은?

2020 지방직 9급

Assertive behavior involves standing up for your rights and expressing your thoughts and feelings in a direct, appropriate way that does not violate the rights of others. It is a matter of getting the other person to understand your viewpoint. People who exhibit assertive behavior skills are able to handle conflict situations with ease and assurance while maintaining good interpersonal relations. _____(A)_____, aggressive behavior involves expressing your thoughts and feelings and defending your rights in a way that openly violates the rights of others. Those exhibiting aggressive behavior seem to believe that the rights of others must be subservient to theirs. _____(B)_____, they have a difficult time maintaining good interpersonal relations. They are likely to interrupt, talk fast, ignore others, and use sarcasm or other forms of verbal abuse to maintain control.

	(A)	(B)
①	In contrast	Thus
②	Similarly	Moreover
③	However	On one hand
④	Accordingly	On the other hand

105

다음 글의 주제로 적절한 것은?

This year, an estimated 35 million Americans will attempt to fulfill their New Year's resolution of losing weight and getting in shape. Of those, 30 million will gain weight over the course of the year. To understand this disturbing statistics, one needs look no further than the weight loss industry business model. Ninety percent of people who begin diet plans or fitness routines do so because of some lose-weight-quick gimmick or exercise advertisement they have seen. However, these programs use a profit-making scheme which promotes the products based on the success of a small percentage of users while the majority of users become repeat customers once or twice before abandoning their resolution altogether.

① what to do to shed weight
② why people can't lose weight
③ how to watch your weight
④ ways to achieve New Year's Resolutions

106

Which of the following is the most appropriate title of the passage? 2024 국회직 8급

More recently, some political philosophers have claimed that when we take part in elections, we agree to comply with the government that emerges and the laws it enacts. This looks more promising: we do at least have a free choice as to whether to vote or not, and there would be no point in holding elections unless people recognized the government that emerged as legitimate. But unfortunately, there still seems to be a gap between voting and registering your consent. What if you deeply disagree with both parties, but vote because you think that one is slightly less bad than the other? Or what if you think that although you have in a sense consented to the overall package of policies that the winning party has announced in its manifesto, there are a few items that you find quite repugnant? Perhaps the voters' consent can help explain why governments have legitimate authority, but not why individual citizens have an obligation to obey the law.

① The Reason Why Elections Work
② Discordance between Voting and Voter Consent
③ Inaccuracies in Policies the Government Makes
④ The Perfect Alignment of Consent and Obligation
⑤ The Nexus of Policies and Government Legitimacy

[107~109] 밑줄 친 부분에 들어갈 적절한 것을 고르시오.

107 2022 지방직 9급

As a roller coaster climbs the first lift hill of its track, it is building potential energy — the higher it gets above the earth, the stronger the pull of gravity will be. When the coaster crests the lift hill and begins its descent, its potential energy becomes kinetic energy, or the energy of movement. A common misperception is that a coaster loses energy along the track. An important law of physics, however, called the law of conservation of energy, is that energy can never be created nor destroyed. It simply changes from one form to another. Whenever a track rises back uphill, the cars' momentum — their kinetic energy — will carry them upward, which builds potential energy, and roller coasters repeatedly convert potential energy to kinetic energy and back again. At the end of a ride, coaster cars are slowed down by brake mechanism that create _____ between two surfaces. This motion makes them hot, meaning kinetic energy is changed to heat energy during braking. Riders may mistakenly think coasters lose energy at the end of the track, but the energy just changes to and from different forms.

① gravity
② friction
③ vacuum
④ acceleration

108

One important aspect of attention is that it _____ _____. When there is consistency in a task, that is, when the stimuli occur in highly predictable ways, with practice, the appropriate responses can be made automatically. This does not require conscious attention. Thus, we can parcel our attentional resources into units and allocate some to one task and some to another. Tasks requiring little capacity need little mental effort or attentional resources and so leave more room for performing additional tasks. We can allocate attention flexibly to meet the demands of things in our environment. For example, we can drive our car from work to home with little attention to driving or to navigating the familiar route, while at the same time conversing with a friend about our day in the office.

① is able to be divided
② is an interactive activity
③ needs a lot of mental effort
④ can be distracted by noises

109

In recent years, the growth of TV streaming services has created a huge new market for documentaries. The number of documentaries being made has skyrocketed, providing new opportunities for filmmakers, but there are also negative aspects. One issue is that many filmmakers feel they are _____. Some documentaries have attracted huge audiences and brought tremendous financial returns, so companies that operate streaming services have become more generous with their production budgets. However, with so much money involved, the intense pressure often makes filmmakers feel as though they have no choice but to alter the stories they tell to give them greater commercial appeal.

① still being ignored
② not being paid enough
③ losing control over content
④ in need of large budgets

110

주어진 문장이 들어가기에 적절한 곳은?

Research has now found, though, that captive and wild wolves are too dissimilar to assume that the behaviors of one resemble those of the other.

There is a widespread idea that wild packs of wolves are led by an aggressive leader – an alpha male – that dominates the group, and that this results in violent power struggle when other members of the group challenge the alpha male. (①) It turns out, however, that this idea may largely be a myth. (②) It appears to have arisen from research on captured wolves, which often demonstrated such behavior. (③) Captive packs are usually made up of adult wolves being forced to live together even though they did not grow up with each other and are not related, which is why it is common for power struggles in such packs to result in violence. (④) As one biologist describes it, a wild wolf pack operates much like a multigenerational human family, while a captive pack has more in common behaviorally with humans in prisons, where strangers are forced to live together.

111

다음 글의 흐름상 어색한 문장은? *2022 국가직 9급*

Markets in water rights are likely to evolve as a rising population leads to shortages and climate change causes drought and famine. ① But they will be based on regional and ethical trading practices and will differ from the bulk of commodity trade. ② Detractors argue trading water is unethical or even a breach of human rights, but already water rights are bought and sold in arid areas of the globe from Oman to Australia. ③ Drinking distilled water can be beneficial, but may not be the best choice for everyone, especially if the minerals are not supplemented by another source. ④ "We strongly believe that water is in fact turning into the new gold for this decade and beyond," said Ziad Abdelnour. "No wonder smart money is aggressively moving in this direction."

112

주어진 글 다음에 이어질 글의 순서로 가장 적절한 것은?

In many parts of the world, people take naps in the middle of the day. A nap is a short, daytime period of sleep.

(A) First of all, a daily nap means a more rested body and mind and has many health benefits. In countries where naps are traditional, people tend to suffer less from stress-related problems such as heart disease.

(B) This is especially the case in warmer climates, where the heat makes work difficult in the early afternoon. Researchers are now saying that naps are good for everyone in any climate.

(C) Another benefit of taking naps is improved job performance. In jobs where public safety is involved, a nap can make an important difference. Studies have found, for example, that airplane pilots make fewer mistakes if they take regular naps.

① (A) — (B) — (C)
② (A) — (C) — (B)
③ (B) — (A) — (C)
④ (B) — (C) — (A)

113

Warhol에 관한 다음 글의 내용과 일치하는 것은?

Warhol graduated from Schenley high School in 1945 and obtained a place at the Carnegie Institute of Technology in Pittsburgh, majoring in Pictorial Design. He suffered from the need to establish his artistic personality. Very frequently the timid, malleable boy would produce work that was obviously designed to appeal to his teachers rather than express his own view of things. Consequently, at the end of his first year and also as a result of the need to make space for returning war veterans who wanted to study art under the G.I. Bill of Rights Warhol was threatened with exclusion from the course. This had a shocking effect on him and during the subsequent vacation he worked exceptionally hard at making drawings of daily life. By the time college reconvened in the autumn, Warhol possessed an excellent body of work that regained him a place on the Pictorial Design course and obtained him a show in the art department. To the end of his life Warhol had a fear of failure, and it is easy to pinpoint the youthful event that gave rise to it.

① He was intensely interested in appealing to his teachers in college.
② He got expelled from school at the end of his first year.
③ Only after graduating from college did he work on drawings very hard.
④ He suffered from an inexplicable fear of failure all his life.

114

The gig economy에 관한 다음 글의 내용과 가장 일치하지 않는 것은? 2024 법원직

The gig economy, referring to the workforce of people engaged in freelance and side-hustle work, is growing rapidly in the United States, with 36% of employed participants in a 2022 McKinsey survey identifying as independent workers, up from 27% in 2016. This workforce includes a wide range of jobs from highly-paid professionals like lawyers to lower-earning roles like delivery drivers. Despite the flexibility and autonomy it offers, most independent workers desire more stable employment; 62% prefer permanent positions due to concerns over job security and benefits. The challenges faced by gig workers include limited access to healthcare, housing, and other basic needs, with a significant reliance on government assistance. Technological advancements have facilitated the rise in independent work, making remote and freelance jobs more accessible and appealing. The trend reflects broader economic pressures such as inflation and job market dynamics, influencing individuals to choose gig work for survival, flexibility, or enjoyment.

*side-hustle work 부업

① 조사에 참가한 사람들 중 독립 근로자의 비율이 2016년의 27%에서 36%까지 상승하였다.
② 대부분의 독립 근로자들은 안정적인 고용보다는 직업이 제공하는 유연성과 자율성을 선호하고 있다.
③ 근로자들이 직면한 어려움에는 의료, 주거 및 기타 기본 요구사항에 대한 제한된 접근성이 포함된다.
④ 기술 발전은 독립 근로의 증가를 촉진하여 원격 및 프리랜서 일자리를 접근하기 쉽고 매력적인 것으로 만들고 있다.

[115~116] 다음 글을 읽고 물음에 답하시오.

New message

From: hsharpe@wbandc.com

Melbourne Stationary LTD
To whom It May Concern,

Sales Pitch: WindowBrite & Co

Please excuse my writing to you unintroduced. I am a Salesman for WindowBrite & Co, and I noticed that the head office of your company has large windows which might benefit from our help.

WindowBrite & Co is the leading provider of window cleaning services in Melbourne.

We are proud to offer the cleanest windows at the cheapest price in the whole city. I would like to invite you to try our services at a special introductory price. I am happy to offer 50 % off our fee for one month's worth of window cleaning. We are so confident that you will see a difference in the brightness of your windows that we offer a 100 % money-back guarantee if you are not satisfied.

Do let me know if you are interested in taking advantage of this offer. I look forward to hearing from you soon.

Yours sincerely,
Herman Sharpe

115

다음 글의 목적으로 적절한 것은?

① to solicit donation for a good cause
② to announce a sales opportunity to a company
③ to offer a chance to use a service at a reduced fee
④ to request a discount for window installation

116

윗글의 내용과 일치하는 것은?

① Herman Sharpe는 편지를 받는 사람과 지인 관계이다.
② WindowBrite & Co는 전국에서 가장 저렴한 비용으로 서비스를 제공하고 있다.
③ Melbourne Stationary LTD는 창문 청소에 대한 견적을 요구했다.
④ 서비스에 대해 만족하지 않으면, 전액 환불이 가능하다.

117

다음 글의 내용과 일치하는 것은?

This Saturday's Basketball Game

Brownsville Junior High School's basketball team will have a big game this weekend.
We invite all Brownsville students to come!

Place: Springfield Junior High School's gym
Please ask your parents to take you to Springfield Junior High School. It's far away, so they will have to drive there. They can park their car in the lot near the school and wait there. Then you have to walk five minutes from there to the front gate.

Time: 7:00 pm – 8:30 pm
The game starts at 7:00 pm, but please arrive before 6:30 pm. The doors of the school will be closed until 6:00 pm.

Let's have fun!

① 학생들이 재학중인 학교에서 경기가 개최된다.
② 학부모들도 함께 경기를 관람할 수 있다.
③ 주차장에서 정문까지 걸어서 5분 정도가 걸린다.
④ 학교 문은 오후 6시에 닫을 것이다.

118

다음 글의 요지로 가장 적절한 것은? 2015 사회복지직

Supporters of positive computing make the case that technology should contribute to well-being and human potential. The real potential for positive computing to make a difference in our lives is in the next generation of wearable computing devices. One idea for how wearables might lead to increased well-being and mindfulness is in the current generation of fitness trackers and health devices. Designed to measure physical factors such as heart rate and the amount of sleep we get, they could theoretically become positive feedback devices for regulating moods. These devices would not just be ergonomically well-designed and aesthetically pleasing to the eye, but they would also lead to experiences that remove barriers to well-being.

① Wearable computing devices can contribute to well-being.
② Positive computing can contribute to national power.
③ Wearable computing devices increase living costs.
④ Positive computing develops science.

119

다음 글의 제목으로 가장 적절한 것은?

War may indeed be hell, but hell, apparently, isn't that bad for your health. According to a new study, during most armed conflicts since the 1970s, mortality rates have actually declined. That's not to say that war, in and of itself, leads to longer life spans. Instead, a major reason for the drop is that conflict has become an impetus for international humanitarian groups to increase their efforts in poor countries, and they've learned to work public-health miracles in a short amount of time. In the Democratic Republic of the Congo, for instance, just 20 percent of children were vaccinated for measles in 1997, at the start of a decade-long civil war. But by 2009 that figure was 80 percent. "It's never any fun living in a refugee camp," says Andrew Mack. "But the mortality rates are better in many of those camps than they were before the war."

① Civilian Casualties during the War
② The Era of the Civil War
③ Modern Warfare's Silver Lining
④ The Disastrous Effects of Wars

DAY 10

[120~122] 밑줄 친 부분에 들어갈 말로 가장 적절한 것을 고르시오.

120   2022 국가직 9급

Scientists have long known that higher air temperatures are contributing to the surface melting on Greenland's ice sheet. But a new study has found another threat that has begun attacking the ice from below: Warm ocean water moving underneath the vast glaciers is causing them to melt even more quickly. The findings were published in the journal *Nature Geoscience* by researchers who studied one of the many "ice tongues" of the Nioghalvfjerdsfjorden Glacier in northeast Greenland. An ice tongue is a strip of ice that floats on the water without breaking off from the ice on land. The massive one these scientists studied is nearly 50 miles long. The survey revealed an underwater current more than a mile wide where warm water from the Atlantic Ocean is able to flow directly towards the glacier, bringing large amounts of heat into contact with the ice and _____ the glacier's melting.

① separating
② delaying
③ preventing
④ accelerating

121

Here are four ways drivers _____ _____. The first is accelerating too quickly. Quick acceleration, like when a traffic light turns green, uses more gas than gradual acceleration. The second wasteful habit is the opposite: decelerating too quickly. Third is speeding, which requires more gasoline than driving within the speed limit. In fact, speed limits were set at the current numbers precisely because they minimize gas use. Fourth is making short trips. Driving to the store nearby may involve little mileage, but it can use more gas than a trip by highway to a farther destination.

① commonly waste fuel when driving
② can keep their cars in good condition
③ allow bad habits to get them into accidents
④ often break traffic laws without knowing it

122

In the past, an entire nation would be ruled by a king and his handful of ministers. Only the elite had any power to play. Over the centuries, power has gradually become more and more diffused and democratized. This has created, however, a common misperception that groups no longer have centers of power—that power is spread out and scattered among many people. Actually, however, power _____. There may be fewer mighty tyrants commanding the power of life and death over millions, but there remain thousands of petty tyrants ruling smaller realms, and enforcing their will through indirect power games, charisma, and so on. In every group, power is concentrated in the hands of one or two people, for this is one area in which human nature will never change: People will congregate around a single strong personality like planets orbiting a sun.

① can only be granted, not earned
② tends to corrupt easily when it is abused
③ can be retained for only a short period of time
④ has changed in its numbers but not in its essence

123

Robert Smalls에 대한 다음 글의 내용과 일치하지 않는 것은?

Robert Smalls was born in South Carolina in 1839, during a time when slavery was widespread. As the son of an enslaved woman, his mother convinced her owner to send Smalls to work on the docks in Charleston, believing it would be safer. Smalls later married an enslaved woman and had two children, but fearing they would be sold, he planned an escape. In 1861, when the Civil War began, Smalls was assigned to work on a Confederate ship. One night, when the captain was onshore, Smalls and other crew members seized the opportunity, using Confederate signals to pass through checkpoints. After leaving the harbor, Smalls raised a white flag to avoid Union attacks, successfully escaping and receiving half the value of the ship as a reward.

① He married an enslaved woman and feared that his family would be sold.
② He escaped by using Union signals to pass through checkpoints.
③ Smalls worked on a Confederate ship and escaped with other crew members.
④ Smalls raised a white flag to avoid being attacked by Union ships after leaving the harbor.

124

다음 글의 내용과 일치하는 것은?

MEDICINE INFORMATION

Active Ingredients(per tablet)
Paracetamol 500 mg
Phenylephrine hydrochloride 5 mg

Uses
Temporary relief from
· runny nose   · blocked nose &sinuses
· fever   · headache
· body aches &pains

Warnings
Do not use this medicine:
· In children under 12 years of age
· For longer than a few days at a time in adults and for longer than 48 hours in children aged 12-17 unless advised by a doctor

See your doctor or pharmacists before use if:
· You have high blood pressure
· You have heart problems
· You are taking antidepressant medication

While Using DEMAZIE:
· If symptoms persist, see your doctor or pharmacist
· Keep to the recommended dose. If an overdose is taken or suspected, ring the Poisons information Center (TEL 13 11 26) or go to a hospital straight away even if you feel well because of the risk delayed serious liver damage.
· This medicine may cause sleeplessness in some people.

Directions for Use

Age	How much	How often	Max. daily dose
Adults and children 12 years and over	2 tablets	Every 4-6 hours	8 tablets in 24 hours

① 콧물과 코막힘의 문제를 완전히 해결해 줄 수 있다.
② 성인들은 2일 이상 복용해서는 안 된다.
③ 항우울제를 복용하는 사람들은 복용 전에 의사와 상담을 해야 한다.
④ 과복용을 했을 때 몸에 이상이 있을 때만 병원에 가야 한다.

125

2022 법원직

다음 글의 Zainichi에 관한 내용으로 가장 일치하지 않는 것은?

Following Japan's defeat in World War II, the majority of ethnic Koreans (1-1.4 million) left Japan. By 1948, the population of ethnic Koreans settled around 600,000. These Koreans and their descendants are commonly referred to as Zainichi (literally "residing in Japan"), a term that appeared in the immediate postwar years. Ethnic Koreans who remained in Japan did so for diverse reasons. Koreans who had achieved successful careers in business, the imperial bureaucracy, and the military during the colonial period or who had taken advantage of economic opportunities that opened up immediately after the war opted to maintain their relatively privileged status in Japanese society rather than risk returning to an impoverished and politically unstable post-liberation Korea. Some Koreans who *repatriated were so repulsed by the poor conditions they observed that they decided to return to Japan. Other Koreans living in Japan could not afford the train fare to one of the departure ports, and among them who had ethnic Japanese spouses and Japanese-born, Japanese-speaking children, it made more sense to stay in Japan rather than to navigate the cultural and linguistic challenges of a new environment.

*repatriate 본국으로 송환하다

① 주로 제2차 세계대전 이후에 일본에 남은 한국인들과 후손을 일컫는다.
② 전쟁 후에 경제적인 이득을 취한 사람들도 있었다.
③ 어떤 사람들은 한국에 갔다가 다시 일본으로 돌아왔다.
④ 한국으로 돌아갈 교통비를 마련하지 못한 사람들은 일본인과 결혼했다.

[126~127] 다음 글을 읽고 물음에 답하시오.

Effective with the July 2016 bar examination, the New York bar examination consists of the Uniform Bar Examination(UBE). The UBE is uniformly administered, graded and scored, and it results in a score that can then be transferred to other UBE jurisdictions.

The UBE, which consists of the Multistate Bar Examination(MBE), the Multistate Performance Test(MPT), and the Multistate Essay Examination (MEE), is a paper and in-person examination. All applicants have the option to use a personal laptop computer along with Board-designated word processing security software to type the answers to MPT and MEE questions so long as all applicable deadlines for this option are met. Otherwise, applicants handwrite the answers to the MPT and MEE questions. An applicant must take all sections of the UBE concurrently in the same jurisdiction in order to earn a UBE score that may then be transferred to other UBE jurisdictions.

The UBE is held each year on the last Tuesday and Wednesday of February and July.

More information regarding the UBE, including the list of jurisdictions that have adopted the UBE, is available at the website of the National Conference of Bar Examiners(NCBE) at: https://www.ncbex.org/exams/ube/.

126

윗글에서 UBE에 관한 내용과 일치하지 않는 것은?

① Any sections of the UBE should not be taken in different jurisdiction.
② The list of jurisdictions where UBE is effective can be found at the NCBE website.
③ The New York bar examination is conducted on a different date than the bar exam in other states.
④ Applicants can choose either to use a personal laptop or to handwrite to answer some questions.

127

밑줄 친 concurrently의 의미와 가장 가까운 것은?

① consistently
② respectively
③ subsequently
④ simultaneously

128
주어진 문장이 들어갈 위치로 가장 적절한 것은?

> For others, technology can be overwhelming and intrusive, as it often disrupts traditional ways of living and working.

Technology is frequently defined as the application of scientific knowledge for practical purposes, especially in industry (①) For some, technology represents the epitome of human progress, enabling society to solve complex problems and achieve great efficiency. (②) They argue that technological advances, while beneficial, can also lead to issues like job displacement and increased social isolation. (③) In addition, the rapid pace of technological advancement can lead to uncertainty and confusion, as people struggle to adapt to new tools and processes. (④) As a leading technologist suggests, the key to managing technology is finding the right balance between innovation and regulation.

129
다음 글의 흐름상 가장 어색한 문장은?

2021 국가직 9급

The term burnout refers to a "wearing out" from the pressures of work. Burnout is a chronic condition that results as daily work stressors take their toll on employees. ① The most widely adopted conceptualization of burnout has been developed by Maslach and her colleagues in their studies of human service workers. Maslach sees burnout as consisting of three interrelated dimensions. The first dimension— emotional exhaustion—is really the core of the burnout phenomenon. ② Workers suffer from emotional exhaustion when they feel fatigued, frustrated, used up, or unable to face another day on the job. The second dimension of burnout is a lack of personal accomplishment. ③ This aspect of the burnout phenomenon refers to workers who see themselves as failures, incapable of effectively accomplishing job requirements. ④ Emotional labor workers enter their occupation highly motivated although they are physically exhausted. The third dimension of burnout is depersonalization. This dimension is relevant only to workers who must communicate interpersonally with others (e.g. clients, patients, students) as part of the job.

130

주어진 글 다음에 이어질 글의 순서로 가장 적절한 것은?

> Most consumer magazines depend on subscriptions and advertising. Subscriptions account for almost 90 percent of total magazine circulation. Single-copy, or newsstand, sales account for the rest.

(A) For example, the Columbia Journalism Review is marketed toward professional journalists and its few advertisements are news organizations, book publishers, and others. A few magazines, like Consumer Reports, work toward objectivity and therefore contain no advertising.

(B) However, single-copy sales are important: they bring in more revenue per magazine, because subscription prices are typically at least 50 percent less than the price of buying single issues.

(C) Further, potential readers explore a new magazine by buying a single issue; all those insert cards with subscription offers are included in magazines to encourage you to subscribe. Some magazines are distributed only by subscription. Professional or trade magazines are specialized magazines and are often published by professional associations. They usually feature highly targeted advertising.

① (A) — (C) — (B)
② (B) — (A) — (C)
③ (B) — (C) — (A)
④ (C) — (A) — (B)

131

다음 글의 제목으로 가장 적절한 것은?

Until modern times, high birthrates were necessary to make up for high mortality—especially infant mortality. In agricultural societies, children were assets in the home and in the farm-centered economy. Also, before care of the aged became institutionalized, parents had to rely on their children for care in their old age. For all these reasons, women spent most of their adult lives bearing and rearing many children. Long before this tradition of the large family disappeared, some couples began to adopt the small family pattern. As a result of declining mortality rates, diminishing needs for child labor in agriculture, increasing costs of raising children in an industrialized urban society, and acquiring better methods of birth control, both the number of children desired and the number of children born declined.

① What Made Family Size Change
② The Worrisome Decline in Birthrate
③ Pros and Cons of the Small Family pattern
④ The Relationship between High Birthrates and Infant Mortality

132

다음 글의 주제로 가장 적절한 것은?

Meritocracy, a system in which people are rewarded based on talent and effort than class or wealth, is widely regarded as an ideal basis for a fair society. Efforts to implement this system in the United States began with noble intentions as institutions such as elite universities and large corporations realized that wealthy white males enjoyed an unreasonable degree of privilege. The institutions sought to make themselves more accessible to females, minorities, and people from working-class backgrounds. While these attempts initially led to improved admission and hiring rates for disadvantaged people, there are indications that people with higher incomes have come up with ways to gain an unfair share of educational opportunities. Access to superior schools and private tutoring, after all, greatly increases the odds that their children will be admitted to an elite university, which in turn enhances their earning potential. Although things like college scholarships for minorities may create the illusion of fairness, meritocracy can often be manipulated.

① Efforts to ensure that a wider range of students are able to attend elite universities have not always been successful.
② Although efforts at instituting meritocracy were unsuccessful at first, great progress has been made recently.
③ Efforts to make education more open to a wide variety of people have been more effective than efforts to open up companies.
④ Brining the ideal of meritocracy to universities cannot be done unless it first comes to ordinary schools.

[133~135] 밑줄 친 부분에 들어갈 말로 가장 적절한 것을 고르시오.

133

For hundreds of years, there have been alleged sightings of "rogue waves," described as gigantic walls of water sweeping the ocean and smashing into unsuspecting ships. These rogue waves were long assumed to _____. This changed in the 1990s when an oil platform in the Norwegian North Sea was ravaged by an extraordinarily massive wave that towered over the eleven-meter waves around it. The incident not only helped dispel the notion that rogue waves were a fictitious phenomenon but confirmed how treacherous they could be. Unlike storms that have a foreseeable pattern, rogue waves are a challenge to predict due to how little is known about what causes them to occur.

① only occur during storms
② not be happening frequently
③ be nothing but a thing of legend
④ be deadly to marine organisms

134　　　　　　　　　　　　　　　　2023 지방직 9급

How many different ways do you get information? Some people might have six different kinds of communications to answer—text messages, voice mails, paper documents, regular mail, blog posts, messages on different online services. Each of these is a type of in-box, and each must be processed on a continuous basis. It's an endless process, but it doesn't have to be exhausting or stressful. Getting your information management down to a more manageable level and into a productive zone starts by _____. Every place you have to go to check your messages or to read your incoming information is an in-box, and the more you have, the harder it is to manage everything. Cut the number of in-boxes you have down to the smallest number possible for you still to function in the ways you need to.

① setting several goals at once
② immersing yourself in incoming information
③ minimizing the number of in-boxes you have
④ choosing information you are passionate about

135

From an evolutionary perspective, offspring are vehicles for parents: that is, they are means by which their parents' genes get transported to succeeding generations. Without these vehicles, an individual's genes would perish forever. Given the supreme importance of offspring as genetic vehicles, it is reasonable to expect that natural selection would favor powerful mechanisms in parents to ensure the survival and reproductive success of their children. Aside from the problems of mating, perhaps no other adaptive problem is as paramount as making sure that one's offspring survive and thrive. Indeed, without the success of offspring, all the effort that an organism invested in mating would be reproductively meaningless. Evolution, in short, should produce a rich repertoire of parental mechanisms specially adapted to _____.

① finding a mate
② caring for offspring
③ forming lasting relationships
④ ignoring genetic relatedness

136

주어진 글 다음에 이어질 글의 순서로 가장 적절한 것은?

2023 법원직

At the level of lawmaking, there is no reason why tech giants should have such an ironclad grip on technological resources and innovation.

(A) As the Daily Wire's Matt Walsh has pointed out, for example, if you don't buy your kid a smartphone, he won't have one. There is no need to put in his hand a device that enables him to indulge his every impulse without supervision.

(B) At the private and personal level, there's no reason why they should have control of your life, either. In policy, politics, and our personal lives, it should not be taken as "inevitable" that our data will be sold to the highest bidder, our children will be addicted to online games, and our lives will be lived in the metaverse.

(C) As a free people, we are entitled to exert absolute control over which kinds of digital products we consume, and in what quantities. Most especially, parents should control what tech products go to their kids.

① (B) — (A) — (C)
② (B) — (C) — (A)
③ (C) — (A) — (B)
④ (C) — (B) — (A)

137

다음 문장이 들어갈 위치로 가장 적절한 것은?

> However, the very speed and reach that make social media so powerful also create problems, particularly in the rapid spread of false or misleading information.

Social media has transformed the way we communicate and consume information. (①) Platforms like Facebook, Twitter, and Instagram enable users to stay connected, share updates, and engage with content from all over the world. (②) This instant access to information has undoubtedly had a profound impact on global awareness, helping people stay informed about current events and social movements. (③) While these platforms have taken steps to combat misinformation, the responsibility also lies with users to critically evaluate the content they encounter. (④) In this way, social media can remain a valuable resource, as long as it is used with caution and critical thinking.

138

다음 글에서 전체 흐름과 관계 없는 문장은? 2024 국회직 9급

The complex spatial network of Venice is somewhat hard to master and represent, as many nonnatives discover when visiting the town. ① Repeated visits and strolls through the city provide some comfort because individuals improve their mental representation of and their ability to navigate Venice. ② And yet, a sense of disorientation remains as the individual moves through the city. ③ Commercial maps of Venice are typically hard to decipher, and many are not even accurate at a level that matters for pedestrian navigation. ④ The city is known for its beautiful canals and historic architecture, attracting millions of tourists each year. ⑤ The irregular shape of the city, its sheer size, and the tortuous paths through it certainly contribute to the difficulty. A complex numbering address system creates further confusion.

139

다음 글의 내용과 일치하는 것은?

> Joseph Stalin was the dictator of the Union of Soviet Socialist Republics from 1929 to 1953, after the death of Vladimir Lenin. Under Stalin, the Soviet Union was transformed from a peasant society into industrially and militarily advanced nation. However, as he ruled by terror, millions of his citizens died during his brutal reign. Born into poverty, Stalin became involved in revolutionary politics, as well as criminal activities, as a young man. After Bolshevik leader Vladimir Lenin died, Stalin outmaneuvered his rivals for control of the party. Once in power, he collectivized farming and had potential enemies executed or sent to forced labor camps. Stalin aligned with the United States and Britain in World War II but afterward engaged in an increasingly tense relationship with the West known as the Cold War. After his death, the Soviets initiated a de-Stalinization process.

① Under the Stalin's rule, citizens could experience the most prosperous and peaceful year.
② Stalin were able to gain his power in the party by purging his political enemies.
③ The hostile relationship between the USSR and the West had started from the World War II.
④ As a man from a poor family, he engaged in not only radical but illegal movements.

140

다음 글의 내용과 가장 일치하지 않는 것은? 2023 법원직

> Modern sculpture is generally considered to have begun with the work of French sculptor Auguste Rodin. Rodin, often considered a sculptural Impressionist, did not set out to rebel against artistic traditions, however, he incorporated novel ways of building his sculpture that defied classical categories and techniques. Specifically, Rodin modeled complex, turbulent, deeply pocketed surfaces into clay. While he never self-identified as an Impressionist, the vigorous, gestural modeling he employed in his works is often likened to the quick, gestural *brush strokes aiming to capture a fleeting moment that were typical of the Impressionists. Rodin's most original work departed from traditional themes of mythology and **allegory, in favor of modeling the human body with intense realism, and celebrating individual character and physicality.
>
> *brush stroke 붓놀림 **allegory 우화, 풍자

① 현대 조각은 일반적으로 로댕의 작품에서 시작된 것으로 여겨진다.
② 로댕은 고전적인 기술을 거부하며 조각품을 만드는 새로운 방법을 통합했다.
③ 로댕은 자신을 인상파라고 밝히며 인상파의 전형적인 붓놀림을 보여주었다.
④ 로댕의 가장 독창적인 작품은 신화와 우화의 전통적인 주제에서 벗어나고자 했다.

[141~142] 다음 글을 읽고 물음에 답하시오.

2024 Conference
American Shore and Beach Preservation Association

**SHORT-TERM ACTION
TOWARDS LONG-TERM SOLUTIONS**

The Great Lakes Shore and Beach Preservation Association(GLSBPA) is excited to announce their 2024 conference in Evanston, Illinoi on Wednesday, November 13, 2024.

GLSBPA, <u>in conjunction with</u> the American Shore and Beach Preservation Association(ASBPA) seeks science-based policies and practices for the preservation of coastal areas. The theme of the 2024 conference, "Short-term actions towards Long-term Solutions" will focus on policy, beach preservation, and shoreline management issues and opportunities within the Great Lakes. The GLSBPA biennial conference provides an opportunity for Great Lakes coastal stakeholders and managers to develop collaborative networks; promote best practices; and learn the latest science, engineering and policy related to our shorelines and ecosystems.

DATE: Wednesday, November 13th 2024 10 AM Central
Location: Evanston Public Library – Community Meeting Room, 1st floor
1703 Orrington Ave. Evanston, IL
Fee: $25 suggested donation
(No cost for public employees)
Registration: www.glsbpa2024.com
(at-the-door registration available)

Themes:
· Beach restoration and preservation
· Holistic Shoreline management
· Inter-agency and policy coordination

141

위의 내용과 일치하지 않는 것은?

① The conference is focusing on long-term solutions
② Public employees can participate without fee.
③ The GLSBPA conference is held every other year.
④ Registration should be made in advance only.

142

밑줄 친 **in conjunction with**의 의미와 가장 가까운 것은?

① in combination with
② in comparison with
③ in place of
④ in case of

143

다음 빈칸에 들어가기에 적절한 것은?

> Trickle-down economics describes an economic theory which says that financial benefits and advantages given to wealthy people, corporations, etc., will improve the economy and eventually help the poorer people in a society. For the most part, these policies mean tax cuts. Trickle-down economics assumes that the real drivers of economic growth are those who are successful in society — business owners, investors, and savers. The extra cash they get from tax cuts is used to expand companies directly, investing in business, or adding savings that can be used for business lending. According to trickle-down economics, the first thing businesses do with extra money is to hire workers. These workers spend their wages, driving demand. The net result is a faster growing economy.

⇨ According to trickle-down economics, policy makers should make sure that the rich _____ _____ in order to benefit the whole economy.

① expend the extra money in hiring employees
② get education for free
③ save money from a reduction in tax
④ cut down on their spending

144

다음 글의 요지로 적절한 것은? *2022 국가직 9급*

If someone makes you an offer and you're legitimately concerned about parts of it, you're usually better off proposing all your changes at once. Don't say, "The salary is a bit low. Could you do something about it?" and then, once she's worked on it, come back with "Thanks. Now here are two other things I'd like……" If you ask for only one thing initially, she may assume that getting it will make you ready to accept the offer (or at least to make a decision). If you keep saying "and one more thing……" she is unlikely to remain in a generous or understanding mood. Furthermore, if you have more than one request, don't simply mention all the things you want-A, B, C, and D; also signal the relative importance of each to you. Otherwise, she may pick the two things you value least, because they're pretty easy to give you, and feel she's met you halfway.

① Negotiate multiple issues simultaneously, not serially.
② Avoid sensitive topics for a successful negotiation.
③ Choose the right time for your negotiation.
④ Don't be too direct when negotiating salary.

145

다음 글의 주제로 가장 적절한 것은?

It is easy to look at the diverse things people produce and to describe their differences. Obviously a poem is not a mathematical formula, and a novel is not an experiment in genetics. Composers clearly use a different language from that of visual artists, and chemists combine very different things than do playwrights. To characterize people by the different things they make, however, is to miss the universality of how they create. For at the level of the creative process, scientists, artists, mathematicians, composers, writers, and sculptors use a common set of what we call "tools for thinking," including emotional feelings, visual images, bodily sensations, reproducible patterns, and analogies. And all imaginative thinkers learn to translate ideas generated by these subjective thinking tools into public languages to express their insights, which can then give rise to new ideas in others' minds.

① distinctive features of various professions
② the commonality of the creative process
③ the difference between art and science
④ an obstacle to creative thinking

146

주어진 문장이 들어가기에 적절한 곳은?

> For example, the COVID-19 pandemic starkly illustrated this vulnerability of globalized systems.

As globalization continues to shape the world economy, the interconnectedness of national markets has fostered unprecedented growth in trade and investment. (①) However, this integration also comes with significant risks, particularly in the form of economic interdependence. (②) Disruptions in one region, such as political instability, natural disasters, epidemics or financial crises, can quickly ripple across the globe, affecting supply chains, stock markets, and employment rates in distant countries. (③) Furthermore, increasing economic inequality within and between countries is exacerbating tensions, potentially undermining the stability of the global order. (④) As nations navigate these complexities, policymakers must weigh the benefits of globalization against the potential downsides, ensuring that economies are resilient enough to withstand future shocks

147

다음 글의 흐름상 어색한 문장은?

The underlying hypothesis of Eurocentrism is that Westerners conveniently found that most of history was made by people like themselves. ① Sometimes this parochialism is fostered by a prescribed canon of art and literature that marginalizes non-Western traditions. ② Other times, it is a function of ignorance, which leads Western historians to slight the scientific and technological achievement of other parts of the world. ③ Such reevaluations are then used to form a new historiography that gives both Westerners and non-Westerners their due. ④ In either case, the result is a skewed vision that does not reflect real European preeminence, but rather Eurocentric bias.

*parochialism 편협함, 지역주의

148

주어진 글 다음에 이어질 글의 순서로 가장 적절한 것은?

2021 지방직 9급

Growing concern about global climate change has motivated activists to organize not only campaigns against fossil fuel extraction consumption, but also campaigns to support renewable energy.

(A) This solar cooperative produces enough energy to power 1,400 homes, making it the first large-scale solar farm cooperative in the country and, in the words of its members, a visible reminder that solar power represents "a new era of sustainable and 'democratic' energy supply that enables ordinary people to produce clean power, not only on their rooftops, but also at utility scale."

(B) Similarly, renewable energy enthusiasts from the United States have founded the Clean Energy Collective, a company that has pioneered "the model of delivering clean power-generation through medium-scale facilities that are collectively owned by participating utility customers."

(C) Environmental activists frustrated with the UK government's inability to rapidly accelerate the growth of renewable energy industries have formed the Westmill Wind Farm Co-operative, a community-owned organization with more than 2,000 members who own an onshore wind farm estimated to produce as much electricity in a year as that used by 2,500 homes. The Westmill Wind Farm Co-operative has inspired local citizens to form the Westmill Solar Co-operative.

① (C) — (A) — (B)
② (A) — (C) — (B)
③ (B) — (C) — (A)
④ (C) — (B) — (A)

[149~151] 다음 빈칸에 들어갈 말로 가장 적절한 것을 고르시오.

149

2022 법원직

Cultural interpretations are usually made on the basis of _____ rather than measurable evidence. The arguments tend to be circular. People are poor because they are lazy. How do we "know" they are lazy? Because they are poor. Promoters of these interpretations rarely understand that low productivity results not from laziness and lack of effort but from lack of capital inputs to production. African farmers are not lazy, but they do lack soil nutrients, tractors, feeder roads, irrigated plots, storage facilities, and the like. Stereotypes that Africans work little and therefore are poor are put to rest immediately by spending a day in a village, where backbreaking labor by men and women is the norm.

① statistics
② prejudice
③ appearance
④ circumstances

150

More than a century ago, Henry David Thoreau went to jail to protest against the Mexican War. Many people followed Thoreau's example and openly broke the law to _____. For example, when convicted of breaking the law, the great Indian leader Gandhi served his prison sentence and went on hunger strikes instead of paying a small fine. He did this to draw attention to his cause – the independence of India from Great Britain. When highly respected people are thrown into jail for their beliefs, it often makes people reconsider the justness of the situation. When Martin Luther King Jr. went to jail to protest for racial equality, he helped many Americans realize that segregation was wrong. His example helped abolish laws that kept segregation alive.

① resist the government
② raise money for political activity
③ bring public attention to injustice
④ justify war in maintaining security

151

A paleontologist at Johns Hopkins' University in Baltimore states that there is evidence that most mass extinctions were sparked by moderate climate change and may have actually helped humans. In one such case, the Permian, the greatest mass extinction on record, was brought about by rising temperatures. Approximately 89% of life in the Earth's waters and nearly 69% of terrestrial species were believed to have been annihilated by global warming, which may have created temperatures 1 to 3 degrees Celsius higher than now. However, although climate change was a major contributor of mass extinction of species, it has also given rise to _____ _____.

① past fluctuations of biodiversity levels
② the birth of new species, such as humankind
③ the harmful ecological effects of global warming
④ alterations in rainfall, temperature and sea levels

152

밑줄 친 (A)와 (B)에 들어갈 표현으로 가장 적절한 것은?

2024 국회직 9급

Until the 1880s, government was reasonably small, with few services provided to the public. However, as demands for government services increased, so did calls for making government workers more accountable for providing services efficiently — just like for-profit organizations. ___(A)___, there were calls to ensure that government workers, called civil servants, were hired based on merit. Hiring based on merit meant workers were selected based on a preestablished set of knowledge, skills, and abilities, making them eligible for hire. ___(B)___ that, many government workers got jobs through a patronage system, where a political official hired family or friends.

	(A)	(B)
①	In addition	After
②	In addition	Before
③	In contrast	After
④	In contrast	Because of
⑤	In contrast	Before

153

다음 글의 내용과 일치하지 않는 것은?

The City Botanical Garden is open daily from 8:00 a.m. to 6:00 p.m. (April to September) and 9:00 a.m. to 5:00 p.m. (October to March). The garden offers guided tours on weekends at 11:00 a.m. and 2:00 p.m., and these tours are included in the standard admission fee of $8 for adults and $4 for children. Special event tickets, such as for the annual Flower Show, must be purchased separately and are available online or at the entrance. The garden is closed on national holidays including Thanksgiving, Christmas, and New Year's Day. There is no additional fee for accessing the garden's research center, but appointments are required for research consultations. Pets are not allowed inside the garden, except for service animals. For more information, visit www.citybotanicalgarden.org or call 1-888-555-1234.

① The garden closes at 6:00 p.m. during the summer months.
② Guided tours are available every day of the week.
③ Visitors must buy separate tickets for special events like the Flower Show.
④ Pets, except guide dogs, are not permitted in the garden.

[154~155] 다음 글을 읽고 물음에 답하시오.

Dear our valued customer,

Rarely do we have the opportunity to inform our customers of such good news. The legislature's tariff ruling which was handed down on May 15th, 2024, has made it possible for our company _____.
Effective as of July 1, 2024, all full orders received after that will be billed as follows:

Stock	Old Price	New Price
#0134	$57.00	$51.30
#0135	$53.00	$47.70
#0136	$49.00	$44.10

We are very pleased to be able to pass this savings directly on to you. These prices do not include the additional 2 percent discount that is offered to our customers who pay within the 10-day discount period.

154

빈칸에 들어갈 것으로 적절한 것은?

① to export our products to other countries
② to supply more products for our customers
③ to reduce our list price for our products
④ to mark up the supply price of our products

155

윗글의 내용과 일치하는 것은?

① 제품의 가격이 할인되는 경우는 종종 있다.
② 국회가 관세 법령 개정으로 모든 상품의 가격이 할인될 예정이다.
③ 10일간의 할인 기간 동안 구입하면 추가적인 할인 혜택을 받을 수 있다.
④ 2024년 7월 1일 이전에 구매한 제품도 할인 혜택을 받을 수 있다.

156

글의 내용과 일치하지 않는 것은?

> J.D. Salinger's *The Catcher in the Rye* and Sylvia Plath's *The Bell Jar* share a number of similarities including an uncanny ability to reach each new generation of young readers. Both contain similar main characters – highly intelligent but extremely unhappy young people. Salinger's character, Holden Caulfield, is a cynical and self-destructive teenager who feels alienated from society. Plath's heroine, Esther greenwood, is a college student who feels depressed and confused about what's expected of her. Not surprisingly, *The Bell Jar*'s first reviewers declared Esther to be Holden's female counterpart. However, they are only similar up to a point. Esther experiences a complete breakdown, and ends up in a mental institution. Holden, in contrast, manages to function in the world he generally despises.

① Esther is considered Holden's opposite number by some reviewers.
② Holden and Esther have a lot of characteristics in common.
③ Esther has a nervous breakdown, ending up being institutionalized.
④ Holden does not escape from the world though he loathes it.

157

글의 흐름으로 보아, 주어진 문장이 들어가기에 가장 적절한 곳은?

> Unfortunately, over-the-counter cough and cold medicines are not the answer.

Because young children average ten to twelve colds a year, it seems like they are sick all the time. (①) As pediatricians, we really wish that we could recommend something to help children feel better. (②) First of all, they don't work. All six randomized, placebo-controlled studies of the use of cough and cold medicines for children under the age of twelve did not show any difference between taking a cough or cold medicine and taking a placebo. (③) Expert panels have reviewed these studies and have all agreed that there is no evidence to suggest these medicines work for kids. (④) The American College of Chest Physicians stated that the scientific literature for over-the-counter cough medicines did not support that cough medicines worked.

158

주어진 글 다음에 이어질 글의 순서로 가장 적절한 것은?

2022 법원직

> Once they leave their mother, primates have to keep on making decisions about whether new foods they encounter are safe and worth collecting.

(A) By the same token, if the sampler feels fine, it will reenter the tree in a few days, eat a little more, then wait again, building up to a large dose slowly. Finally, if the monkey remains healthy, the other members figure this is OK, and they adopt the new food.

(B) If the plant harbors a particularly strong toxin, the sampler's system will try to break it down, usually making the monkey sick in the process. "I've seen this happen," says Glander. "The other members of the troop are watching with great interest—if the animal gets sick, no other animal will go into that tree. There's a cue being given— a social cue."

(C) Using themselves as experiment tools is one option, but social primates have found a better way. Kenneth Glander calls it "sampling." When howler monkeys move into a new habitat, one member of the troop will go to a tree, eat a few leaves, then wait a day.

① (A) — (B) — (C)
② (B) — (A) — (C)
③ (C) — (B) — (A)
④ (C) — (A) — (B)

159

전체 글의 흐름과 무관한 문장은?

Is vitamin E really a panacea for everything? ① As well as vitamin E can curb the process of some disease like cancer that results from oxidative damage to the DNA of cells, it seems that as much high-doses of the supplement could be the cure for other chronic diseases like heart disease and dementia. ② A few years ago, researchers suggested that moderately high doses, precisely 400 International Unites(IUs) of vitamin E could prevent disease. ③ Especially, heart disease can be cured by surgery as well as vitamin E. ④ However, observational studies at American Medical Association revealed that those who took 400 International Unites daily or more in the trial involving more than 35,000 men, developed cancer as frequently as men who did not take the vitamin.

160

다음 글의 내용을 한 문장으로 요약할 때, 빈칸 (A)와 (B)에 들어갈 말로 가장 적절한 것끼리 짝지은 것은?

In most areas of the world, certainly in Europe, both the physical landscape and the maps of it are relatively stable. The revision of map is usually concerned with manmade features, such as buildings and roads. This is not true of Antarctica. The Antarctic ice sheet is a dynamic entity and cartographers have to contend with big and rapid changes in the physical geography of the continent. For example, earlier this year they faced the dramatic break-up of the Larsen and Prince Gustav ice shelves in the Antarctic Peninsula region, which is the place where the British Antarctic Survey concentrates its mapping activity.

⇨ The _____(A)_____ landscape of Antarctica brings about _____(B)_____ to cartographers.

	(A)	(B)
①	relatively simple	boredom
②	constantly changing	trouble
③	severely dangerous	pleasure
④	absolutely complex	difficulty

161

다음 글의 요지로 적절한 것은?

If the Garden of Eden was the first place on earth that was inhabited by humankind, then it must have been located in eastern Africa. Mother Nature and Father Time have existed so long in that area of the world that they themselves have excavated the great Rift Valley system stretching from Africa's eastern interior through the Red Sea, seemingly to make possible subsequent revelations about human genesis. By decoding the special language of the fossils and rocks found in the Rift Valley and surrounding areas, archeologists and other scientists have been able to inform us of a human ancestry that dates back a few million years.

① Eastern Africa was the best place to live a few million years ago.
② The excavation of the Rift Valley should not be delayed any longer.
③ The Rift Valley has the oldest trace of human inhabitation.
④ The appearance of humankind dates back a few million years.

162

Which of the following is the most appropriate title of the passage? 2024 국회직 8급

People usually associate innovation with technology and products when, in fact, there are many significant process and service innovations that we experience every day. This mistaken belief takes its roots in the fact that the production processes are invisible to the end-users; similarly, services are intangible. As a result, less attention is drawn to them. Identifying how something can be produced more efficiently, in greater quantities or at a lesser cost, certainly involves considerable ingenuity and will undoubtably create genuine value. Also, since our economies are increasingly service-oriented, there are many opportunities to create value by imagining better ways of providing them. Thus, processes and services are important to keep in mind when looking for ways to innovate. In addition, with the advent of Software-as-a-Service(SaaS) and subscription-based computing models, functionalities that were previously provided as products are now moving into the realm of services.

① Ignoring Process and Service Innovations
② Focusing Solely on Technological Innovation
③ Beyond Products: Embracing Process and Service Innovations
④ Omitting Process and Service Innovation Significance
⑤ Innovation Limited to Technology and Product

[163~165] 글의 흐름상 빈칸에 들어갈 가장 적절한 것을 고르시오.

163

On our own level it is generally difficult to make a complete divorce between objective reality and our linguistic symbols of reference to it, and things, qualities, and events are on the whole felt to be what they are called. For the normal person, every experience, whether it is real or potential, is saturated with verbalism. This explains why so many lovers of nature, for instance, do not feel that they are truly in touch with it until they have mastered the names of a great many flowers and trees, as though the primary world of reality were a verbal one and as though one could not get close to nature unless one first mastered the terminology which somehow magically expresses it. It is this _____ that removes language from the cold status of such purely and simply symbolic systems as mathematical symbolism or flag signaling.

① symbolic power of a common language
② slow and long process of language development
③ distinct relationship between language and culture
④ constant interplay between language and experience

164

2023 국가직 9급

Over the last fifty years, all major subdisciplines in psychology have become more and more isolated from each other as training becomes increasingly specialized and narrow in focus. As some psychologists have long argued, if the field of psychology is to mature and advance scientifically, its disparate parts (for example, neuroscience, developmental, cognitive, personality, and social) must become whole and integrated again. Science advances when distinct topics become theoretically and empirically integrated under simplifying theoretical frameworks. Psychology of science will encourage collaboration among psychologists from various sub-areas, helping the field achieve coherence rather than continued fragmentation. In this way, psychology of science might act as a template for psychology as a whole by integrating under one discipline all of the major fractions/factions within the field. It would be no small feat and of no small import if the psychology of science could become a model for the parent discipline on how to combine resources and study science _____.

① from a unified perspective
② in dynamic aspects
③ throughout history
④ with accurate evidence

165

Whether or not a particular kind of pollen will cause allergies in human beings is largely determined by its chemical makeup. However, even though the chemical composition of a type of pollen is capable of causing allergic reactions in humans, it does not mean that it actually will. For instance, the pine tree pollen, whose makeup has been found to cause allergic reactions, does not seem to cause hay fever, known as seasonal allergic rhinitis. The pollen of pine trees is quite heavy. It usually falls straight down without scattering into the noses of humans. _____, whether a pollen will cause an allergic reaction is determined not only by its chemical composition, but also by its chances of coming into contact with an allergy-prone area.

① Accordingly
② Contrarily
③ Otherwise
④ Moreover

166

다음 광고문의 내용과 일치하는 것은?

Just in time for the winter holidays, Regent Hotel is happy to announce its new family rate for those planning to spend time away from home. For a limited time, we are offering our deluxe family suite for just $160 – half our standard rate. Each unit is nicely equipped with double beds and a separate living area that includes kitchen facilities and a dining table. When you'd rather have someone else do the cooking for you, enjoy luxurious dining in one of our three-award winning restaurants, or have room service bring you a meal. And if you enjoy our food too much, you can work off the extra calories in one of our two heated indoor pools or fully-equipped fitness center. To make a reservation, call 1-800-333-ROOM.

① The regular price for deluxe family suite at Regent Hotel is $320.
② You are not allowed to cook in the deluxe family suite.
③ Regent Hotel has both indoor and outdoor pools.
④ Regent Hotel has one-award winning restaurant.

167

다음 글의 내용과 일치하는 것은? *2019 지방직 7급*

It took humans thousands of years to explore our own planet and centuries to comprehend our neighboring planets, but nowadays new worlds are being discovered every week. To date, astronomers have identified more than 370 "exoplanets," worlds orbiting stars other than the sun. Amid such exotica, scientists are eager for a hint of the familiar: planets resembling Earth, orbiting their stars at just the right distance—neither too hot nor too cold—to support life as we know it. No planets quite like our own have yet been found, because they're inconspicuous. To see a planet as small and dim as ours amid the glare of its star is like trying to see a firefly in a fireworks play; to detect its gravitational influence on the star is like listening for a cricket in a tornado. Yet by pushing technology to the limits, astronomers are rapidly approaching the day when they can find another Earth and interrogate it for signs of life.

① Astronomers have found more than 370 exoplanets orbiting the sun.
② Planets like Earth have not been found because they are not easily observable.
③ The gravitational influence of a small planet like Earth on its star is easily detected.
④ Thanks to the development of technology, astronomers have found some planets like Earth.

168

Public Speaking Workshop에 관한 다음 안내문의 내용과 일치하지 않는 것은?

Public Speaking Workshop

- Date: Friday, November 20th
- Time: 9:00 a.m.-1:30 p.m.
- Venue: PI Business School(PBS)
- Admission Fees: $95 / $45(Non-PBS student / PBS student)

About the Course
- You will get practical help in the preparation and delivery of presentations and/or speeches.
- You will get recorded on camera and get one to one feedback. A recording of your presentation will be sent to you on your email.

After the Course
- Participants will, upon request, receive a Certificate of Attendance from PBS.

Speaker
- Barbara Lee is a leading learning and development facilitator. She has been providing training for over 15 years.

* Register online at www.pbs.com
* Payment in full must be received before the workshop date.

For additional information, please visit our website.

① 참가자는 자신의 발표 녹화 영상을 받을 수 있다.
② PBS 재학생들은 더 저렴한 참가비를 지불하면 된다.
③ 강연자는 15년이 넘는 교육 경력을 가지고 있다.
④ 참가비는 워크숍 당일에 지불해야 한다.

169

다음 글의 목적으로 가장 적절한 것은?

From: salesofficer@weelax.com
To: Shiela@weelax.com
Date: June 6, 2024

Dear Shiela Feldman

I am writing to you in my capacity as the team leader of your Sales Department.

It has been noted that you have been consistently falling short of meeting your sales targets for the past three quarters. As an essential part of our team, we depend on you and others like you to drive our initiatives forward, and such consistent underperformance can adversely affect our team's overall success.

I understand that there can be ups and downs in everyone's professional journey, but it is essential that we learn from these experiences and adapt in a manner that improves our work quality and productivity.

Please consider this letter as a formal warning about your current job performance. We expect a significant improvement in your sales performance in the coming quarters, failing which appropriate action may need to be taken.

Should you need any kind of assistance to overcome the challenges you are facing to meet the sales targets, please do not hesitate to reach out to me or anyone else on the team.

We look forward to seeing a notable improvement in your performance in the days to come.

① to congratulate Shiela on her recent promotion
② to offer Shiela an opportunity to socialize with colleagues
③ to express concerns related to Shiela's recent job performance
④ to inform Shiela of what to do to improve her sales performance

170

다음 글의 주제로 가장 적절한 것은? 2021 국회직 9급

Think about how you feel if somebody cuts you off, or makes an illegal left turn in front of you. If you are like most people you get annoyed, perhaps very annoyed, and want to punish the rule breaker, even though you know you'll never see the person again. Or, think about how you feel when someone cuts in line while you wait for a movie. Most people get quite angry, even if they are near the front of the line and are sure to get a good seat. Such emotions can give rise to voluntary, informal punishment of people who break social rules. But in complex societies, it's hard to know whether such punishment plays a significant role in maintaining social norms because police and courts also act to punish rule breakers. Many simple societies lack formal legal institutions, so the only kind of punishment is informal and voluntary. In small-scale societies, considerable ethnographic evidence suggests that moral norms are enforced by punishment.

① benefits and disadvantages of formal punishment
② the relationship between punishment and the scale of society
③ moral norms and their impacts on the society
④ the effect of harsh punishment on antisocial behaviors
⑤ the role of the legal system in safeguarding national security

171

다음 글의 요지로 가장 적절한 것은?

Emergency Preparedness for Natural Disasters
Being prepared for natural disasters has been a critical focus for government agencies for decades. Natural disasters such as hurricanes, wildfires, and floods can cause significant loss of life, economic damage, and disruption to everyday activities.

Disaster Response Teams
Government disaster response teams are trained to act swiftly when a natural disaster occurs. These teams coordinate efforts with local authorities to ensure that relief efforts are executed efficiently. A disaster response may be triggered by early warning systems or by on-the-ground reports of damage and danger to residents.

① Disaster response teams focus on local collaborations.
② The government's main goal is to deal with natural disasters with efficiency.
③ The government prioritizes early warning systems over response efforts.
④ The government aims to educate the public on how to prevent disasters.

172

주어진 글 다음에 이어질 글의 순서로 적절한 것은?

2022 국가직 9급

Today, Lamarck is unfairly remembered in large part for his mistaken explanation of how adaptations evolve. He proposed that by using or not using certain body parts, an organism develops certain characteristics.

(A) There is no evidence that this happens. Still, it is important to note that Lamarck proposed that evolution occurs when organisms adapt to their environments. This idea helped set the stage for Darwin.

(B) Lamarck thought that these characteristics would be passed on to the offspring. Lamarck called this idea inheritance of acquired characteristics.

(C) For example, Lamarck might explain that a kangaroo's powerful hind legs were the result of ancestors strengthening their legs by jumping and then passing that acquired leg strength on to the offspring. However, an acquired characteristic would have to somehow modify the DNA of specific genes in order to be inherited.

① (A) — (C) — (B)
② (B) — (A) — (C)
③ (B) — (C) — (A)
④ (C) — (A) — (B)

173

글의 흐름으로 보아, 주어진 문장이 들어가기에 가장 적절한 곳은?

For example, carbon dioxide leaking into soil from magma deeper in the crust has been killing trees since 1992 on Mammoth Mountain, a volcano on the boundary of Long Valley Caldera.

Though infrequent, the collapse of a large caldera is one of the most destructive natural phenomena on Earth. (①) Monitoring caldera unrest is very important because of the long-term potential for widespread destruction. (②) Fortunately, no catastrophic collapses have occurred in North America during recorded history, but geologists are wary of an increase in small earthquakes in Yellowstone and Long Valley calderas and other indications of activity in their underlying magma chambers. (③) Other indications of resurgence of the Long Valley Caldera are uplift of the center of the caldera by more than half a meter in the past 20 years and the occurrence of nearly continuous swarms of small earthquakes. (④) More than a thousand occurred in a single day in 1997.

*caldera 칼데라(화산체 폭발로 생긴 대규모 함몰지)
*catastrophic 대이변의, 비극적인

174

다음 글의 내용과 일치하지 않는 것은? 2024 지방직 9급

According to the historians, neckties date back to 1660. In that year, a group of soldiers from Croatia visited Paris. These soldiers were war heroes whom King Louis XIV admired very much. Impressed with the colored scarves that they wore around their necks, the king decided to honor the Croats by creating a military regiment called the Royal Cravattes. The word cravat comes from the word Croat. All the soldiers in this regiment wore colorful scarves or cravats around their necks. This new style of neckwear traveled to England. Soon all upper class men were wearing cravats. Some cravats were quite extreme. At times, they were so high that a man could not move his head without turning his whole body. The cravats were made of many different materials from plaid to lace, which made them suitable for any occasion.

① A group of Croatian soldiers visited Paris in 1660.
② The Royal Cravattes was created in honor of the Croatian soldiers wearing scarves.
③ Some cravats were too uncomfortable for a man to move his head freely.
④ The materials used to make the cravats were limited.

[175~177] 글의 흐름상 빈칸에 들어갈 가장 적절한 것을 고르시오.

175

All things being equal, we generally resist change until the pain of making a switch becomes less than the pain of remaining in our current situation. This is why incompetent or even hostile employees are allowed to remain in a job far longer than they should, because managers don't want to deal with finding someone else to replace the bad apple. It's also why people accept all kinds of situations that are unproductive or downright harmful, from jobs that drain their energy without producing much in return to dysfunctional relationships. To break the cycle, the fear of the unknown has to _____ _____. There are two ways to make this happen: One is to increase the pain of the current situation and the other is to decrease the fear of the desired situation.

① remain the same as long as we can endure it
② be taken advantage of to keep our present life stable
③ become less than the passive acceptance of the current situation
④ be overwhelmed by the present satisfaction with our coworkers

176

Until the 19th century, scientists supposed that species were unchanging. This allowed them to classify species. It was not always simple because individuals vary, but there was no disagreement about the meaning of the word species. By the 18th century, naturalists were grouping similar species and genera into higher categories, but it was not until biologists realized that species evolve that it became necessary to look again at the definition, because if one species can gradually change into two different species, the species concept is more _____ than scientists had previously supposed. Charles Darwin found the resulting confusion amusing. "It is really laughable to see what different ideas are prominent in various naturalists' minds when they speak of 'species,'" he wrote. "It all comes, I believe, from trying to define the indefinable."

① stable
② fluid
③ definite
④ valid

177

When there is a discrepancy between the verbal message and the nonverbal message, _____ _____. For example, a friend might react to a plan for dinner with a comment like "that's good," but with little vocal enthusiasm and a muted facial expression. In spite of the verbal response, the lack of expressive enthusiasm suggests that the plan isn't viewed very positively. In such a case, the purpose of the positive comment might be to avoid a disagreement and support the friend, but the lack of a positive expression unintentionally leaks a more candid, negative reaction to the plan. Of course, the muted expressive display might also be strategic and intentional. That is, the nonverbal message is calculated, and designed to let the partner know one's candid reaction indirectly. It is then the partner's responsibility to interpret the nonverbal message and make some adjustment in the plan.

① the former fails to get across to the listener
② the latter often underscores the speaker's intention
③ the former typically weighs more in forming a judgment
④ the latter ends up revealing the speaker's true feelings

178

다음 글의 흐름상 어색한 문장은?

An expository essay is a type of writing that aims to explain, inform, or describe a specific topic to the reader. ① In this type of essay, the writer presents a balanced and objective analysis, relying on factual evidence to support the main points. ② The purpose of an expository essay is not to persuade the reader but to provide clear and concise information. ③ Writing with an emotional appeal and using persuasive techniques is critical to engaging the reader in an expository essay. ④ Common types of expository essays include compare and contrast, cause and effect, and problem-solution essays, all of which aim to enhance the reader's understanding of a topic.

179

다음 글의 내용과 일치하지 않는 것은?

The panic of a heavy smoker bereft of cigarettes speaks alarmingly of a physiological force at work that is more powerful than mere desire. Not long after taking up the habit, smokers become tolerant of nicotine's effects; as with heroin and cocaine, dependence quickly follows. Tobacco only seems safer because it is not immediately dangerous. Nicotine is not like, for example, to fatally overstimulate a healthy heart, cause disorienting hallucinations or pack anywhere near the same euphoric punch as many other drugs. "People die with crack immediately," explains Alexander Glassman, a psycho-pharmacologist at the New York State Psychiatric Institute in Manhattan. "With cigarettes the problems occur 20 years down the line. Nobody lights up their first cigarette and dies."

*crack 강력한 코카인의 일종인 마약

① 담배를 많이 피우는 사람은 담배가 떨어지면 공포에 빠진다.
② 흡연을 오래 해야 니코틴에 내성이 생긴다.
③ 흡연자들은 흡연 습관을 들인 후 곧 니코틴의 효과에 적응을 한다.
④ 니코틴은 정신을 잃게 하는 환각 상태를 유발하지 않는다.

180

다음 글의 주제로 가장 적절한 것은?

How much living space does a person need? What happens when his or her space requirements are not adequately met? Sociologists and psychologists are conducting experiments on rats to try to determine the effects of overcrowded conditions on man. Recent studies have shown that the behavior of rats is greatly affected by space. If rats have adequate living space, they eat well, sleep well, and reproduce well. But, if their living conditions become too crowded, their behavior patterns and even their health change perceptibly. They cannot sleep and eat well, and signs of fear and tension become obvious. The more crowded they are, the more they tend to bite each other and even kill each other. Thus, for rats, population and violence are directly related. This is a natural law for human society.

① the correlation between living environment and the reproduction
② the effect of living space on behavior
③ the necessity of animal experiments in outer space
④ the need for research on securing living space

181

Sign Language Class에 관한 다음 안내문의 내용과 일치하는 것은?

Sign Language Class

If you've ever considered studying sign language, our class is one of the best ways to do it!
The class is open to people of all ages, but all children must be accompanied by an adult.

Class Schedule
· Where: Coorparoo Community Center
· When: September – October, 2020(7:00 p.m. – 9:00 p.m.)

Levels
· Class #1 (Monday and Tuesday) – No previous sign language experience is required.
· Class #2 (Wednesday and Thursday) – Knowledge of at least 1,000 signs is required.

Note
· Tuition is $100.
· We do not provide refunds unless class is cancelled due to low registration.
· Registration is available only online and before August 31.

Visit our website at www.CRsignlgs.com

① Children can participate without an adult present.
② Some classes are available for those who have no sign language experience.
③ Refunds are not possible without exception.
④ On-site registration is possible in some cases.

182

다음 글의 내용을 한 문장으로 요약하고자 한다. 빈칸 (A)와 (B)에 들어갈 말로 가장 적절한 것은?

> No clear dividing line can be drawn between public and private behaviour — drawing up rules will be arbitrary and will exclude at least some corrupt or dishonest behaviour. For example, President Mitterand of France hid his cancer from the French electorate for years — was this a public or a private matter? He also had a mistress and illegitimate daughter, who were secretly taken on some of his foreign visits at state expense; again, is this a private or a public matter? Continual probing into the private lives of public figures actually harms the functioning of democracy. Very few potential candidates will have entirely spotless private lives, free from embarrassing indiscretions committed while they were young and irresponsible.

⇨ The prospect of fierce and unforgiving press scrutiny will __(A)__ many from seeking public office and deny their talents to __(B)__ .

	(A)	(B)
①	deter	the public good
②	stimulate	their press
③	encourage	the good will
④	divert	the benefit of the press

183

다음 글의 요지로 가장 적절한 것은?   **2023 지방직 9급**

Dr. Roossinck and her colleagues found by chance that a virus increased resistance to drought on a plant that is widely used in botanical experiments. Their further experiments with a related virus showed that was true of 15 other plant species, too. Dr. Roossinck is now doing experiments to study another type of virus that increases heat tolerance in a range of plants. She hopes to extend her research to have a deeper understanding of the advantages that different sorts of viruses give to their hosts. That would help to support a view which is held by an increasing number of biologists, that many creatures rely on symbiosis, rather than being self-sufficient.

① Viruses demonstrate self-sufficiency of biological beings.
② Biologists should do everything to keep plants virus-free.
③ The principle of symbiosis cannot be applied to infected plants.
④ Viruses sometimes do their hosts good, rather than harming them.

184

다음 글의 주제로 가장 적절한 것은?

As climate change continues to affect weather patterns globally, coastal cities are facing increasing risks from rising sea levels and extreme weather events. Scientists warn that without significant reductions in carbon emissions, many low-lying areas could be submerged by the end of the century. These changes not only threaten human lives and property but also disrupt ecosystems, leading to biodiversity loss. To mitigate these risks, governments are encouraged to invest in renewable energy sources, such as wind and solar power, and implement stricter environmental regulations. Additionally, urban planners are exploring ways to redesign cities to be more resilient to flooding and other climate-related challenges. The combination of proactive policies and innovative design will be crucial in adapting to the climate change.

① the benefits of renewable energy in reducing carbon emissions
② the role of urban planning in climate change adaptation
③ the impact of rising sea levels on biodiversity
④ strategies for reducing the risks of climate change in coastal areas

185

다음 글의 빈칸 (A), (B)에 들어갈 말로 가장 적절한 것은?

No matter how good your product is, remember that perfection of an existing product is not necessarily the best investment one can make.   (A)   , the Erie Canal, which took four years to build, was regarded as the height of efficiency in its day. What its builders had not considered was that the advent of the railroad would assure the canal's instant downfall. By the time the canal was finished, the railroad had been established as the fittest technology for transportation.   (B)   , when the fuel cell becomes the automotive engine of choice, the car companies focusing on increasing the efficiency of the internal combustion engine may find themselves left behind. Is it time to keep making what you are making? Or is it time to create a new niche? Innovation requires noticing signals outside the company itself: signals in the community, the environment, and the world at large.

*niche 틈새

	(A)	(B)
①	Furthermore	Nevertheless
②	Furthermore	Otherwise
③	For example	Likewise
④	For example	However

[186~188] 다음 글의 빈칸에 들어갈 말로 가장 적절한 것을 고르시오.

186

The global demand for clean energy has spurred rapid growth in the renewable energy sector, particularly in solar and wind power. However, the transition to renewable energy sources is not without its challenges. One major issue is the intermittency of solar and wind power; they depend on weather conditions, meaning they cannot provide a constant and reliable energy supply. This unpredictability can lead to _____ as countries struggle to balance their energy grids and maintain consistent electricity supply. To address this issue, governments and companies are investing heavily in energy storage technologies, such as advanced batteries, which can store excess energy generated during peak production times and release it when demand is high.

① a surge in global energy prices
② the widespread adoption of fossil fuels
③ disruptions in energy stability and reliability
④ increased consumer demand for renewable products

187

The concept of emotional intelligence (EI) originates from two published articles by psychologists John Mayer and Peter Salovey. They define EI as the ability to perceive, understand, manage, and use emotions to _____. Though frequently conceived as opposites, emotions and intellect often work in concert, each enhancing the other. "Our ability to engage in the highest levels of thought isn't limited to intellectual pursuits like calculus," Mayer contends. "It also includes reasoning and abstracting about feelings. That means that among those people that we refer to as warm-hearted or romantic or fuzzy, there are some who are engaging in very, very sophisticated information processing. This type of reasoning is every bit as formal as that used in solving syllogisms." They further argued that emotions sometimes enrich thought and that the experience of strong feeling may help individuals perceive fresh alternatives, make better choices, and, paradoxically, maintain an even emotional keel.

*fuzzy 친절한, 다정한 **syllogism 삼단 논법
***an even keel 안정 상태

① urge actions
② relieve stress
③ hold attention
④ facilitate thinking

188

Choosing similar friends can have a rationale. Assessing the survivability of an environment can be risky (if an environment turns out to be deadly, for instance, it might be too late by the time you found out), so humans have evolved the desire to associate with similar individuals as a way to perform this function efficiently. This is especially useful to a species that lives in so many different sorts of environments. However, the carrying capacity of a given environment _____ _____ . If resources are very limited, the individuals who live in a particular place cannot all do the exact same thing (for example, if there are few trees, people cannot all live in tree houses, or if mangoes are in short supply, people cannot all live solely on a diet of mangoes). A rational strategy would therefore sometimes be to avoid similar members of one's species.

① exceeds the expected demands of a community
② is decreased by diverse means of survival
③ places a limit on this strategy
④ makes the world suitable for individuals

[189~190] 다음 글을 읽고 물음에 답하시오.

(A)

We are excited to invite you to the Green Earth Eco Fair, a two-day event aimed at raising awareness about sustainability and eco-friendly practices. This fair will provide numerous opportunities to learn how to protect our environment while having fun with family and friends.

◆ **Details**
- **Dates**: Saturday, November 4 – Sunday, November 5
- **Times**: 9:00 a.m. – 7:00 p.m. (both days)
- **Location**: Central Park, Oak Street

◆ **Highlights**
- **Workshops**

Join hands-on workshops where you can learn about urban gardening, recycling techniques, and energy-saving tips from local experts.

- **Eco-Market**

Browse our eco-market filled with sustainable products, organic foods, and environmentally friendly crafts made by local vendors.

For more information and the full list of activities, please visit our official website at www.greenearthfair.org or contact us at (800) 123-4567.

189

(A)에 들어갈 윗글의 제목으로 가장 적절한 것은?

① Make a Difference: Attend Our Sustainability Workshops
② Celebrate a Cleaner Future at the Eco Fair
③ Save Money by Learning Energy-Efficient Tips
④ Explore the Future of Urban Development

190

Green Earth Eco Fair에 관한 윗글의 내용과 일치하지 않는 것은?

① 이틀 동안 오전 9시부터 오후 7시까지 행사가 열린다.
② 에코 마켓에서는 지속 가능한 제품을 구매할 수 있다.
③ 현장에서 재활용 기술을 배울 수 있는 기회가 제공된다.
④ 지역 상인들이 현장에서 워크숍을 진행할 것이다.

191

Global Education Support Organization에 관한 내용과 일치하는 것은?

Global Education Support Organization

Mission

We promote equitable access to quality education by providing resources and training to educators and students worldwide. Our programs are designed to support lifelong learning and professional development in various educational fields.

Vision

We envision a world where every individual, regardless of their background, has access to quality education that enables them to reach their full potential. By working with global partners, we aim to foster inclusive and innovative educational systems.

Core Values

- **Equity & Inclusion**: We are committed to ensuring that every learner has equal opportunities to succeed, regardless of their circumstances.
- **Innovation & Collaboration**: We encourage innovative approaches and collaborate with educators, institutions, and governments to improve education systems globally.

① It focuses on providing professional development only for teachers.
② It aims to create inclusive education systems by working with global partners.
③ It limits educational opportunities to certain regions of the world.
④ It focuses solely on students, without concern for educators.

192

다음 글의 내용과 일치하지 않는 것은?   2019 지방직 9급

In the nineteenth century, the most respected health and medical experts all insisted that diseases were caused by "miasma," a term for bad air. Western society's system of health was based on this assumption: to prevent diseases, windows were kept open or closed, depending on whether there was more miasma inside or outside the room; it was believed that doctors could not pass along disease because gentlemen did not inhabit quarters with bad air. Then the idea of germs came along. One day, everyone believed that bad air makes you sick. Then, almost overnight, people started realizing there were invisible things called microbes and bacteria that were the real cause of diseases. This new view of disease brought sweeping changes to medicine, as surgeons adopted antiseptics and scientists invented vaccines and antibiotics. But, just as momentously, the idea of germs gave ordinary people the power to influence their own lives. Now, if you wanted to stay healthy, you could wash your hands, boil your water, cook your food thoroughly, and clean cuts and scrapes with iodine.

① In the nineteenth century, opening windows was irrelevant to the density of miasma.
② In the nineteenth century, it was believed that gentlemen did not live in places with bad air.
③ Vaccines were invented after people realized that microbes and bacteria were the real cause of diseases.
④ Cleaning cuts and scrapes could help people to stay healthy.

193

다음 글에서 전체 흐름과 관계 없는 문장은?

When drawing human figures, children often make the head too large for the rest of the body. A recent study offers some insight into this common imbalance in children's drawings. As part of the study, researchers asked children between four and seven years old to make several drawings of adults. ① When they drew frontal views of the adults, the size of the heads was markedly enlarged. ② Adults tended to draw children's faces larger than their own. ③ However, when the children drew rear views of the adults, the size of the heads was not nearly so exaggerated. ④ The researchers suggest that children draw bigger heads when they know that they must leave space for facial details.

194

주어진 글 다음에 이어질 글의 순서로 가장 적절한 것은?

Interestingly, being observed has two quite distinct effects on performance. In some cases, performance is decreased, even to the point of non-existence. The extreme of this is stage fright, the sudden fear of public performance.

(A) So, if you are learning to play a new sport, it is better to begin it alone, but when you become skilled at it, then you will probably perform better with an audience.

(B) There are many instances of well-known actors who, in mid-career, develop stage fright and simply cannot perform. The other extreme is that being observed enhances performance, people doing whatever it might be better when they know that others are watching.

(C) The general rule seems to be that if one is doing something new or for the first time, then being observed while doing it decreases performance. On the other hand, being observed while doing some task or engaging in some activity that is well known or well practiced tends to enhance performance.

① (B) — (A) — (C)
② (B) — (C) — (A)
③ (C) — (A) — (B)
④ (C) — (B) — (A)

195

주어진 문장이 들어갈 위치로 적절한 것은? 2024 국가직 9급

> Tribal oral history and archaeological evidence suggest that sometime between 1500 and 1700 a mudslide destroyed part of the village, covering several longhouses and sealing in their contents.

From the village of Ozette on the westernmost point of Washington's Olympic Peninsula, members of the Makah tribe hunted whales. (①) They smoked their catch on racks and in smokehouses and traded with neighboring groups from around the Puget Sound and nearby Vancouver Island. (②) Ozette was one of five main villages inhabited by the Makah, an Indigenous people who have been based in the region for millennia. (③) Thousands of artifacts that would not otherwise have survived, including baskets, clothing, sleeping mats, and whaling tools, were preserved under the mud. (④) In 1970, a storm caused coastal erosion that revealed the remains of these longhouses and artifacts.

196

다음 글의 주제로 가장 적절한 것은?   2021 국가직 9급

During the late twentieth century socialism was on the retreat both in the West and in large areas of the developing world. During this new phase in the evolution of market capitalism, global trading patterns became increasingly interlinked, and advances in information technology meant that deregulated financial markets could shift massive flows of capital across national boundaries within seconds. 'Globalization' boosted trade, encouraged productivity gains and lowered prices, but critics alleged that it exploited the low-paid, was indifferent to environmental concerns and subjected the Third World to a monopolistic form of capitalism. Many radicals within Western societies who wished to protest against this process joined voluntary bodies, charities and other non-governmental organizations, rather than the marginalized political parties of the left. The environmental movement itself grew out of the recognition that the world was interconnected, and an angry international coalition of interests emerged.

① The affirmative phenomena of globalization in the developing world in the past
② The decline of socialism and the emergence of capitalism in the twentieth century
③ The conflict between the global capital market and the political organizations of the left
④ The exploitative characteristics of global capitalism and diverse social reactions against it.

197

다음 글의 제목으로 가장 적절한 것은?

It takes an enormous quantity of energy to print, transport, count and sort the dollar bills in your wallet. When you pay with a credit card, in contrast, all you're doing is moving electrons, so it has to be the greener alternative, right? Not so fast. Credit cards are made using six different kinds of plastic. There are more than 2 billion cards in America alone — and each will take so long to fully biodegrade after it gets buried in a landfill. The machines and servers that track card spending all run on electricity, most of it generated by burning carbon-rich coal. Cash has other advantages. It's made mostly from cotton and linen, both of which, when harvested, emit less carbon than cutting trees. Once bills get printed, they stay in circulation for up to five years, on average. As their color suggests, they are the greener alternative in regard to payment methods.

① Are Credit Cards Bankrupting Americans?
② Do Credit Cards Really Encourage Spending?
③ Credit Cards Do Have Advantages over Cash
④ Paying with Cash Is Greener than Credit Cards

[198~199] 다음 글을 읽고 물음에 답하시오.

New message

To whom it may concern,

　I am writing to bring to your attention an issue that has been affecting many residents in our apartment complex. Over the past few months, we have been experiencing frequent disruptions in water supply, particularly during the morning and evening peak hours. This has caused significant inconvenience to the residents, especially those with young children or elderly family members who require a consistent and reliable water supply for their daily routines.

We understand that occasional maintenance is necessary, but the frequency of these disruptions has increased noticeably, and there has been little communication from management regarding the causes or expected resolution timelines. Additionally, the lack of notice before these disruptions occurs has left many residents unprepared and frustrated.

As a long-time resident of the Greenview Apartments, I strongly urge the management to investigate this issue more thoroughly and <u>implement</u> measures to ensure a stable water supply. Clear and timely communication regarding any future disruptions would also be appreciated. We hope for your prompt attention and resolution of this matter to maintain the high living standards our community values.

　　　　　　　　　　　　　　　　Sincerely,
　　　　　　　　　　　　　　　　David Thompson

198

윗글의 목적으로 가장 적절한 것은?

① 아파트 관리비 인상에 대해 항의하려
② 정기적인 수도 점검에 대해 감사의 뜻을 전하려고
③ 수도 공급 문제의 해결을 요청하려고
④ 관리사무소에 수리 요청 방법을 문의하려고

199

밑줄 친 "implement"의 의미와 가장 가까운 것은?

① devise
② execute
③ suggest
④ evaluate

200

다음 글의 내용과 일치하지 않는 것은?

The National History Museum is open Monday through Friday from 9:00 a.m. to 6:00 p.m., and Saturday and Sunday from 10:00 a.m. to 5:00 p.m. Visitors can explore a variety of permanent and rotating exhibits that cover topics such as ancient civilizations, natural history, and space exploration.

Admission costs $12 for adults and $6 for children under 12, with discounts available for seniors and students. The museum also offers free entry on the first Sunday of every month.

Photography is permitted in most exhibit areas, except for the special exhibitions which have restrictions.

The museum is closed on major holidays including Thanksgiving, Christmas, and Easter. Group tours can be arranged in advance, and there is no extra charge for these guided tours. The museum cafe and gift shop are open during regular museum hours.

For more information, visit www.nationalhistorymuseum.com or contact us at 1-800-555-6543.

① The museum opens at 10:00 a.m. on weekends.
② Free entry is available every Sunday of the month.
③ Photography is restricted in special exhibitions.
④ Group tours are available without an extra charge.

201

주어진 글 다음에 이어질 글의 순서로 알맞은 것은?

2023 국가직 9급

All civilizations rely on government administration. Perhaps no civilization better exemplifies this than ancient Rome.

(A) To rule an area that large, the Romans, based in what is now central Italy, needed an effective system of government administration.
(B) Actually, the word "civilization" itself comes from the Latin word *civis*, meaning "citizen."
(C) Latin was the language of ancient Rome, whose territory stretched from the Mediterranean basin all the way to parts of Great Britain in the north and the Black Sea to the east.

① (A) - (B) - (C)
② (B) - (A) - (C)
③ (B) - (C) - (A)
④ (C) - (A) - (B)

202
다음 글의 흐름상 어색한 문장은?

In recent years, the significance of emotional intelligence(EQ) in the workplace has gained increasing attention. ① Despite the growing focus on emotional intelligence, research shows that individuals with high EQ are often unable to build strong interpersonal relationships, making collaboration challenging. ② While technical skills and expertise remain important, many organizations now recognize the value of employees who can manage their emotions and understand the emotions of others. ③ High EQ has been linked to better teamwork, leadership, and conflict resolution, making it a key asset in a collaborative environment. ④ Developing emotional intelligence requires self-awareness, empathy, and effective communication skills, all of which contribute to a positive work culture.

203
글의 흐름상 주어진 문장이 들어갈 가장 적절한 곳은?

Many conservation organizations argue that using charismatic icons brings in more donations and that this money is then distributed across conservation efforts according to need.

So far, discussions of de-extinction have focused mainly on large mammals that appeal to the public's imagination, such as the woolly mammoth. However, most of the millions of species wiped out in the last 12,000 years have been microbes, fungi, and tiny plants. (①) The disproportionate focus on charismatic species, called "taxonomic bias," is evident not only in de-extinction efforts, but in conservation biology in general. (②) Impressive animals like pandas and eagles receive much more public attention, and thus greater funding, than endangered species that are more ecologically significant but harder to appreciate, such as fungi and invertebrates. (③) This seems to work better in theory than in practice, however. At present, only 11 percent of conservation research is devoted to invertebrates, in spite of the fact that they comprise 79 percent of the total number of species on the planet. (④) In contrast, 68 percent of conservation research focuses on mammals, even though they make up only 3 percent of all species.

204

다음 글의 내용과 일치하지 않는 것은?

Smart farming, also known as precision agriculture, involves the use of Information and Communication Technology(ICT) to enhance agricultural productivity and maximize resource efficiency. Technologies like drones, sensors, and artificial intelligence(AI) are employed to monitor soil conditions, climate, and crop growth in real time, allowing farmers to automate various farming activities. Smart farming not only boosts agricultural productivity and reduces labor requirements, but it also enables more efficient use of water, fertilizers, and other resources. This helps farmers lower costs and minimize agriculture's negative environmental impact. However, the successful implementation of smart farming faces challenges such as high initial setup costs, the need for technical support, and education for farmers.

① Smart farming helps reduce the environmental footprint of agriculture.
② Real-time monitoring of crops and soil is achieved through the use of drones and sensors.
③ The widespread adoption of smart farming is hindered by high installation costs and the need for education.
④ Smart farming can be easily implemented without the need for specialized knowledge or equipment.

[205~207] 밑줄 친 부분에 들어갈 말로 가장 적절한 것을 고르시오.

205

Little Jersey island, a British protectorate which sits 14 miles off the coast of France, is an idyllic island once mostly known for its dairy products. It is today infamous for being a kind of international financial center. Its financial prowess is a result of Jersey being the largest tax haven in the world: it shelters about two trillion dollars of international funds today, more than Switzerland or any other nation. But Jersey financial leaders shy away from their island's reputation as a tax haven. They acknowledge that some clientele are attracted to the island banking system _____.
However, they are quick to point out their efforts to become more transparent, having so far signed tax exchange agreements with 33 nations. Moreover, they have cracked down on the more serious cases of tax avoidance, repatriating money illegally gained.

① for purposes of abusive tax evasion
② thanks to its reputation for transparency
③ due to its higher rates of return
④ for its lower domestic tax policies

206

The accelerating pace of technological innovation has revolutionized industries and transformed daily life. From artificial intelligence to biotechnology, new technologies promise to solve some of humanity's most pressing challenges. However, with these advancements come equally significant risks, particularly in the realm of ethics and social responsibility. The rapid development of powerful technologies without adequate oversight can lead to unintended consequences, such as privacy violations, deepening inequality, and even existential threats. While innovation is essential for progress, the need for _____ cannot be overstated. Without it, society may face the unintended fallout of unchecked technological growth, from ethical dilemmas to potential misuse of advanced systems.

① encouraging free-market competition to drive technological breakthroughs
② promoting the rapid adoption of new technologies across all sectors
③ establishing strong ethical frameworks and regulatory oversight
④ focusing solely on maximizing short-term economic gains

207

We are all used to accepting _____ in our everyday life, though we don't use that label. When your toddler draws on the wall with crayons, throws food on the floor, or wets the bed, you are much more likely to be indulgent about his behavior than if your neighbor's toddler comes to your house and does the same things. We are also used to the mind's fooling us about what our senses are detecting. Let's say you are going to a party and are told in advance that Mr. X, who will be there, is on trial for multiple burglaries in your area. At the party, Mr. X comes up to you and casually asks, "Where do you live?" The sounds arriving in your brain through the mechanics of hearing will produce a very different response than if someone else had asked the same question.

① integrity
② priority
③ relativity
④ profanity

208

밑줄 친 "unfinished animals."가 다음 글에서 의미하는 바로 가장 적절한 것은?   2024 법원직

> Ideas or theories about human nature have a unique place in the sciences. We don't have to worry that the cosmos will be changed by our theories about the cosmos. The planets really don't care what we think or how we theorize about them. But we do have to worry that human nature will be changed by our theories of human nature. Forty years ago, the distinguished anthropologist said that human beings are "unfinished animals." What he meant is that it is human nature to have a human nature that is very much the product of the society that surrounds us. That human nature is more created than discovered. We "design" human nature, by designing the institutions within which people live. So we must ask ourselves just what kind of a human nature we want to help design.

① stuck in an incomplete stage of development
② shaped by society rather than fixed by biology
③ uniquely free from environmental context
④ born with both animalistic and spiritual aspect

[209~210] 다음 글을 읽고 물음에 답하시오.

<Service Update Notification>

Dear Customers,
We are writing to inform you of important upcoming changes to our mobile banking services. As part of our commitment to providing a more secure and efficient experience, we will be implementing the following updates starting on November 1, 2024:

1. **Enhanced Security Measures:** Multi-factor authentication will be required for all mobile banking transactions, ensuring an added layer of protection for your accounts.
2. **New User Interface:** We've redesigned our mobile app to make it more intuitive and user-friendly. You'll notice improved navigation, faster load times, and simplified access to key features.
3. **Increased Transaction Limits:** To better serve your needs, we're increasing the daily transaction limits for both personal and business accounts.
4. **Scheduled Maintenance:** Please note that there will be scheduled maintenance on October 31, 2024, from 2:00 a.m. to 6:00 a.m. During this time, mobile banking services will be temporarily unavailable.

We appreciate your understanding and encourage you to explore the new features once the updates are live. If you have any questions or need further assistance, please visit our website or contact our customer support team.

Sincerely,
MobileBank Solutions

209

윗글의 목적으로 가장 적절한 것은?

① to inform customers about enhanced security measures for mobile banking services
② to inform customers about upcoming updates and improvements to mobile banking services
③ to notify customers about scheduled server maintenance
④ to request customer feedback on the new mobile app user interface

210

윗글의 내용과 일치하지 않는 것은?

① 모든 모바일 뱅킹 거래에는 다중 인증이 필요하게 된다.
② 개인 및 비즈니스 계정의 일일 거래 한도가 증가한다.
③ 모바일 앱의 사용자 인터페이스가 더 많은 기능을 제공하기 위해 더 복잡해진다.
④ 2024년 10월 31일에 예정된 유지보수로 인해 모바일 뱅킹 서비스가 일시적으로 중단된다.

211

다음 글의 내용과 가장 일치하지 않는 것은? 2022 법원직

Opponents of the use of animals in research also oppose use of animals to test the safety of drugs or other compounds. Within the pharmaceutical industry, it was noted that out of 19 chemicals known to cause cancer in humans when taken, only seven caused cancer in mice and rats using standards set by the National Cancer Institute(Barnard and Koufman, 1997). For example, and antidepressant, nomifensin, had minimal toxicity in rats, rabbits, dogs, and monkeys yet caused liver toxicity and *anemia in humans. In these and other cases, it has been shown that some compounds have serious adverse reactions in humans that were not predicted by animal testing resulting in conditions in the treated humans that could lead to disability, or even death. And researchers who are calling for an end to animal research state that they have better methods available such as human clinical trials, observation aided by laboratory of autopsy tests.

*anemia 빈혈

① 한 기관의 실험 결과 동물과 달리 19개의 발암물질 중에 7개는 인간에게 영향을 미쳤다.
② 어떤 약물은 동물 실험 때와 달리 인간에게 간독성과 빈혈을 일으켰다.
③ 동물 실험에서 나타난 결과가 인간에게는 다르게 작용될 수 있다.
④ 동물 실험을 반대하는 연구자들은 대안적인 방법들을 제시하고 있다.

212

다음 글의 내용과 일치하는 것은?

Environmental Protection Agency(EPA) Mission

The Environmental Protection Agency(EPA) is a federal agency dedicated to safeguarding both human health and the environment. The EPA's responsibilities include developing and enforcing standards for air and water quality, overseeing hazardous waste disposal, and ensuring compliance with pollution control regulations. Beyond enforcement, the agency works in collaboration with local, state, and federal partners to implement environmental policies. Another key function of the EPA is public outreach, where the agency educates businesses and the general public about sustainable practices and the importance of environmental stewardship. The EPA also supports scientific research to advance understanding of environmental challenges and innovative solutions. Importantly, the agency has the authority to impose fines and take legal action against entities that violate environmental regulations.

① EPA는 인간의 건강과 환경을 관할하는 주 정부의 기관이다.
② EPA는 환경 규제를 위반하면 법적인 조치를 취할 수 있다.
③ EPA는 지역 및 주 정부로부터 독립적으로 환경 정책을 시행한다.
④ EPA는 오염 통제 규정을 시행하는 것보다 연구 지원에만 집중한다.

213

Leonardo da Vinci에 관한 내용으로 일치하지 않는 것은?

Leonardo da Vinci was a Renaissance artist and inventor who is widely regarded as one of the most brilliant minds in history. Born in 1452 in Italy, he excelled in various fields, including painting, engineering, anatomy, and mathematics. His most famous works include *The Last Supper* and *Mona Lisa*, which are considered masterpieces of art. In addition to his contributions to art, da Vinci was a visionary inventor. He conceptualized designs for machines like helicopters, tanks, and even a rudimentary form of a parachute, though many of his inventions were not built during his lifetime. Da Vinci was also deeply interested in human anatomy and conducted numerous dissections, creating detailed drawings that advanced the understanding of the human body. Despite his achievements, Leonardo da Vinci did not receive formal education in Latin or Greek, which were important languages for scholarly work at the time. However, his lack of formal education did not prevent him from making lasting contributions to both art and science, as his work continues to influence and inspire.

① 레오나르도 다 빈치는 이탈리아에서 태어났으며 르네상스 시대에 유명해졌다.
② 그는 헬리콥터와 탱크 같은 기계를 설계했지만, 그의 생애 동안 그 기계들은 만들어지지 않았다.
③ 다 빈치는 학문적 작업에 도움을 준 라틴어와 그리스어의 정규 교육을 받았다.
④ 그의 그림 〈최후의 만찬〉과 〈모나리자〉는 예술의 걸작으로 여겨진다.

[214~215] 다음 글의 주제로 가장 적절한 것을 고르시오.

214

2023 법원직

Do you want to be a successful anchor? If so, keep this in mind. As an anchor, the individual will be called upon to communicate news and information to viewer during newscasts, special reports and other types of news programs. This will include interpreting news events, adlibbing, and communicating breaking news effectively when scripts are not available. Anchoring duties also involve gathering and writing stories. The anchor must be able to deliver scripts clearly and effectively. Strong writing skills, solid news judgement and a strong sense of visual storytelling are essential skills. This individual must be a self-starter who cultivates sources and finds new information as a regular part of job. Live reporting skills are important, as well as the ability to adlib and describe breaking news as it takes place.

① difficulties of producing live news
② qualifications to become a news anchor
③ the importance of the social role of journalists
④ the importance of forming the right public opinion

215

Artificial Intelligence(AI) is rapidly transforming various sectors, including healthcare, finance, and education. AI systems, such as machine learning algorithms, can analyze vast amounts of data quickly, enabling more accurate predictions and faster decision-making. In healthcare, AI is being used to diagnose diseases, predict patient outcomes, and even assist in surgery. In finance, AI algorithms are helping detect fraudulent transactions and optimize investment strategies. However, while AI presents many opportunities, it also raises concerns about job displacement, privacy, and ethical decision-making. As AI continues to evolve, finding the right balance between technological advancement and these problems and addressing these challenges will be crucial for its successful integration into society.

① how AI is being used to improve healthcare, finance, and education sectors
② the ways AI is reshaping industries while also presenting challenges like job loss
③ the role of AI in automating tasks and increasing efficiency in various fields
④ the benefits and risks of integrating AI into different sectors of society

216

주어진 문장이 들어갈 위치로 가장 적절한 것은?

2022 지방직 9급

Yet, requests for such self-assessments are pervasive throughout one's career.

The fiscal quarter just ended. Your boss comes by to ask you how well you performed in terms of sales this quarter. How do you describe your performance? As excellent? Good? Terrible? (①) Unlike when someone asks you about an objective performance metric (e.g., how many dollars in sales you brought in this quarter), how to subjectively describe your performance is often unclear. There is no right answer. (②) You are asked to subjectively describe your own performance in school applications, in job applications, in interviews, in performance reviews, in meetings—the list goes on. (③) How you describe your performance is what we call your level of self-promotion. (④) Since self-promotion is a pervasive part of work, people who do more self-promotion may have better chances of being hired, being promoted, and getting a raise or a bonus.

217

주어진 글 다음에 이어질 글의 순서로 가장 적절한 것은?

For too long scientists have denied the existence of positive sensory experiences in other species because we cannot know for certain what another being feels.

(A) Of course, we cannot feel the hummingbird's response to a trumpet flower's nectar or the dog's anticipation of chasing a ball, but we can imagine those feelings based on our own experiences of similar situations.

(B) Combined with this capacity to empathize from our own experience, what we can observe in animals leaves little doubt that the animal kingdom is a rich repository of pleasure.

(C) But in the absence of compelling evidence to the contrary, it is more reasonable to assume that other creatures, who share so much in common with us through our shared evolutionary origins, do, in fact, experience pleasure.

① (A) — (B) — (C)
② (A) — (C) — (B)
③ (C) — (A) — (B)
④ (C) — (B) — (A)

218

다음 글의 흐름상 어색한 문장은?

From ancient times, militaries have sought to make weapons that are extremely lethal – destructive enough to overwhelm an enemy quickly and decisively. However, as the 21st century began, an opposing trend became apparent. ① Many militaries began testing non-lethal weapons, devices designed to incapacitate rather than kill. Non-lethal weapons may lead to positive outcomes. ② While destroying large numbers of enemy soldiers may secure an immediate military triumph, it leaves the defeated nation resentful and desirous of restarting battle when an opportunity arises. Sparing lives through use of non-lethal devices may prevent further war. ③ Police forces commonly carry a wide variety of non-lethal weapons that will temporarily blind, stun, or deafen a criminal suspect without causing permanent harm. ④ For example, militaries have tested trucks that broadcast bursts of loud sounds, lasers that temporarily blind, or foam that hardens and traps people in place.

[219~220] 밑줄 친 빈칸에 들어갈 말로 가장 적절한 것을 고르시오.

219

It isn't hard to understand why our ancestors first became interested in harnessing the process of fermentation. It was a question of _____. If there is one thing our current love affair with seasonal eating has done successfully, it is to remind us of what our ancestors always knew: If you are going to make it from one season to the next, you need to prepare. You need a place to shelter you, clothes to keep you warm, and food to keep you strong, even when the wild game is gone, the cow has gone dry, and the fruit trees finished producing. This is our human heritage, passed down to us by those who learned to harness microbes and make milk into cheese, grapes into wine, and anchovies into fish sauce.

① taste
② instinct
③ property
④ survival

220

Many listeners tend to focus on a speaker's delivery or appearance, allowing these factors to shape their perception of the message. They may think, "This person is too monotonous," or "Why is he reading from his notes?" Such distractions can lead to inattention and even misunderstanding of the content. However, a skilled listener reacts differently. Instead of dwelling on superficial elements, they may think, "This speaker may not be engaging, but what valuable information can I take from this?" By doing so, they shift from judging the speaker's style to focusing on the message being delivered. Good listeners recognize that the responsibility for understanding lies with them, not the speaker, and they actively seek to find meaning in what is said. This approach enhances their ability to comprehend even less engaging presentations. In contrast, focusing too much on the speaker's flaws only limits the depth of understanding. Therefore, to improve comprehension, listeners should make an effort to _____.

① avoid focusing on external distractions
② criticize the speaker's style more deeply
③ seek out presentations that are more engaging
④ disregard the message when the speaker is ineffective

221

By "scarcity," most of us mean that goods are in short supply: there isn't enough of something to go around. While there often is no clear-cut understanding of what constitutes "enough," the simple fact is that there is more than sufficient food to sustain everyone on the planet. The same is true of land and renewable energy. The important question, then, is why the staples of life are so unequally distributed — why, for example, the United States, with a little more than 5 percent of the world's population, uses approximately 40 percent of the world's resources. What appears to be a problem of scarcity usually turns out, on closer inspection, to be a problem of distribution. But mainstream economists _____ _____ : they talk only about whether a given system is productive or efficient, and it is up to us to ask, "For whom?"

① avert their eyes from this problem
② pay attention to reducing inequality
③ cling to solving distributional issues
④ have no interest in improving efficiency

[222~223] 다음 글을 읽고 물음에 답하시오.

Tourism Development Office

Mission
We are committed to promoting and developing sustainable tourism by creating opportunities for local businesses and ensuring a positive experience for visitors. Our focus is on preserving cultural heritage while fostering economic growth through eco-friendly tourism practices.

Vision
We aim to position our country as a leading tourist destination, balancing the needs of the environment, local communities, and the tourism industry. By encouraging <u>responsible</u> tourism, we strive to create a sustainable economy that benefits all stakeholders, including visitors, businesses, and local residents.

Core Values
- Sustainability: We prioritize eco-friendly practices in all our projects.
- Community Focus: We believe in empowering local communities by involving them in tourism development initiatives.
- Transparency: We ensure that all our decisions and processes are transparent and reliable.

222

윗글의 Tourism Development Office에 관한 내용과 일치하는 것은?

① It focuses solely on economic growth for local businesses.
② It promotes sustainable tourism while preserving cultural heritage.
③ It aims to limit the number of tourists to protect the environment.
④ It prioritizes tourism industry profits over community well-being.

223

밑줄 친 responsible의 의미와 가장 가까운 것은?

① accountable
② indifferent
③ reckless
④ profitable

224

다음 Renovation Notice의 내용과 일치하지 않는 것은?

Renovation Notice

At the Pinnacle Hill Resort, we are committed to continuously improving our facilities to ensure an exceptional experience for our guests. As part of this commitment, we will be undertaking extensive renovations in specific areas of the resort, detailed below.

Renovation Period: August 15 to September 30, 2023
- Renovations will occur daily from 7:00 a.m. to 6:00 p.m.

Areas to be Closed:
- The main reception area and the rooftop terrace

Further Information:
- While renovations are in progress, our secondary reception will be available for check-in and guest inquiries.
- Guests will receive a 25% discount on all spa services booked during the renovation period.
- Outdoor dining facilities will operate as usual, but there may be occasional disruptions due to noise.

We appreciate your understanding and cooperation as we enhance our resort.

① 보수 공사는 2023년 8월 15일에 시작된다.
② 메인 리셉션 구역과 옥상 테라스는 폐쇄될 것이다.
③ 스파 서비스에 대한 할인 혜택이 제공된다.
④ 모든 식사가 실내에서만 제공된다.

225

다음 중 글의 내용과 일치하지 않는 것은?

Sustainable Urban Development

Sustainable urban development focuses on creating cities that are environmentally friendly, economically viable, and socially inclusive. One of the primary goals of sustainable urban development is reducing the environmental impact of urban areas by encouraging the use of renewable energy, improving public transportation, and implementing green building practices. In addition, sustainable development seeks to ensure that cities are economically resilient by promoting local businesses and creating jobs that support a circular economy. Social inclusion is another key element, aiming to provide equal access to resources like housing, education, and healthcare for all residents, regardless of their socioeconomic status. Urban planners and policymakers must work together to create sustainable cities that can withstand the challenges of climate change, population growth, and resource depletion. By focusing on sustainability, cities can improve the quality of life for current residents while ensuring that future generations have access to the resources they need.

① 지속 가능한 도시 개발은 도시의 환경적 영향을 줄이는 데 중점을 둔다.
② 지속 가능한 개발은 경제적으로 회복력 있는 도시를 만들기 위해 일자리를 창출한다.
③ 사회적 포용성은 일부 주민들에게만 자원을 제공하는 것을 목표로 한다.
④ 도시 계획자들은 기후변화와 자원 고갈 같은 도전 과제에 대비해야 한다.

226

Which of the following is true about Hendra according to the passage? 2023 국회직 8급

In Sept. 1994, a violent disease began among a group of racehorses in a small town in Australia. The first victim was a female horse that was last seen eating grass beneath a fruit tree. Within hours, the horse's health declined rapidly. Three people worked to save the animal—the horse's trainer, an assistant, and a veterinarian. Nevertheless, the horse died two days later, leaving the cause of her death uncertain. Within two weeks, most of the other horses in the stable became ill as well. All had high fevers, difficulty breathing, facial swelling, and blood coming from their noses and mouths. Meanwhile, the trainer and his assistant also became ill, and within days, the trainer was dead, too. Laboratory analysis finally discovered the root of the problem: The horses and men had been infected by a virus, Hendra. This virus had originated in bats that lived in the tree where the first horse had been eating grass. The virus passed from the bats to the horse, then to other horses and to people—with disastrous results.

① Its symptoms in humans include high fevers, difficulty breathing, and facial swelling.
② It can be fatal to both humans and horses.
③ Horses got infected after eating the contaminated grass near the stable.
④ It can be transmitted from humans to animals.
⑤ Humans got infected directly from bats.

227

주어진 글 다음에 이어질 글의 순서로 가장 적절한 것은?

Recent research into the social behavior of elephants has revealed fascinating insights into their communication and social structures.

(A) This sophisticated communication system is essential for coordinating group movements, finding food, and protecting the herd from predators.
(B) For example, elephants use a variety of vocalizations, body language, and even infrasound—low-frequency sounds that can travel long distances—to convey information to one another.
(C) Understanding these complex social dynamics can help conservationists develop better strategies to protect elephant populations and their habitats, ensuring that these magnificent creatures continue to thrive in the wild.

① (A) — (B) — (C)
② (A) — (C) — (B)
③ (B) — (A) — (C)
④ (B) — (C) — (A)

228

다음 글의 흐름상 어색한 문장은?

We tend to think of consumption as an economic phenomenon that addresses our individual wants and drives the economy through our collective behavior, but it is also a physical process that literally consumes resources. ① What we eat, how we heat our homes, and how we travel for pleasure may seem like nobody's businesses except our own. ② However, the collective consequences of those consumption decisions, and the ways in which our needs are met are a principal driver behind climate change that will give consequences for people, countries, and species across the globe. In some cases the connection is even more vivid, as in the African rhino being pushed towards extinction because its horn is prized for dagger handles in the Middle East or for traditional medicines in Asia. ③ In conventional marketing the emphasis was mainly on the benefits of consumption to the individual consumer. ④ In today's marketing, however, this is balanced by concern for the collective social and environmental benefits.

229

글의 흐름으로 보아, 주어진 문장이 들어가기에 가장 적절한 곳은?

2024 법원직

However, there are now a lot of issues with the current application of unmanned distribution.

The city lockdown policy during COVID-19 has facilitated the rapid growth of numerous takeaways, vegetable shopping, community group buying, and other businesses. (①) Last-mile delivery became an important livelihood support during the epidemic. (②) At the same time, as viruses can be transmitted through aerosols, the need for contactless delivery for last-mile delivery has gradually increased, thus accelerating the use of unmanned logistics to some extent. (③) For example, the community space is not suitable for the operation of unmanned delivery facilities due to the lack of supporting logistics infrastructure. (④) In addition, the current technology is unable to complete the delivery process and requires the collaboration of relevant space as well as personnel to help dock unmanned delivery nodes.

*last-mile delivery 최종 단계의 배송

[230~232] 다음 빈칸에 들어갈 말로 가장 적절한 것을 고르시오.

230
2022 법원직

In one classic study showing the importance of attachment, Wisconsin University psychologists Harry and Margaret Harlow investigated the responses of young monkeys. The infants were separated from their biological mothers, and two *surrogate mothers were introduced to their cages. One, the wire mother, consisted of a round wooden head, a mesh of cold metal wires, and a bottle of milk from which the baby monkey could drink. The second mother was a foam-rubber form wrapped in a heated terry-cloth blanket. The infant monkeys went to the wire mother for food, but they overwhelmingly preferred and spent significantly more time with the warm terry-cloth mother. The warm terry-cloth mother provided no food, but did provide _____.

*surrogate 대리의

① jobs
② drugs
③ comfort
④ education

231

From their American origins, business schools have become a massive industry and conquered the world. According to the Association of MBAs, more than 100,000 people gain an MBA every year around the world. The number of business schools has also mushroomed. Beneath the apparently serene progress, however, are fundamental questions to be asked. First, although its lure remains strong, as the number of business schools and the variety of programmers have grown, the MBA qualification has increasingly resembled a generic one: _____ _____.

① a prerequisite for any executive-to-be
② an illegitimate degree in the academia
③ a guarantee for a successful business career
④ a brand in danger of being used too much

232

In recent years, the rise of remote work has transformed the way many people approach their jobs. This shift has provided employees with increased flexibility and the ability to balance their personal and professional lives more effectively. However, it has also introduced challenges, such as feelings of isolation and difficulties in communication. To address these issues, companies are exploring new strategies to maintain team cohesion and ensure that employees feel connected. One effective approach is to _____, fostering a sense of belonging and collaboration among remote workers. By implementing regular check-ins, virtual team-building activities, and open communication channels, organizations can help employees feel more engaged and supported. Ultimately, a strong sense of community within a remote workforce can lead to improved productivity and job satisfaction, benefiting both employees and the organization as a whole.

① discourage team interactions
② prioritize individual accomplishments
③ create opportunities for social interaction
④ limit communication to formal meetings

233

다음 글의 주제로 가장 적절한 것은?

Sleep plays a crucial role in maintaining both physical and mental health. Numerous studies have shown that inadequate sleep can lead to a variety of health problems, including weakened immune function, obesity, and heart disease. Additionally, lack of sleep negatively impacts cognitive functions, such as memory, decision-making, and problem-solving abilities. Experts recommend that adults get between seven to nine hours of sleep per night to maintain optimal health. However, in modern society, many people experience chronic sleep deprivation due to long work hours, stress, and the overuse of electronic devices before bedtime. To improve sleep quality, experts advise maintaining a regular sleep schedule, creating a restful sleep environment, and limiting the use of screens before bed. These practices can help individuals achieve better sleep and, in turn, enhance overall well-being. Given the critical importance of sleep, it is essential to prioritize it as part of a healthy lifestyle.

① the effects of electronic devices on sleep quality
② how sleep deprivation affects decision-making abilities
③ the importance of sufficient sleep for overall health
④ why modern society struggles with maintaining regular sleep schedules

234

다음 글의 제목으로 적절한 것은?　　2024 국회직 9급

> Many advancements in education have faced initial skepticism, often labeled as a potential avenue for cheating. This pattern is a natural response to any novel technology, where creating guidelines for its use becomes a priority post-invention. Right now, artificial intelligence (AI) is not causing any dramatic chaos. However, its introduction is similar to how people first reacted to calculators or Wikipedia. Instead, educational authorities should efficiently adapt and incorporate AI into their learning frameworks. Initially, AI may seem like a straightforward tool for academic dishonesty. Especially with the introduction of ChatGPT last year, as it has the efficiency to give you a straightforward answer to assignment questions or essays. However, a closer examination reveals its distinct patterns. Several professors, even without specialized AI detection software, can identify ChatGPT-generated content.

① Technology regulation in education to overcome resistance
② Lack of response to novel technologies' post-invention
③ Immediate acceptance without guidelines for use
④ Initial skepticism followed by efficient adaptation
⑤ Dramatic chaos resulting from technological innovations

235

다음 글의 주제로 적절한 것은?

The concept of sustainable fashion is gaining traction as consumers become more aware of the environmental and social impacts of their clothing choices. Traditional fashion production often involves harmful practices, including excessive waste, pollution, and exploitation of labor. In contrast, sustainable fashion emphasizes the use of eco-friendly materials, ethical production methods, and the importance of recycling and upcycling garments. Brands are now focusing on transparency in their supply chains, allowing consumers to make informed decisions about their purchases. As a result, sustainable fashion not only promotes environmental stewardship but also encourages a shift in consumer behavior toward more responsible buying habits. However, challenges remain, such as the need for greater accessibility to sustainable options and the ongoing influence of fast fashion.

① navigating the complexities of fashion sustainability
② the transition from fast fashion to eco-conscious choices
③ consumer awareness and its impact on the fashion industry
④ environmental challenges in the apparel industry

236

글의 제목으로 가장 적절한 것은?

People born without the ability to feel pain suffer more injuries than the average person. For instance, some people with this misfortune try to walk on a broken leg because they can't feel the pain from the break. Others have suffered burns without knowing. The infection and damage associated with such injuries can lead to extreme disability and death. Fortunately, the majority of us are born with the ability to feel pain. So the next time we break a bone, we will go to the doctor and start the process of repair. When we touch a stove, we pull our hand away before experiencing further damage. Knowing that we are being harmed or have been harmed is critically important. It allows us to take some course of action to stop being harmed, which then allows us to start the healing process.

① Examine the Source of Pain
② Avoid Pain as Quickly as Possible
③ Appreciate the Ability to Feel Pain
④ Always Be Careful Not to Get Injured

237

빈칸 (A), (B)에 들어갈 것으로 가장 적절한 것은?

Of all the arguments that can persuade us that beasts do not have thought, the chief, in my view, is as follows. As in a single species some are more perfect than others, no differently than among men — as can be seen in horses and dogs, some of whom learn much more quickly than others what they are taught. Granted also that they all easily communicate to us by voice or other bodily movements their natural impulses, like anger, fear, hunger, and the like. _____(A)_____, it has never been observed that any brute beast arrived at such perfection that it could use true speech, that is, that it indicated by words or signs something that can be attributed to thought alone, and not to a natural impulse. For speech is the only certain sign of thought concealed in the body, and all men make use of it, but not any brute. _____(B)_____, this can be taken to be the true differentia between man and brutes.

(A)	(B)
① Nevertheless	Instead
② Nevertheless	Therefore
③ In other words	Therefore
④ In other words	Instead

[238~239] 다음 빈칸에 들어갈 말로 가장 적절한 것을 고르시오.

238

Suppose you've created a scenario in which a character pilots an airplane from Los Angeles to Las Vegas. Getting to Las Vegas is his objective. When he climbs into the cockpit, he'll check the fuel instrument panel, the brakes, and the controls. His actions have a purpose toward his objective of flying to Las Vegas. Everything else is in support of that. His objective informs his actions. His actions speak of his objectives. And if he's flying to Las Vegas to get married, the way he checks the fuel instrument panel will be affected. If the weather forecast calls for thunderstorms along the flight route, a bystander watching him in the cockpit might notice that he seems nervous. No one would know he is bound for Las Vegas, but they can tell by his energy whether he is just tidying the cockpit, or if he is preparing the plane for a trip. If he has an objective, there will be _____. And his feeling about his upcoming trip will also affect his body movement.

*cockpit 조종실 **bystander 구경꾼

① a time plan for every action
② purposefulness in his movement
③ a physical setting where he acts
④ interaction with other characters

239

2021 국가직 9급

Social media, magazines and shop windows bombard people daily with things to buy, and British consumers are buying more clothes and shoes than ever before. Online shopping means it is easy for customers to buy without thinking, while major brands offer such cheap clothes that they can be treated like disposable items—worn two or three times and then thrown away. In Britain, the average person spends more than £1,000 on new clothes a year, which is around four percent of their income. That might not sound like much, but that figure hides two far more worrying trends for society and for the environment. First, a lot of that consumer spending is via credit cards. British people currently owe approximately £670 per adult to credit card companies. That's 66 percent of the average wardrobe budget. Also, not only are people spending money they don't have, they're using it to buy things _____. Britain throws away 300,000 tons of clothing a year, most of which goes into landfill sites.

① they don't need
② that are daily necessities
③ that will be soon recycled
④ they can hand down to others

240

주어진 문장 다음에 이어질 글의 순서로 적절한 것은?

Humans have been around for 200,000 years. For the first 99% of our history, we didn't do much of anything but procreate and survive.

(A) This eventually led to specialization; instead of growing all the crops for his own family, a farmer might grow only what he was best at and trade some of it for things he wasn't growing. Because each farmer was producing only one crop, and more than he needed, marketplaces and trading emerged and grew, and with them came the establishment of cities.

(B) But not all farm plots were the same; regional variations in sunshine, soil, and other conditions meant that one farmer might grow particularly good onions while another grew especially good apples.

(C) This was largely due to harsh global climatic conditions, which stabilized sometime around 10,000 years ago. People soon thereafter discovered farming and irrigation, and they gave up their nomadic lifestyle in order to cultivate and tend stable crops.

① (B) — (A) — (C)
② (B) — (C) — (A)
③ (C) — (A) — (B)
④ (C) — (B) — (A)

241

주어진 문장이 들어갈 곳으로 가장 적절한 것은?

> Instead, they lived in close proximity to human communities for thousands of years and, through familiarity with humans, basically domesticated themselves.

A comprehensive study of the domestication of cats shows that the progression from wildcats to house cats did not happen all at once. (①) They were not suddenly captured, put into cages, and then trained to live with people. (②) Domestication of wild animals is actually quite rare. (③) In fact, humans have only successfully domesticated a handful of species, including dogs, cows, pigs, and goats. (④) Scientists have not been able to pinpoint exactly which genes these animals have make them more compatible with humans, but they are continuing to attempt to identify them.

242

글의 흐름으로 보아, 관계없는 문장을 고르시오.

No one can force a baby to sleep. All that can be done is to create the condition in which it is easier for the baby to sleep. ① One way is to have a background of rhythmic sound, which may be more effective than complete silence. ② The background sound is closer to the conditions the baby experienced inside the womb before coming to the world. ③ Any household machine, music or even a regular background of human conversation can disturb the baby's sleep. ④ Perhaps this is the origin of the lullaby, which uses the comforting effect of the frequencies of the human voice combined with the rhythms of musical cadence.

*cadence (말이나 소리의) 율동적 흐름

243

다음 중 글에 설명된 사회적 지배력과 번식 성공 사이의 관계를 가장 잘 요약한 것은? **2024 법원직**

Social dominance refers to situations in which an individual or a group controls or dictates others' behavior primarily in competitive situations. Generally, an individual or group is said to be dominant when "a prediction is being made about the course of future interactions or the outcome of competitive situations." Criteria for assessing and assigning dominance relationships can vary from one situation to another. It is difficult to summarize available data briefly, but generally it has been found that dominant individuals, when compared to subordinate individuals, often have more freedom of movement, have priority of access to food, gain higher-quality resting spots, enjoy favorable grooming relationships, occupy more protected parts of a group, obtain higher-quality mates, command and regulate the attention of other group members, and show greater resistance to stress and disease. Despite assertions that suggest otherwise, it really is not clear how powerful the relationship is between an individual's dominance status and its lifetime reproductive success.

*dominance 지배, 우세

① 하위 개체에 비해 모든 지배적인 개체는 평생 동안 높은 번식 성공률을 보인다.
② 개체의 우세 상태와 평생 번식 성공 사이의 관계는 다면적이며 명확하게 정립되어 있다고 할 수는 없다.
③ 사회적 지배력을 갖춘 존재는 음식 및 짝과 같은 자원에 대한 접근을 통해 번식 성공에 영향을 미친다.
④ 하위 개체는 스트레스 수준이 높지 않기 때문에 평생 번식 성공률이 더 높은 경향이 있다.

[244~245] 다음 글의 내용과 일치하지 않는 것을 고르시오.

244

2022 지방직 9급

In many Catholic countries, children are often named after saints; in fact, some priests will not allow parents to name their children after soap opera stars or football players. Protestant countries tend to be more free about this; however, in Norway, certain names such as Adolf are banned completely. In countries where infant mortality is very high, such as in Africa, tribes only name their children when they reach five years old, the age in which their chances of survival begin to increase. Until that time, they are referred to by the number of years they are. Many nations in the Far East give their children a unique name which in some way describes the circumstances of the child's birth or the parents' expectations and hopes for the child. Some Australian aborigines can keep changing their name throughout their life as the result of some important experience which has in some way proved their wisdom, creativity or determination. For example, if one day, one of them dances extremely well, he or she may decide to re-name him/herself 'supreme dancer' or 'light feet'.

① Children are frequently named after saints in many Catholic countries.
② Some African children are not named until they turn five years old.
③ Changing one's name is totally unacceptable in the culture of Australian aborigines.
④ Various cultures name their children in different ways.

245

The Greenfield Science Center is open from Tuesday to Sunday, with hours varying by season: 10:00 a.m. to 4:00 p.m.(WINTER) and 10:00 a.m. to 6:00 p.m. (SUMMER). Tickets for exhibits are available for purchase online at the website below. After your purchase, you will receive a confirmation email (ensure to check your SPAM folder). Present this confirmation, either printed or on your mobile device, to enter the exhibits.

- **Online tickets:** tickets.greenfieldscience.org/exhibits
The Greenfield Science Center offers a general admission ticket price of $12.00 for adults. Tickets for guided tours of the center can be bought only at the entrance during operational hours.

- **CLOSED:** New Year's Day, Thanksgiving, and Labor Day

Access to the research library at the Greenfield Science Center is free for students with valid ID. For more information, call 1 (800) 555-1212.

① The Science Center opens later in the summer than in the winter.
② Admission tickets for guided tours must be purchased at the entrance.
③ The Center is closed on Memorial Day.
④ Students can access the research library for free with a valid ID.

[246~247] 다음 글을 읽고 물음에 답하시오.

New message

Subject: Important notice

Dear Employees,

As part of our efforts to create a more efficient and supportive workplace, we will be implementing several changes to our company policies. These changes will take effect on June 1, 2024. Here are the key updates you need to be aware of:

1. **Flexible Work Hours:** Employees will now have the option to choose their start and end times within the framework of core business hours (10:00 a.m. to 3:00 p.m.). This change aims to accommodate personal needs and improve work-life balance.

2. **Remote Work Policy:** We are expanding our remote work options. Employees may work from home up to three days a week, depending on their job responsibilities and team needs. Specific guidelines will be provided by each department.

3. **Parental Leave:** The parental leave policy is being enhanced to offer up to 12 weeks of paid leave for both mothers and fathers. This policy aims to support our employees during significant life events.

4. **Employee Feedback Program:** A new program will be launched to encourage employee feedback on workplace issues. Monthly meetings will be held to discuss concerns and suggestions, allowing everyone to voice their opinions.

We believe these changes will significantly enhance our work environment and foster a culture of trust and collaboration. More detailed information will be shared in the coming weeks.
Thank you for your continued dedication to our company.

Sincerely,
The Management Team

246

윗글의 목적으로 가장 적절한 것은?

① to inform employees about the benefits of flexible work hours
② to provide details about the company's remote work guidelines
③ to encourage employees to participate in the new feedback program
④ to announce changes in company policies aimed at improving employee satisfaction

247

윗글의 내용과 일치하지 않는 것은?

① 직원들은 이제 시작 및 종료 시간을 선택할 수 있다.
② 직원 피드백 프로그램은 연 1회만 개최된다.
③ 모든 직원은 최대 3일 동안 재택 근무가 가능하다.
④ 부모 휴가 정책이 강화되어 12주 유급 휴가가 제공된다.

248

주어진 글 다음에 이어질 글의 순서로 가장 적절한 것은?

The concept of urban gardening has gained immense popularity in recent years as more individuals and communities seek sustainable and accessible ways to grow their own food. With rising concerns about food security, climate change, and the environmental impact of industrial agriculture, many people are turning to urban gardening as a solution.

(A) Community gardens, for example, allow residents to come together, share resources, and learn from one another, creating a supportive network that enhances social ties.

(B) Additionally, urban gardening can contribute to reducing the carbon footprint associated with transporting food, as locally grown produce requires less transportation. By encouraging the consumption of local produce, urban gardening not only supports individual health but also fosters environmental sustainability.

(C) This practice not only helps individuals produce fresh fruits and vegetables but also fosters a sense of community.

① (A) — (B) — (C)
② (A) — (C) — (B)
③ (C) — (A) — (B)
④ (C) — (B) — (A)

249

다음 글에서 전체 흐름과 관계 없는 문장은?

There are few more important aspects to the life of any society than land and the relations between land and humankind. Economists recognize land as being one of the three economic fundamentals of society along with labor and capital. ① It is no accident that anthropologists have, in investigating traditional societies, spent a great deal of energy in probing those societies' rules and practices about land since they know that that will tell them much about those societies both in the pre-colonial and in the colonial era. ② Decision-making about land use and management requires good information on the characteristics of soil and land. ③ The ownership of land has, throughout the ages and in all societies, been a major factor in determining class structures and relations and in the allocation and exercise of political power. ④ Equally the many and often conflicting uses to which land — sometimes the same plot of land — can be put have given rise both to complex laws and serious disputes in many societies.

250
주어진 문장이 들어갈 위치로 적절한 것은? 2024 지방직 9급

> But she quickly popped her head out again.

> The little mermaid swam right up to the small window of the cabin, and every time a wave lifted her up, she could see a crowd of well-dressed people through the clear glass. Among them was a young prince, the handsomest person there, with large dark eyes. (①) It was his birthday, and that's why there was so much excitement. (②) When the young prince came out on the deck, where the sailors were dancing, more than a hundred rockets went up into the sky and broke into a glitter, making the sky as bright as day. (③) The little mermaid was so startled that she dove down under the water. (④) And look! It was just as if all the stars up in heaven were falling down on her. Never had she seen such fireworks

251
글의 제목으로 가장 적절한 것은?

> It is true that people communicate all the time. It's not possible to avoid it. As social creatures, we are always sending out signals that others read, interpret, and respond to while we are reading, interpreting and responding to theirs. Imagine the interchange happening between a young couple at the end of a long and tiring workday. "How was your day?" one asks. "Fine," the other says with a shrug and a sigh. If one accepts the "fine" at face value and moves on, their partner is likely to be hurt. The simple question, "How was your day?" may escalate into a fight. It may lead to a misunderstanding or a feeling of disconnection. This is what's called "metacommunication". In the early 1970s, Gregory Bateson coined the term to describe the underlying messages in what we say and do. Metacommunication is all the nonverbal cues such as tone of voice, body language, gestures, and facial expressions that carry meanings which either enhance or downplay what we say in words. There's a whole conversation going on beneath the surface.

① Accept The Others at Face Value
② The Origin of the Term: Metacommunication
③ Metacommunication: What I Said Isn't What I Meant
④ Tell, Ask, Listen: The 3 Steps to Great Communication

252

다음 글의 제목으로 가장 적절한 것은?

There is a greater than 50 percent chance that when you look through your window, what you see is a landscape of concrete, asphalt, and cars. More than half the world's population lives in cities, and the proportion is increasing. As we move further into the twenty-first century, urbanization will gradually draw to a close after two centuries that transformed the human population from an agricultural society scattered over the surface of the earth to the highly compressed life of the city. The growth of urban living is one of the greatest contradictions of our age. New technologies offer companies and individuals an unheard-of degree of locational freedom and mobility. We are increasingly able to see, hear, and sense one another, even when we are thousands of kilometers apart. More than ever people choose to live in close quarters with each other, as if there were no other possibility to communicate.

① Benefits That Urban Open Space Offers Us
② Technological Innovations: The Power of the Crowd
③ Urbanization: An Irony in Our Age of Technological Innovation
④ How Technology Has Contributed to Human Population Growth

[253~255] 밑줄 친 부분에 들어갈 말로 가장 적절한 것을 고르시오.

253
2024 지방직 9급

Javelin Research noticed that not all Millennials are currently in the same stage of life. While all Millennials were born around the turn of the century, some of them are still in early adulthood, wrestling with new careers and settling down. On the other hand, the older Millennials have a home and are building a family. You can imagine how having a child might change your interests and priorities, so for marketing purposes, it's useful to split this generation into Gen Y.1 and Gen Y.2. Not only are the two groups culturally different, but they're in vastly different phases of their financial life. The younger group is financial beginners, just starting to show their buying power. The latter group has a credit history, may have their first mortgage and is raising young children. The _____ in priorities and needs between Gen Y.1 and Gen Y.2 is vast.

① contrast
② reduction
③ repetition
④ ability

254

In order to develop new ways to combat cancer, we can learn much from nature herself. The most basic instinct of any cell in our body is to divide, so over millions of years evolution has already come up with some clever mechanisms to curb this selfish instinct and make our cells resist the deadly mayhem of cancer. There are genes that tirelessly work to keep the cell's genetic material, or genome, free of errors. Others ensure that cells divide cleanly. Most cells are continuously listening to signals from their neighbors, soothing them when they are doing okay. If they do not get these chemical murmurs of reassurance, they might kill themselves – the cell adopts Plan B: apoptosis. So, for example, if a liver cell enters the bloodstream and lodges elsewhere in the body, it gets the wrong signals and self-destructs. You can think of the body as a hive and these signals as the equivalent of peer pressure to _____.

① turn selfish and cancerous
② conform and do the right thing
③ prevent the cell from committing suicide
④ remain confined to one part of the body

255

The phenomenon of migration in birds is a remarkable example of adaptation to environmental changes. Many species travel vast distances each year to find suitable breeding grounds and food sources. During migration, birds rely on a variety of cues, such as changes in daylight, weather patterns, and geographic landmarks, to navigate their journeys. Recent studies have shown that some birds are capable of adjusting their migratory routes in response to _____.
For instance, if a particular route becomes increasingly inhospitable due to climate change or habitat destruction, these birds may seek alternative paths to ensure their survival. This ability to adapt not only highlights the resilience of these species but also underscores the importance of conserving their migratory habitats to support their ongoing journeys.

① social interactions within their flocks
② seasonal variations in food availability
③ environmental changes along their routes
④ competition with other migratory species

256

다음 글의 내용을 한 문장으로 요약하고자 한다. 빈칸 (A), (B)에 들어갈 말로 가장 적절한 것은?

2023 법원직

The myth of the taste map, which claims that different sections of the tongue are responsible for specific tastes, is incorrect, according to modern science. The taste map originated from the experiments of German scientist David Hänig in the early 1900s, which found that the tongue is most sensitive to tastes along the edges and not so much at the center. However, this has been misinterpreted over the years to claim that sweet is at the front of the tongue, bitter is at the back, and salty and sour are at the sides. In reality, different tastes are sensed by *taste buds all over the tongue. Taste buds work together to make us crave or dislike certain foods, based on our long-term learning and association. For example, our ancestors needed fruit for nutrients and easy calories, so we are naturally drawn to sweet tastes, while bitterness in some plants serves as a warning of toxicity. Of course, different species in the animal kingdom also have unique taste abilities: carnivores do not eat fruit and therefore do not crave sugar like humans do.

*taste bud 미뢰

⇨ The claim that different parts of the tongue are responsible for specific tastes has been proven to be ___(A)___ by modern science, and the taste preferences are influenced by the ___(B)___ history.

	(A)	(B)
①	correct	evolutionary
②	false	evolutionary
③	false	psychological
④	correct	psychological

257

geostationary satellites에 관한 다음 글의 내용과 일치하지 않는 것은?

Geostationary satellites orbit the Earth at a height of approximately 35,900 kilometers. At this altitude, they orbit at the same speed as the planet rotates, so they stay above a fixed location on the Earth's surface. In 1945, science-fiction writer Arthur C. Clarke suggested the use of geostationary satellites to relay phone calls, television images, and other signals between ground stations separated by thousands of kilometers. The first geostationary communications satellites, called Syncom2, was launched from Cape Canaveral on July 26, 1963. It was an experimental communications satellite placed over the Atlantic Ocean and Brazil at 55 degrees longitude. Since then, hundreds of communications satellites have been put into stationary orbits. These satellites receive signals from transmitter antennas on the Earth's surface, amplify them and then transmit them to receivers on the ground.

① 지구의 자전 속도와 같은 속도로 지구 궤도를 돈다.
② 한 공상 과학 소설가가 정지 위성의 사용을 제안했다.
③ 최초의 정지궤도 위성은 태평양 상공으로 발사되었다.
④ 수백 개의 정지궤도 위성이 궤도에 올려졌다.

[258~259] 다음 글을 읽고 물음에 답하시오.

(A)

We are excited to announce the annual Art in the Park Festival, a celebration of creativity and artistic expression in our community. Join us for a weekend filled with art, music, and fun for the whole family!

Details
- **Dates:** Saturday, July 22 – Sunday, July 23
- **Times:** 9:00 a.m. – 5:00 p.m. (both days)
- **Location:** Riverside Park, Main Avenue, and nearby areas

Highlights
- **Art Exhibitions**
Explore a wide range of artworks from local artists, including paintings, sculptures, and crafts.
- **Live Music**
Enjoy performances by local bands and musicians on multiple stages throughout the park.
- **Children's Activities**
There will be a special area for kids with art workshops, face painting, and interactive games.

For more information and a full schedule of events, visit our website at www.artintheparkfestival.org or call the festival hotline at (654) 321-9876.

259

(A)에 들어갈 윗글의 제목으로 가장 적절한 것은?

① Explore Local History Through Art
② Join Us for a Creative Celebration
③ Promote Young Artists in the Community
④ Discover the Joy of Music and Dance

260

Art in the Park Festival에 관한 윗글의 내용과 일치하지 않는 것은?

① 주말 동안 열리는 행사이다.
② 모든 연령대를 위한 활동이 포함된다.
③ 전시된 작품은 주로 해외 아티스트의 작품이다.
④ 라이브 음악 공연이 여러 무대에서 진행된다.

260

다음 중 글의 내용과 일치하지 않는 것은?

HealthyLiving App

https://healthylivingapp.com

Introducing the HealthyLiving app, your personal guide to maintaining a healthier lifestyle. This innovative app allows users to track their daily food intake, exercise routines, and hydration levels. One of its standout features is the meal planning tool, which helps users create balanced meal plans tailored to their dietary preferences and restrictions. The app also includes a community feature, enabling users to connect with others on similar health journeys for support and motivation. Before you embark on your health journey, be sure to download the latest version of the app from the app store, as it is regularly updated with new features. HealthyLiving is compatible with both iOS and Android devices, and for those who prefer a larger screen, there is a web version available that allows users to access all the app's features from their computers.

① The app allows users to track their daily food intake and exercise routines.
② Users can connect with others in the app for support and motivation.
③ HealthyLiving is only available as a mobile application.
④ The app includes a meal planning tool for creating balanced diets.

2025
공무원 영어
실전 독해

손진숙
영어 독해
260제

정답 및 해설

SIMPLE
& SMART,
EASY
& PERFECT

공단기 gong.conects.com

사피엔스net

손진숙 영어 독해 260제

정답 및 해설

SIMPLE & SMART,
EASY & PERFECT

001

정답 ②

해석

2024 케이팝 콘테스트

콘텐츠:
- 케이팝 춤 / 노래 / 춤과 노래

자격:
- 공립 고등학교에 한 명 이상의 한국어 수강생 포함
- 학교당 5팀 미만

신청 방법
1. YouTube에 동영상 업로드
2. 한국어 교사가 제공한 지원서 제출

알림:
- 그룹 참여를 권장합니다.
- 길이 : 8분 미만 (해상도 – 720 DPI보다 높음)

일정:
- 신청 기간: 3월 1일 ~ 4월 18일
- 결과 발표: 4월 24일
- 시상식: 4월 27일(토) 19:30 Zoom으로

① 그룹으로 참여하는 것이 선호된다.
② 수상자들에게는 직접 상이 수여된다.
③ 신청 기간은 한 달 이상 지속된다.
④ 특정 수준 이상의 해상도가 필요하다.

해설

시상식은 줌으로 행해지므로, 직접 상이 수여되는 것은 아니다.

어휘

- submit 제출하다
- in person 직접
- resolution 해상도

002 정답 ③

해석

라틴 아메리카는 최근 몇 년간 엄청난 풍력, 태양열, 지열, 바이오 연료 에너지 자원을 활용하는 데 있어 엄청난 발전을 이뤘다. 이미 라틴 아메리카의 전기 부문은 석유에 대한 의존도를 점진적으로 낮추기 시작했다. 라틴 아메리카는 2015년부터 2040년 사이에 전력 생산량을 거의 두 배로 늘릴 것으로 예상된다. 라틴 아메리카의 새로운 대규모 발전소들 중 사실상 어떤 것도 석유를 사용하지 않을 것이고, 이는 다양한 기술의 장을 열어주는 것이다. 전통적으로 석유를 수입했던 중앙아메리카와 카리브해 국가들은 금세기 초 10년 동안 비싸고 변동성이 큰 가격에 시달리고 난 다음, 석유를 기반으로 한 발전소에서 가장 먼저 손을 뗐다.

① 라틴 아메리카의 석유 산업의 호황
② 라틴 아메리카의 쇠퇴하는 전기 사업
③ 라틴 아메리카의 재생 가능 에너지 발전
④ 라틴 아메리카에서의 석유에 기반한 자원의 적극적인 개발

해설
주제문이 첫 문장에 명확하게 제시되어 있는 글이다. 라틴 아메리카에서 풍력, 태양열, 바이오 연료, 즉 재생 가능한 에너지(renewable energy)가 발전하고 있다는 내용으로 ③이 정답이다.

어휘
- make strides 발전하다
- exploit 활용하다, 개발하다
- geothermal 지열의
- output 산출량
- volatile 변동성이 큰, 불안한, 변덕스러운
- booming 호황의
- decline 쇠퇴하다

003 정답 ④

해석

우리 자신의 수준에서 객관적 현실과 그것을 지칭하는 언어적 상징을 완전히 분리하는 것은 일반적으로 어려워서, 사물, 특성, 그리고 사건은 전체적으로 그것들이 호칭되는 것으로 느껴진다. 일반인에게 있어서, 실제적이든 잠재적이든 모든 경험은 언어적 표현으로 가득 차 있다. 이는 예를 들자면 너무 많은 자연 애호가들이 엄청나게 많은 꽃과 나무의 이름을 완전히 익힐 때까지 자연과 진정으로 접촉한다는 느낌을 갖지 못하게 되는 이유를 설명하는데, 이는 마치 기본적 현실 세계가 언어로 이루어진 세계인 것처럼, 그리고 사람은 먼저 어떤 식으로든 신기하게 그것(자연)을 표현하는 용어를 완전히 익히지 않으면 자연에 가까이 갈 수 없는 것처럼 보이는 것과 같다. 언어를 수학의 상징 체계나 깃발 신호와 같은 순수하고 단순하게 상징적인 체계라는 무감각한 상태에서 벗어나게 하는 것은 바로 이러한 <u>언어와 경험 간의 끊임없는 상호 작용</u>이다.

① 공통 언어의 상징적인 힘
② 언어 발달의 느리고 긴 과정
③ 언어와 문화 사이의 구별되는 관계
④ 언어와 경험 간의 끊임없는 상호 작용

해설
사람의 모든 경험은 언어적 표현으로 이루어져서, 사람들은 사물의 이름을 완전히 익혀야 그 사물을 가까이 할 수 있고 진정으로 접촉할 수 있는 것처럼 느낀다는 내용의 글이다. 결론적으로 빈칸에는 언어가 단순하고 무감각한 상징 체계와 다른 이유를 설명할 수 있는 말이 와야 하므로 ④ '언어와 경험 간의 끊임없는 상호 작용'이 흐름상 적절하다.

어휘
- divorce 분리, 단절
- objective 객관적인
- reference 언급, 지칭, 참조
- on the whole 대체로
- be saturated with ~로 가득차다
- verbalism 언어적 표현
- terminology 용어
- distinct 구별되는, 다른
- constant 끊임없는
- interplay 상호작용

구문분석

1 On our own level it is generally difficult to make a complete divorce between objective reality and our linguistic symbols of reference to it, and things, qualities, and events are (on the whole) felt to be what they are called.
- 가주어 / 진주어 / A / B / S / V

2 It is this constant interplay between language and experience that removes language from the cold status of such purely and simply symbolic systems as mathematical symbolism or flag signaling.
- It is - that 강조구문 / S / V / A / B
- such A as B = A such as B - 'B와 같은 A'로 해석

004

정답 ④

해석

갑작스러운 성공이나 승리는 매우 위험할 수 있다. 신경학적으로, 뇌에서 흥분과 에너지를 강력하게 분출시켜주는 화학 물질이 방출되어, 이러한 경험을 반복하고자 하는 욕구를 불러일으킨다. 이것이 어떤 종류의 중독이나 조증 행동의 시작이 될 수 있다. 또한 빠르게 이익을 얻게되면 우리는 진정한 성공은 노력을 통해 온다라는 기본적인 지혜를 놓치는 경향이 있다. 우리는 많은 돈이나 관심을 얻었을 때 느꼈던 그 희열을 다시 느끼기 위해 계속해서 반복적으로 시도한다. 우리는 우월감을 가지게 된다. 우리는 특히 우리에게 경고하려는 사람에게 저항하게 되며, - 그들은 이해하지 못한다고 스스로에게 말한다. 이것은 지속될 수 없기 때문에 우리는 피할 수 없는 추락을 경험하게 되고, 이는 더욱 고통스러우며 우울증으로 이어진다. 도박꾼들이 이러한 경향이 가장 강하지만, 거품 경제시기의 사업가들이나 대중의 갑작스러운 관심을 받는 사람들에게도 마찬가지이다.
① 로마에서는, 로마사람들이 하는 대로 해라
② 일찍 일어나는 새가 벌레를 잡는다
③ 실패는 성공으로 가는 디딤돌이다
④ 진정한 성공은 노력을 통해 온다

어휘
- lose sight of 놓치다
- recapture 되찾다
- superiority 우월감
- sustain 지속하다
- inevitable 필연적인
- prone to -하기 쉬운

해설
너무 갑작스럽게 성공이나 승리를 거두었을 때 잃게 되는 것은 '힘든 노력을 통해서 성공을 얻을 수 있다'는 지혜라고 볼 수 있다.

구문분석

Neurologically, chemicals are released in the brain [that give a powerful burst of excitement and energy,] leading to the desire to repeat this experience.
- 수식

005

정답 ②

해석

발전된 산업사회에서의 삶은 우리가 더 이상은 자연 환경에 의존하지 않는다고 믿게 만든다. 필요할 때에는 자연환경으로부터 벗어날 수 있거나 우리의 요구에 맞추기 위해 자연환경을 바꿀 수 있는 것 같아 보인다. 예를 들어, 우리가 더 많은 식량을 생산할 필요가 있을 때, 우리는 관개, 인공 비료 그리고 살충제를 이용해 쓸모 없는 땅을 비옥한 농지로 바꿀 수 있다. 그러나 우리가 자연환경에 대한 의존으로부터 벗어날 수 있다는 생각은 대부분의 과학자들에 의해 <u>위험한 착각</u>으로 인식된다. 우리가 관개와 농약을 과도하게 사용하는 것에 의해 우리는 생명의 근원인 물을 감소시키고 있다. 심지어 우리의 자연 환경이 더 이상 우리를 뒷받침해 주지 못할 정도로 그것을 바꿀 수도 있다. 그러므로 우리는 자연 환경에 대한 우리의 의존을 인정하고 인위적 환경을 창조하는 것을 자제할 필요가 있다.

해설

빈칸의 앞부분에서 우리가 자연 환경에 더 이상 의존하지 않게 되었다는 믿음을 갖고 있음을 서술하다가 However라는 역접의 접속사로 어조를 반전시켜 결국은 우리가 여전히 자연 환경에 의존하고 있음을 인정하라는 내용이 이어지므로, 빈칸에는 인간이 자연 환경에 대한 의존으로부터 벗어날 수 있다는 생각이 잘못된 생각이라는 내용이 나오는 것이 적절하다. 따라서 ② 위험한 착각(dangerous illusion)이 빈칸에 들어가야 알맞다.

어휘

- modify 변경하다
- meet one's needs 요구를 충족시키다
- irrigation 관개
- artificial 인공적인
- fertilizer 비료
- pesticide 살충제
- acknowledge 인정하다
- refrain from –을 삼가다
- long-lasting 오래 지속되는
- illusion 오해, 환상, 착각
- reasonable 이성적인, 합리적인
- justification 정당화

006

정답 ②

해석

1890년 8월 26일 하와이 와이키키 인근에서 태어난 카하나모쿠 공작은 하와이 서퍼이자 수영 선수로 미국을 대표해 올림픽에서 3개의 금메달을 획득했으며 몇 년 동안 세계 최고의 자유형 수영 선수로 여겨졌다. 그는 시저 킥을 대체하는 플러터 킥을 개발한 것으로 널리 알려져 있다. 카하나모쿠는 1913년 7월 5일과 1917년 9월 5일 사이에 100야드 자유형에서 3번의 세계적으로 인정받는 세계 신기록을 세웠다. 카하나모쿠는 100야드 자유형에서 1913년 미국 실내 챔피언, 1916~17년과 1920년 실외 타이틀 보유자였다. 1912년 스톡홀름 올림픽에서는 100미터 자유형 종목에서 우승했고, 1920년 벨기에 앤트워프 올림픽에서는 800미터 계주에서 미국 대표팀의 일원으로 우승을 차지했다. 카하나모쿠는 서핑에도 뛰어났고, 스포츠의 아이콘 중 한 명으로 여겨졌다. 1920년대 중반부터는 간헐적으로 영화배우로 활동했다. 1932년부터 1961년까지 호놀룰루 시와 카운티의 보안관으로 근무했다. 그는 1961년부터 사망할 때까지 하와이 주에서 유명 인사들을 환영하는 공식 환영 담당자로서 유급 직책을 맡았다.

해설

"He was perhaps most widely known for developing the flutter kick, which largely replaces the scissors kick."의 문장으로 보아 Kahanamoku가 개발한 것은 시저 킥을 대체하는 플러터 킥이므로 ②는 일치하지 않는 문장이다.

어휘

- victorious 승리하는
- excel 뛰어나다
- intermittently 간헐적으로
- sheriff 보안관
- personage 저명인사

[007~008]

해석

재정 지원 및 장학금

ICMAB의 모든 관련 학생들에게

현재 연구소가 다양한 신탁에 의해 재정 지원 및 장학금 신청을 받고 있음을 알리게 되어 기쁘게 생각합니다. 관심 있고 자격이 있는 학생은 정해진 시간 내에 ICMAB 장학금을 신청하시기 바랍니다.

자격
1. 지원자는 등록된 ICMAB 학생이어야 합니다.
2. 지원자는 학업 우수성을 입증해야 합니다.
3. 지원자는 재정적으로 어려운 배경 출신이어야 합니다.
4. 현재 연구소의 장학금을 받고 있는 학생은 참여할 수 없습니다.

신청 방법
* 장학금을 받을 자격이 있는 이유와 장학금이 목표 달성을 어떻게 지원하는지 설명하는 '개인 진술서'를 준비하세요.
* 재정 지원 및 장학금 신청서를 다운로드하여 작성하세요.
* 양식에 명시된 대로 필수 문서를 첨부하세요.
* 여권 사이즈 색상의 최근 사진을 첨부하세요.
* 작성된 양식에 필요한 서류와 함께 2024년 8월 29일 또는 그 이전에 ICMAB의 교육부/지부/연구 센터에 제출하세요.

필수 서류
1. 작성된 신청서
2. 개인 진술서
3. 성적 증명서 사본
4. 최근에 찍은 여권 크기의 컬러 사진 한 장

추가적인 정보와 도움이 필요한 경우 +1 (184) 723-2401로 문의해 주세요

어휘
- application 신청, 지원, 신청서
- eligible 자격이 있는
- stipulate 규정하다
- attach 첨부하다
- transcript 성적 증명서
- integrated 통합된
- privileged 특권을 가진
- endangered (멸종) 위기에 처한, 위험에 처한
- impoverished 가난한

007   정답 ①

해설
Applicants must be from financially indigent background.의 문장으로 보아 재정적으로 어려운 학생들만 지원할 수 있다. 따라서, 재정 상태와 관계없이 지원할 수 있다는 것은 일치하지 않는 문장이다.

008   정답 ④

해설
indigent는 '궁핍한'이라는 의미의 형용사로, impoverished와 동의어가 된다.

009

정답 ④

해석

오늘날 이민은 유럽연합의 고령화 인구 성장의 주된 원동력이다. 1950년대와 60년대의 급성장하는 경제는 유럽에서 대규모 이민 노동력에 대한 수요를 만들어냈으며, 이는 종종 과거 식민지 출신들이었다. 모로코인과 알제리인은 프랑스로, 인도인은 영국으로, 앙골라인은 포르투갈로 이주했다. 그러나 1970년대 중반부터 시작된 재정 침체로, 많은 유럽인들은 일자리를 얻기 위해 경쟁하는 이민자들에 분개했고 (이러한 이민 노동자들의) 유입으로 인해 국가 정체성이 희석되고 있다고 걱정하게 되었다. 유럽이 이슬람화되고 아랍화되고 있다는 인식이 있지만, 오늘날 얼마나 많은 유럽인이 이슬람교도인지 비유럽계인지 말하기는 어렵다. 많은 나라들은 자국민들의 종교나 민족성에 대한 통계를 내지 않는다; 그들은 외국 태생의 사람들만 추적한다. 현재의 경제 불안은 증가하고 있는 외국인 혐오증을 악화시키고 있다. 결과적으로, 한때 노동자를 적극 영입했던 유럽 국가들은 이민정책을 강화하려 하고 있다.
① 이전 식민지 출신의 사람들은 1950년대와 1960년대에 유럽으로 이주했다.
② 1970년대 중반 이래로, 유럽인들은 자신들의 정체성을 유지하는 것에 대해 걱정했다.
③ 얼마나 많은 유럽인들이 민족적으로 아랍인인지 말하는 것은 어렵다.
④ 여전히 유럽 국가들은 노동력 부족으로 이민자를 유입하려고 하고 있다.

해설

마지막 문장에서 한 때는 적극적으로 이주 노동자를 유치했던 유럽 국가들이 이민 정책을 강화하려고 한다고 했으므로, 이는 예전처럼 이민자들을 유치하려고 노력하고 있지 않다는 것을 알 수 있다.

어휘

- main driver 주동력
- booming 호황의
- former 이전의
- colony 식민지
- emigrate 이민을 가다
- stagnation 침체, 부진
- resent 분개하다
- fret 걱정하다
- dilute 희석시키다
- influx 유입
- descent 혈통
- woe 문제, 비통
- xenophobia 외국인 혐오증
- recruit 모집하다

010

정답 ③

해석

비판적인 생각은 감정이 없는 과정처럼 들리지만, 감정과 심지어 격정적인 반응을 포함할 수 있다. 특히, 우리는 우리 자신의 의견이나 신념에 반하는 증거를 좋아하지 않을 수도 있다. ① 만약 그 증거가 (당신의 의견이나 신념에) 이의제기를 하는 방향을 가리키면, 그것은 예상치 못한 분노, 좌절감 또는 불안감을 불러일으킬 수 있다. ② 학계는 전통적으로 그 자체를 논리적이고 감정이 없는 것으로 여기기를 좋아하기 때문에, 감정이 표출되면 이것은 특히 어려울 수 있다. ③ 예를 들어, 같은 정보를 여러 관점에서 보는 것은 중요하지 않다. ④ 그런 상황에서 감정을 다스릴 수 있는 것은 유용한 기술이다. 만약 당신이 침착함을 유지할 수 있고, 논리적으로 이유를 제시할 수 있다면, 당신의 관점을 설득력 있는 방법으로 주장할 수 있을 것이다.

해설

첫 문장에 제시된 주제문으로 보아, 비판적인 사고에도 감정이 연루될 수밖에 없다는 것이 글 전체의 요지이다. 그러나, ③은 여러 가지 관점에서 같은 정보를 보는 것은 중요하지 않다는 내용으로 전체 글의 흐름과 전혀 무관하다.

어휘

- engage 포함하다, 관여시키다
- passionate 열정적인
- contradict 모순되다
- rouse 불러 일으키다
- emerge 나타나다
- convincing 설득력 있는

011 정답 ④

해석

> 문학의 한 형태로서 소설은 영국에서 산업혁명 시기 동안인 18세기 초에 시작되었다.
> (B) 그 이후부터 근대 소설의 출현은 다소 중산층의 부상과 관련되어 왔다.
> (C) 이렇게 부상하는 중산층은 소설가들이 작품에서 다루기 시작한 객관이 되었으며 귀족에서 중산층으로의 이 같은 관심의 이동은 많은 작가들의 작품에서 보여진다.
> (A) 다니엘 드포의 1719년작 <로빈슨 크루소>와 찰스 디킨스의 1860년 작인 <위대한 유산> 둘 다 그들의 소설에서 중산층 사회의 삶을 보여준다.

해설

주어진 문장의 the period of the Industrial Revolution이 (B)에서 언급된 then이 되므로 (B)가 가장 먼저 배치된다. (B)에서 언급된 the middle class가 (C)에서 이어지므로 (B)-(C)의 순서가 되어야 하며, (A)의 두 작품은 중산층의 삶을 다루는 소설의 구체적인 예가 되는 작품이 언급된 (A)가 이어져야 한다.

어휘

- literary 문학의
- emergence 출현
- intertwined 뒤얽힌
- aristocracy 귀족
- portray 묘사하다
- prose 산문(↔ verse 운문)
- fiction 허구, 소설

012 정답 ③

해석

> 사람들은 질병에 걸릴 것 같은 두려움이나 과도한 진료비 때문에 병원이나 보건소에 접근하는 것을 주저하게 되었다. 이것은 그들이 인터넷에서 검증되지 않은 정보를 기반으로 자가 진단을 하게 만든다. 이것은 종종 오진을 받거나 부적절한 약을 섭취할 경우 그 사람의 정신적, 신체적 건강에 해로운 영향을 미친다고 밝혀진다. ③ 헬스케어 챗봇은 이 문제를 해결하고 사람들이 집에서 편안하게 진단과 조언을 받을 수 있도록 하기 위해 의도되었다. 진단의 심각성에 따라 챗봇은 처방전 없이 복용할 수 있는 치료제를 처방하거나 검증된 의료 전문가에게 진단을 확대한다. 특히 코로나19의 경우 크고 다양한 증상, 위험 요소 및 치료에 대해 훈련된 대화형 챗봇은 사용자의 건강에 대한 문의들을 쉽게 처리할 수 있다.

해설

주어진 문장에서 this problem이 지칭하는 것이 무엇인가를 파악해야 한다. 문맥상 this problem은 인터넷 상에 떠도는 정보를 가지고 자가진단을 하게 되면서 유발되는 정신적, 신체적 문제를 지칭하는 것으로 ③ 앞에서 언급된 내용이다. 또한, ③ 다음 문장에서 언급되는 the chatbot은 주어진 문장에서 언급된 healthcare chatbots을 지칭하므로 주어진 문장은 ③에 들어가야 한다.

어휘

- purpose 의도하다
- proper 적절한
- diagnosis 진단
- contract 병에 걸리다
- unverified 증명되지 않은
- misdiagnose 오진하다
- prescribe 처방하다
- over the counter 처방전 없이 살 수 있는
- escalate 확대하다, 올리다
- query 문의

013

정답 ②

해석

이상적으로 역사의 주제는 인간이며 문명이 시작된 이래로 인간이 생각하고, 말하고, 행해 온 모든 것이다. 그러나, 실용적인 목적을 위해, 역사는 인간이 관여한 모든 생각, 모든 말, 모든 행동 또는 사건을 포함할 수 있는 것은 아니다. 왜냐하면 수많은 세대를 거치면서 수백만 명의 생각, 말, 행동들 중에서, 오늘날 알 수 있는 것은 극히 작은 일부에 불과하기 때문이다. 그리고 그 작은 일부조차도 세월의 참화를 견뎌낸 인간이 만들어낸 무언의 증거를 통해서만 불완전하게 알 수 있다. 우리가 알 수 있는 역사, 우리가 배우고 연구할 수 있는 역사는, 그러므로 과거 모든 사건의 총합으로 간주되는 역사보다 훨씬 덜 포괄적인 역사이다. 그것은 기록된 역사이다. 그것은 오직 그 기억이 살아남아서 오늘날에도 여전히 이용 가능한 것들만을 포함한다.

① 기록된 인간 역사의 기원
② 기록된 인간 역사의 제한적 특성
③ 인류문명의 발생과 발달
④ 역사적으로 중요한 사건의 해석

어휘

- subject matter 주제, 소재
- dawn 새벽, 시초
- minute 극미한
- fragment 조각, 파편
- mute 무언의
- withstand 견디다
- ravages 참화
- comprehensive 종합적인
- sum 합계

해설

recorded history가 minute fragment라고 하는 것이 이 글의 주제가 된다. 즉, 기록되어 있는 인간의 역사가 종합적이지 못한 아주 작은 한 조각에 지나지 않는다는 것이다. 따라서, 글의 주제는 인간의 기록된 역사의 제한적 특성이 된다.

구문분석

1 For [of all the thoughts, words, and actions of millions of men through countless generations,] only a minute fragment can be known today.
   (For: 접속사(왜냐하면), of ~ : ~중에서)

2 And even that minute fragment can be known only imperfectly through the mute evidence of those things [man has made] [which have withstood the ravages of time.]
   (those things: 선행사, man has made: 목적격 관계대명사 생략, 수식)

014

정답 ③

해석

> 비극이나 불행이 우리에게 닥치면, 또 다른 사건과 비교하는 것, 즉 우리 주변의 다른 사람들이 직면하는 더 안 좋은 상황을 상기하는 것이 매우 도움이 될 수 있다. 우리가 실제로 우리의 초점을 자아로부터 타인들로 옮길 수 있다면, 우리는 자유로워지는 효과를 경험한다. 자신에게 몰두하는 심리 현상, 즉 우리 자신에 대해 지나치게 걱정하는 것에는 무엇인가가 있는데, 이것은 우리의 고통을 증폭시키는 경향이 있다. 이와 반대로, 우리가 다른 이들의 고통과 연관지어 그것(우리의 고통)을 바라보게 될 때, 상대적으로 말해 우리는 그것이 그 정도로 참을 만하지 못한 것만은 아니라는 것을 인지하기 시작한다. 우리가 다른 모든 것들을 제외하고 우리의 문제들에 집중하는 것보다 이것(다른 이들의 고통과 연관지어 자신의 문제를 바라보는 것)은 우리로 하여금 우리 마음의 평화를 훨씬 더 쉽게 유지할 수 있도록 해 준다.

① 평소의 자신의 모습으로 행동하고 자신의 페이스를 유지해라
② 자신을 되돌아보면 마음의 평화가 올 것이다
③ 좋지 않은 상황에서 자신을 타인들과 비교하는 것은 도움이 된다
④ 마음을 가라앉히기 위해서 다른 사람의 입장이 되지 말아라

해설

심적 고통을 줄이기 위해서는 자신보다 더 안 좋은 상황에 처한 다른 이들의 고통을 연관 지어 바라보면 상대적으로 자신의 마음의 평화를 유지하는 데 도움이 된다는 것이 이 글의 내용이다.

어휘

- tragedy 비극
- come one's way 닥치다
- shift 옮기다, 이동하다
- magnify 증폭시키다, 확대하다
- conversely 이와 반대로
- unbearable 참을 수 없는
- to the exclusion of ~을 제외시키고
- reflect on ~을 반성하다, 되돌아보다
- in one's shoes ~의 입장에 있는
- compose oneself 마음을 가라앉히다

015

정답 ③

해석

> 모든 조직은 임무를 수행하는 데 사용할 수 있는 자원을 가지고 있다. 당신의 조직이 얼마나 직무를 잘 수행하는지는 부분적으로는 얼마나 많은 자원을 보유하고 있는지의 기능이기도 하지만, 대부분은 사람과 돈과 같은 보유한 자원을 얼마나 잘 사용하는지의 기능이다. 당신이 조직의 인사와 의제를 통제할 수 있으면, 자동적으로 발생하지 않는 조건인, 조직의 리더인 당신은 항상 그러한 자원의 사용을 더 효율적이고 효과적으로 만들 수 있다. 사람들과 돈을 신중하게 관리하고, 가장 중요한 것들을 가장 중요한 것으로 취급하고, 좋은 결정을 내리고, 직면한 문제를 해결함으로써 당신이 사용할 수 있는 것을 최대한 활용할 수 있다.

① 조직 내 자원의 교환
② 리더의 외부 통제 설정 능력
③ 자원을 최대한 활용하는 방법: 리더의 방식
④ 조직의 기술역량: 조직의 성공을 가로막는 장벽

해설

조직이 가지고 있는 자원이 얼마나 많은지도 중요하지만, 그 자원들을 어떻게 잘 활용하는지가 리더의 해야 하는 방식이라는 것이 글의 주제가 된다.

어휘

- personnel 직원
- agenda 의제
- encounter 마주치다
- get the most out of 최대한으로 활용하다
- external 외부적인
- make the most of ~을 잘 활용하다

구문분석

You as the organization's leader can always **make** the use of those resources **more efficient and effective**, **provided** that you have control of the organization's personnel and agenda, a condition that does not occur automatically.
- make: 5형식 V
- the use of those resources: O
- more efficient and effective: O.C.
- provided = if
- you have control of the organization's personnel and agenda, a condition ...: 동격

[016~017]

해석

New message

Roberta Wallace 씨에게,

저는 오늘부터 2주 후인 2024년 3월 15일부로 Innovative Solutions Corp.의 수석 애널리스트직에서 사임을 공식적으로 발표하기 위해 이 편지를 씁니다. 이 결정은 저의 개인적, 직업적 발전을 위한 올바른 선택이라고 생각한 끝에 내려진 것입니다.

저는 새로운 도전과 성장의 기회를 제공할 수 있는 직책을 수락했습니다. 제 커리어의 다음 장이 기대되지만, Innovative Solutions Corp.을 떠나는 것은 씁쓸합니다. 저는 이곳에서 보내는 시간이 정말 즐거웠고, 지원 동료와 경영진의 가이드 아래 도전적인 프로젝트를 진행하고 성장할 수 있는 기회에 감사드립니다.

저는 제 임무를 마무리하고 업무를 인계하는 데 도움이 될 수 있도록 최선을 다할 것입니다. 후임자를 교육하거나 팀과 협력하여 가능한 한 저의 퇴사가 가능한 매끄럽게 이어질 수 있도록 기꺼이 돕겠습니다.

Innovative Solutions Corp.의 일원이 될 수 있었던 기회에 다시 한 번 감사드립니다. 앞으로도 계속 연락할 수 있기를 기대합니다.

Jordan K. Lee 드림

어휘

- plain 분명한, 솔직한
- rapid 빠른
- smooth 매끄러운, 순조로운
- overcast 흐린, 우울한

016 정답 ①

해석

① 그는 다른 직업을 찾기 전에 잠시 공백기를 가지게 될 것이다.
② 그가 그만두기로 한 결정은 신중하게 내려졌다.
③ 그는 회사를 떠나는 것에 대해 양면적인 감정을 가지고 있다.
④ 그는 기꺼이 후임자를 교육하고 업무를 인계할 것이다.

해설

이미 다른 직책을 수락한 상태이므로, 공백기 없이 이직을 하게 될 것이다.

017 정답 ③

해설

seamless는 이음새가 없어 '매끄럽고, 순조롭다'는 의미이므로 smooth와 동의어가 된다.

018 정답 ②

해석

> 사랑을 나누세요.
> <땅콩버터와 함께하는 굶주림 퇴치 운동>
>
> 약간의 도움을 필요로 하는 지역 농민을 도움으로써 공동체에 기여하세요.
> 루이지애나 북동부에서 기아에 직면한 어린이, 가족, 노인들을 돕기 위한 4번째 연례 지역별 땅콩버터 캠페인을 시작합니다.
>
> 땅콩버터는 어린이와 성인이 좋아하는 단백질이 풍부한 식품이기 때문에 푸드뱅크에서 꼭 필요한 필수품입니다. 3월 29일(금) 오후 4시까지 플라스틱 병에 담긴 땅콩버터나 기금을 먼로 푸드뱅크에 기부해 주세요. 땅콩버터 기부는 월요일부터 금요일까지 오전 8시부터 오후 4시까지 먼로 센트럴 애비뉴 4600번지에 위치한 푸드뱅크 물류센터에 맡기면 됩니다. 금전 기부는 여기 또는 (427) 418-4581로 전화하여 할 수 있습니다.
>
> 물건을 맡길 다른 장소를 알고 싶으시면 https://www.foodbanknela.org의 사이트를 방문해 주세요.

해설

땅콩버터 기부는 월요일부터 금요일까지만 가능하므로, 토요일과 일요일에도 기부할 수 있다는 ②는 일치하지 않는 문장이다.

어휘

- kick off 시작하다
- staple 주식, 주요 물건
- jar 병
- drop off 맡기다
- monetary 금전적인

019

정답 ②

해석

적절한 결정을 내릴 수 있는 개인의 능력은 그 사람이 노출되어 있는 정보의 양에 크게 좌우된다.
(B) 우리는 인생 경험을 통해 더 많은 정보가 전체적인 결정의 질을 높여 준다는 것을 알 수 있다. 만약 어떤 결정을 내리는 사람이 너무 적은 정보를 갖고 있다면, 그는 전체적인 그림을 볼 수 없게 되고 중요한 정보를 고려하지 않은 채 결정을 하게 되는 위험에 처한다.
(A) 하지만 정보의 양과 결정의 질 간의 이러한 긍정적 상관관계에는 한계가 있다. 어떤 시점에서 추가적인 정보는 처리되거나 통합되지 못한다. 사실, 이러한 추가 정보는 혼란, 좌절, 당황, 심지어는 마비 상태의 결과를 가져오는 정보 과부하 상태를 초래할 수도 있다.
(C) 오늘날 많은 사람들이 이러한 선택의 모순에 직면해 있다. 행동 경제학에서 가르쳐 주듯이 선택권이 많으면 많을수록 어떤 사람이 어떠한 결정도 내리지 않게 될 가능성이 더 커진다.

해설

주어진 글에서는 적절한 결정을 내리는 능력과 정보의 양 사이의 연관에 대해 이야기를 시작했고 (B)에서는 정보가 더 많을수록 결정의 질이 높아진다는 보편적인 생각이 이어진다. 그러나 실제로는 이러한 양적 상관관계의 한계가 존재한다는 내용의 (A)가 뒤따라 나오고, 이 내용을 받아서 'this paradox of choice', 즉 이러한 선택의 모순에 대한 결론을 담은 (C)가 이어지는 것이 적절한 순서이다.

구문분석

As behavioral economics teaches, **the more** the options, **the greater** the chance that a person will make no decision at all.
the 비교급, the 비교급 / 동격

어휘

- adequate 적절한
- depend on ~에 달려 있다, 좌우되다
- correlation 상호 관계
- process 처리하다
- integrate 통합하다
- overload 지나치게 많음, 과부하
- consequence 결과
- panic 극심한 공포, 공황
- paralysis 마비 상태, 정체
- take into account 고려하다
- paradox 역설, 모순

020

정답 ②

해석

러시아는 북극에 국기를 게양함으로써 북극해의 해저의 큰 부분을 차지할 수 있다고 생각한다. 그러나 캐나다 총리는 말했다: "우리는 오래 전에 이것이 캐나다의 영토라는 것을 밝혔다. 요즘 시대에는 세계를 돌아다니면서 아무데나 깃발을 꽂을 수는 없다. 지금은 14세기나 15세기가 아니다." ② 그 논쟁은, 물론, 석유에 관한 것이다. 전문가들은 세계의 미개발 석유와 천연 가스의 약 4분의 1이 북극해 아래에 있다고 믿는다. 해양협정법에 따르면, 한 나라가 북극이 자국의 대륙붕의 연장선이라는 것을 증명할 수 있다면, 해저의 더 많은 부분에 대한 권리를 주장할 수 있다. 러시아는 북극이 유라시아 대륙의 연장선상에 있다고 말한다.

해설

북극해 해저의 일부의 소유권을 주장하는 러시아와 캐나다 사이의 갈등에 관한 내용이다. ② 다음 문장에서 미개발된 석유가 북극해 아래에 매장되어 있다는 언급이 있으므로, 이 갈등의 원인은 석유라고 하는 주어진 문장은 ②에 들어가야 한다.

어휘

- claim (영토권을) 주장하다
- Arctic 북극의 (cf. Antarctic 남극의)
- establish 규명하다, 밝히다
- untapped 아직 손대지 않은, 미개발의
- ocean bed 해저
- continental shelf 대륙붕
- extension 연장
- regarding ~에 관한

021

정답 ③

해석

> 좋은 논쟁을 하는 기술은 인생에서 매우 중요하다. 하지만 이것을 가르치는 부모는 거의 없다. ① 우리는 아이들에게 안정된 가정을 주고 싶어서 형제자매들이 싸우지 못하게 하고 우리 자신의 논쟁을 아이들이 모르게 하고 있다. ② 하지만 만약 아이들이 의견 불일치에 노출되지 않는다면, 우리는 결국 그들의 창의력을 제한할 수도 있다. ③ 어린이들은 평화로운 환경에서 많은 칭찬과 격려로 자유롭게 브레인스토밍을 할 수 있을 때 가장 창의적이다. ④ 창의력이 뛰어난 사람들은 긴장감이 가득한 가정에서 자라는 것으로 나타났다. 그들은 주먹다짐이나 개인적인 모욕에 둘러싸여 있는 것이 아니라, 진정한 의견 차이다. 30대 초반의 어른들에게 상상력이 풍부한 이야기를 쓰라고 했을 때, 가장 창의적인 이야기는 25년 전에 가장 많은 갈등을 겪었던 부모를 가진 사람들에게서 나왔다.

해설

창의적인 사람이 되기 위해서는 의견 충돌에 노출되어야 한다는 것이 글의 주제이다. 그러나, ③은 평화로운 가정에서 아이들이 창의적이 된다는 내용으로 전체 글의 흐름과 반대되는 문장이다.

어휘

- sibling 형제 자매
- fistfights 주먹다짐
- insult 모욕
- conflict 갈등
- quarter 4분의 1

022

정답 ①

해석

> 질병은 그것의 지속적인 전파를 가능케 할 인구 크기의 최소값이나 밀도를 필요로 한다. 그러므로 인구 크기와 밀도의 증가는 이전에 지속될 수 없었던 질병에 인간을 노출시킬 수 있다. 예를 들어, 높은 인구밀도를 요하는 농경사회의 출현은 수렵 채집사회에서 보다 수많은 질병의 전파를 야기했다. 말라리아는 아프리카에 농경사회가 도입되면서 나타난 현대 살인자의 형태를 띤 5천년 전 대량 살상의 한 예이다. 농경사회의 정착 이전까지 아프리카의 수렵 채집 공동체는 그 수가 너무 적었고 또 산재해 있어 말라리아가 지속적으로 퍼질 수 없었다. 비슷하게 도시생활이 정착된 농경사회보다 높은 인구 밀도를 요하는 수많은 병의 전파를 돕는다. 그러므로 역사를 통틀어 사회가 도시 인구의 증가를 가능하게 한 농업에서의 획기적인 것을 이루었을 때 초기 도시화의 확산은 한 차례의 전염병의 발병으로 종종 저지되었다.
> ① 한 차례의 전염병의 발병으로 종종 저지되었다
> ② 지속가능한 발전의 발판을 굳혔다
> ③ 비문명화된 삶의 종말로 널리 인식되었다
> ④ 자연보다 인간이 승리했다는 것을 꼭 의미하지는 않았다

해설

전염병과 인구 규모, 밀도의 상관 관계에 관한 글이다. 농경사회의 출현과 도시화로 인하여 인구 밀도가 커지면서 전염병이 창궐하기가 점점 더 쉬운 환경이 조성되었고 실제 말라리아와 같은 전염병이 수많은 인명이 목숨을 앗아갔다는 내용에 비추어 보면 빈칸에는 전염병의 발병이 도시의 확산을 억제시키는 역할을 한다는 ①이 들어가는 것이 적절하다.

어휘

- threshold 한계점
- transmission 전파
- sustain 지속시키다
- density 밀도
- take on 띠다
- advent 출현
- introduction 도입
- sparsely 드문드문하게
- breakthrough 획기적 사건, 발견, 돌파구
- initial 초기의
- set back 저지하다
- bout 한 차례의 발병, 소동
- gain a foothold 발판을 굳히다, 거점을 확보하다

023

정답 ②

해석

경제학자들에 따르면, 현재 수입이 실제로 지출하는 돈의 액수를 나타내지 않는다. 부자가 더 부자가 된다고 해서, 더 많이 소비하지는 않는다. 마찬가지로 가난한 사람이 더 가난해졌다고 해서, 덜 쓰지 않는다. 오히려 사람들은 특정한 순간에 얼마를 버느냐가 아니라, 그들의 기대하는 장기적인 전망에 바탕을 두고 돈을 소비하는 경향이 있다. 그래서 경기가 좋지 않을 때도, 소비자들은 계속 돈을 지출하는 것이다. 그들은 지금은 비록 돈을 많이 못 벌고 있지만, 그런 상황이 일시적일 것이라고 예상한다.

① 앞으로 수년간 돈을 더 많이 저축하고 싶어한다
② 그런 상황이 일시적일 것이라고 예상한다
③ 경제적 침체 이후에 더 많이 소비하기를 원한다
④ 그들의 소득이 올라갈 것이라고 기대하지 않는다

해설

현재의 경제적 상황이 그 당시의 소비 패턴에 즉각적으로 영향을 주지는 않는다는 것이 글의 요지이다. 경기가 좋지 않음에도 계속 소비를 하는 것은, 지금 당장은 돈을 벌지 못하지만, 미래에는 상황이 좋아질 것이다, 즉 현재의 돈을 벌지 못하는 상황을 일시적일 것이라고 생각하기 때문이다.

구문분석

1 According to a group of economists, current income doesn't necessarily reflect the amount of money [people actually spend.]
   - 목적격 관계 대명사 생략
   - 부분부정 → '꼭 –한 것은 아니다'로 해석

2 People rather tend to base their spending on what they expect their long-term prospects to be, not on what they are making at a given moment in time.
   - A: on what they are making at a given moment in time
   - B: what they expect their long-term prospects to be
   - not A but B = B, not A

어휘

- reflect 반영하다
- base A on B A를 B에 근거를 두다
- prospect 전망
- given 특정한
- in bad shape 상황이 좋지 않은, 불황인
- temporary 일시적인

024

정답 ④

해석

언론이 다양하고 상반되는 관점을 제시해서 우리가 가장 나은 선택을 할 수 있도록 하는 것은 중요하다. 전쟁을 시작하는 경우를 예로 들어보자. 전쟁은 분명 다른 모든 선택권이 실패했을 때 실시하는 최후의 수단이어야 한다. 그러므로 누군가가 전쟁을 시작하겠다고 위협하거나 설득하려고 하면서 엄청난 선전 활동을 벌여 그것을 정당화하려 한다면, 뉴스 언론은 모든 것을 (A) 의심해야 할 책임이 있다. 언론은 우리를 대신해 매우 자세히 조사하며, 대중들이 다른 관점도 볼 수 있도록 해야 한다. 그렇지 않으면, 우리는 불필요한 전쟁이나, 정부가 제시한 이유 외에 다른 이유로 전쟁을 벌이게 될 수 있다. 대개 언론은 이 중요한 구실을 하지 못한다. 심지어 거대한, 소위 '진보적'이라고 불리는 뉴욕 타임즈와 워싱턴 포스트 같은 미국 언론매체도 그들이 항상 대중의 이익을 지키는 감시자가 되지는 못했으며, 몇몇 주요 사안에 대한 자사의 보도가 때로는 눈에 띄게 (B) 편향적인 것처럼 보인다는 것을 인정하였다.

해설

(A) 빈칸 다음에 이어지는 문장에서 언론은 대중들이 반대쪽의 모습도 볼 수 있도록 해야 할 의무가 있다고 했으므로, 누군가가 우리를 선동하려고 할 때 언론은 그것을 그냥 받아들이는(accept) 것이 아니라, 의심하고 이의를 제기해야(question) 책임이 있다고 볼 수 있다.

(B) 언론이 자신들이 항상 감시인의 역할을 해 온 것은 아니라고 인정을 했으므로 그들의 보도가 가끔은 매우 편향적이었다(one-sided)고 추론할 수 있다.

구문분석

> 그렇지 않으면
> Otherwise, we may be drawn into unnecessary wars, or wars fought for reasons other than
> the reasons를 지칭
> those presented by governments.
> 수식 / 수식 / ~ 말고, ~를 제외한

어휘

- opposing 서로 다른
- a last resort 최후의 수단
- undertake 착수하다, 맡다
- intense 극심한, 강렬한
- scrutiny 정밀 조사
- on one's behalf -을 대신해서, 대표해서
- mount 시작하다
- other than -을 제외한
- watchdog 감시인
- coverage 보도
- balanced 균형 잡힌
- one-sided 편향적인

025

정답 ②

해석

작동 기억은 문제 해결을 위해 짧은 시간 동안 정보를 보유하고 처리하는 능력을 말한다. 이상하게 들릴 수도 있지만, 이른바 '높은 작동 기억력'을 가진 고도로 지적인 사람들도 스트레스를 받는 상황에서 일을 할 경우 고전하는 경우가 있다. 새로운 연구에 따르면 평상시에 뛰어난 높은 워킹 작동 기억력을 가진 사람들이 압박을 받으며 일을 할 때 압박이 없을 때보다 간단한 시험에서 성적이 좋지 않았다. 스트레스가 걱정을 유발해서 실패 가능성에 대해 과도하게 걱정하기 때문이다. 이런 실패에 대한 생각은 작동 기억을 수행하는 두뇌의 같은 부위를 차지하게 된다. 그에 따라 걱정에 대한 생각이 즉시 일에 대해 집중하는 데 쓰이는 공간을 차지하게 된다.

① 작동 기억은 장기적으로 정보를 처리하는 것과 관련이 있다.
② 실패에 대한 두려움은 뇌에서 작동 기억을 다루는 공간을 차지한다.
③ 압력은 작동 기억 능력이 뛰어난 사람들이 당면한 업무를 처리함에 있어서 탁월하게 만들어준다.
④ 작동 기억력이 뛰어난 사람들은 그렇지 않은 사람들보다 실패에 대한 두려움이 덜 강하다.

어휘

- retain 보유하다
- manipulate 처리하다, 조작하다
- odd 이상한
- struggle 고전하다
- capacity 능력, 수용력
- excel 뛰어나다, 탁월하다
- constraint 제한, 한계
- execute 실행하다
- take up 차지하다
- excel 뛰어나다
- at hand 당면한
- intense 강렬한, 극심한
- apprehension 두려움

해설
① 첫 문장에서 작동 기억력은 a short period of time 동안 정보를 보유하고 처리하는 능력이므로 일치하지 않는다.
② These thoughts of failure occupy the same part of the brain that executes working memory.으로 보아, 실패에 대한 생각과 작동 기억을 행하는 두뇌는 같은 부분임을 알 수 있다.
③ if individuals with high working-memory capacity work under pressure, they may do worse on simple exams than when allowed to work with no constraints의 내용으로 보아, 압력을 받으면 일을 더 못한다는 것을 알 수 있다.
④ 실패에 대한 두려움은 작동 기억력이 뛰어난 사람이 더 강하다고 했으므로 일치하지 않는 문장이다.

구문분석

As odd as it may seem, highly intelligent individuals (with what is called a "high working memory capacity") tend to struggle when working under pressure.
= Though it may seem odd   S   they are 생략
                                                V

026   정답 ②

어휘
□ venue 장소
□ whopping 엄청난
□ premiere 초연
□ all-time 사상
□ spectator 관중

해석

에든버러 페스티벌 프린지는 세계 최고의 예술 축제이다. 256개의 다른 장소에서 3만 4,265개의 공연이 열린 작년의 프린지는 이전 기록을 모두 경신했다. 18,901명으로 추산되는 공연자가 무대에 올랐으며, 전년도 기록 대비 21% 증가한 총 1,989,235장의 엄청난 티켓이 판매되었다. 공연의 37%가 프린지 2023에서 전 세계 최초로 초연되었으며, 465개의 공연이 절대적으로 무료로 진행되었다. 올해 페스티벌은 더욱 큰 규모를 자랑한다. 지구상에서 가장 큰 예술 축제를 놓치지 말라!
① 작년에는 거의 19,000명의 관중들이 참여했다.
② 작년 페스티벌의 티켓 판매량이 사상 최고치를 기록했다.
③ 작년 축제에는 총 256명의 공연자가 출연했다.
④ 관람객은 어떤 공연을 관람하는 데도 아무런 비용이 들지 않는다.

해설
18,901명, 즉 거의 19,000의 관중들이 아니라 공연자들이 참석한 것이고, 256명이 아니라 256개의 장소이며, 무료로 볼 수 있는 공연은 456개로 한정되어 있으므로 ①, ③, ④는 모두 일치하지 않는 문장이다. Last year's Fringe broke all previous records의 문장으로 보아, 작년 페스티벌의 티켓 판매량이 사상 최고임을 알 수 있다.

027

정답 ④

해석

한 사람이 우리에게 한 문화를 통째로 깨우쳐줄 수 있다는 것은 믿기 어려운 일처럼 보이지만, 영국의 고고학자 아서 에번스가 크레타 섬에 있는 크노소스 궁전 유적을 성공적으로 발굴하기 전까지, 지중해의 위대한 미노스 문명은 전설에 더 가까웠다. 정말로 그곳의 가장 유명한 거주자는 신화 속 한 생명체였는데, 반은 사람이고 반은 황소이며 신화 속에 나오는 미노아 왕의 궁전 아래에서 살았다고 전해진다. 그러나 Evans가 증명했듯이 이 영역은 신화가 아니었다. 20세기 초 일련의 발굴에서 Evans는 기원전 1900년부터 1450년까지 절정에 달했던 미노스 시대의 유물 발굴품을 발견했다: 보석, 조각, 도자기, 황소의 뿔 모양을 한 제단, 그리고 미노스인의 삶을 보여주는 벽화 등이 있었다.

① 미노스 왕의 성공적인 발굴
② 미노스 시대 유물 감상
③ 크레타 섬에 있는 궁전의 웅장함
④ 미노스 문화를 현실의 영역으로 가져오기

해설

영국의 고고학자인 Arthur Evans가 증거들을 발굴해 냄으로써 신화라고 믿었던 Minoan Culture가 사실로 밝혀졌다는 내용의 글이다. 따라서, Minoan culture가 현실의 영역으로 가져왔다는 Brining the Minoan culture to the realm of reality가 주제로 적절하다.

어휘
- excavate 발굴하다
- trove 매장물
- artifact 인공유물
- carving 조각
- pottery 도자기
- realm 영역

028

정답 ⑤

해석

아이들은 언어를 배울 수 있는 비밀 메커니즘을 가지고 있지 않다고 리치먼 박사는 설명한다. 아이들이 '더 잘 배울 수 있는' 능력은 언어에 노출되는 시간에서 나온다 – 비록 얼마나 많은 시간이 걸리는지는 아직 논쟁의 여지가 있지만. 대조적으로, 어른들은 아이들보다 더 성숙한 문제 해결 능력을 가지고 있고 규칙과 패턴을 더 잘 이해하기 때문에 언어의 규칙을 더 빨리 종합할 수 있다. 아이들은 언어 작동 방식에 대해 더 많은 지식이 있고, 학습 능력이 더 뛰어나며, 일반적으로 더 성숙한 인지 능력을 가지고 있다. 하지만 이러한 종류의 학습은 여기까지만 가능하다. 성인이 유창해지더라도, 항상 숨길 수 없는 억양을 가지고 있다. 이는 특정 언어 요소가 성인의 뇌에 완전히 침투할 수 없다는 신호이다.

해설

어른들이 아이들보다 언어 규칙을 잘 파악할 수 있다는 점에서는 언어 학습에 이점을 가지고 있지만, 숨길 수 없는 억양을 가질 수 밖에 없으므로 발음상에 있어서는 한계가 있다는 것이 글의 요지가 된다.

구문분석

Their ability to "learn better" comes from the amount of time they're exposed to the language — though how much time it takes is still up for debate.

(관계부사 when 생략 / 수식 / though / S / V)

어휘
- piece together 종합하다, 짜맞추다
- mature 성숙한
- cognitive 인지의
- telltale 숨길 수 없는
- penetrate 관통하다, 침투하다

029
정답 ③

해석

미래 고객의 니즈를 이해하기 위해서는 그들의 말을 잘 들어야 한다는 것과 장기 고객을 유지하기 위해서는 그들의 입장에 서서, 그들의 말, 리듬, 어조에 맞추어야 한다는 것은 영업직에 있는 사람이라면 누구나 알고 있다. ① 다시 말해, 성공한 기업은 고객과 연결된 장기적 관계에 기초를 둔다. ② 뛰어난 서비스를 제공함으로써 그리고 당신이 그들의 말을 들어왔고, 그들의 고통, 희망, 열망을 공감할 수 있다는 것을 입증함으로써 이러한 특별한 관계를 이루어낸다. ③ 가끔 '고객이 항상 옳다'라는 금언은 정확하게 고객 편을 드는데, 그것은 종업원 사이에서 억울함을 유발하기 때문에 좋은 생각은 아니다. ④ 이러한 깊은 연결은 팀 동료, 직원, 그리고 고객 사이에 충성심을 구축하는 효과적인 의사소통에 기초를 둔다.

해설

주어진 글은 장기 고객을 유지하기 위해서 그들의 입장에 서서 그들을 공감하고 깊은 연결을 추구해야 한다는 내용으로, ③의 '고객이 항상 옳다'라는 금언이 고객편을 들어 종업원 사이에서 억울함을 유발하기 때문에 좋은 생각은 아니라는 내용은 글의 흐름상 어색하다.

어휘
- prospective 장래의, 유망한
- walk in one's shoes −의 입장이 되다
- outstanding 뛰어난
- demonstrate 보여주다, 입증하다
- emphasize with −에 공감하다
- squarely 정확하게, 정면으로
- resentment 분함, 억울함
- forge 구축하다

030
정답 ②

해석

노화가 치유 가능한 '질병'의 일종이어서, 과학적 방법을 통해 인간의 수명을 연장할 수 있는지에 대해 과학자들 사이에서 많은 논쟁이 제기되었다. 생명 연장 주의자로 알려진 일부 연구자들은 노화는 세포와 조직의 단순한 손상의 축적을 의미하며 첨단 기술이 이러한 손상을 고칠 수 있어 수명을 크게 연장시킬 수 있다고 주장한다.
(A) 그들의 주된 전략은 가까운 미래에 노화를 치료할 수 있는 완전한 치료법을 기대하면서 현재 이용 가능한 노화 방지 대책을 적용하는 것이다.
(C) 최근 노화로부터 우리를 보호해 주는 유전자가 발견됨에 따라, 많은 생물학적 노화 연구자들과 생명공학자들은 젊은 상태로 완전히 회춘하는 것뿐만 아니라 결국 모든 노화와 질병을 제거할 것이다.
(B) 비록 이러한 유전자들이 노화와 관련된 피할 수 없는 사망률을 역전시키는 방법으로 아직 통제되지는 않았지만, 미래에는 과학자들이 몇몇 유전자를 조작하여 사람들이 더 천천히 노화되도록 하는 것을 볼 수 있을 것이다.

해설

(A)에서 언급된 their은 주어진 문장의 researchers를 지칭하므로 (A)가 가장 먼저 배치되어야 한다. 또한, (C)에서 언급된 genes가 (B)에서 these genes가 되므로 (C)-(B)의 순서가 되어야 하므로 (A)-(C)-(B)의 순으로 배치되어야 한다.

구문분석

Their primary strategy is to apply currently available anti-aging measures in the anticipation of a complete cure to aging becoming available in the near future.
- V: is
- C: to apply
- A → apply A to B (A를 B에 적용하다)
- B: to aging becoming available... (수식)

어휘
- arise 발생하다
- extension 연장
- contend 주장하다
- accumulation 축적
- tissue 조직
- life span 수명
- rejuvenation 다시 젊어짐, 회춘
- have yet to V 아직 − 않다
- reverse 뒤집다, 완전히 바꾸다
- mortality rate 사망률
- manipulate 조작하다

031

정답 ③

해석

해수면에서 공기는 1평방 인치당 14.7파운드의 압력을 가진다. (14.7 psi는 1기압이라 불린다) 물은 공기보다 무겁기 때문에 (공기보다) 더 많은 압력을 가한다. 물 아래로 33피트(10미터) 내려갈 때마다 압력은 14.7 psi씩 증가한다. 예를 들어, 물 아래 99피트(30미터)에서 압력은 58.8 psi, 즉 4기압이다. 인간에게 이렇게 높은 압력은 몸에서 공기가 있는 부분, 즉 폐, 외이도, 부비강을 위태롭게 한다. 잠수함과 다른 심해정은 두꺼운 벽을 가져야 하는데, 그렇지 않으면 수압이 그들을 찌그러뜨릴 것이다. ③ 하지만, 향유고래와 어떤 다른 해양 포유류들은 아무 부작용 없이 200기압 이상을 견딜 수 있다. 코끼리 물범과 부리고래도 심해에서 살 수 있다. 과학자들은 어떻게 이렇게 높은 압력을 견뎌 낼 수 있는지를 이해하기 위해 이 동물들의 생리를 연구하고 있다.

해설

주어진 문장의 However로 보아, 반대되는 내용 다음에 들어가야 한다. 주어진 문장은 부작용 없이 높은 기압을 견딜 수 있는 해양 포유류들에 관한 내용이므로 이와는 반대로 높은 기압을 견디지 못하는 인간과, 두꺼운 벽이 있어야 하는 잠수함과 심해정에 관한 내용 다음에 들어가야 한다.

어휘

- square 평방의, 제곱의
- exert 가하다, 행사하다
- descend 내려가다, 하강하다
- endanger 위태롭게 하다
- vessel 배, 선박
- crush 찌그러뜨리다
- sperm whale 향유고래
- marine 해양의
- mammal 포유류
- tolerate 견디다
- adverse effect 부작용, 역효과
- beaked 부리가 있는
- physiology 생리

032

정답 ④

해석

20세기 중반, 스위스 회사들은 전 세계 시계 시장을 지배했다. 신뢰성으로 유명한 그들의 기계식 시계는 시간을 맞추기 위해 스프링과 기어의 복잡한 시스템을 사용했다. 그러나 스위스의 독주는 시간을 측정하기 위해 수정 결정판으로 조절되는 "진동자"로 불리는 전자 장치를 사용했던 새로운 기술의 도전을 받았다. 이것은 더 저렴하고 더 정밀한 배터리로 작동하는 시계로 이어졌다. 스위스의 발명가들의 도움으로 석영 기술이 개발되었음에도 불구하고, 스위스의 시계 제작자들은 석영 시계 제작에 관련된 낮은 기술력을 얕보았다. 그러나 1970년대에는 일본과 미국에서 제조된 값싼 석영 시계들이 시장에 넘쳐났다. 석영 시계가 세계 시장을 지배할 것이 확실해졌을 때도 스위스 기업들은 느리게 대응했고, 스위스 시계 수출도 큰 폭으로 감소했다. 세계적으로 유명한 브랜드는 폐업했고, 1970년대 말에는 업계의 인력이 상당히 줄어들었다.
① 스위스 시계 제조업체들은 석영 시계를 만드는 데 사용되는 기술을 대수롭지 않게 여겼다.
② 진동자 시계들은 가격이 저렴하고 정확하게 시간을 알려주었다.
③ 1970년대에 일본과 미국에서 대량생산된 석영 시계들이 세계시장을 석권했다.
④ 1970년대에 스위스 시계 제조사들은 빠르게 시류에 편승했다.

해설

① Swiss watchmakers looked down on the lower technical skill involved in producing quartz watches로 보아, 일치한다는 것을 알 수 있다.
② This led to battery-powered watches that were cheaper and more precise로 보아, 진동자가 들어간 배터리 시계들이 더 싸고 정확했음을 알 수 있다.
③ inexpensive quartz timepieces manufactured in both Japan and the United States had flooded the market.으로 보아 저렴 한 일본과 미국의 석영 시계들이 시장에 들어와서, 많은 스위스 업체들이 폐업을 했으므로 이 시계들이 세계 시장을 지배했음을 알 수 있다.
④ Swiss companies were slow to respond로 보아 스위스 회사들은 이러한 흐름에 빠르게 대응하지 않았으므로 '시류에 편승했다'라고 볼 수 없다.

어휘

- rule 지배하다
- timepiece 시계
- precise 정확한
- look down on 무시하다
- flood 범람하다
- shrink 줄어들다
- accurate 정확한
- tell time 시간을 알려주다
- think little of 경시하다
- climb on the bandwagon 시류에 편승하다

[033-034]

해석

직책: 전임 연구원(TEPS 편집자)
조직: 서울대학교 언어교육원
위치: 서울, 대한민국

서울대학교 언어교육원(LEI)은 전임 연구원으로 일할 헌신적이고 자격을 갖춘 영어 시험 편집자를 모집하고 있습니다.

자격:
지원자는 석사 학위 이상을 소지하고 영어 원어민 또는 이중 언어를 구사하는 한국인이어야 합니다. 사전 편집 경험이 꼭 필요하지는 않습니다.

직무 내용 :
전임 연구원들은 TEPS 및 TEPS 센터에서 제작하는 기타 시험들을 위한 문제 항목을 개발, 작성, 검토, 편집, 교정 및 점수화할 것입니다. 테스트 사양에 따라 시간 압박하에서 다양한 주제에 대한 대량의 글을 작성할 수 있는 유능한 작가를 찾고 있습니다.

급여:
연봉은 34,000,000원입니다. 추가 수당을 위해 초과 근무를 할 수 있는 기회가 주어집니다. 계약이 완료되면 퇴직금도 지급됩니다.

휴가:
연간 총 4주 유급 휴가가 주어집니다.

추가 혜택:
· 외국 국적자에게는 마지막 계약 만료 시 항공료 1,000,000원이 지급됩니다.
· 국민연금 및 건강보험 플랜에 가입해야 합니다.
· 1년 계약으로 여러 번 갱신할 수 있습니다.

마감일 및 연락처:
신청 마감일은 2024년 2월 4일 일요일입니다. 궁금한 점이 있으면 언제든지 이미소 씨(misohlee@snu.ac.kr)에게 문의하세요.

어휘
- fertile 비옥한
- eligible 자격이 있는
- arduous 몹시 힘든, 고된
- redundant 중복되는, 불필요한
- dedicated 헌신적인
- applicant 지원자
- proofread 교정을 보다
- competent 유능한
- severance pay 퇴직금, 해직 수당
- expiration 만료
- multiple 다수의

033   정답 ③

해설
Those with non-Korean citizenship will be paid the amount of 1,000,000 KRW for airfare upon the expiration of the last contract.로 보아, 항공료는 계약 체결이 아니라 계약 만료시에 지급이 된다.

034   정답 ②

해설
qualified는 '자격이 있는'이라는 의미로 eligible과 동의어가 된다.

035

정답 ②

어휘
- gifted 재능있는
- renowned 저명한

해석

스탠튼 씨에게
저희 미래음악학교는 10년 동안 영재들에게 음악 교육을 제공해 왔습니다. 학생들이 지역사회와 음악을 공유할 수 있는 기회를 주기 위해 매년 페스티벌을 개최하고 있으며, 항상 저명한 음악가들을 초청하여 개막식 공연을 하고 있습니다. 저희 학생들은 귀하를 가장 큰 영향을 준 음악가로 생각합니다. 그러한 이유로 페스티벌 개막 행사에서 귀하께 공연을 요청드리고 싶습니다. 역대 가장 유명한 바이올리니스트 중 한 명이 공연하는 것을 보는 것은 대단한 영광일 것입니다. 페스티벌을 더욱 다채롭고 인상적으로 만들 수 있을 것입니다. 긍정적인 답변을 들을 수 있기를 기대합니다.

스티븐 포먼

① 그에게 기금 모금 행사에 참여하도록 부추기기 위해서
② 그에게 개막식에서 바이올린을 연주해 달라고 요청하기 위해서
③ 그에게 음악을 공부하는 학생들의 멘토가 되어 달라고 요청하기 위해서
④ 그가 가장 영향력 있는 음악가로 선정된 것을 축하하기 위해서

해설

That is why we would like to ask you to perform at the opening event of the festival.에 편지를 쓴 의도가 나타나 있다. 개막식 공연에 연주를 부탁하기 위한 것이 편지글의 목적이다.

구문분석

It would be such a great honor to watch one of the most famous violinists of all time perform at the show.
- 가주어: It
- 진주어: to watch
- 지각동사: watch
- O: one of the most famous violinists of all time
- O.C.: perform at the show

036

정답 ②

해석

배우의 역할은 그들 자신과 크게 다를 수 있다는 사고방식으로 많은 다른 캐릭터들에 사는 것이다. 그러나, 이것은 때때로 배우들에게 해로울 수 있다는 것을 보여준다. 배우의 연기의 성공에 있어서 중대한 것은 '불신의 유예'로 알려진 현상인데, 이것은 관객들이 비판적인 사고를 버리고 배우가 실제로 연기하고 있는 그 인물이 아니라는 생각을 무시하도록 설득하는 것을 포함한다. 그러나 불신을 유예하는 것을 가능하게 만드는 것은 배우들이 연기하는 캐릭터에서 자신을 몰입시키는 배우들의 능력이며, 많은 배우들은 극중 인물의 감정에 몰입하려고 시도할 때 그들이 하는 노력이 심리적으로 큰 피해를 준다고 주장한다. 가정 폭력이나 성폭행을 다룬 이야기에서 배우들이 연기할 때 특히 그렇다고 한다.

① 특정 유형의 배우만이 이것을 할 수 있다
② 이것은 때때로 배우들에게 해로울 수 있다
③ 배우의 진정한 목적은 다르다
④ 이것은 사실 배우에게는 불가능하다

어휘

- inhabit 살다
- substantially 상당히
- crucial 중대한, 결정적인
- suspension 유예, 정지, 보류
- cast aside -을 없애다, 버리다
- disregard 무시하다
- portray 연기하다
- lose oneself 열중하다
- go to the lengths 열심히 하다, 최선을 다하다
- take a toll -에 큰 피해를 주다
- immerse oneself 몰두하다
- domestic violence 가정 폭력
- assault 폭행

해설

극중의 인물에게 몰입하는 것이 **take a psychological toll**, 즉 배우들에게 심리적인 타격을 준다고 했으므로 자신과 완전히 다른 마인드를 가진 다양한 인물을 연기하는 것은 배우들에게 해로울 수 있다는 것이 빈칸에 들어가야 한다.

구문분석

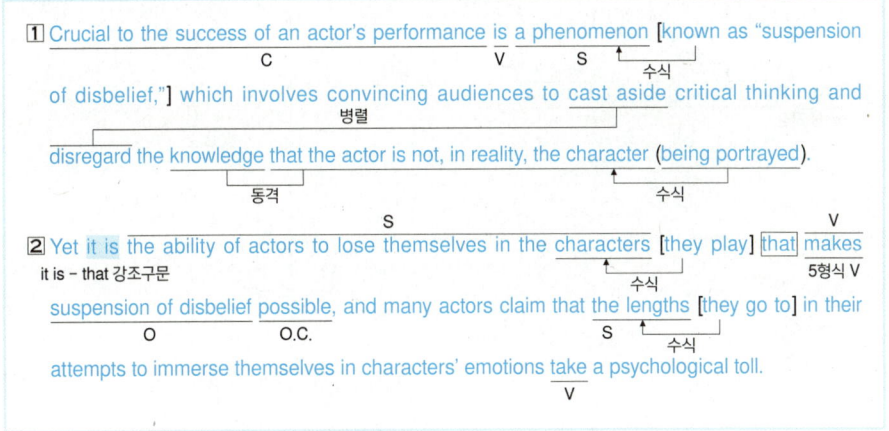

037

정답 ②

해석

가장 자주 사용되는 선동 기법 중 하나는 대중들에게 선동가의 관점이 일반인의 관점을 반영하고 있고 대중들의 최선의 이익을 위해 일하고 있다는 것을 확신시키는 것이다. 노동자 계층의 청중에게 말하는 정치인은 소매를 걷어붙이고 넥타이를 풀고 대중들이 사용하는 특정한 관용구를 사용하려고 시도할 수 있다. 그는 심지어 자신이 "그들 중 한 명일 뿐"이라는 인상을 주기 위해 일부러 언어를 잘못 사용할 수도 있다. 이 기술은 또한 정치가의 관점이 대중들의 관점과 같다는 인상을 주기 위해 화려한 추상어들을 사용한다. 노동계 지도자들, 사업가들, 장관들, 교육자들, 그리고 광고주들은 <u>우리와 같은 평범한 사람들처럼</u> 보여서 우리의 신뢰를 얻기 위해 이 기술을 사용해 왔다.
① 화려한 추상어를 넘어서는
② 우리와 같은 평범한 사람들
③ 우리와는 다른 무언가
④ 대중들보다 더 교육을 받은

해설

자신의 관점이 보통 사람들의 관점을 반영한다는 것을 보여 주기 위해서, 보통 사람들이 쓰는 언어를 사용하는 것은 평범한 사람들처럼 보이기 위함임을 알 수 있다.

구문분석

This technique usually also employs the use of glittering generalities to give the impression that the politician's views are the same as those of the crowd (being) addressed.
- 수식: views를 지칭
- 동격

어휘

- propaganda 선전, 선동
- on purpose 고의로
- glittering generality 화려한 추상어
- address ~에게 연설하다, ~에게 말을 걸다
- reflect 반영하다
- employ 이용하다
- confidence 신뢰, 신임
- plain 평범한
- folks 사람들

038

정답 ③

해석

서구의 제약회사들은 점점 더 인도를 신약의 이상적인 시험대로 생각하고 있다. 주된 이유는 <u>비용의 절감</u>이다. 제약회사들은 그들의 제품의 안전과 효능을 측정하기 위해 수백 명의 피실험자들을 모집하고, 치료하고, 관찰하고, 그리고 대가를 지불하도록 법으로 요구된다. 이 과정은 종종 가용 자금의 3분의 2를 써버릴 수 있다. 그러나 인도에서는 이러한 비용을 60%만큼이나 줄일 수 있다. 여기에 적절한 질병을 가진 많은 수의 자발적인 실험 대상자들을 추가해보면 왜 그렇게 많은 회사들이 거기(인도)로 끌리고 있는지 쉽게 알 수 있다.
① 인구 증가
② 새로운 제품을 위한 시장
③ 비용의 절감
④ 발전된 기술

어휘

- pharmaceutical 제약의
- recruit (사람을) 소집하다, 모으다
- subject 피실험자
- eat up ~을 잡아먹다, 써버리다
- funding 자금
- expense 비용
- appropriate 적절한
- gravitate 끌리다

해설
인도가 제약회사들의 testing ground가 되는 이유가 빈칸에 들어가야 한다. 빈칸 다음의 내용으로 보아, 주된 이유는 비용이 60 퍼센트만큼 줄일 수 있는 것이므로 reduction in costs가 정답이 된다.

구문분석

1 Western pharmaceutical companies are increasingly finding India an ideal testing ground for new drugs.
  (5형식 V / O / O.C.)

[명령문, and S+V] '-해라, 그러면 ~ 한다'
2 Add to that the large number of willing test subjects with the appropriate illnesses and one can easily see why so many companies are gravitating there.
  (B) (A → add to B A B = add A to B)

039　　정답 ①

해석
집안의 라돈 가스는 심각한 환경 건강 문제이다. 라돈은 암석 속 우라늄으로부터 나오는 라듐의 방사성 딸핵종이다. 라돈 가스에 노출되는 것은 특히 흡연자에게 폐암의 위험성을 증가시킨다. 매년 30,000건에 달하는 폐암 관련 사망은 실내 라돈 가스 문제와 연관이 있는 것으로 생각된다. 손상은 라돈의 고체 딸핵종, 특히 polonium-218에 의해 유발되는데, 이것은 라돈 가스를 들이마신 후에도 계속 폐 속에 남아 있다. 실내 라돈 농도를 결정하는 요소로는 지질, 흙과 암석에 있는 라돈 농도, 흙의 수분 함유량, 주거 건축의 종류, 그리고 계절이 있다. 대부분의 노출은 기저의 암석에서 만들어진 뒤 가스형태로 대기를 통과하는 라돈에서 나오지만, 일부는 개인의 우물 속에 용해된 라돈이나, 집 건축 과정에서 기존에 형성된 물질들로부터 나오기도 한다. 다행히도, 라돈 문제를 줄이거나 제거할 수 있는 저렴한 기술이 이용 가능하다.

어휘
- radioactive 방사선의
- daughter product 딸핵종
- in turn 차례로, 결과적으로
- concentration 농도
- underlying 기저의
- dissolve 용해되다
- formerly 기존에

해설
① 흡연자와 비흡연자 모두에게 위협을 가하면서, 특히 흡연자에게 더 큰 손상을 야기한다는 의미이므로 비흡연자에게는 아무런 위협이 되지 않는다는 진술은 일치하지 않는다.
② The damage is caused by the solid daughter products of radon, particularly polonium-218, which remain in the lungs에서 확인할 수 있다.
③ Most exposure is from radon that is produced in the underlying rock에서 확인할 수 있다.
④ inexpensive technology is available to reduce or remove the radon problem에서 확인할 수 있다.

구문분석

Most exposure is from radon [that is produced in the underlying rock and enters the atmosphere as gas,] although some is from radon dissolved in water from private wells and some derives from materials formerly used in home construction.
(수식 / 병렬 / 수식 / 수식)

040
정답 ④

해석

과학은 과학자의 모국어와 아무런 관련이 없는 독자적인 언어를 가지고 있다. 그것은 논리의 언어로서, 논리가 잘 제시되어 있는 증거로부터 발전되어 건전하고 일관된 결론을 이끌어 낸다. 그 언어는 그것을 쓰는 사람의 기원(고향)과 그 사람이 선호하는 언어와 관계없이 동일하며, 훌륭한 과학적인 글쓰기는 주로 과학을 정확하고 명확하게 표현하는 것에 달려 있다. 이 영어 표현을 정리하고 문법에 맞추기 위해 차후에 원어민이 편집을 하는 것은 상대적으로 쉽다. 과학의 표현이 서툴다면, 아무리 많은 양의 영어 교정을 해도 만족할 만한 논문이 될 수 없다. 다시 말해서, 영어의 유창성이 제한되어 있다는 것이 좋은 연구 결과를 발표하기 위해 논문을 쓰는 것을 미루는 타당한 이유가 아니다.
① 학술지에 게재된 과학논문은 사전에 검증이 필요하다.
② 과학자들은 학계의 주요 언어인 영어로 기사를 쓸 필요가 있다.
③ 대중이 이해하기 쉬운 언어로 과학 연구 논문을 쓰는 것이 필요하다.
④ 언어에 상관없이 과학 언어의 명확한 표현은 과학적인 글쓰기에 중요하다.

해설

훌륭한 과학적 언어에서는 언어 그 자체의 유창성이 아니라, 얼마나 과학을 정확하게 명확하게 표현하는 것이 중요하다는 논지의 글이다.

어휘
- have to do with ~와 관계가 있다
- native tongue 모국어
- sound 건전한
- consistent 일관된
- regardless of ~와 상관없이
- depend on ~에 달려 있다
- precisely 정확하게
- subsequent 그 다음의, 차후의
- tidy up 정리하다
- comply with 준수하다
- vernacular 토착어, 토속어, 방언
- fluency 유창성
- valid 유효한, 타당한
- put off ~을 미루다, 연기하다
- verify 증명하다, 확인하다
- in advance 미리

041
정답 ②

해석

오늘날 교육에 있어 잠재적으로 가장 생산적인 교육의 경향 중의 하나는 학제간 연구에 초점을 두는 것이다; 예를 들면, 수학을 과학에 적용해서 배우는 것 또는 다양한 인문학을 관련시키는 것이 있다. 이것은 또한 미술 교육에도 적용된다. 만약 우리가 미술을 하찮게 생각하고 대중적인 교육의 핵심에서 없앤다면, 우리는 우리 학생들이 인류의 가장 심오한 경험들로의 접근을 거부하는 것뿐만 아니라 그들이 다른 과목에 대한 이해를 증진시킬 수 있는 무수한 기회를 놓치는 것이다. 게다가, 우리는 학생들을 매우 유용한 종류의 훈련에 접근하지 못하게 하고 생산적인 사고방식을 하지 못하게 한다. 우리는 또한 우리가 더 올바르게 정규 교과 과정에 미술을 짜 넣을수록, 우리의 학생들이 미술이 우리 문화에 얼마나 중요한 역할을 하고 있는지 더 잘 이해할 수 있을 것이라는 점을 고려해야 한다.
① 인문학에 있어서 학제간 연구의 결과
② 교과 과정에 미술을 통합시킬 필요성
③ 미술 교육에 있어서 강의 자료의 부족
④ 미술 수업의 수가 감소하는 원인

어휘
- interdisciplinary 학제간의
- trivialize 하찮게 만들다
- mainstream 주류의
- humanity 인문학
- profound 깊은, 심오한
- grasp 이해
- legitimately 정당하게, 합법적으로
- weave 짜다, 만들어내다
- fabric 직물, 구조
- integrate 통합하다

해설

도입부에 서로 다른 과목들 사이에 연계를 두는 공부의 중요성을 강조하면서 글의 맨 마지막 문장에서 "미술 교육을 일반 교과과정에 짜 넣을 것을 고려하라"고 주장하므로 주제는 교과 과정 안에 미술을 통합시킬 필요성"(② necessity of integrating art in the curriculum)이다.

구문분석

If we trivialize art and remove it from the core of a mainstream education, we not only deny our students full access to one of humankind's most profound experiences, but we miss countless opportunities to improve their grasp of other subjects as well.

(not only ~ deny: 4형식 V / students: I.O. / full access to one of humankind's most profound experiences: D.O.)

042 정답 ④

해석

반대되는 모든 증거들에도 불구하고, NASA의 아폴로 우주 프로그램이 실제로 달에 사람을 착륙시킨 적이 없다고 진지하게 믿는 사람들이 있다. 이 사람들은 이번 달 착륙이 러시아와 필사적으로 경쟁하며 체면을 잃는 것이 두려웠던 정부에 의해 영구적으로 유지된 거대한 음모에 불과하다고 주장한다. ① 이 음모론자들은 미국이 우주 경쟁에서 러시아와 경쟁할 수 없다는 것을 알았기 때문에 일련의 성공적인 달 착륙을 가짜로 만들 수밖에 없었다는 주장을 한다. ② 음모론을 옹호하는 사람들은 그들이 증거라고 생각하는 몇 가지를 인용한다. ③ 그들의 주장에 결정적인 것은 우주 비행사들이 지구의 자기장에 갇힌 방사선의 지역인 밴 앨런 벨트를 결코 안전하게 통과할 수 없었을 것이라는 주장이다. ④ 그들은 또한 우주선의 금속 덮개가 방사선을 차단하도록 설계되었다는 사실을 지적한다. 만약 우주 비행사들이 진짜로 그 벨트를 통과했다면, 그들은 죽었을 것이라고 음모론자들은 말한다.

어휘

- to the contrary 반대의
- nothing more than ~에 불과한
- conspiracy 음모
- perpetuate 영속시키다
- lose face 체면을 잃다
- desperately 필사적으로
- fake 위조하다
- be forced to V ~할 수밖에 없다
- magnetic field 자기장

해설

나사의 아폴로 우주 프로그램이 조작이라고 주장하는 사람들에 관한 글이다. 그러나, ④는 우주선이 금속으로 커버된 것이 방사선을 막도록 고안되었다는 내용으로 전체 글의 흐름과 무관하다.

구문분석

① These people claim that the moon landings were nothing more than a huge conspiracy, perpetuated by a government desperately in competition with the Russians and fearful of losing face.
(nothing more than: ~에 불과한 / a huge conspiracy: 수식 / perpetuated by a government: 수식)

② Crucial to their case is the claim that astronauts never could have safely passed through the Van Allen belt, a region of radiation trapped in Earth's magnetic field.
(Crucial to their case: C / the claim: S / that astronauts ~: 동격 / a region of radiation ~: 동격)

043

정답 ②

해석

당신이 나무를 자르면 당신의 집 뒤의 숲에서 사는 새들은 사라질 것이다. 만약 당신의 모든 비슷한 숲의 자연 환경을 자르면, 그 종의 나머지 새들 역시 사라질지도 모른다. 많은 생물체들은 협소한 생태적 공간에 살기 때문에 서식지의 중요해 보이지 않는 변화도 그 서식지에 사는 종들을 멸종에 이르게 할 수 있다. ② 반면에, 인간은 가장 똑똑한 생명체일 뿐만 아니라, 가장 적응을 잘하는 생명체이다. 우리는 부분적으로는 이러한 능력 때문에 지구를 지배한다. 우리는 대자연이 우리에게 던져 준 것은 무엇이든지 임시 변통을 할 수 있는 것처럼 보인다. 직장에서, 이 적응력은 우리 각각이 넓은 범위의 일자리를 채울 수 있는 능력으로 옮겨진다. 충분한 지능이 있다면, 평균적인 인간은 이성적인 능력을 가지고 거의 모든 것을 할 수 있다.

해설

동물은 작은 환경의 변화에도 쉽게 멸종에 이르게 되지만, 인간은 적응력이 뛰어나서 어떠한 환경에서도 살아남을 수 있다는 내용의 글이다. 주어진 문장에 나오는 인간이 가장 **adaptable**하다는 것이 ② 다음 문장에서 언급되고 있는 **this ability**를 지칭하므로, ②에 주어진 문장이 들어가야 적절하다.

구문분석

Many creatures inhabit **such** a narrow ecological niche **that** a seemingly insignificant change in their habitats can doom their species to extinction.
- such ~ that 구문
- seemingly는 '~하게 보이게'라는 의미의 부사로 다음에 있는 형용사와 묶여서 '~하게 보이는'으로 해석

어휘

- adaptable 적응할 수 있는
- inhabit 거주하다, 서식하다
- ecological 생태계의
- niche 틈새
- seemingly 겉보기에는
- insignificant 하찮은, 중요하지 않은
- doom 운명에 처하게 하다
- make do with 임시변통하다
- sufficient 충분한
- given ~을 고려할 때
- reasonable 이성적인
- competence 능력
- just about 거의
- translate into 옮기다, 바뀌다

044

정답 ③

해석

청소년기는 갈등의 시기이다. 청소년이 자아실현을 위해 애쓸 때, 자신이 처해 있는 환경적 여건이 혼란스러워질수록, 부적절하거나 바람직하지 않은 발달의 가능성이 더 커질 것이다.
(C) 개인은 성인의 보호에 대한 의존으로부터 개인적인 의사 결정과 행동의 자유를 향해 성공적으로 발전해 가야 한다.
(A) 청소년에게는 동시에 안정감 그리고 자기 표현과 자기 결정의 기회가 모두 필요하기 때문에, 효과적이기 위해서는, 이러한 변천의 과정은 점진적이어야 한다.
(B) 청소년은 너무 많은 그리고 너무 급작스럽게 얻어진 자유에는 미처 대처할 준비가 되어 있지 않을 수 있다; 그러면 그는 바람직하지 못한 영향의 희생양이 될 수 있다.

어휘

- conflict 갈등
- disturb 방해하다, 불안하게 하다
- adolescent 청소년
- transition 변천, 이행
- gradual 점진적인
- at one and the same time 동시에
- inadequate 부적절한

해설

(C)에서 설명하고 있는 progress from dependence toward decision making and freedom of behavior이 (A)에서 언급되는 this transition이므로 (C)-(A)의 순서로 배열해야 한다. 이러한 변이의 과정은 점진적이어야 한다는 내용이 (A)에서 다루어지고 있으며, 만약 점진적이지 않고 너무나 급작스럽게 자유가 생기면 부정적인 영향이 있을 것이라는 (B)가 (A) 다음에 이어져서 (C)-(A)-(B)의 순서가 적절하다.

구문분석

The more disturbing the environmental conditions [in which an adolescent finds himself] as he
[the 비교급, the 비교급] 구문   수식
is struggling for self-realization, the greater the possibility of inadequate or undesirable development will be.

045 정답 ②

해석

자선 단체에 기부할 생각을 했지만 돈이 없어 곧 포기한 적이 있나요? 이제 돈이 아니라 재능을 마음껏 기부할 수 있습니다. 비디오 게임, 수학 문제 해결, 기타 기술 등 재능을 활용할 수 있는 새로운 웹 서비스인 ProBueno는 재능을 잘 활용할 수 있는 새로운 웹 서비스입니다. 당신의 재능이 자원봉사에 유용하지 않을 것이라고 걱정하지 마세요. 어떤 재능이든 가치가 있을 수 있습니다. 쿠키를 굽거나 문서를 한 언어에서 다른 언어로 번역하는 데 능숙하다면 ProBueno에 가입해서 기부하고 싶은 자선 단체를 선택하세요. 그 후에는 당신을 대신하여 자선 단체에 기부할 사람에게 당신의 기술을 제공하기만 하면 됩니다. 이 서비스는 자선 단체를 위한 모금을 훨씬 쉽게 만들 수 있도록 설계되었습니다. 기부할 돈이 많지 않지만 대신 제공할 수 있는 기술이 있다면 ProBueno가 당신의 기술을 대가로 기부할 의향이 있는 사람을 매칭하는 데 도움을 줄 수 있습니다.
① 새로운 탤런트 쇼를 광고하기 위해
② 사람들이 재능기부를 하도록 장려하기 위해
③ 무료 재능 개발 프로그램을 홍보하기 위해
④ 재능을 가지고 돈을 버는 방법을 소개하기 위해

어휘
- charity 자선단체
- put ~ to use ~을 이용하다
- on one's behalf ~을 대신해서, 대리해서

해설

기부를 하고 싶지만 돈이 없는 사람들을 위한 프로그램 소개이다. 자신이 가지고 있는 재능을 기부하고, 그러한 재능을 기부 받은 사람들이 대신 자선단체에 기부를 하는 프로그램이다.

[046~047]

해석

공지: 직원 웰니스 프로그램 안내

더 건강하고 생산적인 업무 환경을 조성하기 위한 새로운 직원 웰니스 프로그램의 시작을 발표하게 되어 기쁩니다. **NEWNET**은 건강한 직원들이 성공의 핵심 동력임을 인식하고 직원의 안녕을 최우선으로 생각합니다. 직원 복지에 대한 우리의 노력에 따라, 직원 웰니스 프로그램은 신체적, 정신적, 사회적 건강을 포함한 복지의 다양한 측면을 해결하기 위해 설계되었습니다. 이 프로그램은 모든 팀원이 개인적으로나 전문적으로 번창할 수 있는 직장을 만들기 위한 우리의 헌신을 보여주는 <u>증거</u>입니다.

프로그램 일정

워크숍, 평가, 챌린지를 포함한 웰니스 활동의 세부 일정은 모든 직원에게 제공될 것입니다. 이 일정은 회사 인트라넷을 통해 접근할 수 있으며 향후 예정된 이벤트의 개요를 설명하여 모든 직원이 그에 따라 참여를 계획할 수 있도록 합니다.

날짜	프로그램	시간
2024년 1월 25일	피트니스 평가	오전 10시 - 오후 12시
2024년 2월 10일	스트레스 관리 워크숍	오후 2시 - 오후 4시
2024년 2월 28일	팀 피트니스 챌린지	오후 3시 30분 - 5시

참여 방법

직원이 프로그램에 참여하고 이벤트에 등록하며 관련 리소스에 액세스할 수 있는 자세한 지침은 이메일과 회사 인트라넷을 포함한 내부 커뮤니케이션 채널을 통해 전달됩니다.

우리는 건강하고 행복한 직원들이 성공의 초석이라고 믿습니다. 모든 직원이 직원 웰니스 프로그램에 적극적으로 참여하고 더 건강한 라이프스타일을 위한 선제적 조치를 취할 것을 권장합니다.

어휘
- launch 시작, 개시
- foster 조성하다
- prioritize 우선시하다
- address 다루다
- testament 증거
- dedication 헌신
- thrive 번창하다
- accordingly 그에 맞추어, 그에 따라
- relevant 관련된
- cornerstone 초석
- take steps 조치를 취하다
- proactive 선제적인

046   정답 ③

해석

① 회사는 직원들의 안녕을 최우선으로 생각하고 있다.
② 새로운 프로그램은 신체적 건강과 정신적 건강을 모두 관리한다.
③ 모든 새로운 프로그램은 같은 달에 진행될 것이다.
④ 직원들은 인트라넷을 통해 자세한 내용을 알 수 있다.

해설

프로그램은 1월과 2월에 걸쳐 진행이 되므로 같은 달에 진행된다는 것은 일치하지 않는 내용이다.

047   정답 ③

해설

testament는 '증거'라는 의미로 evidence와 동의어가 된다.

어휘
- legacy 유산
- intention 의도
- evidence 증거
- allowance 허용량, 용돈

048

정답 ④

해석

Urban agriculture이라고도 알려져 있는, 도시 농업은 옥상, 버려진 건물, 커뮤니티 정원과 같은 공간을 활용하여 도시 환경 내에서 식량을 재배하는 것이다. 이러한 지속 가능한 관행은 뉴욕, 시카고, 샌프란시스코, 런던, 암스테르담, 베를린을 비롯한 전 세계 도시와 식량 공급 및 지역 경제에서 중요한 역할을 하는 많은 아프리카 및 아시아 도시에서 주목을 받고 있다. 도시 농업은 운송 수단의 배출량을 최소화하여 탄소 발자국을 줄이는 데 도움이 될 뿐만 아니라 도시 지역의 신선하고 건강한 식품에 대한 접근성을 높인다. 이는 일자리를 창출하고 지역 사회 내에서 수익을 유지함으로써 지역 경제를 강화한다. 또한 도시 농장은 도시 경관을 개선하고, 대기 질을 개선하고, 물을 절약하고, 교육 기회를 제공하고, 생물 다양성을 촉진하고, 자연과 연결하고, 식량 안보를 개선하여 지역에서 식량을 생산하여 자연재해와 같은 혼란에 더 탄력적으로 대처하여 도시를 발전시킨다.

해설

마지막 문장에서 도시 농업이 자연 재해와 같은 혼란에 더 회복력을 가지게 만든다고 했으므로 ④는 일치하지 않는 문장이다.

어휘

- utilize 이용하다
- sustainable 지속 가능한
- emission 방출
- resilient 회복이 있는, 탄성이 있는
- disruption 혼란

049

정답 ④

해석

산호초와 다른 암초 유기체들이 분해되어서 수천년에 걸쳐 축적된 탄산염 모래는 산호초의 틀을 만드는 재료이다. 그러나 이 모래는 바닷물의 화학적 구성에 민감하다. 바다는 이산화탄소를 흡수하면서 산성화되고, 특정한 시점에 탄산염 모래는 그냥 녹기 시작한다. 전 세계의 바다는 인간이 배출하는 이산화탄소의 약 3분의 1을 흡수해 왔다. 모래가 녹는 속도는 바닷물의 산성도와 밀접한 관련이 있으며, 산호의 성장보다 해양 산성화에 10배 더 민감했다. 다시 말해서, 해양 산성화는 산호의 성장보다 산호초 모래의 분해에 더 큰 영향을 미칠 것이다. 이것은 아마도 그들의 환경을 수정하고 부분적으로 해양 산성화에 적응하는 산호의 능력을 반영하는 반면, 모래의 분해는 적응할 수 없는 지구화학적 과정이다.

① 산호초의 틀은 탄산염 모래로 만들어진다.
② 산호는 부분적으로 해양 산성화에 적응할 수 있다.
③ 인간이 배출한 이산화탄소는 세계 해양 산성화에 기여했다.
④ 해양 산성화는 산호초 모래의 분해보다 산호의 성장에 더 많은 영향을 미친다.

해설

① Carbonate sands, which accumulate over thousands of years from the breakdown of coral and other reef organisms, are the building material for the frameworks of coral reefs.를 통해 탄산염 모래는 산호초의 틀을 만드는 재료라는 것을 알 수 있다.
② This probably reflects the corals' ability to modify their environment and partially adjust to ocean acidification, whereas the dissolution of sands is a geochemical process that cannot adapt.를 통해 산호는 부분적으로 해양 산성화에 적응할 수 있다는 것을 알 수 있다.

어휘

- carbonate sand 탄산염 모래
- reef 암초
- accumulate 축적되다
- breakdown 분해
- make-up 구성
- modify 수정하다
- partially 부분적으로
- dissolution 분해
- acidify 산성화하다
- dissolve 녹이다, 녹다

③ The world's oceans have absorbed around one-third of human-emitted carbon dioxide.를 통해 바다가 인간이 배출하는 이산화탄소의 약 3분의 1을 흡수했다고 했으므로, 인간이 해양 산성화에 기여했다는 것을 알 수 있다.

④ In other words, ocean acidification will impact the dissolution of coral reef sands more than the growth of corals.를 통해 해양 산호초는 산호의 성장보다 산호초 모래의 분해에 더 큰 영향을 미친다는 것을 알 수 있으므로 일치하지 않는다.

구문분석

The rate [at which the sands dissolve] was strongly related to the acidity of the overlying seawater, and was ten times more sensitive than coral growth to ocean acidification.
- S / 수식 / V1 / V2 / 배수사 비교급 / be sensitive to ~에 민감하다

050   정답 ④

해석

비현실적인 낙관주의의 위험성을 보여주는 사례는 체중 감량에 대한 연구에서 찾을 수 있다. 이 연구에서 심리학자 가브리엘레 외팅겐은 자신이 성공할 것이라고 확신한 비만 여성들이 예상대로 스스로를 의심하는 사람들보다 26파운드 더 많이 감량했다는 사실을 발견했다. 한편, 외팅겐은 여성들에게 자신이 성공할 수 있는 길이 어떠할 것이라고 상상하는지 말해달라고 요청하기도 했다. 그 결과는 놀라웠다. 자신이 성공할 것이라고 믿었던 여성들은 체중 감량이 어려울 것이라고 생각한 여성들보다 24파운드 더 적게 감량했다. 성공의 길은 험난할 것이라고 믿으면 더 큰 성공으로 이어지는데, 이는 우리가 더 많은 노력을 기울이고 어려움에 직면했을 때 더 오래 지속하도록 만들기 때문이다. 긍정적인 태도와 도전 과제에 대한 정직한 평가를 결합함으로써 현실적인 낙관주의를 함양할 필요가 있다.
① 과거에 대한 비판적인 분석
② 건강에 대한 체계적인 관리
③ 성공에 대한 무조건적인 믿음
④ 도전에 대한 정직한 평가

어휘
- obese 비만의
- rocky 고난이 많은
- persist 지속하다
- cultivate 함양하다, 기르다
- unconditional 무조건적인
- assessment 평가

해설

자신이 성공할 것이라고 믿는 것은 positive attitude이며, 체중 감량을 하는 과정이 힘들 것이라고 생각하는 것은 현실에 바탕을 둔 인지이므로 자신이 도전해야 하는 과제에 대해 정직하게 평가하는 태도라고 볼 수 있다.

구문분석

The results were surprising: women [who believed they would succeed] easily lost 24 pounds less than those (who thought their weight loss journeys would be hard.)
- S / 수식 / V / 수식

051

정답 ①

해석

새로운 예술 제작 기술에 대한 논란은 전혀 새로운 것이 아니다. 많은 화가들이 카메라의 발명을 인간 예술성의 훼손으로 간주하며 반발했다. 19세기 프랑스 시인이자 미술 평론가인 샤를 보들레르는 사진을 "예술의 철천지 원수"라고 불렀다. 20세기에, 디지털 편집 도구와 컴퓨터 지원 디자인 프로그램은 순수주의자들이 인간 협력자의 기술을 너무 적게 요구한다는 이유로 비슷하게 무시당했다. 새로운 유형의 인공지능 이미지 생성 도구가 다른 이유는 최소한의 노력으로 아름다운 예술 작품을 만들 수 있다는 점 뿐만은 아니다. 그들이 작동하는 방식이다. 이러한 도구는 오픈 웹에서 수백만 개의 이미지를 긁어 모은 다음 해당 이미지의 패턴과 관계를 인식하고 동일한 스타일로 새로운 이미지를 생성하도록 알고리즘을 가르치는 방식으로 구축된다. 그것은 인터넷에 작품을 업로드하는 아티스트들이 자신도 모르게 알고리즘 경쟁자를 훈련시키는 데 도움을 줄 수 있다는 것을 의미한다.
① 알고리즘 경쟁자를 훈련시키는 데 도움을 준다
② 인공지능이 제작한 예술의 윤리에 대한 논쟁을 불러일으키다
③ 창조적인 프로세스의 일부로 디지털 기술을 수용한다
④ 인터넷을 활용하여 독창적인 창작물을 만드는 기술을 습득한다

해설

예술가들이 창조한 예술 작품들을 인터넷에 업로드 하면, 그것을 바탕으로 인공지능이 새로운 이미지를 생성하는 기술을 배우게 된다. 따라서, 예술가들이 자신도 모르게 경쟁자가 되는 인공지능의 훈련을 도와주고 있다고 볼 수 있다.

구문분석

1 [What makes the new breed of A.I. image generating tools different] is not just that they're capable of producing beautiful works of art with minimal effort.
 - S: [What makes the new breed of A.I. image generating tools different]
 - 5형식 V: makes, O: the new breed of A.I. image generating tools, O.C.: different
 - V: is
 - 병렬: capable of producing ~

2 These tools are built by scraping millions of images from the open web, then teaching algorithms to recognize patterns and relationships in those images and generate new ones in the same style.
 - by -ing '-함으로써'
 - 병렬: recognize ~ / generate ~

어휘

- recoil 움찔하다, 주춤하다
- debasement 저하, 악화
- dismiss 무시하다
- purist 순수주의자
- minimal 최소한의
- scrape 긁어모으다
- spark 촉발시키다
- embrace 수용하다
- utilize 이용하다

052

정답 ②

해석

오늘날 우리는 종종 외우고 있는 것이 거의 없는 것처럼 보인다. 일어나면, 가장 먼저 하는 일은 플래너를 확인하는 것인데, 플래너가 나의 일정을 기억하므로 내가 기억할 필요가 없다. 차에 올라타면 목적지를 GPS에 입력하고, GPS의 공간 기억이 나의 기억을 대신한다. 출근해서 자리에 앉으면, 인터뷰 내용이 담긴 노트북을 펼친다. 이제 인터넷 덕분에, 인류의 집단 기억에 접근할 수 있는 올바른 검색어 세트 이상의 것을 기억할 필요가 거의 없다. 내가 클 때는, 전화를 걸기 위해 7개의 버튼을 누르거나 투박한 회전 다이얼을 돌려야 했던 시절에는 가까운 친구와 가족들의 번호를 모두 기억할 수 있었다. 지금은 나는 전화번호를 외울 수 있을지 확신이 없다. 우리의 작은 도구들은 그러한 것들을 기억할 필요를 <u>제거했다</u>.

해설

과거에는 사람이 기억해야 할 것들을 지금은 도구들이 대신해주고 있으므로, 도구들이 기억할 필요성을 '제거했다'는 내용이 적절하다.

어휘

- spatial 공간의
- supplant 대신하다
- collective 집단의, 단체의
- clunky 투박한
- gadget 작은 도구
- eliminate 제거하다
- solidify 확고히 하다

053

정답 ③

해석

전통적으로 대부분의 생태학자들은 지역사회의 안정성 – 환경 교란에 견딜 수 있는 지역사회의 능력 – 이 지역사회 다양성의 결과라고 추정했다. 즉, 상당히 풍부한 종들을 가지고 있는 지역사회가 종이 풍부하지 않은 지역사회보다 더 잘 작동하고 더 안정적일 수 있다는 것이다. 이 견해에 따르면, 종의 풍요로움이 크면 클수록, 단일 종의 중요성이 떨어진다. 지역사회 내에서 가능한 많은 상호작용으로 인해, 하나의 교란이 시스템의 구성 요소에 영향을 미쳐 시스템의 기능에 상당한 차이를 만들 가능성이 적다. 이 가설에 대한 증거에는 해충의 파괴적인 발생이 종의 풍요로움이 큰 자연 지역사회보다 다양성이 낮은 경작지에서 더 흔하다는 사실이 포함된다.

해설

종이 풍부한 공동체와 그렇지 않은 공동체를 비교했을 때, 전자가 훨씬 더 안정적이라고 했으므로, 단순하기보다는 좀 더 다양한 공동체의 결과라고 볼 수 있다.

어휘

- ecologist 생태학자
- stability 안정성
- withstand 견디다
- disturbance 교란
- hypothesis 가설
- destructive 파괴적인
- outbreak 발병, 발생
- pest 해충
- unity 통합, 통일성
- simplicity 단순함
- complexity 복잡함
- uniqueness 독특함

054

정답 ③

해석

미국 서부, 캐나다, 알래스카에서 볼 수 있는 회색곰은 일 년 중 가장 추운 시기에 동면을 한다. 이 비활동 기간에 대비하여 곰들은 인간에게는 건강 문제를 일으킬 수 있는 방식으로 행동한다. 동면에 이르기까지 몇 달 동안 필요한 지방 비축량을 늘리기 위해, 곰들은 매일 음식 섭취량을 약 20,000 칼로리로 늘리고 하루에 체중을 3kg 이상 늘린다. 사람에게는, 과도한 섭취는 실명, 심장마비, 뇌졸중을 유발할 수 있는 제2형 당뇨병으로 알려진 질환의 주요 원인이다. 최근 연구는 회색곰이 제2형 당뇨병에 걸리지 않는 이유를 설명하는 데 도움이 될 수 있다. 이 연구에 따르면, 곰은 인슐린에 대한 내성을 조절할 수 있는 것으로 보인다. 이 연구에 따르면 이 과정은 8가지 단백질에 의해 제어된다. 곰의 이러한 과정에 대한 더 많은 이해가 인간의 제2형 당뇨병 치료법 개선으로 이어질 수 있기를 바란다.

① 과학자들이 아직 설명하지 못하는
② 환경적인 손상을 일으킬 수 있는
③ 인간에게는 건강 문제를 일으킬 수 있는
④ 가끔씩 그들을 위험하게 하는

해설

빈칸 다음에 내용에서 단서를 얻을 수 있다. 음식 섭취량이 늘고 움직이지 않으면 인간에게는 당뇨병을 유발할 수 있지만, 곰은 이러한 문제가 생기지 않는데 그 원인이 무엇인지에 대한 연구가 있다는 내용이다. 따라서, 곰의 겨울잠 대비 방식이 인간에게는 건강상의 문제를 유발할 수 있다는 내용이 빈칸에 적절하다.

어휘

- hibernate 동면하다
- reserves 비축물
- excessive 과도한
- prime 주된

055

정답 ①

해석

지구 온도가 상승함에 따라, 해수면도 상승하여, 전 세계 해안 지역 사회를 위협하고 있다. 놀랍게도 굴과 같은 작은 생물도 우리를 보호할 수 있다. 굴은 생태계와 거주자들의 건강에 파급 효과를 미치는 핵심 종이다. 성체 굴 한 마리만으로도 하루에 최대 50갤런의 물을 걸러낼 수 있어 수로를 더 깨끗하게 만든다. 건강한 굴 암초는 또한 수백 마리의 다른 해양 생물에게 서식지를 제공하여, 생물 다양성과 생태계 균형을 촉진한다. 해수면 상승으로 홍수가 만연해짐에 따라, 굴 암초는 폭풍을 완충하고 추가적인 해안 침식을 방지하는 벽 역할을 한다.
① 우리를 방어할 수 있다
② 비상식량이 될 수 있다
③ 미세 플라스틱에 의해 오염될 수 있다
④ 지역 주민의 소득을 증가시킬 수 있다

해설

많은 양의 물을 정화하고, 해양 생물체의 서식지를 제공해주고, 완충제의 역할을 한다는 것으로 보아, 굴과 같은 작은 유기체가 인간을 보호해준다고 추론할 수 있다.

구문분석

As global temperatures rise, so do sea levels, threatening coastal communities around the world.
[as S+V, so V+S] 구문 - '~함에 따라, ~도 역시 그러하다'로 해석

어휘
- inhabitant 거주자, 주민
- biodiversity 생물 다양성
- pervasive 만연한
- flooding 홍수
- buffer 완충하다
- erosion 침식
- contaminate 오염시키다
- microplastics 미세 플라스틱

056

정답 ①

해석

사반트 증후군은 음악, 미술, 수학과 같은 분야에서 뛰어난 기술을 가진 희귀 질환이다. 최근까지 과학자들은 사반트 증후군이 두 가지 방법으로만 발생할 수 있다고 생각했다.
(B) 사람들은 이 증후군을 가지고 태어났거나 심각한 머리 부상을 입은 후 발병했다.
(A) 하지만 이제 갑작스러운 사반트 증후군이라는 불리는 또 다른 시나리오가 있다는 것을 알고 있다.
(C) 설명할 수 없이, 어떤 사람들은 이전에 관심이나 능력이 없던 분야에서 갑자기 놀라운 기술을 선보이기도 한다.

해설

주어진 문장에서 사반트 증후군이 발생하는 두 가지 방법이 (B)에서 either A or B의 형태로 제시되고 있으므로 (B)가 가장 먼저 나온다. 그러나, 이 두 가지 방법 외에 다른 식으로 발생할 수도 있다는 (A)가 이어지고, (A)에 대한 부연 설명에 해당하는 (C)가 이어져서 (B)-(A)-(C)의 순서가 적절하다.

어휘
- rare 희귀한
- exceptional 이례적인, 뛰어난
- demonstrate 보여주다, 증명하다
- prior 이전의

[057~058]

해석

> **감사관이 되는 방법**
>
> 많은 감사관들은 감사관으로서의 경력을 쌓기 위해 다음 단계를 거칩니다:
>
> **1. 학사 학위 취득**
>   고등학교 졸업장을 취득한 후, 공인된 단과 대학이나 대학교에 진학하여 회계, 재무, 경제, 경영 또는 기타 관련 분야에서 학사 학위를 취득하세요. 이 기간 동안에는 감사, 재무 및 데이터 분석에 중점을 둔 수업을 듣는 데 집중하세요. 이러한 각 과목은 강력한 감사 기술을 발전시키고 초급 수준의 감사 역할을 찾는 데 도움이 될 수 있습니다.
>
> **2. 공공 회계법인에서 인턴 활동**
>   학사 학위를 취득하는 동안, 공공 회계법인에서 인턴을 할 수 있는 기회를 활용하세요. 이 인턴십 기간 동안 감사 과정에 참여하여 자신에게 맞는 직무인지 아니면 다른 회계 업무를 찾아볼 것인지를 알아볼 수 있는 기회를 가질 수 있습니다.
>
> **3. 인증 받기**
>   학사 학위를 취득한 후에는 관련 업계 자격증을 취득하여 경쟁력 있는 지원자가 되기 위해 노력할 수 있습니다. 많은 회사들, 특히 대형 회계법인들은 감사관들에게 공인회계사 자격증을 요구합니다. 이 자격증을 취득하면 직업 선택의 범위를 확장하는 데 도움이 될 뿐만 아니라 잠재 수입을 높일 수 있습니다.
>
> **4. 이력서 준비하기**
>   감사관 직책에 지원할 준비가 되면, 각 직책에 맞는 포괄적인 이력서를 작성할 수 있습니다. 이력서를 작성할 때 관련 교육, 자격증, 교육 및 경험을 명확하고 간결하게 설명해야 합니다. 그런 다음 직무 설명에서 사용하는 언어로 이력서를 맞춤화합니다.
>
> ① 이 회사가 현재 채용 중인지
> ② 이 직업이 당신에게 적합한지
> ③ 회사의 혜택이 충분히 적절한지
> ④ 동료들과 관계가 괜찮은지

057

정답 ②

해설

감사 과정에 참여하는 경험을 통해서 ~ 하지 않으면 다른 업무를 찾아봐야 한다고 했으므로, '그 일이 자신에게 적합한지 아닌지'를 고려해야 한다고 추론할 수 있다.

058

정답 ③

해설

대학에서 관련된 분야를 전공해야 하고, 인턴은 대학 재학 당시에 해야 하며, 이력서는 직무 설명에서 사용하는 언어, 즉 업계 용어로 작성을 해야 하므로 ①, ②, ④는 일치하지 않는다.

구문분석

1. Once you have earned your bachelor's degree, you can work to make yourself a more competitive candidate by earning relevant industry certifications.
   - '일단 ~하면'
   - 5형식 V O
   - O.C.
   - by -ing '~함으로써'

2. Then, customize your resume with the language [the job description uses.]
   - 목적격 관계대명사 생략
   - 수식

어휘

- go through 겪다, 거치다
- diploma 졸업장
- accredited 공인된
- bachelor 학사
- take advantage of 이용하다
- comprehensive 종합적인
- resume 이력서
- concisely 간결하게
- relevant 관련된
- customize 맞추다

059

정답 ②

해석

Stewart 씨께,

저희 직원의 특별 대우에 관해 보내 주신 친절한 편지에 감사드립니다. 당신의 편지는 인사부에 전달되었으며 해당 직원의 인사 기록에 남겨질 것입니다.
고객이 시간을 내어 감사의 편지를 쓰는 경우는 아주 드물어서 당신의 솔선에 보답하고 싶습니다. 동봉한 상품권을 받아주시기 바랍니다. 이 상품권을 제시하면 물건을 구입하실 때 30 퍼센트의 할인을 받으실 수 있습니다. 이것은 귀하 같은 고객에게 드리는 작은 감사의 표시이며, 고객들의 만족으로 저희는 이처럼 고도의 경쟁 시장에서 성장하고 번창할 수 있습니다.

Susan Bacon 드림

① 수잔은 가게에서 받은 예의 바른 대우에 대해 스튜어트 씨에게 감사하고 있다.
② 스튜어트는 가게 직원에게 만족감을 표현하기 위해 편지를 썼다.
③ 스튜어트는 이전에 가게의 형편없는 서비스에 대해 불평한 적이 있다.
④ 수잔은 가게의 서비스에 만족한 고객들로부터 수많은 편지를 받았다.

해설

예의바른 대우에 감사하는 것은 수잔이 아니라 스튜어트이고, 스튜어트는 불평이 아니라 만족감을 표현하기 위한 편지를 썼으며, 수잔이 이러한 감사의 편지를 받은 것은 'seldom', 즉 드물다고 했으므로 ①, ③, ④는 일치하지 않는다.

구문분석

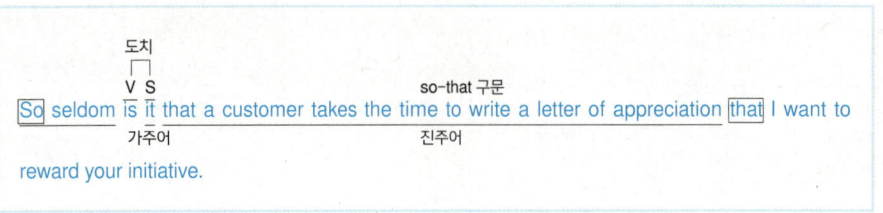

어휘

- regarding ~에 관해서
- exceptional 이례적인, 뛰어난
- forward 전달하다
- reward 보상하다
- initiative 솔선수범
- enclose 동봉하다
- certificate 상품권
- entitle 자격을 주다
- bearer 소지자
- token 표시
- prosper 번성하다
- courteous 예의 바른

060

정답 ②

해석

북동부 야생동물 박람회 (NEWE)

2024년 3월 30일 토요일 입장권
가격: $40.00
운영 시간: 오전 10시 - 오후 6시

10세 이하 어린이는 무료입니다. 공연과 강연 입장은 선착순입니다. 모든 장소는 날씨에 관계없이 문을 엽니다. 3월 20일은 2024 동북부 야생동물 박람회 입장권을 온라인으로 구매하는 마지막 날입니다.

참고: NEWE 티켓을 미리 구매하는 것이 모든 전시회 입장을 보장하는 가장 좋은 방법입니다. NEWE 주최 측은 행사장이 수용 인원에 도달하면, 현장 티켓 판매를 중단할 수 있습니다.

해설

① Kids 10 and under are free.로 보아 10세 어린이의 입장료는 무료이다.
② Entry to shows and lectures are first-come, first-served.로 보아 선착순임을 알 수 있다.
③ All venues open rain or shine.로 보아 비가 오거나 날씨가 좋거나, 즉 날씨 상황에 관계없이 행사장은 연다는 것을 알 수 있다.
④ 3월 20일이 온라인으로 티켓을 구매할 수 있는 마지막 날이라는 언급은 있지만 온라인으로만 구매할 수 있다는 내용은 일치하지 않는다.

어휘

- first-come, first-served 선착순
- venue 장소
- in advance 사전에
- entry 입장
- capacity 수용력

061

정답 ②

해석

통제 불능의 행동을 보이는 아동은 자신의 행동에 대한 명확한 한계가 설정되고 시행되면 개선된다. 그러나, 부모는 한계가 어디로 설정될지, 어떻게 시행될지에 대해 동의해야 한다. 한계와 그러한 한계를 넘어서는 것의 결과는 아동에게 명확하게 제시되어야 한다. 한계의 시행은 일관되고 확고해야 한다. 너무 많은 한계는 배우기 어렵고 자율성의 정상적인 발달을 망칠 수 있다. 한계는 아동의 나이, 기질, 발달 수준 측면에서 합리적이어야 한다. 효과적이려면, 부모 양쪽(및 가정 내 다른 성인들) 모두가 한계를 강제해야 한다. 그렇지 않으면, 아이는 부모를 효과적으로 분열시키고 더 관대한 부모와 함께 한계를 시험하려고 할 수 있다. 모든 상황에서, 효과적이기 위해서는 처벌이 짧고, 특정 행동과 직접적으로 연관되어야 한다.

① 공정하게 포상과 처벌을 내리는 방법
② 어린이 행동에 제한을 둘 때 고려해야 할 사항
③ 부모의 훈육 참여 필요성의 증가
④ 보호자들의 성격이 아동 발달에 미치는 영향

어휘
- set the limit 한계를 정하다
- enforce 집행하다, 시행하다
- consistent 일관성 있는
- autonomy 자율성
- temperament 기질
- indulgent 관대한
- brief 간결한
- discipline 훈육
- caregiver 보호자

해설

통제 불능의 행동을 보이는 아이들에 대해서 부모들은 한계를 두어야 하며, 그런 경우에 어떤 점에 주의를 해야 하는지에 대한 글이다.

구문분석

A child [whose behavior is out of control] improves when clear limits on their behavior are set and enforced.
  S   수식   V

062

정답 ③

해석

다른 문화권의 사람들은 세상을 다르게 보는가? 한 심리학자는 일본과 미국 학생들에게 물고기와 다른 수중 물체의 사실적인 애니메이션 장면을 보여주며 그들이 본 것을 보고하도록 요구했다. 미국인들과 일본인들은 이 중심적인 물고기를 거의 같은 수로 언급했지만, 일본인들은 물, 바위, 거품, 그리고 움직이지 않는 식물과 동물들을 포함한 배경 요소에 대해 60% 이상 더 언급했다. 또, 일본과 미국 참가자가 움직이는 동물을 포함한 움직임에 대해 거의 같은 수의 언급을 했지만 일본 참가자들은 움직이지 않는 배경 물체를 포함한 관계에 대해서 거의 두 배 가까이 언급하고 있다. 아마도 가장 확실한 것은, 일본인 참가자들의 첫 번째 문장은 환경을 나타내는 문장이었던 반면, 미국인들의 첫 번째 문장은 중심적인 물고기를 가리키는 문장이었을 가능성이 3배나 높았다.

① 일본인과 미국인 사이의 언어 장벽
② 뇌의 사물과 배경의 연관성
③ 문화적 인식의 차이
④ 디테일을 중시하는 인재의 우수성

어휘
- make reference to ~을 언급하다
- focal 중심의
- inert 기력이 없는, 움직이지 않는, 비활성의
- tellingly 효과적으로, 강력하게
- refer to 언급하다, 가리키다, 지칭하다

해설
첫 문장에서 주제가 제시되어 있다. 다른 문화의 사람들은 세상을 다르게 보는가? 하는 것이 주제가 된다. 이에 대한 예로 일본인들과 미국인들이 같은 장면을 보고 각기 다른 것에 초점을 맞추어 묘사하는 상황을 제시하고 있다. 따라서, 인지에 있어서 문화의 차이(Cultural Differences in Perception)가 주제가 된다.

구문분석

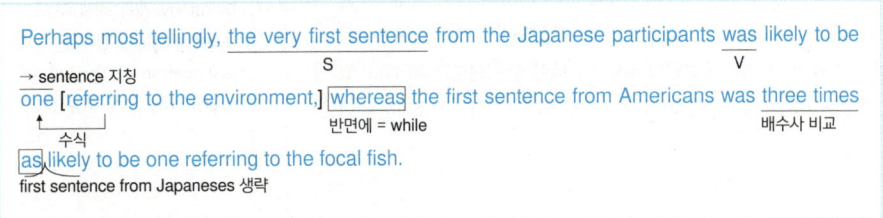

063

정답 ③

해석
인쇄기는 생각이 스스로를 복제하는 능력을 신장시켰다. 비용이 적게 드는 인쇄술이 있기 전에, 생각은 구전으로 퍼져 나갈 수 있었고 실제로 그렇게 퍼져 나갔다. 이것은 엄청나게 강력했지만, 전파될 수 있는 생각의 복잡성을 단 한 사람이 기억할 수 있는 것으로 제한했다. 그것은 또한 일정량의 확실한 오류를 추가했다. 구전에 의한 생각의 전파는 전 세계에서 행해지는 전화기 놀이와 같았다. ③ 글을 읽고 쓸 줄 아는 능력의 출현과 손으로 쓴 두루마리와 궁극적으로 손으로 쓴 책의 탄생은 크고 복잡한 생각이 매우 정확하게 퍼져 나가는 능력을 강화했다. 그러나 손으로 두루마리나 책을 복사하는 데 필요한 엄청난 양의 시간은 이 방식으로 정보가 퍼져 나갈 수 있는 속도를 제한했다. 잘 훈련된 수도승도 하루에 약 4페이지의 문서를 필사할 수 있었다. 인쇄기는 정보를 수천 배 더 빠르게 복사할 수 있었는데, 이것은 지식이 이전 어느 때보다 훨씬 더 빠르고 최대한 정확하게 퍼져 나갈 수 있게 하였다.

어휘
- advent 출현
- boost 신장시키다
- prior to ~이전에
- word of mouth 구전
- tremendously 대단히
- complexity 복잡성
- guaranteed 확실한
- equivalent 맞먹는
- literacy 글을 읽고 쓸 줄 아는 능력
- scroll 두루마리
- incredible 엄청난
- monk 수도승
- transcribe 필사하다
- fidelity 충실함

해설
주어진 문장은 글을 읽고 쓰는 능력의 출현과 손으로 쓴 두루마리와 손으로 쓴 책의 탄생이 크고 복잡한 생각이 매우 정확하게 퍼져 나갈 수 있다는 내용으로, ③ 다음에서 손으로 두루마리나 책을 복사하는 데에는 엄청난 시간이 들어, 속도를 제한했지만 이것이 지식의 전파를 최대한 정확하게 할 수 있었다는 내용이 나오고 있으므로, 주어진 문장은 ③에 들어가는 것이 적절하다.

구문분석

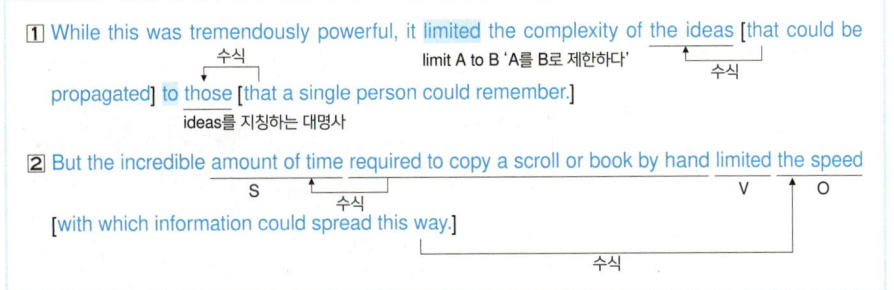

064

정답 ③

해석

미국은 유럽이 17, 18세기에 발견했고 인간, 영토, 그리고 자원에 대한 소유권을 주장했던 전세계 수백 개의 유럽 식민 지배의 산물 중 하나이다. ① 그 당시 모든 식민 지배 산업과 마찬가지로 식민주의자들은 인종에 대한 새로운 개념과 함께 그들의 기본적인 가정과 세계관을 구대륙으로부터 신대륙으로 가져왔다. ② 초기 정착민들이 북아메리카에 와서 식민지를 만들기 시작했을 때, 그들은 모든 이론적 근거와 정당화와 함께 인종 계층 구조를 가지고 왔다. ③ 그리고 그 인종 계층 구조의 최상위에는 유럽인의 우월성에 대한 깊은 신념이 자리하고 있었다. ④ 그러므로 한편으로, 미국의 인종 기반 계층 구조가 유럽에서 수입된 산물이라는 점을 강조하는 것이 중요하다.

해설

유럽의 식민지배의 산물로 태어난 미국에서 인종계급 사회가 생겨나게 된 배경에 대해 이야기하고 있다. ③은 생겨나게 된 배경이 아닌 인종계급 사회의 바탕에 깔려 있었던 유럽 우월주의에 대한 믿음에 대해 설명하고 있으므로 논지에서 벗어나는 문장이다.

구문분석

1. When the earliest settlers came to North America and began to create colonies, they brought [with them] a racial hierarchy, with all its rationalizations and justifications.

2. And at the top of the racial hierarchy was a deep belief in European superiority.

어휘

- colonial 식민의
- enterprise 기업, 회사
- as with ~와 마찬가지로
- primary 주된, 기본적인
- assumption 추정, 상정
- hierarchy 계급, 위계질서
- rationalization 합리화
- justification 타당한 이유
- superiority 우세, 우월성

065

정답 ①

해석

뉴질랜드에서는 지능이 높은 개가 한 세기 이상 동안 했던 일을 맡아서, 농부들이 드론을 이용해 가축 떼를 몰고 감시하고 있다. 로봇들이 개들을 완전히 대체한 것은 아니지만, 그들은 이 동물의 가장 강력한 도구 중 하나를 사용했다: 그것은 바로 짖는 것이다. 이 드론들은 소리를 녹음하고 큰 스피커로 재생하여 개들을 흉내낼 수 있는 기능을 가지고 있다. 양과 소 목장의 양치기인 코리 람베스는 이 기계들이 놀랍도록 효과적이라고 말했다. 그는 "소나 송아지를 이동시킬 때, 늙은 소들이 개들에게 저항했지만, 드론을 가지고는 그런 적이 없다"며 드론이 개들보다 스트레스를 덜 받고 가축을 더 빨리 이동시킨다고 지적했다. 일부 개들은 이미 드론과 함께 일하는 법을 배우고 있으며, 이 기계들을 적보다는 동료로 인식하고 있다. 지금은 농부들은 주로 개들이 드론보다 수명이 길고, 악천후에도 일할 수 있고, 충전하는 데 몇 시간마다 전기 소켓이 필요하지 않기 때문에 개 사육이 여전히 필요하다고 말한다.

① 드론은 개보다 더 빠르게 소를 몰 수 있지만, 더 많은 스트레스를 준다.
② 지능이 높은 개들이 수년 동안 가축들을 사육하고 감시해 왔다.
③ 목축개들의 수명은 드론보다 길다.
④ 개 짖는 소리를 흉내낼 수 있는 드론이 있다.

해설

① noting that the drones move livestock faster, with less stress, than the dogs do.를 통해 드론은 스트레스를 덜 준다는 것을 알 수 있으므로 일치하지 않는다.

구문분석

1 These drones have a feature [that lets them record sounds and play them over a loud speaker,] giving them the ability to mimic their canine counterparts.
  - 수식, 병렬, 4형식 V, I.O., D.O.

2 For now, farmers say, there is still a need for herding dogs, primarily because they have a longer life span than drones, can work in bad weather and do not require an electrical socket every few hours to recharge.
  - S, V1, V2, V3

어휘

- herd 떼, (짐승을) 몰다
- livestock 가축
- assume 맡다, 띠다
- appropriate 적절한, 적용하다
- mimic 모방하다
- canine 개, 개의
- counterpart 상대, 대응 관계에 있는 사람
- stand up to ~에도 잘 견디다, ~에게 저항하다, 맞서다
- co-worker 동료
- foe 적
- at the cost of ~을 희생하여
- life span 수명

066

정답 ①

해석

마음챙김 명상은 일반적으로 안전하지만, 공황 발작이나 정신병과 같은 부작용으로 인해 우려가 제기되며, 이는 학술 연구에서 거의 보고되지 않고 잘 이해되지 않는다. 비평가들은 환경 오염이나 직장에서의 요구와 같은 시스템적인 원인을 다루기보다는 개인의 스트레스가 명상의 부족으로 인한 것이라고 주장하며, 조직과 교육계에서 마음챙김을 빠르게 채택하는 것은 사회적 문제들은 개인들에게 부적절하게 전가한다고 주장한다. 로널드 퍼서 교수와 같은 비평가들은 마음챙김이 개인이 변화를 추구하는 힘을 주는 대신 불리한 상황에 더 잘 순응하도록 만들 수 있다고 말한다. 이러한 우려에도 불구하고, 이 비판은 마음챙김 자체에 반대하는 것이 아니라 변화에 저항하는 독립체들이 그것을 보편적인 해결책으로 홍보하는 것에 반대하는 것이다. 마음챙김의 이점과 위험에 대한 보다 철저한 이해를 위해서는, 장기적이고 엄격하게 통제된 연구가 필수적이다.

① 마음챙김 명상의 광범위한 채택으로 인한 안전과 사회적 영향에 대한 비판
② 개인적 스트레스를 완화하고 사회적, 문화적 혼란을 방지하기 위해 취하는 사회적 및 국가적 조치
③ 개인의 문제보다는 사회 문제 해결보다 선행해야 하는 마음챙김의 기본 요소
④ 부적절하게 수행되는 명상과 명상의 부족으로 인해 개인과 사회가 직면하는 단점들

어휘

- meditation 명상
- adoption 채택
- shift 옮기다
- address 다루다
- adverse 부정적인, 불리한, 해로운
- empower 권한을 주다
- universal 보편적인
- entity 독립체
- thorough 철저한
- rigorously 엄격하게
- precede 선행하다

해설

개인의 스트레스의 원인을 사회적 문제에서 찾아 그것을 변화시키려고 하기보다는 개인의 마음챙김 명상의 부족 탓으로 돌리는 것의 문제점을 지적하는 글이다. 따라서, 마음챙김 명상을 널리 채택했을 때 생기는 문제점에 대한 비판이 글의 주제로 적절하다.

구문분석

Critics argue (that) the rapid adoption of mindfulness by organizations and educational systems may inappropriately shift societal issues to individuals, suggesting that personal stress is due to a lack of meditation rather than addressing systemic causes like environmental pollution or workplace demands.

- shift A to B – A를 B로 옮기다
- 병렬

067

정답 ③

해석

사랑받는다는 느낌과 그것이 자극하는 생물학적 반응은 비언어적 신호들, 즉 목소리의 톤, 얼굴의 표정, 또는 딱 좋게 느껴지는 접촉에 의해 유발된다. 말로 하는 것보다 비언어적 신호들은 우리가 함께 있는 사람이 우리에게 관심이 있고, 이해하고, 그리고 가치 있다고 느끼게 만든다. 우리가 그들과 함께 있을 때, 우리는 안전하다고 느낀다. 우리는 심지어 야생에서도 비언어적 신호의 힘을 본다. 포식자들의 추격을 피한 후, 동물들은 스트레스 해소의 수단으로 종종 서로 코를 비빈다. 이 신체 접촉은 안전에 대해 안심을 하게 하고, 스트레스를 완화시킨다.

① 야생 동물들은 어떻게 생각하고 느끼는가?
② 효과적으로 소통하는 것이 성공의 비결이다
③ 비언어적 의사소통은 말보다 더 효과적이다
④ 언어적 단서: 감정을 표현하는 주요 도구

해설

비언어적인 신호들이 언어적인 신호보다 더 정서적인 안정감을 주고 스트레스를 완화시키는 역할을 한다는 내용으로, '비언어적인 신호가 말보다 더 효과적이다'는 ③이 제목으로 적절하다.

구문분석

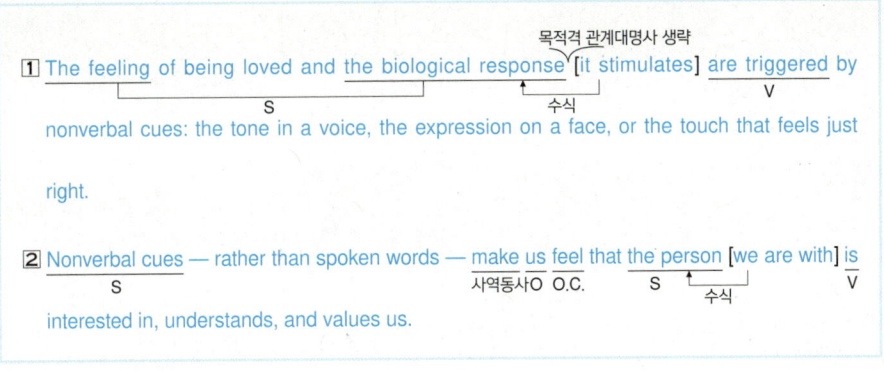

어휘

- stimulate 자극하다
- trigger 유발하다
- nonverbal 비언어적인
- cue 신호
- evade 피하다
- predator 포식자
- nuzzle 코를 비비다
- relief 완화
- reassurance 안심

068
정답 ③

해석

5,000명의 미국 근로자와 500명의 미국 고용주를 대상으로 한 월간 설문조사에서, 사무실 근무자와 지식 근로자에게 하이브리드 근무로의 큰 전환은 분명하다. ① 새로운 표준은 일주일에 3일은 사무실에서, 2일은 집에서 근무하며, 이는 현장 근무를 30% 이상 줄이게 되는 것이다. 이러한 감소가 사무실 공간에 대한 수요를 크게 감소시킬 것이라고 생각할 수 있다. ② 하지만 우리의 설문조사 데이터에 따르면, 사무실 공간이 평균 1%에서 2%로 감소한다고 하는데, 이는 공간이 아니라 밀도가 크게 감소한다는 것을 의미한다. 우리는 그 이유를 이해할 수 있다. 사무실의 높은 밀도는 불편하고 많은 근로자들은 책상 주변에 붐비는 것을 좋아하지 않는다. ③ <u>대부분의 직원들은 월요일과 금요일에는 집에서 일하고 싶어한다.</u> 밀도에 대한 불편함은 로비, 주방, 특히 엘리베이터에까지 확대된다. ④ 밀도를 줄일 수 있는 유일한 확실한 방법은 평방 피트(면적)를 줄이지 않고 현장 근무 일수를 줄이는 것이다. 우리의 설문조사 증거에 따르면 밀도에 대한 불편함은 계속 남아 있다.

해설

재택근무가 늘어나지만 사무실 공간은 줄어들지 않는 이유를 설명하는 글이다. 사무실에서 근무하는 사람의 숫자는 줄어들었지만 사무실 공간은 줄이지 않아서 공간의 밀도가 줄어든다는 내용이다. 그러나, ③은 직원들이 언제 재택근무를 선호하는지에 관한 내용으로 전체 글의 흐름과 무관하다.

어휘
- shift 이동, 전환
- hybrid 잡종, 혼합
- abundantly 풍부하게, 충분하게
- norm 표준
- cutback 삭감
- density 밀도
- sure-fire 확실한
- footage 장면

069
정답 ②

해석

마케팅 관리는 수요를 발견하고 증가시킬 뿐만 아니라 수요를 변화시키거나 심지어 감소시키는 것과도 관련이 있다. 예를 들어, 울루루(에이어스 록)에는 등반하고 싶어하는 관광객이 너무 많을 수 있으며, 노스 퀸즐랜드의 데인트리 국립공원은 관광 시즌에 인구가 과밀해질 수 있다.
(A) 이러한 초과 수요의 경우, 요구되는 마케팅 업무는, 디마케팅이라고 불리는데, 일시적 또는 영구적으로 수요를 줄이는 것이다.
(C) 디마케팅의 목적은 수요를 완전히 없애는 것이 아니라 수요를 줄이거나 다른 시기, 심지어 다른 제품으로 전환하는 것이다.
(B) 따라서 마케팅 관리는 조직이 목표를 달성하는 데 도움이 되는 방식으로 수요의 수준, 시기 및 특성에 영향을 미치려고 노력한다.

해설

(A)의 these cases는 주어진 문장에서 언급된 Uluru와 Daintree National Park에 관한 것으로 (A)가 가장 먼저 나와야 한다. (A)에서 정의를 내린 demarketing의 목적이 무엇인지를 설명하는 (C)가 다음에 연결되어야 하고, Thus가 나온 (B)가 결론으로 마지막에 나와야 한다.

어휘
- be concerned with ~와 관련되다
- demand 수요
- temporarily 일시적으로
- permanently 영구적으로
- objective 목표

070

정답 ②

해석

루틴을 만들때, 모든 것에 우선순위를 두고 매일 귀중한 에너지를 소비할 필요가 없다. 루틴을 만들기 위해 초기에 소량의 에너지를 쓰고, 그 이후에는 그 루틴을 따르기만 하면 된다. 루틴이 어려운 일을 쉽게 만들 수 있는 메커니즘을 설명하기 위한 방대한 과학적 연구가 진행 중이다. ② 한 가지 단순화된 설명은 특정 작업을 반복적으로 수행할 때, 뉴런 즉, 신경 세포가 '시냅시스'라는 소통의 게이트웨이를 통해 새로운 연결을 만든다는 것이다. 반복과 함께, 연결이 강화되고 뇌가 그것들을 활성화하기 쉬워진다. 예를 들어, 새로운 단어를 배울 때 단어가 숙달되려면 다양한 간격으로 여러 번 반복해야 한다. 나중에 단어를 기억하려면 의식적으로 생각하지 않고 결국 단어를 알 수 있을 때까지 동일한 시냅스를 활성화해야 한다.

해설

주어진 문장은 루틴이 어려운 일들을 쉽게 만들어주는 메커니즘에 대한 설명의 구체적인 예시가 되므로 **a huge body of scientific research**에 해당된다. 따라서, ②에 위치해야 한다.

구문분석

For example, when you learn a new word, it takes several repetitions at various intervals for the word to be mastered.
- it: 가주어
- takes: '필요로 하다'
- to: 부정사의 의미상의 주어
- word to be mastered: 진주어

어휘
- expend 쓰다, 소비하다
- prioritize 우선순위를 매기다
- initial 초기의
- activate 활성화하다
- recall 회상하다

071

정답 ③

해석

Robinson 씨께

3월 16일 오전 8시 30분에 법정에 출석할 것을 통보합니다. 귀하의 재판은 루실 트레몬트 판사가 주재할 것입니다. 예비 심리에서 논의된 대로, 본 재판은 원고인 도나 플레밍씨가 1월 8일에 발생한 것으로 추정되는 난폭 운전과 재산상 피해를 이유로 귀하에게 청구한 소송을 다루게 됩니다. 이 날짜는 변경할 수 없습니다. 본 통지서의 사본이 귀하의 변호사인 프랭크 로렌스에게도 발송되었습니다. 출석하지 않을 시 체포 영장이 발부될 수도 있습니다.

Will Country 서기, Lucas Corpuz

① 출석하지 않으면 즉각적으로 체포될 수 있다.
② 1월 8일의 재판날짜를 변경할 수 없다.
③ 통지서 한 부가 로빈슨의 변호사에게도 보내졌다.
④ 로빈슨은 플레밍에게 신체상 위해를 가한 혐의으로 고소당했다.

해설

① 불출석시 체포 영장이 발부되는 것이지 즉각적으로 체포되는 것은 아니다.
② 재판날짜는 3월 16일이며, 1월 8일은 사고가 일어난 날짜이다.
③ 통지서 한 부가 Mr. Robinson의 변호사에게 보내진 것은 사실이다. attorney와 lawyer은 같은 의미이다.
④ 재산상 피해를 유발한 것이지 상해를 가한 것은 아니다.

어휘
- summon 소환하다
- try 재판을 하다
- hearing 공판, 심리, 공청회
- address 다루다
- reckless 무모한, 난폭한, 신중하지 못한
- plaintiff 원고
- allegedly 추정되는
- warrant 영장
- issue 발부하다
- show up 나타나다

072

정답 ③

해석

세계 지도를 보자마자, 어떤 아이라도 아메리카가 아프리카에 딱 들어맞는다고 말할 수 있지만, 알프레드 웨그너는 1915년 "대륙 이동설"로 비난을 받고 조롱을 받았다. 그 이론은 세계가 현재의 모습으로 창조되었다는 성서 이야기에 이의를 제기한 것이었다. 웨그너가 옳았다는 것을 인정하는 데는 50년이 지나서였다. 그의 '대륙 이동설'은 형식화되고 새롭게 다듬어져 '판 구조론'이라는 이름으로 다시 불려졌다. 이 이론은 현재의 대륙 형상에 대한 설명으로서 이제 전 세계에서 일반적으로 받아들여지고 있다. 오늘날 세계의 많은 사람들은 <u>지구상의 대륙 배열이 오랜 시간에 걸쳐 변해왔다</u>는 것을 인정하고 있다.
① '대륙 이동설'은 논리적 결함을 가지고 있다
② 지구상의 대륙들은 조금도 움직이지 않았다
③ 지구상의 대륙 배열이 오랜 시간에 걸쳐 변해왔다
④ 만약 그 움직임이 계속된다면 대륙들은 하나의 큰 덩어리가 될 것이다

어휘
- fit into ~에 들어맞다
- ridicule 조롱하다
- biblical 성서의
- plate tectonics 판 구조론
- configuration 형상, 지형, 배치
- flaw 결함

해설

대륙 이동설이 널리 수용되고 있다고 했으므로 대륙의 배열이 오랜 시간에 걸쳐 변화해왔다는 내용이 들어가야 한다.

구문분석

While any child can tell you, on looking at a map of the world, that America fits into Africa, Alfred Wegener was criticized and ridiculed for his 1915 theory of "Continental Drift," [which questioned the Biblical story that the world was created as it is now.]

- on -ing '~하자마자'
- 수식
- 동격

073

정답 ②

해석

> 설득은 각계각층에서 나타난다. 거의 모든 주요 정치인들은 대중들에게 어떻게 호소할 것인지에 대한 조언을 제공하는 미디어 컨설턴트와 정치 전문가들을 고용한다. 사실상 모든 주요 기업과 특수 이익 단체들은 자신들의 관심사를 의회나 주정부 및 지방정부에 전달하기 위해 로비스트를 고용한다. 거의 모든 지역사회에서, 활동가들은 중요한 정책 문제들에 대해 동료 시민들을 설득하려고 노력한다. 또한 직장은 항상 사내 정치와 설득을 위한 비옥한 땅이었다. 한 연구는 일반 관리자들이 그들의 시간의 80% 이상을 구두의 의사소통에 쓴다고 추정한다 – 대부분은 동료 직원들을 설득하기 위한 목적이다. 복사기의 등장으로, 회사내에서 설득을 위한 완전히 새로운 매체인 복사된 메모지가 발명되었다. 미 국방부에서만 하루에 평균 35만 페이지를 복사하는데, 이것은 소설 1,000권에 해당한다.
> ① 비즈니스맨은 설득력이 있어야 합니다
> ② 설득은 각계각층에서 나타난다
> ③ 셀 수 없이 많은 광고판과 포스터를 만나게 될 것이다
> ④ 대중매체 캠페인은 정부에 유용하다

해설

문두에 있는 빈칸은 주제문이 될 가능성이 매우 높다. 빈칸 다음에 나오는 내용은 이러한 주제를 뒷받침하는 부연설명이나, 구체적인 예시들이 된다. 정치가, 사업가, 특수 이익집단을 포함한 거의 모든 분야에서 설득의 기술이 필요하다는 논지의 글이고, persuade라는 key word가 계속 반복되어 제시되고 있으므로 주제문에도 persuade라는 핵심어가 필요하다. 따라서, '설득은 각계각층에서 나타난다'는 ②가 가장 적절하다.

어휘

- fertile 비옥한, 풍요로운
- advent 출현
- medium 매체
- Pentagon 미 국방부
- show up 나타나다
- every walk of life 각계각층

074

정답 ①

해석

> 농부들에 비해 수렵-채집인들은 더 여유로운 삶을 살았다. 살아남은 수렵-채집인 그룹과 함께 시간을 보낸 현대 인류학자들은 식량을 수집하는 것이 농업을 통해 같은 양의 식량을 생산하는 데 필요한 것보다 훨씬 적은 시간을 차지한다고 말한다. 예를 들어, 칼라하리의 쿵 부시맨은 일반적으로 일주일에 12~19시간 동안 식량을 수집하고 탄자니아의 하즈다 유목민은 14시간 미만을 쓴다. 이로 인해 여가 활동, 사교 등에 많은 시간을 할애할 수 있다. 한 부시맨은 사람들이 농업을 채택하지 않은 이유를 묻는 인류학자의 질문에 "세상에 몽공고 견과류가 많은데 우리가 왜 심어야 하나요?"라고 답했다. 실제로 수렵-채집인들은 일주일에 2일은 일하고 5일은 주말이다.

해설

농사를 짓는 농부들보다 훨씬 적은 시간을 식량을 생산하는 데 썼다는 내용이므로, 농부들에 비해서 훨씬 더 여유로운(leisurely) 삶을 살았다고 추론할 수 있다.

어휘

- account for 차지하다
- proportion 비율
- via –을 통해서
- socialize 교제하다, 어울리다
- in effect 사실상, 실제로
- leisurely 여유로운

075

정답 ②

해석

> NorthTribune.com에서 우리의 목표들 중 하나는 우리의 사용자들이 원하는 유형의 정보를 제공하는 것입니다. 그것을 하기 위해 우리는 귀하와 우리의 사용자들 모두에 대해 더 많은 것을 알 필요가 있습니다. 우리는 귀하의 흥미에 더 적합한 내용을 제공하고, 앞으로 우리의 정보와 서비스를 귀하의 요구에 더 잘 맞추기 위해 귀하에게 등록을 부탁드리는 바입니다. 우리는 귀하의 NorthTribune.com 경험을 향상시키기 위해 귀하가 우리의 사이트를 어떻게 사용하는지에 대해 더 많이 알기를 원합니다. 물론, 우리는 또한 광고주들을 위해 우리 사이트의 가치를 증가시키기를 원하는데, 왜냐하면 우리가 NorthTribune.com을 제공하고 유지하고 개발하도록 해주는 것은 바로 광고 수입이기 때문입니다. 우리가 귀하에게 작성해 주십사 요청하고 있는 간단한 등록 양식을 통해, 우리는 우리의 광고주를 위한 우리 독자들의 모습을 더 잘 개발할 수 있을 것입니다. 그리고 귀하의 등록은 앞으로 토론 광장, 이메일 소식지, 콘테스트 등의 새로운 특집란에도 접근할 수 있을 것입니다.

어휘

- content 내용
- suited 적합한
- customize 주문에 맞추어 만들다
- revenue 수입
- maintain 유지하다
- brief 간단한
- portrait 초상화, 상세한 묘사
- feature 특징

해설

독자들에 관한 정보를 더 잘 파악할 수 있도록 독자 등록 양식을 작성해 줄 것을 부탁하고 있는 글이다.

[076~077]

해석

> 지역 커뮤니티 시의원을 선출하거나 재선해야 할 때입니다. 다음 달에는 현재 소속된 모든 커뮤니티 시의원이 물러나야 하며, 원한다면 재선에 출마해야 합니다. 우리는 절대적으로 새로운 의원을 찾고 있으므로, 출마할 것을 고려해주세요. 우리는 다양한 커뮤니티 프로젝트와 계획에 적극적으로 노력해 왔기 때문에 브리지 오브 앨런의 모든 섹션과 목소리가 커뮤니티 위원회에 대표되는 것이 그 어느 때보다 중요합니다. 16세 이상이면 누구나 참여할 수 있습니다. 지명 서류는 10월 1일부터 제공되며, 지명은 10월 19일에 마감됩니다.
> 브리지 오브 앨런은 13명의 지역구 의원을 가질 수 있으며, 현재로서는 이에 미치지 못하고 있으므로 숫자를 늘리기 위해서 다른 분들도 출마를 고려해주면 좋겠습니다.
> 1년에 최대 10번의 회의와 몇 가지 가능한 후속 작업업무로 큰 시간을 할애하는 일은 아니지만 우리 공동체를 위한 결정을 다듬는 데 도움이 될 것입니다.
> 커뮤니티 의회에 대한 자세한 내용은 여기에서 확인할 수 있습니다.
> https://www.stirling.gov.uk/_documents/community,-life-and-leisure/comcouncil_boundary-areas_2024.pdf

어휘

- elect 선출하다
- stand down 사임하다
- initiative 계획
- nomination 지명
- be short of ~이 부족하다
- at most 아무리 많아도, 최대로

076

정답 ①

해설

① if they wish to, stand for re-election. 로 보아 원하는 사람은 재선에 출마할 수 있다.
② Bridge of Allan can have 13 Community Councilors and we're short of that at the moment로 보아, 13명을 선출할 수 있지만 그 숫자에 미달이라고 했으므로 현재 13명보다 적은 사람들이 입후보했음을 알 수 있다.
③ Nomination papers will be available from 1st October, and nominations will close on 19 October. 로 보아 10월 1일부터 19일까지이므로 한 달 동안이 아니다.
④ at most 10 meetings a year으로 보아, 적어도 10번이 아니라 최대 10번이므로 일치하지 않는다.

077

정답 ②

해설
stand down은 '물러나다, 사임하다'는 의미로 resign과 동의어가 된다.

어휘
- resign 사임하다
- resume 다시 시작하다
- assign 배정하다
- submit 제출하다, 항복하다

078

정답 ③

해석

> 27세의 헨리 몰리슨은 1950년대에 약 10년 동안 쇠약해지는 발작을 겪었다. 1953년 9월 1일, 몰리슨은 외과 의사들이 발작을 막기 위해 뇌 양쪽에서 조직의 일부를 제거할 수 있도록 허락했다. 수술은 효과가 있었지만 몰리슨은 새로운 기억을 형성할 수 없는 영구적인 기억상실증에 걸렸다. 이 비극적인 결과는 학습과 기억과 같은 복잡한 기능이 뇌의 특정 영역과 연결되어 있다는 사실을 발견하는 20세기 뇌 과학에서 가장 중요한 발견 중 하나로 이어졌다. 몰리슨은 사생활을 보호하기 위해서 연구에서 "H.M."으로 알려지게 되었다. 과학자 윌리엄 스코빌은 몰리슨과 비슷한 수술을 받은 9명의 다른 환자들을 연구하여 내측 측두엽의 일부를 제거한 환자들만 기억력 문제, 특히 최근 기억력 문제를 경험한다는 사실을 발견했다. 그는 정상적인 기억을 위해서는 뇌의 특정 구조가 필요하다는 사실을 발견했다. 이전에 했던 일을 기억할 수 없었기 때문에 몰리슨의 인생은 처음하는 것들의 연속이었다. 그러나 그는 시간이 지남에 따라 새로운 운동 기술을 습득할 수 있었다. 몰리슨에 대한 연구를 통해 신경과학자들은 2008년 그가 사망한 후에도 의식 및 무의식 기억과 관련된 뇌 네트워크를 더욱 탐구할 수 있었다.

어휘
- debilitating 쇠약하게 하는
- permanent 영구적인
- motor 운동의
- neuroscientist 신경학자

해설
① Molaison allowed surgeons to remove a section of tissue from each side of his brain to stop the seizures.로 보아 일치하는 문장이다.
② the discovery that complex functions like learning and memory are linked to specific regions of the brain.으로 보아 일치하는 문장이다.
③ Molaison's life was a series of firsts, as he couldn't remember anything he had done before. However, he was able to acquire new motor skills over time.으로 보아, 이전의 일을 기억할 수 없었지만, 운동 능력은 얻었으므로 일치하지 않는 문장이다.
④ Studies of Molaison allowed neuroscientists to further explore the brain networks involved in conscious and unconscious memories, even after his death in 2008.으로 보아 일치하는 문장이다.

구문분석

> Scientists William Scoville studied Molaison and nine other patients [who had similar surgeries,] finding that only those [who had parts of their medial temporal lobes removed] experienced memory problems, specifically with recent memory.
>
> S / 사역동사 / O / O.C. / V
> 수식

079

정답 ②

해석

확실히 몇몇 사람들은 장점(예를 들어, 기수의 신체적 크기, 농구 선수의 키, 음악가의 음악을 듣는 "귀")을 가지고 태어난다. 그러나 수년에 걸친 주의 깊고 신중한 연습에 대한 헌신만이 그러한 장점들을 재능으로, 그리고 그러한 재능들을 성공으로 바꿀 수 있다. 같은 종류의 헌신적인 연습을 통해, 그러한 장점들을 가지고 태어나지 않은 사람들은 자연이 그들의 손길이 닿지 않는 곳에 두는 재능을 개발할 수 있다. 예를 들어, 비록 당신이 수학에 재능을 가지고 태어나지 않았다고 느낄지 모르지만, 사려 깊고 신중한 연습을 통해 당신은 수학적인 능력을 상당히 높일 수 있다. 또는, 당신이 스스로를 "천성적으로" 수줍음이 많다고 생각한다면, 당신의 사회적 기술을 발전시키기 위해 시간과 노력을 기울이는 것은 당신이 사교 행사에서 사람들과 열정적으로, 우아하게, 그리고 쉽게 사람들과 교류할 수 있게 해줄 수 있다.
① 어떤 사람들이 다른 사람들에 비해 가지는 이점
② 재능을 양성하기 위한 끊임없는 노력의 중요성
③ 수줍은 사람들이 사회적 상호작용에서 겪는 어려움
④ 자신의 장단점을 이해할 필요

어휘
- jockey 기수
- dedicaton 전념, 헌신
- deliberate 신중한, 의도적인
- constant 끊임없는
- cultivate 기르다

해설

Yet only dedication to mindful, deliberate practice over many years can turn those advantages into talents and those talents into successes. 이 문장이 주제문에 해당한다. 타고난 재능이 있더라도 끊임없는 연습만이 그 재능을 성공으로 이어지게 만든다는 것으로 '노력의 중요성'이 글의 주제가 된다.

구문분석

Through the same kind of dedicated practice, people [who are not born with such advantages] can develop talents [that nature put a little farther from their reach.]
V 수식
수식 '자연이 그들의 도달범위보다 더 멀리 둔 재능'이라는 것은 '타고나지 않은 재능'이라고 볼 수 있다.

080

정답 ③

해석

비용 절감의 잠재력 때문에 마케팅 프로세스의 유통 단계가 더 많은 관심을 받고 있다. 샴푸와 같은 일상적인 제품을 예로 들어보자. 조립 라인에서 출고된 샴푸는 상자에 포장되어 전국의 창고로 운송된다. 소매업체에서 주문이 들어오면 샴푸는 슈퍼마켓 진열대로 배송된다. 이것이 바로 유통이다. 유통을 효과적으로 관리하려면 재고를 주의 깊게 모니터링해야 한다. 이것이 바로 컴퓨터 혁명이 도움이 되는 부분이다. 전산화된 정보 시스템은 재고에 대한 정확하고 최신의 설명을 제공한다.

① 조립 라인에서 컴퓨터를 사용하는 방법
② 운송을 더 저렴하게 만드는 방법
③ 유통이 어떻게 재고관리에 의존하는가
④ 소매업체가 소비자를 어떻게 타겟팅하는지

어휘

- distribution 유통, 분배
- everyday 일상적인
- warehouse 창고
- retailer 소매업자
- inventory 재고목록
- precise 정확한
- up-to-date 최신의

해설

지문의 전반부는 유통에 대해 소개하고 후반부에서는 유통을 효과적으로 관리하기 위해서는 재고관리가 중요한데 컴퓨터로 재고 목록을 효율적으로 관리할 수 있다고 말한다. 따라서, '어떻게 유통이 재고 관리에 의존하는가'가 제목으로 적절하다.

081

정답 ③

해석

New message

친애하는 선생님,
메트로폴리탄 컨퍼런스 센터에 대한 정보를 요청하기 위해 이 글을 씁니다.

올해 9월에 3일간 열리는 컨퍼런스 장소를 찾고 있습니다. 메인 회의실에 200명 이상의 대표자들을 수용할 수 있는 충분한 공간이 필요하며, 회의를 위한 작은 회의실 3개도 원합니다. 각 회의실에는 Wi-Fi도 필요합니다. 오전과 오후 중반에 커피를 마실 수 있어야 하며, 3일 모두 점심 식사를 위해 레스토랑도 예약하고 싶습니다.

또한, 메트로폴리탄 고객이나 대규모 그룹을 위한 할인율이 있는 지역 호텔이 있는지 알려주실 수 있으실까요? 매일 밤 100명 이상의 대표단을 위한 숙소가 필요합니다.

연락 기다리겠습니다.

이벤트 관리자, Bruce Taylor

어휘

- delegate 대표자
- rates 요금
- accommodation 숙소, 숙박시설

해설

we would also like to book your restaurant for lunch on all three days.의 문장으로 보아, 저녁이 아니라 점심 식사를 할 수 있는 식당 예약을 원한다.

082

정답 ③

해석

워싱턴 DC에서 열리는 연례 국립 도서관 입법의 날과 관련된 다양한 활동이 3일에 걸쳐 진행되며, 각 주에서는 참여를 권장합니다. 미국 도서관 협회는 5월 11일 일요일에 사전 컨퍼런스 행사를 후원하여 이날의 중요성을 설명하고, 참석자들에게 의원실 방문 시 최대한의 영향력을 발휘하는 방법에 대한 팁을 제공할 예정입니다. 5월 12일에는 하얏트 리젠시 워싱턴에서 브리핑을 개최하여 현재 진행 중인 입법 문제를 논의하고 의회 사무실 방문 시 프레젠테이션 준비에 대한 조언을 제공할 예정입니다. 5월 13일에는 참석자들이 소속 상원의원 및 하원의원 사무실을 방문할 예정입니다. 이날은 마무리 세션으로 마무리될 것이며, 의원과 직원들이 참석할 것으로 예상됩니다.
① 정치인들이 도서관에 책을 기증하도록 장려하기
② 도서관을 위한 기금 마련하기
③ 의원들을 방문하여 필요한 법안을 촉구하기
④ 새로 통과된 법안에 항의하기

해설

입법을 촉구하기 위해 국회의원들을 방문할 것이며, 방문 전에 무엇을 준비해야 하는지에 대한 팁을 제공하겠다는 내용의 안내문이다.

어휘

- legislator 입법가, 국회의원
- ongoing 진행중인
- Senator 상원의원
- Representative 하원의원
- wrap-up 마무리
- raise fund 기금을 마련하다

083

정답 ②

해석

불쾌하거나 원치 않는 소리는 소음으로 분류된다. 현재 정부는 소음을 줄이기 위한 정책을 시행하고 있다. ① 문제는 어떤 종류의 소음이, 그리고 얼마나 많은 소음으로 인해 누군가가 불만을 제기할지 예측하는 것이 여전히 매우 어렵다는 것이다. ② 약간의 소음은 집중력을 높이고 일부 사람들에게는 생산성을 향상시키는 데 도움이 될 수 있다. ③ 또 다른 문제는 소음을 줄이는 데 드는 희생과 사람들의 성가심을 비교 검토하는 것이다. ④ 소음을 제한해야 해서 비즈니스가 피해를 입을 사람들을 화나게 하지 않고는 허용 가능한 것에 대한 법을 통과시키기는 어렵다.

해설

소음 공해에 대한 정책을 실행하는 것이 어려운 이유를 제시하고 있는 글이다. 그러나, ②는 소음이 집중력 향상에 도움이 되기도 한다는 내용으로 전체 글의 흐름과 무관하다.

어휘

- classify 분류하다
- implement 실행하다
- weigh A against B A와 B를 저울질하다, 비교검토하다
- cost 희생, 대가

084

정답 ③

해석

비유는 두 가지가 매우 근본적인 여러 면에서 유사하다는 것을 주장하는 비유적 표현이다. 두 가지는 또한 크게 다르지만, 그들의 구조, 그들 부분의 관계, 또는 그들이 부합하는 본질적인 목적은 유사하다. 장미와 카네이션은 유사하지 않다. 둘 다 줄기와 잎을 가지고 있고 둘 다 빨간색일 수 있다. 그러나 그것들은 같은 방식으로 이러한 특성을 나타낸다; 그것들은 같은 속(屬)에 속한다. ③ 그러나 심장을 펌프에 비유하는 것은 진정한 비유이다. 이들은 서로 다른 것이지만, 그것들은 중요한 특성들을 공유하고 있다; (둘 다) 기계 장치이며, 밸브를 가지고 있고, 압력을 증가시키고 감소시키는 능력이 있으며, 액체를 움직이는 능력이 있다. 심장과 펌프는 서로 다른 방식으로 그리고 다른 맥락에서 이러한 특성을 보여준다.

해설
③ 다음 문장에서 언급되는 these는 heart와 pump를 지칭한다. 이 두 가지는 서로 다르지만, 중요한 특징들을 공유하므로 심장을 펌프에 비유하는 것이 진정한 비유라는 내용이다.

어휘
- analogy 비유
- figure of speech 비유적 표현
- assert 주장하다
- analogous 유사한
- stem 줄기
- genus 속
- disparate 이질적인
- apparatus 장치

085

정답 ②

해석

미국 노동부는 인턴십을 유급 노동 또는 현장 연수와 구별하는 구체적인 조건을 설정했다.
(A) 정부는 인턴십을 매우 좁게 정의하는데, 이는 인턴에게 특정 산업에 대한 교육을 제공하는 주된 학문적인 제도이다.
(C) 이는 고용주가 유급 근로자를 인턴으로 대체하거나 인턴의 활동에서 "즉각적인 이익"을 얻을 수 없다는 것을 의미한다. 다시 말해서, 인턴이 수행하는 어떤 업무도 회사에 직접적인 이익을 가져다 주어서는 안 된다.
(B) 그러나 실제로는 이러한 규정들은 종종 무시되고, 많은 고용주들은 교육이나 지도가 거의 없는 상태에서 인턴들을 사무적인 일을 시키거나 일상적인 운영에 참여시킨다.

해설
정부가 인턴십에 대한 정의를 좁게 내리고 있다는 (A)의 내용이 (C)의 this에 해당하므로 (A)-(C)의 순서가 되어야 한다. (C)에서 언급된 내용은 고용주가 해서는 안 되는 regulations에 해당되므로 (C) 다음에 마지막으로 (B)가 연결되어야 한다.

구문분석

In other words, any tasks [the intern performs] should not directly profit the company.
                              S   목적격 관계대명사 생략   V   O

어휘
- condition 조건
- distinguish 구별하다
- on-the-job 근무 중의, 직장에서의
- profit 이익을 주다
- ignore 무시하다
- day-to-day 매일 행해지는, 그날그날의

086

정답 ①

해석

1995년 부다페스트 인근의 보스니아 전쟁 희생자 난민 캠프를 방문했다. 그곳에 있던 사람들은 고문과 거주지와 사랑하는 사람들을 잃어버린 것으로 깊은 트라우마를 겪었다. 눈물과 히스테리한 울음소리 사이에서 한 피해자를 인터뷰하고 있었는데, 갑자기 그녀가 "진짜 이탈리아 정어리 통조림과 진짜 이탈리아 커피 한 잔 드시겠어요?"라고 물었다. 오랜만에 그 진미를 맛볼 수 있어서 정말 기뻤다. 내가 돈을 주겠다고 했을 때 그녀는 "그냥 두세요. 여기서 현금은 아무 의미가 없습니다. 딸을 위한 신발도 몇 켤레 드릴게요. 그들이 공짜로 주었지만, 이 신발을 신고 갈 곳이 없어요."그녀의 상실감과 절망은 <u>그 정도로 완전했다</u>.

① 그 정도로 완전했다
② 예상했던 것만큼 끔찍하지 않았다
③ 다른 희생자들과 비교해서 아무 것도 아니었다
④ 식량과 물자의 부족으로 가려졌다

어휘

- refugee 난민
- traumatize 엄청난 충격을 주다, 정신적 외상을 주다
- torture 고문
- compose oneself 진정시키다
- delicacy 진미
- despair 절망

해설

현금도 의미가 없고, 신발을 신고 갈 곳도 없다는 말로 보아, 엄청난 절망과 상실감을 겪고 있다고 추론할 수 있다. 따라서, 완전한 상실감과 절망이라고 할 수 있다.

087

정답 ①

해석

성인의 경우 주로 사회적 상호 작용은 언어라는 매개체를 통해서 발생한다는 점에 주목하는 것이 중요하다. 모국어를 사용하지 않는 사람과 교류하는 데 시간을 할애하려는 성인은 거의 없으며, 그 결과 성인의 외국인은 의미 있고 확장된 언어 교류에 참여할 기회가 거의 없을 것이다. 대조적으로, 어린 아이는 종종 다른 아이들, 심지어 어른들에 의해서도 쉽게 수용된다. 어린 아이들에게 언어는 사회적 상호작용에 그렇게 필수적이지 않다. 예를 들어, 소위 '평행 놀이(다른 아이들 틈에서 놀기는 하지만 서로 접촉하거나 상호작용을 하지 않고 혼자서 노는 놀이)'가 일반적이다. 어린 아이들 사이에서. 그들은 함께 각자 앉아서 가끔 말을 하고 혼자서 노는 것에 만족한다. 어른들은 언어가 사회적 상호작용에 중요한 역할을 하지 않는 상황에 놓여지는 것은 거의 발견할 수 없다.

① 언어가 사회적 상호작용에 중요한 역할을 하지 않는
② 그들의 의견이 동료들에 의해서 쉽게 수용되는
③ 다른 언어를 말하도록 요청받는
④ 소통의 기술이 매우 필요한

어휘
- medium 매체
- interact 상호작용하다
- engage in -에 참여하다
- content 만족한
- company 함께 있음
- on one's own 혼자서

해설

아이들은 말을 많이 하지 않고도 놀이로도 소통을 할 수 있지만, 성인들의 경우에는 언어가 소통의 가장 중요한 매체라는 주제의 글이다. 따라서, 언어가 중요한 역할을 하지 않는 상황을 거의 발견하지 못한다는 내용이 적절하다.

구문분석

Few native-speaker adults are willing to **devote** time **to** interacting with someone [who does not speak the language,] with the result [that the adult foreigner will have little opportunity to engage in meaningful and extended language exchanges.]

(devote A to B – 'A를 B에 바치다', A = time, B = interacting, 수식, 동격)

088

정답 ②

해석

위대한 작곡가들 중 일부가 당대에 오해를 받았다는 이야기를 반복해서 듣게 된다. 모든 사람이 베토벤, 브람스, 스트라빈스키의 작곡을 이해할 수 있는 것은 아니다. 이러한 초기 수용성 부족의 이유는 낯설기 때문이다. 그 안에 표현된 음악 형식이나 아이디어는 완전히 새로운 것이었다. 그럼에도 불구하고 이것이 바로 그들을 위대하게 만드는 요소 중 하나이다. 효과적인 작곡가들은 각자의 아이디어를 가지고 있다. 고전 영화 아마데우스를 본 적이 있는가? 작곡가 안토니오 살리에리는 이 영화의 '호스트'로, 가장 유명한 위대하지 않은 작곡가들 중 한 명으로 묘사되었으며, 모짜르트와 동시대에 살면서 그에게 완전히 가려졌다. 이제는, 살리에리는 나쁘지 않은 작곡가였다; 사실, 그는 매우 훌륭한 작곡가였다. 하지만, 그의 작품이 독창적이지 않았기 때문에 그는 세계적으로 위대한 작곡가 중 한 명이 아니었다. 그가 쓴 것은 당시 다른 사람들이 작곡했던 것과 똑같이 들렸다.

어휘
- unfamiliarity 낯설음
- depict 묘사하다
- overshadow 가리다
- original 독창적인
- familiar 익숙한
- conventional 관습적인, 평범한

해설

살리에리의 곡들은 다른 사람들의 곡과 차이점이 없었다는 것은 '독창성'이 없었기 때문이라고 할 수 있다.

[089~090]

해석

논문 제출 지침

각 논문은 일반적으로 6페이지로 제한되며, 추가 페이지는 청구됩니다. 컨퍼런스 양식을 따르세요.

형식 지정(DOC)
- 첫 번째 페이지에는 논문 제목, 요약, 논문 주제 분야를 나타내는 키워드 목록, 저자 및 공동 저자의 전체 이름, 소속 및 이메일 주소가 포함되어야 합니다.
- 예비 저자들은 결과, 표, 수치 및 참조를 포함한 전문 논문을 제출하는 것이 좋습니다.
- 제출된 모든 논문들은 실험적이거나 이론적으로 이전에 발표되지 않은 원본 연구 결과를 보고해야 합니다. 컨퍼런스에 제출된 논문은 이러한 기준을 충족해야 하며 다른 곳에서 출판을 고려해서는 안 됩니다. 원고는 컨퍼런스의 스타일을 따라야 하며 검토와 편집될 수 있습니다.

제출 방법
- 전자 제출 시스템에 로그인하여 논문을 제출하세요(.doc 또는 .pdf).
- 그렇지 않은 경우 이메일을 통해 .doc 또는 .pdf 형식으로 info.leadershipforum@gmail.com에 논문을 제출하세요.
- 제출 및 컨퍼런스에 대한 문의는 이메일을 통해 언제든지 연락해 주세요: info.leadershipforum@gmail.com

어휘
- submission 제출
- charge 청구하다
- abstract (논문) 추론
- affiliation 제휴
- prospective 미래의
- figure 수치
- reference 참고문헌
- criteria 기준
- manuscript 원고
- be subject to ~에 해당되다
- inquiry 문의

089 정답 ③

해설
① 6장이 넘는 논문은 추가 요금이 부과된다는 말은 있지만, 페이지당 부과하는 것인지 아닌지 알 수 없다.
② must not be under consideration for publication elsewhere.로 보아, 다른 곳에서는 출간할 수 없다.
③ Manuscripts should follow the style of the Conference and are subject to both review and editing. 으로 보아 원고는 편집될 수 있다.
④ 이메일 또는 전자 제출 시스템을 통해 제출도 가능하다.

090 정답 ②

해설
submit는 '제출하다'는 의미로 hand in, turn in과 동의어가 된다.

어휘
- hand in 제출하다
- turn up 나타나다
- show off 자랑하다
- stand out 두드러지다

091

정답 ②

어휘
- physical 물리적인
- prior to ~보다 이전에
- statistics 통계수지
- subscribe to 구독하다
- boost 증대시키다

해석

책에 인간 존재에 대한 질문이 실제로 독서를 장려하는 일이 2020년에 책에게 일어나고 있었다. 분명히, 팬데믹 시기의 도서 판매에 대한 첫 번째 보고서가 발표되면서, 사람들이 적어도 더 많은 책을 구매하는 것처럼 보였다. 영국에서는 최초의 국가 봉쇄 전주에 실물 도서 판매가 6% 증가했고, 페이퍼백 픽션 판매는 전주 대비 35% 증가했으며, 워터스톤스는 온라인 판매가 전주 대비 400% 증가했다고 보고했다. 예를 들어, 오프라인은 문을 닫은 도서관의 신규 디지털 사용자 수는 크게 증가했으며, 햄프셔 카운티 의회의 대출은 770% 증가했다. 덴마크에서는 통계에 따르면 2020년에 상점들이 문을 닫았음에도 불구하고, 도서 판매가 5.6% 증가한 것으로 나타났다. 또한, 2020년에는 그 어느 때보다 많은 사람들이 도서 스트리밍 서비스를 구독했다.

① 2020년에는 인간 존재에 대한 질문에 대한 관심이 적었다.
② 팬데믹으로 인해 책 판매가 증가하는 계기가 되었다.
③ 영국보다 덴마크에서 더 많은 책이 판매되었다.
④ 2020년에는 그 어느 때보다 많은 사람들이 도서관을 방문했다.
⑤ 팬데믹은 덴마크의 경제를 자극했다.

해설

팬데믹의 시기 동안 책(물리적인 책과 디지털 책 모두)의 판매량과 대출량이 엄청나게 증가했으므로 ②가 정답이다.

구문분석

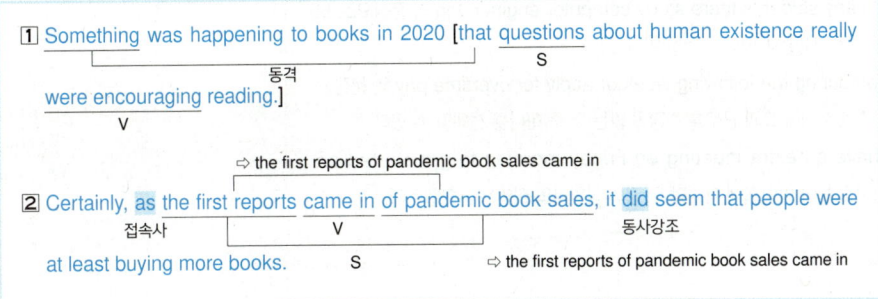

092

정답 ②

해석

직원 여러분,

이미 들었겠지만, 이 지역의 3개의 대학이 곧 채용 박람회를 개최할 예정입니다. 우리 회사 사장님은 각 대학에 다른 부서의 직원들을 파견하기로 결정했습니다. 여기 IT 부서에서는 피터스버그에서 열리는 웨스트 대학교 커리어 페어에 두 명의 직원을 파견할 예정입니다. 그곳의 많은 학생들이 컴퓨터 공학을 공부하기 때문에 그렇게 하려고 합니다.

박람회는 2월 24일에 열리며, 준비 기간은 한 달 정도밖에 남지 않습니다. 박람회는 토요일에 열리기 때문에 그 다음 주에 하루를 더 쉬거나 초과 근무 수당을 신청할 수 있습니다.

박람회 참가 여부에 대해 생각해 보세요. 수요일에 열리는 부서 회의에서 더 자세히 이야기하고 그때 누가 갈지 결정할 수 있습니다. 두 직원과 저는 금요일 오전에 추가 회의를 통해 박람회 자료 준비를 시작할 예정입니다. 관심이 있으시다면 화요일 오후 5시까지 이 이메일로 답장해 주세요.

해설

① 각 대학에 직원들을 보내는 것은 사실이지만, 두 명씩 보내는지 아닌지는 언급되어 있지 않다.
② We're going to that one because many students there study computer engineering.의 문장으로 보아 West University에 컴퓨터 공학을 전공하는 학생들이 많다는 것을 알 수 있다.
③ you can either take an extra day off during the following week or apply for overtime pay.의 문장으로 보아 박람회에 참여하는 직원은 그 다음 주에 쉬거나 초과 근무 수당을 받는 것 중 하나를 선택할 수 있다.
④ The two employees and I will have an extra meeting on Friday morning to get started on preparing materials for the fair.의 문장으로 보아 박람회에 참여할 두 명의 직원과의 회의는 금요일이다.

어휘

- hold 개최하다
- job fair 취업 박람회
- take part in 참여하다

093

정답 ④

해석

맛과 냄새는 매우 밀접하게 연관되어 있기 때문에 사람들은 그들이 맛으로 생각하는 것이 종종 후각의 문제라는 것을 알고 놀란다. 감기에 걸리면 후각이 떨어져 음식의 맛을 잃는다. 사람들이 맛으로 흔히 경험하는 것은 실제로 냄새, 온도, 식감과 함께 기본적인 맛(단맛, 짠맛, 쓴맛, 신맛, 고기맛)을 구별하는 복합적인 감각이다. 소수의 후각 수용기와 비교해서, 우리는 약 1,000개의 후각 수용기를 가지고 있는데, 그 결과 향을 느끼는 감각이 맛을 느끼는 감각보다 훨씬 다양하다. 후각이 맛을 볼 때의 중요성을 증명하기 위해, 다양한 음식을 맛보면서 코를 막아 보면 된다. 이렇게 하면 당신은 얼마나 많은 음식이 싱거워지는지 알게 될 것이다. 예를 들어, 당신은 사과와 양파, 또는 커피와 차를 구별할 수 없을 것이다.
① 미각 수용체보다 후각 수용체가 조금 더 많다.
② 맛과 냄새는 쉽게 구별할 수 있는 두 가지 뚜렷한 감각이다.
③ 감기에 걸렸을 때, 실제로 미각이 둔해진다.
④ 코를 막은 채로 음식을 맛보면 진짜 맛을 감지할 수 없다.

해설

① 미각 수용기는 handful이지만, 후각 수용기는 약 1,000개라고 했으므로, a few more이 아니라 a lot more이 되어야 한다.
② 미각이라고 생각하는 곳이 종종 후각인 경우가 많다고 했으므로 후각과 미각은 뚜렷이 구별되는 감각이 아니라 구별하기가 힘들다는 것을 알 수 있다.
③ 감기에 걸리면 후각이 약해지는 것이지 미각이 약해지는 것이 아니다.
④ 코를 막고 음식을 맛보면, 음식 맛이 밍밍하다고 했으므로 실제 맛을 감지하지 못하는 것이 맞다.

구문분석

1 Taste and smell are **so** intimately related **that** people are surprised to learn that what they
　　　　　　　　　　　　　　　[so - that 구문분석]
think of as taste is (more often than not) a matter of smell.
　　S　　　　　V　　　　　종종　　　　　　C

2 Do this and you will discover how bland many foods become.
　　[명령문, and ~] → '-해라, 그러면 ~ 할 것이다'

어휘

- intimately 밀접하게
- more often than not 종종
- compound 화합물
- discriminate 구별하다, 식별하다
- handful 소수의
- olfactory 후각의
- bland 밍밍한
- detect 감지하다
- distinct 구별되는, 별개의
- distinguish A from B A와 B를 구별하다
- dull 무딘

094

정답 ②

해석

> 날 음식 섭취의 인기가 높아지고 있음에도 불구하고, 여전히 조리된 야채에서 영양소를 섭취할 수 있다. 예를 들어, 토마토를 익히면 우리 몸은 리코펜을 더 효과적으로 흡수할 수 있다. (그러나 생 토마토는 여전히 리코펜의 좋은 공급원이라는 점을 명심하라.) 그러나 조리된 토마토는 생 토마토보다 비타민 C 함량이 낮기 때문에 수치를 높이고 싶다면 생 토마토를 고수하는 것이 더 나을 수 있다. 조리된 토마토를 먹기로 결정하든 생으로 먹기로 결정하든, 토마토의 건강상 이점을 희석하지 않는 것이 중요하다. 토마토 소스나 페이스트를 구매하려면 소금이나 설탕을 넣지 않은 것을 선택하거나 집에서 직접 소스를 조리하는 것이 좋다. 그리고 토마토를 생으로 먹는다면, 소금을 조금만 넣고 칼로리가 낮고 포화 지방이 낮은 샐러드 드레싱을 선택하라.

해설
Cooked tomatoes, however, have lower levels of vitamin C than raw tomatoes, 로 보아, 조리된 토마토가 비타민 C의 함량이 낮으므로, 더 많은 비타민 C 섭취를 위해서는 생토마토를 섭취하는 것이 더 낫다.

어휘
- raw 날것의
- nutrient 영양소
- keep in mind 명심하다
- be better off -ing -하는 것이 더 낫다
- stick with 고수하다
- saturated fat 포화지방

095

정답 ①

해석

> 도덕 상대주의는 도덕은 상대적이며 다른 사람들은 서로 다른 도덕 기준을 가지고 있다는 철학적 견해이다. 도덕적 상대주의는 윤리적 주관주의와 문화적 상대주의로 나눌 수 있다. 윤리적 주관주의는 도덕이 개인에 상대적인 것이라고 주장하는 반면, 문화적 상대주의는 도덕이 문화에 상대적인 것이라고 말한다. 둘 모두 모든 장소에 있는 모든 사람들에게 유효한 도덕적으로 절대적인 것이 있을 수는 없다고 말한다. 도덕 상대주의의 관점에서는, 어떤 특정한 행동도 일반적으로 좋거나 나쁘지는 않다. 도덕적 상대주의에 따르면, 특정한 맥락 안에서 선과 악만이 있을 뿐이다. 그것은 모든 상황에서 좋거나 나쁜 행동은 결코 있을 수 없다는 것을 의미한다.
> ⇨ 도덕적 상대주의는 (A) 객관적인 윤리적 진실은 없으며, 도덕적 가치는 특정한 개인이나 사회에 (B) 상대적이라는 견해이다.

해설
도덕적 상대주의는 말 그대로 상대주의이기 때문에 절대적이고 객관적인 윤리적 진리가 없으며, 또한 상대주의적이므로 도덕적 가치는 특정 개인이나 사회에 객관적이거나 절대적인 것이 아니라, 주관적이나 상대적이 되어야 한다. 따라서, (A)에는 객관적인(objective)이, (B)에서는 상대적인(relative)이 적절하다.

구문분석

Both say **that** there cannot be moral absolutes [that hold for all people in all places at all times.]
  V   S   수식
유효하다, 효력이 있다

어휘
- morality 도덕성
- be relative to -에 상대적이다
- hold (생각을) 가지고 있다, 유효하다, 효력이 있다
- subjectivism 주관주의
- absolute 절대적인 것
- given 특정한
- subjective 주관적인
- objective 객관적인

096

정답 ④

해석

효율성을 최적화할 수 있는 분야 중 하나는 개인의 생산성 향상을 통해 직원이 주어진 시간 내에 처리하는 작업량(생산된 제품, 고객 서비스)으로 정의되는 인력이다. 최적의 업무력을 보장하기 위해 올바른 장비, 환경 및 교육에 투자했는지 확인할 수 있을 뿐만 아니라, 직원들이 오늘날의 에너지 낭비, 즉 멀티태스킹을 중단하도록 장려함으로써 생산성을 높일 수 있다. 연구에 따르면, 다른 프로젝트들을 동시에 수행하려고 할 때 작업을 완료하는 데 **25-40%** 더 오래 걸린다고 한다. 컨설팅 회사인 **The Energy Project**의 비즈니스 개발 담당 부사장인 **Andrew Deutscher**는 "지속적인 기간 동안 중단 없이 한 가지 일을 하라."고 말한다.

① 인생에서 더 많은 옵션을 만드는 방법
② 일상적인 물리적 성능을 향상시키는 방법
③ 멀티태스킹은 효율성 향상을 위한 해결책이다.
④ 효율성 향상을 위해 한 번에 한 가지만 하라

어휘

- optimize 최적화하다
- optimal 최적의
- put an end to 끝내다
- simultaneously 동시에
- uninterrupted 방해받지 않고, 중단 없이
- sustained 지속적인

해설

한 번에 여러 가지 일을 동시에 하는 **multitasking**이 비효율적이므로, 효율성을 높이기 위해서는 한 번에 한 가지 일만 하라는 ④가 제목으로 적절하다.

구문분석

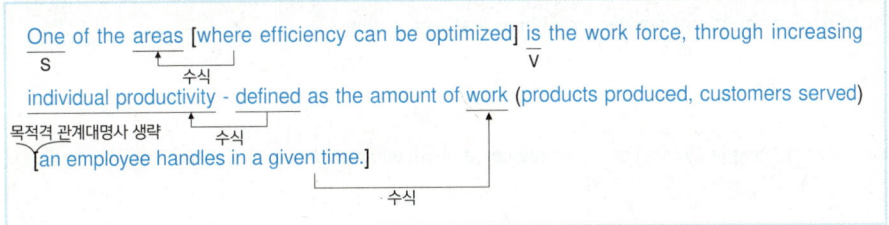

One of the areas [where efficiency can be optimized] is the work force, through increasing individual productivity - defined as the amount of work (products produced, customers served) [an employee handles in a given time.]

097

정답 ④

해석

지난 것을 상기해 내고 반추할 수 있는 인간의 능력은 축복인 동시에 저주가 될 수 있다. 그렇게 하는 것은 사람들이 좀 더 현명해지고 앞으로 비슷한 상황을 다루는 방식을 향상시키는 데 도움이 될 수 있다. 하지만 지나치게 과거에 집착하는 사람들이 있다. 그러한 사람들은 때때로 자신이 잃어버린 것들을 되돌리고 싶어하며 미래에 다가올 일들에 별 관심이 없다. 때로는 최선을 다해 과거에서 있었던 것으로부터 배우고, 현재 해야 할 것으로 나아가는 것이 훨씬 현명하다.
① 부화하기 전에 닭을 세지 마라(김칫국 마시지 마라).
② 손 안에 든 새 한 마리는 풀 숲에 있는 두 마리 새의 가치가 있다.
③ 일찍 일어나는 새가 벌레를 잡는다.
④ 지나간 것은 지나간 대로 두어라.

어휘

- recall 상기하다
- reflect on 반추하다
- blessing 축복
- curse 저주
- obsessed 사로잡힌, 집착하는
- long 갈망하다
- move on 나아가다, 이동하다
- bygone 과거사

해설

과거에 집착하는 것보다는 과거로부터 배우고 현재에 해야 될 일에 집중을 하는 것이 중요하다는 것으로 '지나간 것은 지나간 대로 두자'는 ④가 요지가 된다.

구문분석

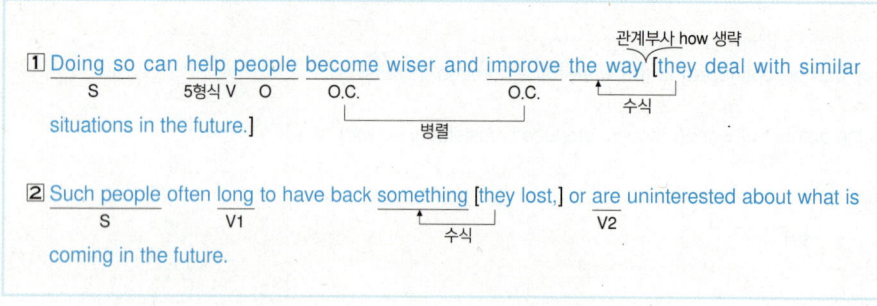

1 Doing so can help people become wiser and improve the way [they deal with similar situations in the future.]

2 Such people often long to have back something [they lost,] or are uninterested about what is coming in the future.

098

정답 ④

해석

산업 혁명 이후, 땅을 가지고 있거나 그들 자신의 가내수공업을 했던 많은 사람들은 다른 누군가를 위해, 혹은 다른 어떤 것, 즉 회사를 위해 공장으로 일을 하러 갔다.
(B) 혼자서 혹은 가족과 함께 일하는 대신에, 더 많은 돈을 벌 수 있고 그들의 물질적인 생활 수준을 향상시킬 수 있었기 때문에 대부분은 기꺼이 그렇게 했다(공장에서 일을 했다). 그러나 산업 노동자의 삶은 매우 달랐다.
(C) 공장에서는 모든 것이 표준 크기였다. 모든 기계들이 줄지어 있었다. 그리고 사람들의 활동도 표준화되었다. 그들의 독특한 기술을 사용하는 대신에, 같은 직업을 가진 근로자들은 같은 방식으로 같은 일을 하도록 되어 있었다.
(A) 또한, 사람들의 근무 시간이 표준화되었다. 모든 사람들은 교대 근무를 했고, 각각의 교대 근무자들이 동시에 시작하고, 동시에 휴식을 취하며, 동시에 일을 끝냈다. 하루가 끝나갈 무렵, 한 교대조가 떠나자 다른 교대조가 자리를 대신하기 위해 기다리고 있었다.

어휘
- cottage craft 가내수공업
- corporation 기업
- shift 교대 근무
- material 물질적인
- in rows 줄지어
- take one's place ~을 대신하다
- be supposed to V ~하기로 되어 있다

해설

(B)의 most of them did it에서 it은 주어진 문장에서 언급된 공장에서 일을 하는 것을 지칭하므로, 가장 먼저 위치해야 한다. (B)의 마지막 문장에서 산업노동자들의 삶이 어떻게 바뀌었는지에 대한 구체적인 설명들이 (C)에 나오므로 (B)-(C)의 순서가 되어야 한다. (A)에서는 근무 시간도 표준화되었다는 내용이 나온다. also라는 연결어로 보아, 표준화에 대한 언급이 있었던 (C) 다음에 (A)가 연결되어야 한다.

구문분석

Everyone worked in shifts, with each shift's workers starting at the same time, taking a break at the same time, and quitting at the same time.
(with 분사구문 / 병렬)

099

정답 ③

해석

1960년대 후반부터 많은 기업이 칸막이가 사무실 공간을 경제적이고 편리하게 관리할 수 있는 방법으로 여겼기 때문에 업무 평면도에 칸막이를 구현하기 시작했다. 칸막이 사무실은 최소한의 숙련된 노동력으로 대량으로 만들고 조립할 수 있었기 때문에 표준적이고 저렴했다. 칸막이는 작업 공간을 더 작게 만들고 사무실을 더 가깝게 만들었기 때문에 시간도 절약할 수 있었다. ③ 이것이 감독을 더욱 효율적으로 만들기도 했다. 이러한 이유로 칸막이는 직장에서 큰 인기를 얻었다. 현재 사무실 업무의 거의 70%가 칸막이 안에서 이루어진다.

어휘
- supervision 감독
- implement 실행하다
- cubicle 칸막이
- assemble 조립하다
- minimal 최소한의

해설

주어진 문장도 칸막이가 인기를 얻게 된 이유 중 하나이다. 즉 these reasons 중에 하나이므로 ③보다 앞에 위치해야 한다. 또한, 주어진 문장에서 this는 칸막이를 만드는 비용이 저렴했다는 것을 지칭한다기보다는 사무공간이 서로 붙어 있었기 때문에 감시가 용이해졌다고 할 수 있으므로, ③ 앞에 나오는 문장을 지칭한다고 볼 수 있다. 따라서, ③에 주어진 문장이 들어가야 한다.

100
정답 ③

해석

과학자들은 오랜 시간을 그리고 때때로는 시간 외 근무를 하는 경향이 있다. 과학자가 현장에 있다면 그는 아마 거의 하루 종일 일할 것이다. – 측정하기, 포장하기 등등. 실험실에서의 일은 과학자가 탐구하고 있는 과정에 의해 결정될 것이다. ① 만일 화학 반응이 완성되는 데 12시간이 걸린다면, 8시간 이후에 집에 가는 것은 선택할 수 있는 것이 아니다. ② 만약 어떤 생물학적 과정에 대한 데이터를 4시간마다 수집해야 한다면, 이는 과학자가 실험이 끝날 때까지 하루 24시간, 주 7일 동안 4시간마다 연구실에 와야 한다는 것을 종종 의미한다. ③ <u>대부분의 과학자들은 탐구의 기쁨과 무언가 맨 처음 본다는 기쁨은 쉽게 포기할 수 없는 경험이기 때문에, 그리고 그들이 과학 이외의 무언가를 한다는 것은 상상할 수도 없기 때문에 실험을 한다.</u> ④ 학계의 과학자들은 보통 수업도 해야 하고, 산업 분야의 과학자들은 다른 분야에 있는 동료와 만날 필요가 있을 것이다. 이러한 사실은 자료를 수집하거나 다른 사람들이 연구할 수 있도록 자료를 작성하는 수많은 밤과 주말이라는 결과로 이어지게 된다.

어휘
- work odd hours 보통 사람들이 일하지 않는 시간에 일을 하다
- out in the field 현장에 나가 있는
- more or less 다소
- other than -을 제외하고
- all in all 대체로

해설
이 글은 과학자들이 오랜 시간을 근무한다는 주제로 여러 분야의 과학자들이 다양하게 많은 시간을 일을 하며 보내야 하는 이유들을 설명하고 있다. ③은 과학자들이 자신의 직업을 택하는 이유에 대해 언급하고 있다.

101
정답 ③

해석

일반적인 생각과는 반대로, 동물은 <u>싸움을 피하기 위해 많은 애를 쓴다</u>. '인정사정 봐주지 않는 자연'이라는 구절은 널리 오해를 받아왔다. 그러한 언급이 유일하게 가능한 대상은 포식 행동인데, 여기서 포식자는 자리를 잡고 앉아서 사냥감의 시체를 게걸스럽게 먹을 때 피로 물든 무기들을 아마 가지고 있을 것이다. 그러나 야생에서는 동물이 지배적인 역할에 스스로를 자리매김하기 위해 끊임없이 죽을 때까지 싸운다는 가정하에서 이것은 종종 동종의 라이벌 간의 싸움에 적용되어 왔다. 그것은 전혀 사실이 아니다. 동물의 다툼을 지켜본 사람이 받는 압도적인 인상은 놀라운 인내심과 자제력이다. 피를 흘리는 것은 일반적이지 않고 보기 드문 일이다.
① 동물의 공격성은 선천적인 특징이다
② 동물들이 다른 동물들에게 공감을 보일 수 있다
③ 동물들은 싸움을 피하기 위해 많은 애를 쓴다
④ 우월함은 (후천적으로) 학습될 수 있는 것은 아니다

어휘
- nature red in tooth and claw 인정사정 봐주지 않는 자연, 치열한 다툼
- reference 언급대상, 언급한 것
- predatory 포식성의
- prey 사냥감, 먹이
- overwhelming 압도적인
- dispute 다툼, 분쟁
- remarkable 놀라운, 주목할 만한
- norm 일반적인 것, 표준
- go to great lengths to -하기 위해 많은 애를 쓰다

해설
동물들이 우위를 차지하기 위해 끊임없이 싸운다는 추측은 전혀 사실이 아니며 동물이 다투는 상황에서 놀라운 자제력을 발휘한다는 내용의 글이므로 빈칸에는 "동물은 싸움을 피하기 위해 많은 애를 쓴다"가 적절하다.

구문분석

Nothing could be **further** from the truth. (than this 생략)
　　　　　　　　far의 비교급
이것보다 더 진실로부터 거리가 먼 것은 없다. ⇨ 이것이 가장 진실과 거리가 멀다.

102

정답 ①

해석

1964년 미국 대통령 선거에서 린든 존슨 대통령과 도전자 배리 골드워터가 가장 논란이 되었던 순간 중 하나는 오늘날 "데이지"로 알려진 텔레비전 광고였다. 이 광고는 어린 소녀가 데이지 꽃잎을 세는 것으로 시작되었지만 갑자기 불길한 카운트다운으로 전환되어 "11월에 존슨 대통령에게 투표하세요. 위험이 너무 커서 집에 있을 수 없습니다."라는 문구로 마무리되었다. 이 데이지 광고는 강력한 이미지뿐만 아니라 명확하게 표현된 내용이 거의 없는 광고로 알려져 있다. 하지만 이 광고를 본 모든 사람들은 불과 2년 전 쿠바 미사일 위기로 인해 전 세계가 핵 종말 직전까지 갔다는 사실을 알고 있었고, 골드워터는 당선되면 핵 홀로코스트를 일으킬 수 있는 급진적이고 무모한 정치인으로 널리 인식되었다. 이 광고의 의미는 그 메시지를 전달하기에 충분했다.

① 표현된 내용이 거의 없는
② 최근의 내용에 대해 사람들을 교육시키는
③ 아이가 있는 가족들에 집중한
④ 새롭게 정직한 접근방식

어휘

- controversial 논란이 되는
- petal 꽃잎
- transition 이행하다, 바뀌다
- ominous 불길한
- detonation 폭발, 폭파
- stakes 위험
- commercial 광고
- to the brink of -의 직전까지
- apocalypse 파멸, 종말, 대재앙
- reckless 부주의한
- unleash 촉발시키다
- implication 함축적 의미
- get across 이해시키다

해설

광고 자체에는 핵과 관련된 내용이 명확하게 표현되어 있지 않지만, 그 광고를 보는 사람들은 무엇을 의미하는지 즉각 알 수 있었다는 내용이다. 따라서, 그 광고 자체에는 표현된 내용이 거의 없었다고 추론할 수 있다.

구문분석

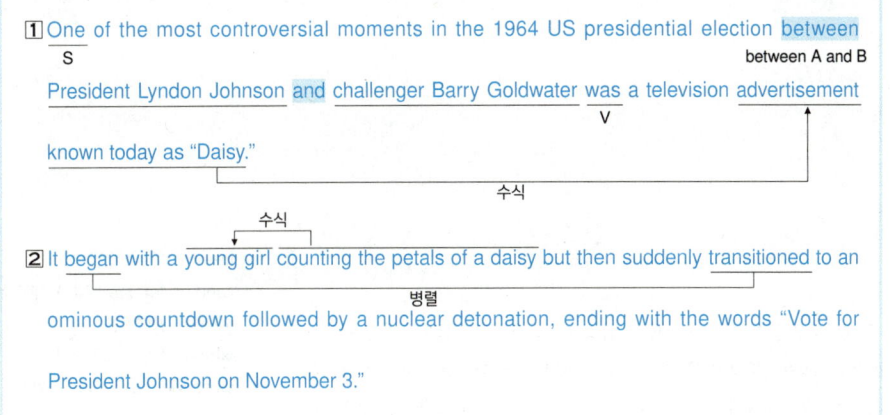

103

정답 ②

해석

만족스러운 실험의 핵심은 재현 가능해야 한다는 것이다. 생물학적 실험에서 이 기준은 때때로 충족하기 어렵다. 알려진 요인이 변경되지 않았음에도 불구하고 실험 결과가 달라진다면, 인식되지 않은 일부 요인이 결과에 영향을 미치고 있음을 의미하는 경우가 많다. 알려지지 않은 요인을 찾는 것이 흥미로운 발견으로 이어질 수 있으므로 이러한 현상은 환영 받아야 한다. 최근 한 동료가 말했듯이: "우리가 무언가를 발견하는 것은 <u>실험이 잘못될 때이다</u>."
① 더 큰 위험을 감수하다
② 실험이 잘못되다
③ 알려지지 않은 요인이 없다
④ 보통의 가설로 시작하다

해설

똑같은 실험결과가 반복되어 나타나지 않는다면 알려지지 않은 요인이 결과에 영향을 미치고 있다는 것이고, 그 요인을 찾는 것이 새로운 발견으로 이어질 수 있다. 따라서, 무언가를 발견하기 위해서는 실험에 문제가 있어, 그 결과치가 잘못 나올 때임을 알 수 있다.

어휘

- reproducible 재현가능한
- criterion 범주
- alter 수정하다
- modest 보통의
- hypothesis 가설

104

정답 ①

해석

적극적인 행동은 다른 사람들의 권리를 침해하지 않는 직접적이고 적절한 방법으로 당신의 권리를 옹호하고 당신의 생각과 감정을 표현하는 것을 포함한다. 그것은 상대방이 당신의 관점을 이해하도록 하는 문제이다. 적극적인 행동 기술을 보여주는 사람들은 좋은 대인관계를 유지하면서 갈등 상황을 쉽고 확실하게 처리할 수 있다. (A) <u>이와는 대조적으로</u>, 공격적인 행동은 다른 사람들의 권리를 공공연히 침해하는 방식으로 당신의 생각과 감정을 표현하고 당신의 권리를 옹호하는 것을 포함한다. 공격적인 행동을 보이는 사람들은 다른 사람들의 권리가 자신들의 권리에 복종해야 한다고 믿는 것처럼 보인다. (B) <u>따라서</u>, 그들은 좋은 대인관계를 유지하는 데 어려움을 겪는다. 그들은 통제를 유지하기 위해 방해하고, 빠르게 말하고, 다른 사람들을 무시하고, 빈정거리거나 다른 형태의 언어폭력을 사용할 가능성이 있다.

어휘

- assertive 적극적인
- stand up for 옹호하다, 지지하다
- violate 침해하다
- exhibit 보이다, 드러내다
- subservient to ~보다 덜 중요한, 부차적인
- sarcasm 냉소주의
- verbal abuse 폭언

해설

(A) 빈칸 앞에서는 assertive behavior에 대해 말하고, 빈칸 뒤에서는 aggressive behavior에 대해 말하고 있으므로 빈칸에는 '대조적으로' 라는 의미의 In contrast가 적절하다.
(B) 빈칸 앞에서 공격적인 행동을 보이는 사람들은 다른 사람들의 권리가 자신들의 권리에 복종해야 한다고 믿는 것처럼 보인다고 하고 빈칸 뒤에서는 그에 대한 결과에 대한 내용이 나오므로 '따라서' 라는 의미의 Thus가 들어가야 한다.

105

정답 ②

해석

올해 약 3,500만 명의 미국인이 새해 목표인 체중을 감량하고 몸매를 관리하는 새해 결심을 이루기 위해 시도할 것이다. 이 중에서, 3,000만 명은 1년 동안 체중이 증가할 것이다. 이 충격적인 통계를 이해하려면, 체중 감량 산업 비즈니스 모델만 봐도 된다. 다이어트 계획이나 피트니스 루틴을 시작한 사람들의 90 퍼센트는 그들이 본 빠르게 체중을 감량하는 술책이나 운동 광고 때문에 그렇게 한다. 그러나, 이 프로그램들은 소수의 사용자들의 성공에 바탕을 둔 제품을 홍보하는 이윤 창출 책략을 이용하며, 대다수의 사용자들은 그들의 새해결심을 완전히 포기하기 전에 한 두 번 더 재구매를 하게 된다.
① 살을 빼기 위해서 무엇을 할지
② 왜 사람들을 체중감량을 할 수 없는지
③ 체중을 관리하는 방법
④ 새해 결심을 이루는 방법들

해설

체중감량을 새해 결심으로 하는 사람은 많지만, 실제로는 광고 술책에 넘어가는 경우가 많다는 내용이므로, '사람들이 체중감량을 하지 못하는 이유'가 글의 주제가 된다.

구문분석

> far의 비교급
> ~one needs look no further than the weight loss industry business model.
> '비즈니스 모델보다 더 멀리 볼 필요는 없다' 즉, '비즈니스 모델만 보면 된다'로 이해하면 된다.

어휘

- fulfill 성취하다
- resolution 결심, 결의
- statistics 통계(수치)
- gimmick 술책
- scheme 계획

106

정답 ②

해석

최근 일부 정치 철학자들은 우리가 선거에 참여할 때 그 선거로 탄생하는 정부와 그 정부가 제정하는 법률을 준수하는 데 동의하는 것이라고 주장해왔다. 이는 더 유망해 보인다. 적어도 투표를 할 것인지 아닌지에 대한 자유로운 선택권이 있으며, 사람들이 (그들의 투표로) 나타난 정부를 합법적인 것으로 인정하지 않는다면, 선거를 치르는 것은 의미가 없을 것이다. 하지만 안타깝게도 투표를 하는 것과 동의를 등록하는 것 사이에는 여전히 격차가 있는 것 같다. 만약 양당 모두에 동의하지 않지만, 한 당이 나머지 당보다 조금 덜 나쁘다고 생각하기 때문에 투표를 한다면 어떻게 될까? 혹은 승리한 정당이 그 당의 정책에서 발표한 전체 정책 패키지에 동의를 했지만 상당히 혐오스럽다고 생각되는 몇 가지 항목이 있다면 어떨까? 유권자들의 동의가 정부가 합법적인 권한을 갖는 이유를 설명하는 데 도움이 될 수 있지만 개별 시민이 법을 준수해야 할 의무가 있는 이유는 설명하지 못할 수도 있다.

① 선거가 효력이 있는 이유
② 투표와 유권자 동의 간의 불일치
③ 정부가 만드는 정책의 부정확성
④ 동의와 의무의 완벽한 정렬
⑤ 정책과 정부 정당성의 결합

어휘

- comply with ~에 순응하다, 지키다, 준수하다
- enact 제정하다
- promising 유망한, 촉망되는
- there is no point in -ing ~하는 것이 소용없다
- legitimate 합법적인
- consent 동의
- manifesto 정당의 선언, 정책
- repugnant 불쾌한
- obligation 의무
- discordance 부조화, 불화
- alignment 가지런함, 협력
- nexus 결합

해설

선거에 참여한다는 것은 그 선거로 인해 탄생한 정부와 그 정부가 제정하는 법안에 동의를 한다고 생각을 하고 있다. 하지만, 투표를 한다고 해서 그 당에 전적으로 동의를 하는 것도 아니며, 그 당의 정책에 모두 동의하는 것은 아닌 경우가 많으므로, 투표와 유권자들의 동의 사이에는 간극이 있다는 것이 글의 주제가 된다.

구문분석

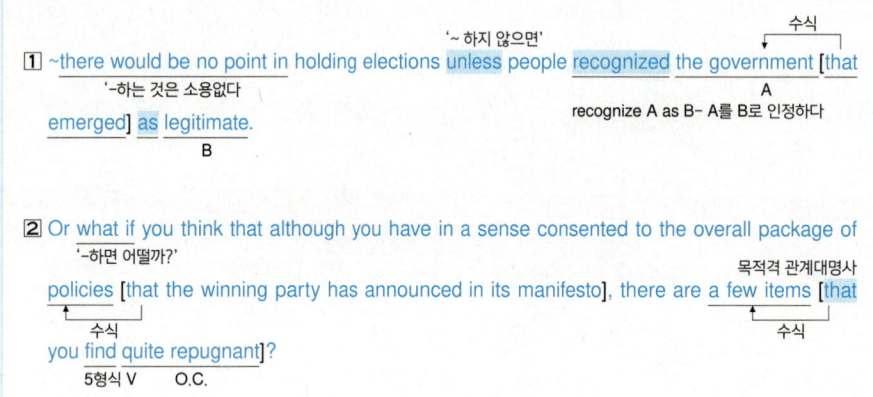

107

정답 ②

해석

롤러코스터가 트랙의 첫 번째 리프트 언덕을 오를 때, 그것은 위치에너지를 만들고 있다 – 그것이 땅 위로 더 높이 올라갈수록, 중력의 당김은 더 강해질 것이다. 코스터가 리프트 언덕을 넘어 하강하기 시작할 때, 위치에너지는 운동에너지가 된다. 일반적인 오해는 코스터가 트랙을 따라 에너지를 잃는다는 것이다. 그러나, 에너지 보존의 법칙이라고 불리는 물리학의 중요한 법칙은 에너지가 결코 생성되거나 파괴될 수 없다는 것이다. 그것은 단순히 한 형태에서 다른 형태로 바꾼다. 트랙이 오르막으로 되돌아올 때마다, 자동차의 운동량인 운동에너지가 그것들을 위로 운반하여 위치에너지를 만들고 롤러코스터는 반복적으로 위치에너지를 운동에너지로 변환하고 다시 돌아온다. 롤러코스터 라이드가 끝나면, 코스터는 두 표면 사이에 마찰을 일으키는 브레이크 메커니즘에 의해 속도가 늦추어진다. 이 움직임은 그것들을 뜨겁게 만들며, 이것은 제동 중에 운동에너지가 열에너지로 바뀐다는 것을 의미한다. 라이더들은 코스터가 트랙의 끝에서 에너지를 잃는다고 잘못 생각할 수도 있지만, 에너지는 단지 다른 형태로, 혹은 다른 형태로 바뀔 뿐이다.

해설
속도가 늦추어지고, 열이 발생한다고 했으므로 표면 사이에 마찰력(friction)이 발생했음을 추론할 수 있다.

구문분석
When the coaster crests the lift hill and begins its descent, its potential energy becomes kinetic energy, or the energy of movement.
(병렬 / 동격)

어휘
- gravity 중력
- crest 최고조에 달하다
- descent 하강
- kinetic energy 운동에너지
- potential energy 위치에너지
- misperception 오해, 잘못된 생각
- momentum 탄력, 가속도
- convert 전환하다
- friction 마찰

108

정답 ①

해석

주의의 한 가지 중요한 측면은 그것이 나누어질 수 있다는 것이다. 어떤 과업에 일관성이 있을 때, 즉 자극이 매우 예측 가능한 방식으로 발생할 때, 그에 대한 적절한 반응이 연습에 의해 자동적으로 이루어질 수 있다. 이것은 의식적인 주의 집중을 필요로 하지 않는다. 그래서 우리는 주의력을 단위별로 나누어 일부를 한 과업에 일부를 다른 과업에 배당할 수 있다. 능력을 별로 필요로 하지 않는 과업들은 정신적 노력이나 집중력을 별로 필요로 하지 않으므로, 추가적인 과업을 수행할 수 있는 여지를 남기게 된다. 우리는 주변의 일에 필요한 요구를 충족시키기 위해 융통성 있게 주의를 배당할 수 있다. 예를 들어, 우리는 운전하는 것이나 익숙한 길을 찾아가는 것에 별로 주의를 기울이지 않으면서 직장에서 집까지 운전을 하는 동시에 사무실에서 보낸 하루 생활에 대해 친구와 이야기할 수 있다.

① 나누어질 수 있다
② 상호작용을 하는 활동이다
③ 많은 정신적 노력을 필요로 한다
④ 소음에 의해 방해받을 수 있다

해설
자동차를 운전하는 동시에 대화를 하는 경우와 같이 정신 집중을 분산시키는 것이 가능하다는 것에 대해 이야기하고 있다. 그러므로 빈칸에 들어갈 말로 가장 적절한 is able to be divided(나누어질 수 있다)이다.

어휘
- aspect 양상, 국면, 모습
- consistency 일관성
- appropriate 적합한, 적절한
- parcel 나누다, 분배하다
- allocate 할당하다, 배분하다
- navigate 길을 찾다, 항해하다
- interactive 상호작용하는

109

정답 ③

해석

최근 몇 년 동안 TV 스트리밍 서비스의 성장으로 다큐멘터리에 대한 거대한 새로운 시장이 생겼다. 제작 중인 다큐멘터리의 수가 급증하면서, 영화 제작자들에게 새로운 기회를 제공했지만 부정적인 측면도 있다. 한 가지 문제는 많은 영화 제작자들이 콘텐츠에 대한 통제력을 잃고 있다고 느낀다는 것이다. 일부 다큐멘터리는 막대한 관객을 유치하고 막대한 재정적 수익을 가져다 주었기 때문에 스트리밍 서비스를 운영하는 회사들은 제작 예산에 더 관대해졌다. 그러나, 너무 많은 돈이 투입된 상황에서 영화 제작자들은 종종 더 큰 상업적 매력을 부여하기 위해 이야기를 바꿀 수밖에 없는 것처럼 느껴진다.

① 여전히 무시되고 있다
② 충분히 지불받지 못하고 있다
③ 콘텐츠에 대한 통제력을 잃고 있다
④ 많은 예산이 필요하다

어휘

- skyrocket 치솟다
- returns 수익
- intense 극심한
- have no choice but to ~할 수 밖에 없다
- alter 바꾸다

해설

더 많은 예산이 투입되면서, 더 많은 수익을 얻기 위해서 이야기를 바꿀 수 밖에 없다는 것은 제작자들이 원하는 대로 콘텐츠를 만들 수 없다는 것을 의미한다.

구문분석

However, with so much money involved, the intense pressure often makes filmmakers feel as though they have no choice but to alter the stories [they tell] to give them greater commercial appeal.

- makes: 사역동사
- filmmakers: O
- feel: O.C.
- [they tell]: 목적격 관계대명사 생략, 수식
- as though: '마치 ~인 것처럼'
- have no choice but to: '~할 수밖에 없다'

110

정답 ④

해석

야생 늑대 무리는 공격적인 리더인 알파 수컷이 그룹을 지배하고 있으며, 무리의 다른 구성원들이 이 알파 수컷에 도전할 때 폭력적인 권력 투쟁을 벌인다는 생각이 널리 퍼져 있다. 그러나, 이 생각은 대체로 거짓일 수 있다는 것이 밝혀졌다. 이것은 포획된 늑대에 대한 연구에서 비롯된 것으로 보이며, 포획된 늑대들은 종종 이러한 행동을 보여주었다. 포획된 늑대 무리는 함께 자라지 않았고 친족 관계가 아님에도 불구하고 함께 살 수 밖에 없는 성체 늑대들로 구성이 되어 있는데, 그래서 이러한 무리에서 권력 투쟁이 폭력으로 이어지는 것이 일반적인 것이다. ④ 하지만 연구에 따르면 포획된 늑대와 야생 늑대는 너무나 달라서 전자의 행동이 후자의 행동과 닮았다고 추정할 수 없다. 한 생물학자의 설명에 따르면, 야생 늑대 무리는 여러 세대가 함께 사는 인간 가족과 매우 유사하게 운영되는 반면, 포획된 무리는 낯선 사람이 함께 살도록 강요받는 감옥에 있는 인간과 행동적으로 더 많은 공통점을 가지고 있다.

해설

늑대들의 무리에는 알파 메일이 있고, 이 알파 메일에 도전하는 구성원들이 있으면 폭력적인 권력 투쟁이 생긴다는 생각이 널리 퍼져 있지만, 이것은 포획상태에 있는 늑대무리에게만 해당되는 것이며, 포획상태에 있는 늑대와 야생의 늑대무리 사이에는 유사성이 전혀 없다는 것이 글의 내용이다. 주어진 문장은 두 그룹의 행동이 전혀 다르다는 내용이며, 구체적으로 어떻게 다른지를 설명하는 내용이 ④ 다음에서 제시되고 있으므로 주어진 문장은 ④에 들어가야 한다.

구문분석

1. Research has now found, though, that captive and wild wolves are **too** dissimilar **to** assume that the behaviors of one resemble those of the other.
   - too ~ to V 구문 ('너무 달라서 ~라고 측정할 수 없다'로 해석)
   - 지칭

2. Captive packs are usually made up of adult wolves being forced to live together even though they did not grow up with each other and are not related, which is why it is common for power struggles in such packs to result in violence.
   - 수식
   - the reason 생략
   - 관계부사 가주어
   - to 부정사의 의미상의 주어
   - 진주어

어휘

- captive 포획된
- pack 무리
- myth 근거 없는 믿음, 거짓
- demonstrate 보여주다
- be made up of ~로 구성되다
- have in common 공통점을 가지고 있다

111

정답 ③

해석

수권 시장은 증가하는 인구가 부족하고 기후 변화가 가뭄과 기근을 야기함에 따라 진화할 가능성이 있다. ① 그러나 그것들은 지역적이고 윤리적인 거래 관행에 기초할 것이며 대부분의 상품의 거래와는 다를 것이다. ② 반대론자들은 물을 거래하는 것은 비윤리적이거나 심지어 인권 침해라고 주장하지만, 이미 수권은 오만에서 호주까지 세계의 건조한 지역에서 사고 팔리고 있다. ③ 증류수를 마시는 것은 유익할 수 있지만, 특히 미네랄이 다른 공급원에 의해 보충되지 않는다면 모두에게 최선의 선택은 아닐 수 있다. ④ 지아드 압델누르는 "우리는 물이 사실상 이번 10년 정도 후에 새로운 금으로 바뀔 것이라고 굳게 믿고 있다"고 말했다. "스마트머니(투자자금)가 이런 방향으로 공격적으로 움직이는 것은 당연하다."

해설

이 글은 용수권(water rights)에 관한 내용이다. 인구 증가와 기후 변화로 인해 물이 부족해지면서 물을 사고 판다는 내용이다. 그러나, ③은 증류수가 이롭다는 내용으로 전체 글의 흐름과 전혀 관련이 없다

구문분석

Markets in water rights are likely to evolve as a rising population leads to shortages and climate change causes drought and famine.
　　　　　　　　　　　　　　접속사　　　　　S　　　　　V　　　　　　　　　　S
　V

어휘

- drought 가뭄
- famine 기아
- regional 지역의
- bulk of 대부분의
- commodity 상품
- detractor 폄하하는 사람
- breach 위반
- arid 매우 건조한
- distill 증류하다
- supplement 보충하다
- no wonder 당연하다

112

정답 ①

해석

세계 여러 지역에서, 사람들은 낮에 잠깐 낮잠을 잔다. 낮잠은 짧은 시간 동안 낮에 자는 기간을 의미한다.
(A) 우선, 매일 낮잠을 자면 몸과 마음이 더 휴식을 하게 되어 많은 건강상의 이점이 있다. 낮잠이 전통적인 나라에서는, 사람들이 심장병과 같은 스트레스 관련 문제를 덜 겪는 경향이 있다.
(B) 특히 더운 기후에서는 낮잠이 더욱 유용한데, 더위 때문에 이른 오후에 일하는 것이 힘들기 때문이다. 연구자들은 이제 낮잠이 어떤 기후에서든 모두에게 좋다고 말하고 있다.
(C) 낮잠의 또 다른 이점은 업무 수행이 향상된다는 것이다. 공공 안전과 관련된 직업에서는 낮잠이 중요한 차이를 만들 수 있다. 예를 들어, 연구에 따르면 비행기 조종사들이 규칙적으로 낮잠을 자면 실수를 덜 한다는 사실이 발견되었다.

해설

(A)에서 낮잠의 건강적 이점이 먼저 소개되고, (B)에서 낮잠이 특히 더운 기후에서 유익하다는 설명이 이어지며, (C)에서 직무 수행 향상과 같은 추가적인 이점이 언급되므로 (A)-(B)-(C)의 순서가 적정하다.

어휘

- take naps 낮잠을 자다
- this is the case 그렇다
- climate 기후

113

정답 ①

해석

워홀은 1945년 Schenley 고등학교를 졸업하고 피츠버그의 카네기 공과대학에서 회화 디자인을 전공했다. 그는 예술적 개성을 확립해야 하는 필요성에 시달렸다. 종종 소심하고 타인의 영향을 잘 받는 소년은 사물에 대한 자신의 견해를 표현하기보다는 분명히 그의 선생님들에게 어필하기 위해 고안된 작품을 만들어내곤 했다. 결과적으로, 1학년 말에, 그리고 또한 제대군인원호법에 따라 예술을 공부하고 싶어하는 참전 용사들에게 자리를 만들어주어야 할 필요성의 결과로 워홀은 학교에서 퇴학당할 위협을 받게 된다. 이것은 그에게 충격을 주었고, 그 다음 방학 동안 그는 일상 생활을 그리는 데 유난히 열심히 했다. 가을에 대학이 다시 열렸을 때, 워홀은 그에게 회화 디자인 과정에서의 자리를 되찾아 주고 미술 학부에서 전시회를 열 수 있게 해준 훌륭한 작품을 가지고 있었다. 워홀은 생애 마지막까지 실패에 대한 두려움이 있었고, 그것을 일으킨 초기의 사건을 정확히 찾아내기 쉽다.
① 그는 대학에서 선생님들의 흥미를 끌게 하는 데 매우 관심이 많았다.
② 그는 1학년 말에 퇴학당했다
③ 그는 대학을 졸업하고 나서야 그림 그리는 일을 매우 열심히 했다.
④ 그는 평생을 실패에 대한 설명할 수 없는 두려움에 시달렸다.

어휘

- major in ~을 전공하다
- pictorial 그림의, 회화의
- timid 소심한
- malleable 다루기 쉬운, 영향을 잘 받는
- exclusion 배제
- subsequent 그 다음의
- exceptionally 유난히, 특별히
- pinpoint 정확히 찾아내다
- give rise to 일으키다, 유발하다
- intensely 강렬하게, 열정적으로
- expel 퇴학시키다, 쫓아내다
- inexplicable 불가해한, 설명할 수 없는

해설

① Very frequently the timid, malleable boy would produce work that was obviously designed to appeal to his teachers로 보아, 선생님들의 관심을 끄는데 관심이 많았음을 알 수 있다.
② Warhol was threatened with exclusion from the course로 보아 퇴학을 당할 위협을 느낀 것이지 실제 퇴학을 당한 것은 아니다.
③ during the subsequent vacation he worked exceptionally hard at making drawings of daily life로 보아 퇴학을 당할 위협을 느끼고 그 다음 방학 동안 그림을 열심히 그린 것이므로 졸업을 하고 나서야 그림을 열심히 그렸다는 것은 일치하지 않는다.
④ To the end of his life Warhol had a fear of failure, and it is easy to pinpoint the youthful event that gave rise to it.으로 보아 그의 두려움의 원인은 쉽게 찾아낼 수 있으므로 'inexplicable(설명할 수 없는)' 두려움은 아니다.

구문분석

By the time college reconvened in the autumn, Warhol possessed an excellent body of work [that regained him a place on the Pictorial Design course and obtained him a show in the art department].
(4형식 V / I.O. / D.O. / 4형식 V / I.O. / D.O.)

114

정답 ②

해석

프리랜서나 부업에 종사하는 사람들의 노동력을 지칭하는 긱이코노미는 미국에서 빠르게 성장하고 있으며, 2022년 맥킨지 설문조사에 참여한 취업자의 36%가 독립 근로자로 확인되며, 이는 2016년의 27%에서 늘어난 것이다. 이 노동력은 변호사와 같은 고임금 전문직부터 배달 기사와 같은 저소득자 직업에 이르기까지 다양한 직업을 포함한다. 이러한 직업이 제공하는 유연성과 자율성에도 불구하고, 대부분의 독립 근로자는 보다 안정적인 고용을 원하고 있으며, 62%는 고용 안정성과 복리후생에 대한 우려로 인해 정규직을 선호하고 있다. 긱 근로자들이 직면한 문제로는 의료, 주택 및 다른 기본적인 요구에 대한 접근성이 제한되어 있으며, 정부 지원에 크게 의존하고 있다는 것이다. 기술 발전으로 인해 독립 근로의 증가가 촉진되어 원격 및 프리랜서 일자리에 대한 접근성과 매력이 높아졌다. 이러한 추세는 인플레이션 및 고용 시장 역학과 같은 광범위한 경제적 압력을 반영하여 개인이 생존, 유연성 또는 즐거움을 위해 긱 워크를 선택하는 데 영향을 미친다.

해설

Despite the flexibility and autonomy it offers, most independent workers desire more stable employment으로 보아, 유연성과 자율성에도 불구하고, 안정적인 일자리를 더 선호한다는 것을 알 수 있으므로 ②는 일치하지 않는다.

어휘

- refer to 언급하다
- autonomy 자율성
- stable 안정된
- facilitate 용이하게 하다
- reflect 반영하다

[115~116]

해석

멜버른 문구 유한회사
관계자분께,

서비스 이용권유: WindowBrite & Co

불쑥 편지를 드려 죄송합니다. 저는 WindowBrite & Co의 영업사원이며, 귀사의 본사에 저희의 도움을 받으면 좋을만한 큰 창문이 있다는 것을 알게 되었습니다.

WindowBrite & Co는 멜버른의 선도적인 창문 청소 서비스 제공업체입니다.

저희는 도시 전체에서 가장 저렴한 가격으로 가장 깨끗한 창문을 제공하게 되어 자랑스럽습니다. 가입 특별 가격으로 저희 서비스를 이용해 보시라고 초대하고 싶습니다. 한 달치 창문 청소에 대해 수수료에서 50% 할인을 제공해 드리겠습니다. 귀하가 창문 밝기에 차이를 알아볼 수 있을 것이라고 확신해서 만족하지 않으시면 100% 환불을 보장합니다.

이 제안을 활용하는 데 관심이 있으시면 알려주세요. 곧 연락을 기다리겠습니다.

Herman Sharper

어휘

- take advantage of 이용하다
- solicit 간청하다, 애원하다
- cause 명분
- installation 설치

115

정답 ③

해석
① 좋은 명분을 위한 기부를 요청하기 위해
② 회사에 판매 기회를 알리기 위해
③ 할인된 요금으로 서비스를 이용할 수 있는 기회를 제공하기 위해
④ 창문 설치에 대한 할인을 요청하기 위해

해설
첫 서비스를 이용하면 50 % 할인된 가격으로 창문 청소 서비스를 제공하겠다는 제안의 편지이다.

116

정답 ④

해설
① 자신의 소개를 하는 것으로 보아, 수신자와 지인관계가 아님을 알 수 있다.
② 전국이 아니라 도시 전체에서 가장 저렴한 가격이다.
③ Melbourne Stationary LTD가 견적을 요청한 적은 없다.
④ 마지막 문장에서 불만족시 전액 환불을 해 준다는 언급이 있다.

117

정답 ③

해석

이번 토요일 농구 경기

브라운스빌 중학교 농구팀이 이번 주말에 큰 경기를 치릅니다.
브라운스빌 학생들을 모두 초대합니다!

장소: 스프링필드 중학교 체육관
부모님께 스프링필드 중학교까지 데려다 달라고 부탁하세요. 멀리 떨어져 있으니 그곳까지 운전을 해서 가야 합니다. 부모님은 학교 근처 주차장에 차를 주차하고 그곳에서 기다릴 수 있습니다. 그런 다음 그곳에서 정문까지 5분 정도 걸어야 합니다.

시간: 오후 7시 ~ 8시 30분
경기는 오후 7시에 시작하지만 오후 6시 30분 이전에 도착해 주세요. 학교 문은 오후 6시에 개방합니다.

즐거운 시간을 보냅시다!

해설
① 경기는 다른 중학교 체육관에서 개최되므로 일치하지 않는다.
② 부모님들은 주차장에서 기다려야 한다.
③ Then you have to walk five minutes from there to the front gate.로 보아 주차장에서 정문까지 걸어서 5분 거리라는 것을 알 수 있다.
④ The doors of the school will be closed until 6:00 pm.은 '6시까지 닫혀 있다' 즉 '6시에 문을 연다'라는 의미이므로 일치하지 않는다.

DAY 10

118 정답 ①

해석

positive computing의 지지자들은 기술이 행복과 사람의 잠재력에 기여해야 한다고 주장한다. positive computing이 가지고 있는 우리의 삶에 차이를 만들어 내는 실질적인 잠재력은 차세대 웨어러블 기기(입을 수 있는 컴퓨터 장치)에 있다. 어떻게 웨어러블 장치들이 행복과 정신적 건강의 신장에 기여하는지 알아보려면 현재 사용되고 있는 건강 추적기와 건강장치들을 보면 된다. 심장 박동수와 수면의 양과 같은 신체적 요소들을 측정하도록 설계된 이 장치들은 이론적으로 기분을 조절할 수 있게 해주는 긍정적인 피드백 장치들이 될 수 있다. 이 장치들은 단순히 인체공학적으로 잘 디자인되고 눈으로 보기에 아름다울 뿐만 아니라, 행복을 가로막는 장벽들을 제거해주는 경험들로 이끌어 줄 수 있다.
① 웨어러블 장치들은 행복에 기여할 수 있다.
② positive computing은 국력에 기여할 수 있다.
③ 웨어러블 장치들은 생활비를 인상시킨다.
④ positive computing이 과학을 발전시킨다.

해설

기술, 특히 웨어러블 장치들이 행복에 기여할 수 있다는 것이 이 글의 요지이다. 이는 contribute to well-being and human potential, wearables might lead to increased well-being and mindfulness 부분에서 힌트를 찾을 수 있다.

어휘
- supporter 지지자
- make the case 주장하다
- contribute to ~에 기여하다
- mindfulness 정신적 건강
- theoretically 이론상으로
- regulate 규제하다, 조절하다
- mood 기분
- ergonomically 인체공학적으로
- aesthetically 심미적으로
- pleasing 기분을 좋게 하는

119 정답 ③

해석

전쟁은 정말로 지옥일 수 있겠지만, 지옥은 분명히 당신의 건강에 그다지 나쁘지는 않다. 새로운 연구에 따르면 1970년대 이래로 대부분의 전쟁이 벌어지는 동안 사망률은 실제로 낮아졌다고 한다. 전쟁이 그 자체로 수명 연장을 야기한다는 것을 말하는 것은 아니다. 대신에 감소의 주요 이유 중 하나는 갈등이 국제 인도주의 단체들이 가난한 국가에서 노력을 강화하도록 하는 자극제가 되었기 때문이며, 이 단체들은 짧은 시간 안에 공중보건의 기적을 이루는 방법을 배웠기 때문이다. 예를 들어, 콩고 민주 공화국에서 10년간의 내전이 시작된 1997년에 홍역 예방 주사를 맞은 아이들은 20%밖에 되지 않았다. 그러나 2009년에 그 수치는 80%가 되었다. "난민 캠프에서 사는 것은 결코 즐겁지 않습니다. 하지만 사망률은 그러한 많은 캠프에서 전쟁 이전보다 더 나아졌습니다."라고 Andrew Mack이 말하고 있다.
① 전쟁 중에 민간인 사상자
② 내전의 시대
③ 현대 전쟁 중에서 한 가닥 희망
④ 전쟁의 처참한 결과

해설

전쟁이 지옥일 수 있겠지만 여러 연구결과를 통해 전쟁이 실제로 사망률을 감소시키는 역할을 했다는 사실을 말하고 있으므로 이를 통해 비관적인 측면 속에도 낙관적인 측면이 있다(③ Modern Warfare's Silver Lining)는 것을 파악하는 것이 중요하다.

어휘
- armed 무장한
- conflict 갈등, 분쟁
- in and of itself 그 자체로
- mortality rate 사망률
- life span 수명
- impetus 자극, 기동력
- humanitarian 인도주의적인
- vaccinate 예방접종을 하다
- measles 홍역
- civil war 내전
- figure 수치
- refugee 난민
- civilian 민간인
- casualty 사상자
- silver lining 불행 속의 한 가닥 희망
- disastrous 처참한, 파괴적인
- work miracles 기적을 낳다

120   정답 ④

해석

과학자들은 높은 온도가 그린란드 빙상의 표면을 녹이고 있다는 것을 오랫동안 알고 있었다. 하지만, 새로운 연구는 얼음 아래에서 얼음을 공격하기 시작한 또 다른 위협을 발견했다. 광대한 빙하 아래에서 움직이는 따뜻한 바닷물이 빙하를 훨씬 더 빨리 녹이고 있다. 이 연구 결과는 그린란드 북동부 **Niogalbjerdesforden** 빙하의 많은 "빙설" 중 하나를 연구한 연구자들에 의해 <네이처 지오사이언스>에 실렸다. 빙설은 육지의 얼음에서 떨어지지 않고 물 위에 떠 있는 얼음 조각이다. 이 과학자들이 연구한 거대한 것은 길이가 거의 50마일이다. 이 연구는 대서양에서 흘러온 1마일 이상의 폭을 가진 수중의 해류가 빙하를 향해 바로 흘러갈 수 있어서, 많은 양의 열이 빙하와 접촉해서 빙하의 해빙을 가속화시켰다는 것을 밝혀냈다.

해설

많은 양의 열이 빙하와 접촉을 하게 되면, 빙하가 녹는 속도는 더 빨라질 것이라고 추론할 수 있다.

구문분석

The survey revealed an underwater current more than a mile wide [where warm water from the Atlantic Ocean is able to flow directly towards the glacier,] bringing large amounts of heat into contact with the ice and accelerating the glacier's melting.

어휘
- contribute to ~에 원인이 되다
- glacier 빙하
- float 뜨다
- current 해류

---

121   정답 ①

해석

운전을 할 때 운전자들이 흔히 연료를 낭비하는 네 가지 방법이 있다. 첫 번째는 너무 빠르게 가속하는 것이다. 신호등이 녹색으로 바뀔 때와 같이 빠른 가속은 점진적인 가속보다 더 많은 가스를 사용한다. 두 번째 낭비적인 습관은 그 반대이다: 너무 빠르게 속도를 줄이는 것이다. 세 번째는 과속을 하는 것으로, 이것은 제한 속도 내에서 운전하는 것보다 더 많은 휘발유가 필요하다. 사실, 제한 속도는 가스 사용량을 최소화하기 때문에 현재 수치로 정확히 설정되었다. 네 번째는 짧은 운행이다. 근처 가게까지 운전할 때는 주행 거리가 거의 필요하지 않지만, 고속도로를 타고 먼 목적지까지 이동하는 것보다 더 많은 가스를 사용할 수 있다.

① 운전할 때 흔히 연료를 낭비한다
② 자동차를 좋은 상태로 유지할 수 있다
③ 나쁜 습관으로 사고를 당하게 된다
④ 모르는 사이에 종종 교통 법규를 위반한다

해설

다음에 열거된 내용에서 use more gas, require more gasoline 등으로 볼 때, 운전자들이 연료를 낭비하는 방식들이라고 추론할 수 있다.

어휘
- accelerate 가속하다
- decelerate 속도를 줄이다
- gradual 점진적인
- current 현재의
- precisely 정확히
- minimize 최소화하다
- make trips 이동하다

DAY 10

122

정답 ④

해석

과거에는, 국가 전체가 한 명의 왕과 소수의 신하에 의해 통치되곤 했다. 오직 엘리트만이 행사할 수 있는 권력을 가졌다. 수세기에 걸쳐서, 권력은 점차 더욱 더 분산되고 민주화되어 왔다. 그러나 이것은 집단이 더는 권력의 중심을 가질 수 없다는, 즉 권력은 많은 사람 사이에 퍼져 있고 흩어져 있다는 흔한 잘못된 인식을 만들었다. 그러나 실제로, 권력은 본질이 변한 것이 아니라 그 수가 변하였다. 수백만 명 이상의 삶과 죽음에 대한 권력을 행사하는 강력한 폭군들은 그 수가 더 적을지 모르지만, 더 작은 영역을 지배하고, 간접적인 권력 게임과 카리스마 등을 통해 그들의 의지를 관철하는 수천 명의 작은 폭군들은 (여전히) 남아 있다. 모든 집단에서 권력은 한 두 사람들의 손에 집중되어 있는데, 이것은 인간의 본성이 결코 변하지 않을 하나의 영역이기 때문이다. 행성이 궤도를 그리며 항성 주위를 도는 것처럼 사람들은 단 한 명의 강한 인물 주변에 모일 것이다.

① 획득되는 것이 아니라 부여될 수 있을 뿐이다
② 남용될 때 쉽게 부패하는 경향이 있다
③ 오직 짧은 기간 동안 유지될 수 있다
④ 본질이 변한 것이 아니라 그 수가 변하였다

해설

권력이 흩어지고 분산되고 있는 것은 집단이 더는 권력을 갖지 못한다는 것을 의미하는 것이 아니라 단지 권력의 수가 변하였을 뿐 권력은 여전히 존재한다는 것이 이 글의 주된 내용이다. 그러므로 빈칸에는 ④ '본질이 변한 것이 아니라 그 수가 변하였다'가 가장 적절하다.

구문분석

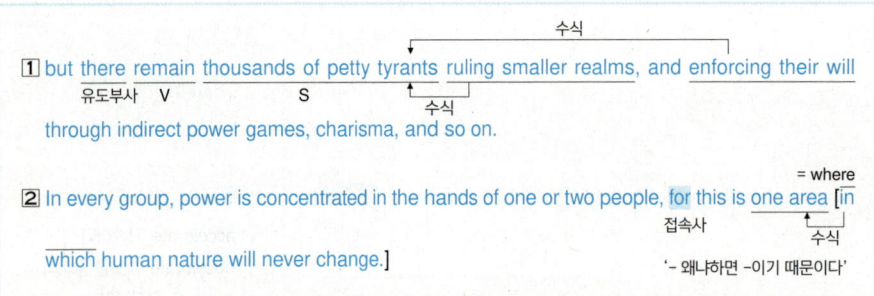

어휘

- minister 신하, 장관, 대신
- a handful of 소수의
- diffuse 분산시키다, 흩뜨리다
- democratize 민주화하다
- misperception 잘못된 인식, 잘못된 지각
- tyrant 폭군, 전제군주
- command 장악하다, 명령하다
- petty 작은, 사소한
- realm 영역, 왕국
- enforce 집행하다
- will 의지
- concentrate 집중시키다
- congregate 모이다, 집합하다
- grant 수여하다
- corrupt 부패하다
- abuse 남용하다
- retain 유지하다, 보유하다

123

정답 ②

해석

로버트 스몰스는 1839년 사우스캐롤라이나에서 태어났으며, 당시에는 노예 제도가 널리 퍼져 있었다. 노예였던 어머니의 아들로 태어난 그는, 어머니가 주인에게 스몰스를 찰스턴의 부두에서 일하게 해달라고 요청했는데, 그곳이 더 안전할 것이라고 믿었기 때문이다. 스몰스는 이후 노예 신분의 여인과 결혼해 두 아이를 낳았으나, 가족이 팔려나갈 것을 두려워하여 탈출을 계획했다. 1861년 남북전쟁이 발발했을 때, 스몰스는 남부 연합의 배에서 일하도록 배정되었다. 어느 날 밤, 배의 선장이 육지에 있을 때, 스몰스와 다른 선원들은 기회를 잡아 배를 탈취하고 남부 연합의 신호를 사용해 여러 검문소를 통과했다. 항구를 떠난 후 스몰스는 (북부)연방군의 공격을 피하기 위해 흰 깃발을 올렸고, 성공적으로 탈출하여 배의 절반 가치를 보상으로 받았다.

① 그는 노예 신분의 여성과 결혼했고, 가족이 팔려나갈 것을 두려워했다.
② 그는 북부 연방의 신호를 사용해 검문소를 통과해 탈출했다.
③ 그는 남부 연합의 배에서 일했고 다른 선원들과 함께 탈출했다.
④ 그는 항구를 떠난 후 북부 연방군의 공격을 피하기 위해 흰 깃발을 올렸다.

해설

검문소를 통과할 때 Union(북부)의 신호가 아니라, Confederate(남부)의 신호를 사용했으므로 ②는 일치하지 않는다.

어휘

- Union 연방(북부)
- Confederate 연합(남부)
- Civil War 남북전쟁
- assign 배정하다
- onshore 육지에
- checkpoint 검문소
- reward 보상

124

정답 ③

해석

약 정보

활성 성분(한 정당)
파라세타몰 500mg
페닐레프린염산염 5mg

효능
일시적인 완화
· 콧물   · 막힌 코와 부비동
· 열   · 두통
· 몸살

경고
이 약을 사용하지 마세요:
· 12세 미만 어린이의 경우
· 성인의 경우 한 번에 며칠 이상, 12~17세 어린이의 경우 의사의 조언 없이 48시간 이상

사용하기 전에 의사나 약사와 상담하세요:
· 고혈압이 있는 경우
· 심장에 문제가 있는 경우
· 항우울제를 복용 중인 경

DEMAZYE 사용 중:
· 증상이 지속되면 의사나 약사에게 문의하세요.
· 권장 복용량을 유지하세요. 과다 복용 또는 의심되는 경우 중중독 정보 센터(전화 13 11 26)에 전화하거나 심각한 간 손상이 지연될 위험이 있으므로 괜찮더라도 즉시 병원에 가세요.
· 이 약은 일부 사람들에게 불면증을 유발할 수 있습니다.

해설
① 증상을 완전히 해결해주는 것이 아니라, 일시적으로 완화시켜 준다.
② 2일 이상 복용해서는 안 되는 대상은 성인이 아니라 12-17세의 어린이들이다.
③ 항우울제를 복용하는 사람들은 의사와의 상담이 필요하므로 일치한다.
④ 몸에 이상이 없더라도 간손상의 위험이 있으므로 병원에 가야 한다.

어휘
□ temporary 일시적인
□ relief 완화
□ runny nose 콧물
□ sinuses 부비강
□ antidepressant 항우울제
□ persist 지속되다
□ dose 약의 복용량
□ overdose 과복용

125

정답 ④

해석

일본이 제2차 세계대전에서 패전한 후, 대다수의 한국인들(100만~140만 명)이 일본을 떠났다. 1948년까지, 한국인들의 인구가 약 60만 명에 달했다. 이들 한국인과 그 후손은 흔히 자이니치(문자 그대로 '일본에 거주하는')라고 불리는데, 이것은 전쟁 직후 몇 년 동안 등장했던 용어이다. 일본에 남아 있던 한국인들은 다양한 이유로 그렇게 했다. 식민지 시대에 기업, 제국 관료제, 군대에서 성공적인 경력을 쌓았거나 전쟁 직후 개방된 경제적 기회를 이용한 한국인들은 해방 후 빈곤하고 정치적으로 불안정한 한국으로 돌아갈 위험을 감수하기보다는 일본 사회에서 상대적으로 특권적인 지위를 유지하기로 결정했다. 본국으로 돌아간 일부 한국인들은 열악한 환경에 거부감을 느껴 일본으로 되돌아가기로 결정하기도 했다. 일본에 거주하는 다른 한국인들은 출발지 중 한 곳으로 가는 기차 요금을 감당할 수 없는 경우도 있었고, 일본계 배우자와 일본어를 구사하는 자녀를 둔 한국인들에게는 새로운 환경의 문화적, 언어적 도전을 헤쳐나가는 것보다 일본에 머무는 것이 더 합리적이었다.

해설

한국으로 돌아갈 교통비를 감당하지 못하거나 일본인과 결혼한 한국인들이 일본에 남아 있었다고 했으므로, 교통비를 마련하지 못한 사람들이 일본인과 결혼했다는 것은 일치하지 않는다.

구문분석

1 Koreans [who had achieved successful careers in business, the imperial bureaucracy, and the military during the colonial period (or) who had taken advantage of economic opportunities that opened up immediately after the war] opted to maintain their relatively privileged status in Japanese society rather than risk returning to an impoverished and politically unstable post-liberation Korea.

'- 라기 보다는'

2 Some Koreans [who repatriated] were so repulsed by the poor conditions [they observed] that they decided to return to Japan.

어휘

- following -후에 (=after)
- descendant 후손
- refer to A as B A를 B로 칭하다
- postwar 전후의
- imperial 제국주의의
- bureaucracy 관료제
- opt 선택하다
- privileged status 특권의 지위
- risk -ing -의 위험을 감수하다
- impoverished 빈곤한
- repulse 거부감을 느끼게 하다
- spouse 배우자
- make sense 합리적이다

[126~127]

해석

2016년 7월 변호사 시험부터 효력을 발생하는, 뉴욕 변호사 시험은 통합 변호사 시험(UBE)으로 구성된다. UBE는 획일적으로 시행되고, 채점이 되며, 그 점수가 다른 UBE 관할권으로 이전될 수 있다.

여러 주의 변호사 시험(MBE), 여러 주의 수행 능력 시험(MPT), 그리고 여러 주의 에세이 시험(MEE)으로 구성된 UBE는 필기 및 대면 시험이다. 모든 지원자는 이 옵션에 대한 모든 해당 기한이 충족되기만 한다면, 위원회가 지정한 워드 프로세싱 보안 소프트웨어가 장착되어 있는 개인용 노트북 컴퓨터를 사용해서 MPT 및 MEE 질문에 대한 답변을 입력할 수 있는 옵션이 있다. 그렇지 않으면, 지원자는 MPT 및 MEE 질문에 대한 답변을 손으로 작성한다. 지원자는 UBE 점수를 받으려면, UBE의 모든 섹션을 동일한 관할권에서 동시에 치러야 하며, 이는 다른 UBE 관할권으로 이전될 수 있다.

UBE는 매년 2월과 7월 마지막 화요일과 수요일에 시행된다.

UBE를 채택한 관할권 목록을 포함하여 UBE에 대한 자세한 정보는 전국 변호사 시험관 회의(NCBE) 웹사이트(https://www.ncbex.org/exams/ube/)에서 확인할 수 있다.

어휘
- effective 효력을 발생하는
- uniformly 획일적으로
- applicant 지원자, 응시자
- meet the deadline 마감시간에 맞추다
- concurrently 동시에
- jurisdiction 관할구역

126
정답 ③

해석

① UBE의 모든 섹션은 다른 관할권에서 치루어서는 안 된다.
② UBE가 효력이 있는 관할권의 목록은 NCBE 웹사이트에서 확인할 수 있다.
③ 뉴욕 변호사 시험은 다른 주의 변호사 시험과는 다른 날짜에 실시된다.
④ 지원자는 개인 랩탑을 사용하거나 손글씨로 작성하여 몇 가지 질문에 답할 수 있다.

해설

"The UBE is uniformly administered, graded and scored, and it results in a score that can then be transferred to other UBE jurisdictions.와 An applicant must take all sections of the UBE concurrently in the same jurisdiction"으로 보아, 뉴욕을 포함하여 UBE를 채택한 모든 관할지역에서는 시험을 동시에 치뤄야 됨을 알 수 있다.

127
정답 ④

해설

concurrently는 '동시에'라는 의미로 ④ simultaneously와 동의어가 된다.

어휘
- consistently 일관성 있게
- respectively 각각
- subsequently 결과적으로

128

정답 ②

해석

> 기술은 종종 실용적인 목적을 위해, 특히 산업에서 과학적 지식을 적용하는 것으로 정의된다. 어떤 사람들에게 기술은 인간 발전의 정점으로 여겨지며, 복잡한 문제를 해결하고 높은 효율성을 달성하는 것을 가능하게 한다. ② 다른 사람들에게는, 기술이 종종 전통적인 생활 방식과 작업 방식을 방해하기 때문에, 기술을 압도적이고 거슬리는 것으로 느낄 수 있다. 그들은 기술 발전이 유익할지라도, 인간의 직업을 대체하고 사회적 고립과 같은 문제를 야기할 수 있다고 주장한다. 게다가, 사람들이 새로운 도구와 과정에 적응하기 위해 고군분투를 하면서, 기술 발전의 빠른 속도는 혼란을 초래할 수 있다. 한 기술 전문가는 기술을 관리하는 핵심은 혁신과 규제 사이에서 적절한 균형을 찾는 것이라고 제안한다.

해설

주어진 문장은 For others는 For some 다음에 나와야 하므로 ② 이후에 들어가야 한다. ② 앞의 문장은 기술에 대한 긍정적인 시각이고, ② 뒤에서부터 부정적인 면이 열거되고 있으므로, ②에 주어진 문장이 들어가기에 적절하다.

어휘

- overwhelming 압도적인
- intrusive 거슬리는
- disrupt 방해하다
- epitome 전형, 본보기
- adapt to ~에 적응하다

129

정답 ④

해석

번아웃(burnout)이라는 용어는 일의 압박으로부터 "지치게" 되는 것을 지칭한다. 번아웃은 일상의 업무 스트레스 요인이 직원들에게 피해를 입히면서 그 결과로 생기는 만성 질환이다. ① 가장 널리 채택되는 번아웃의 개념은 Maslach와 그녀의 동료들이 대면 서비스 노동자들을 대상으로 한 연구에서 만들어졌다. 매슬라크는 번아웃을 세 가지 상호 관련된 차원으로 본다. 첫 번째 차원-감정적인 소진-은 정말로 번아웃 현상의 핵심이다. ② 피곤하거나 좌절하거나 지치거나 직장에서 또 하루를 마주할 수 없을 때 노동자들은 감정적인 피로를 겪는다. 번아웃의 두 번째 차원은 개인의 성취의 결핍이다. ③ 번아웃 현상의 이러한 측면은 자신을 업무 요건을 효과적으로 수행할 수 없는 실패자로 간주하는 노동자들을 지칭한다. ④ 감정노동자들은 육체적으로 지쳤지만 매우 의욕적으로 일을 시작한다. 번아웃의 세 번째 차원은 몰개인화이다. 이 차원은 직업의 일부로 다른 사람들(예를 들어, 고객들, 환자들, 학생들)과 소통을 해야 하는 노동자들에게만 관련이 있다.

해설

번아웃 증후군의 세 가지 측면 – 감정적 피로, 개인적 성취의 결핍, 대면 업무를 주로 하는 노동자들이 주로 겪는 자신을 잃어버리게 되는 것(depersonalization)에 관한 글이다. 그러나, ④는 의욕에 넘쳐 일을 시작하는 감정 노동자들에 관한 내용으로 전체 글의 흐름과 어긋난다.

어휘

- refer to ~을 지칭하다
- wear out 지치게 하다
- chronic 만성적인
- result 결과로 생기다
- take one's toll 피해를 주다, 타격을 주다
- interrelated 밀접한 관계의
- used up 몹시 지친
- depersonalization 몰개인화, 객관화
- relevant 관련된, 적절한

130
정답 ③

대부분의 소비자 잡지는 구독과 광고에 의존한다. 구독은 전체 잡지 판매 부수의 거의 90%를 차지한다. 낱권 판매, 즉 가판대 판매가 나머지를 차지한다.

(B) 하지만, 낱권 판매는 중요하다: 구독 가격이 일반적으로 낱권으로 살 때보다 최소 50% 이상 싸기 때문에, 낱권으로 팔았을 때 한 권당 더 많은 수익을 만들어낸다.

(C) 게다가, 잠재적 독자들은 낱권의 잡지를 구매함으로써 새로운 잡지를 탐색한다; 구독 안내가 나와 있는 모든 삽입 광고 카드는 당신에게 구독을 권장하기 위해 잡지에 포함되어 있다. 어떤 잡지는 오직 구독에 의해서만 유통된다. 전문적인 잡지나 업계지들은 특성화된 잡지이며 종종 전문가 협회에 의해 발행된다. 그것들은 보통 매우 표적화된 광고를 특징으로 한다.

(A) 예를 들어, Columbia Journalism Review는 전문 언론인들을 대상으로 판매되고 있으며 그것의 소수의 광고는 뉴스 기관, 출판사 등의 광고이다. Consumer Reports와 같은 몇몇 잡지는 객관성을 추구하며 따라서 광고가 포함되어 있지 않다.

해설
주어진 글은 소비자 잡지는 구독과 광고에 의존을 하는데, 구독은 전체 잡지 판매 부수의 거의 90%를 차지하고, 나머지는 낱권 판매가 차지한다는 내용으로, 낱권 판매가 판매 부수에는 적은 비율을 차지함에도 불구하고, 낱권 판매는 중요하다는 내용의 (B)가 주어진 글 다음에 나오는 것이 적절하다. 또한, (B)에 대한 추가적인 설명으로 (C)가 다음에 오고, (C)에 대한 예로 (A)가 오는 것이 가장 적절한 순서이다

어휘
- subscription 구독, 구독료
- account for 차지하다
- circulation (신문, 잡지의) 판매 부수
- single-copy 낱권
- single issue 한 권
- insert 삽입광고, 삽입물
- distribute 유통시키다
- trade magazine (특정 업계나 전문 직업인 상대의) 업계지
- objectivity 객관성
- feature 특징으로 하다
- revenue 수입

131

정답 ①

해석

현대까지, 높은 사망률, 특히 유아 사망률을 벌충하기 위해 높은 출산율이 필요했다. 농업 중심의 사회에서 아이들은 가정과 농장 중심의 경제에서 자산이었다. 또한, 노인 돌봄이 제도화되기 전에, 부모들은 노년에 보살핌을 받기 위해 자식들에게 의존해야 했다. 이러한 모든 이유들 때문에, 여성들은 어른이 된 후의 대부분의 시간을 많은 아이들을 낳고 기르는 데 보냈다. 대가족의 이러한 전통이 사라지기 훨씬 전에, 몇몇 커플들은 소가족 패턴을 채택하기 시작했다. 사망률 감소, 농업에서의 아동 노동 수요의 감소, 산업화된 도시 사회에서 아동 양육 비용 증가, 더 나은 산아 제한 방법의 결과로, 원하는 아동의 수와 출생하는 숫자가 모두 감소했다.

① 가족의 크기가 왜 바뀌었을까
② 출산율의 걱정스러운 감소
③ 소가족 패턴에 대한 찬반 양론
④ 높은 출산율과 유아 사망률의 관계

해설

과거에는 노동력을 위해서, 그리고 노년의 부모들을 돌보기 위해서 출산율이 높았지만, 오늘날에는 여러 가지 이유로 출생률이 감소하고 있다는 내용으로, 가족의 규모가 줄어드는 이유가 글의 주제가 된다.

구문분석

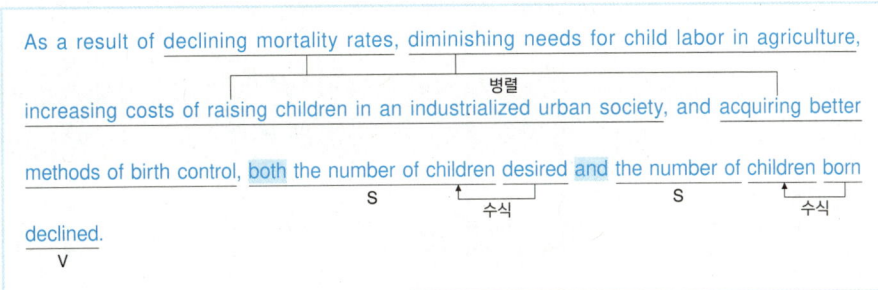

어휘

- make up for 벌충하다
- mortality 사망률
- assets 자산
- institutionalize 제도화하다
- bear 낳다
- rear 기르다
- birth control 산아제한
- pros and cons 찬반 양론

132

정답 ①

해석

계급이나 재산보다 재능과 노력에 따라 보상을 받는 제도인 능력주의는 공정한 사회를 위한 이상적인 기반으로 널리 알려져 있다. 미국에서 이 제도를 시행하려는 노력은 엘리트 대학이나 대기업과 같은 기관들이 부유한 백인 남성이 불합리한 정도의 특권을 누리고 있다는 사실을 깨닫게 되면서 숭고한 의도에서 시작되었다. 이 기관들은 여성, 소수자, 노동 계급 출신자들이 더 쉽게 접근할 수 있도록 노력했다. 이러한 시도는 처음에는 불우한 계층의 입학률과 고용률을 개선하는 데 기여했지만, 소득이 높은 사람들이 부당한 교육 기회를 얻을 수 있는 방법을 발견했다는 징후가 있다. 결국 우수한 학교와 개인 교습에 대한 접근성은 자녀가 엘리트 대학에 입학할 확률을 크게 높이며, 이는 결과적으로 그들의 자녀들의 수입 잠재력을 높이게 된다. 소수자를 위한 대학 장학금과 같은 사소한 것들이 공정하다는 착각을 불러일으킬 수 있지만 능력주의는 종종 조작될 수 있다.
① 더 다양한 범위의 학생들이 엘리트 대학에 진학할 수 있도록 하기 위한 노력이 항상 성공적인 것은 아니다.
② 능력주의를 도입하려는 노력은 처음에는 실패했지만, 최근에는 큰 진전이 있었다.
③ 다양한 사람들에게 교육을 개방하려는 노력은 기업을 개방하려는 노력보다 더 효과적이었다.
④ 능력주의라는 이상을 대학에 도입하는 것은 일반 학교에 먼저 도입하지 않는 한 이루어질 수 없다.

어휘

- meritocracy 능력주의
- reward 보상을 주다
- noble 고결한, 숭고한
- institution 기관
- privilege 특권
- minority 소수민족
- indication 지표, 표시
- odds 가능성
- illusion 착각
- manipulate 조작하다
- institute 도입하다

해설

계급이나 재산보다는 능력 위주로 학생들을 선발하고 직원들을 고용하는 것이, 좀 더 평등하고 공정하다고 생각할 수 있지만, 계급이 높고 재산을 가진 사람들이 비싸고 좋은 학교에 보내고, 개인 교습을 시켜서 그렇지 않은 사람들보다 능력을 더 빨리 향상시킬 수 있기 때문에, 이상과 달리 meritocracy도 결국에는 성공하지 못했다는 것이 글의 주제가 된다.

133

정답 ③

해석

수백 년 동안, 거대한 물의 벽이 바다를 휩쓸고 무방비 상태의 선박을 부셔버리는 '거대 파'가 목격되었다는 주장이 제기되어 왔다. 이 거대한 파도는 오랫동안 전설에서만 존재하는 것으로 여겨져 왔다. 1990년대 노르웨이 북해의 한 석유 플랫폼이 주변 11미터 파도 위에 우뚝 솟은 엄청나게 거대한 파도로 인해 황폐화되면서 상황이 바뀌었다. 이 사건은 거대한 파도가 허구적 현상이라는 개념을 불식시키는 데 도움이 되었을 뿐만 아니라 얼마나 위험할 수 있는지 확인시켜 주었다. 예측 가능한 패턴을 가진 폭풍과 달리 거대한 파도는 그 원인에 대해 알려진 바가 거의 없기 때문에 예측하기 어려운 문제이다.
① 폭풍이 있을 때만 발생한다
② 자주 일어나고 있지 않다
③ 전설에서만 존재한다
④ 해양 생물들에게 치명적일 수 있다

어휘

- alleged 추정되는
- sighting 목격
- gigantic 거대한
- sweep 휩쓸다
- smash 박살내다
- ravage 황폐화시키다
- massive 거대한
- dispel 떨쳐 버리다
- fictitious 허구의
- treacherous 위험한
- foreseeable 예측가능한
- nothing but 오직(= only)
- deadly 치명적인

해설

상황이 바뀌었고, 한 사건으로 rogue waves가 허구적인 현상이라는 개념을 불식시켰다고 했으므로, 과거에는 rogue waves가 실제로 존재하지 않는, 즉 전설에서만 존재하는 것으로 여겨졌다고 추론할 수 있다.

구문분석

The incident not only helped dispel the notion that rogue waves were a fictitious phenomenon but confirmed how treacherous they could be.
- not only ~ but (also) - 구문
- 동격

134 정답 ③

해석

당신은 얼마나 많은 다른 방법으로 정보를 얻는가? 어떤 사람들은 응답해야 하는 여섯 가지 종류의 소통 방법을 가지고 있을 수도 있다 – 문자 메시지, 음성 메시지, 종이 문서, 일반 메일, 블로그 게시물, 다른 온라인 서비스의 메시지. 이들 각각은 일종의 인박스이며, 각각은 지속적으로 처리되어야 한다. 끝없는 과정이지만, 피곤하거나 스트레스를 받을 필요는 없다. 당신이 가진 인박스의 수를 최소화함으로써 정보 관리를 보다 관리하기 쉽고, 생산적인 영역으로 수준으로 만들 수 있다. 메시지를 확인하거나 수신 정보를 읽기 위해 가야 하는 모든 장소가 인박스이며, 인박스가 더 많을수록, 모든 것을 관리하기가 더 어려워진다. 필요한 방식으로 작동하기 위해 가지고 있는 인박스의 수를 가능한 가장 적은 수로 줄여라.
① 여러 개의 목표를 한꺼번에 설정하기
② 들어오는 정보에 몰입하기
③ 사용 중인 인박스의 수를 최소화하기
④ 당신이 열정적인 정보를 선택하기

어휘

- set the goal 목표를 정하다
- at once 한꺼번에
- immerse oneself in -에 몰입하다
- passionate 열정적인
- exhausting 지치게 하는
- cut down 줄이다

해설

인박스의 숫자가 많을수록 관리하는 것이 어렵다고 했으므로, 좀 더 생산적으로 만드는 방법은 인박스의 숫자를 최소화하는 것임을 알 수 있다.

구문분석

1 Every place [you have to go] to check your messages or to read your incoming information is an in-box, and the more you have, the harder it is to manage everything.
- 관계부사 where 생략
- S, V
- 가주어, 진주어
- [the 비교급, the 비교급 구문]

2 Cut the number of in-boxes you have down to the smallest number possible for you still to function in the ways you need to.
- 목적격 관계대명사 생략
- cut down 줄이다
- 수식
- to 부정사의 의미상의 주어
- (function 생략)

135

정답 ②

해석

진화적 관점에서 볼 때, 자손은 부모에게 유전자의 운반 수단이다. 즉, 자손은 부모의 유전자가 다음 세대로 전달되는 수단이다. 이러한 운반 수단이 없다면 개인의 유전자는 영원히 사라질 것이다. 자손이 유전적 운반 수단으로서 매우 중요하다는 점을 고려할 때, 자연 선택이 부모가 자녀의 생존과 번식 성공을 보장하기 위한 강력한 메커니즘을 선호하는 것은 당연한 일이다. 짝짓기의 문제를 제외하면, 자손의 생존과 번영을 보장하는 것만큼 중요한 적응 문제는 거의 없다. 실제로 자손이 성공하지 못한다면, 생물이 짝짓기에 투자한 모든 노력은 번식적인 측면에서 무의미하게 될 것이다. 요약하자면, 진화는 자손을 돌보는 데 특별히 적응된 다양한 부모 메커니즘의 풍부한 레퍼토리를 만들어낼 것이다.

① 짝을 찾는 것
② 자손을 돌보는 것
③ 지속적인 관계를 형성하는 것
④ 유전적인 관련을 무시하는 것

해설
세대를 이어가기 위해서 자손이 생존하고 번영하는 것이 가장 중요한 문제라는 것이 글 전체의 주제이다. 따라서, 여러 가지 부모의 메커니즘 중에서 특히 자손이 잘 되도록 돌보는 것이 진화의 가장 주된 목적이 되어야 한다.

어휘
- evolutionary 진화의
- perspective 관점
- offspring 자손
- vehicle 수송 수단, 탈 것
- succeeding 다음의, 계속되는
- perish 소멸되다
- given ~을 고려할 때
- aside from ~외에는, ~을 제외하고
- favor 찬성하다, 지지하다
- reproductive 번식의, 생식의
- mating 짝짓기
- paramount 가장 중요한, 최고의
- thrive 번성하다
- care for 돌보다
- relatedness 관련

136

정답 ②

해석

입법 차원에서, 거대 기술 기업이 기술 자원과 혁신을 그토록 철통같이 장악해야 할 이유가 없다.
(B) 사적이고 개인적인 차원에서도, 그들이 당신의 삶을 통제해야 할 이유가 없다. 정책, 정치, 그리고 개인적인 삶에서 우리의 데이터가 최고 입찰자에게 팔리고, 우리 아이들이 온라인 게임에 중독되고, 우리의 삶이 메타버스에서 살게 되는 것을 "불가피한 일"로 받아들여서는 안 된다.
(C) 자유민으로서, 우리는 어떤 종류의 디지털 제품을 소비하고 어떤 양을 소비하는지에 대해 절대적으로 통제할 권리가 있다. 특히 부모는 자녀에게 제공되는 기술 제품을 통제해야 한다.
(A) 예를 들어, 데일리 와이어의 매트 월시는 자녀에게 스마트폰을 사주지 않으면 자녀에게 스마트폰이 없을 것이라고 지적했다. 자녀가 감독 없이 모든 충동을 즐길 수 있는 장치를 손에 넣을 필요가 없다.

해설
입법 차원에서도 그렇듯이, 개인적인 차원에서도 개인의 삶을 통제해야 할 필요가 없다로 시작이 되어야 한다. (B)에서 they는 주어진 문장의 tech giants를 지칭하며, either을 썼다는 것은 '역시'라는 의미로 비슷한 내용을 언급한 주어진 문장 다음에 (B)가 연결되어야 한다. 기술 기업들이 우리의 삶을 통제하는 것이 아니라 우리 스스로가 'free people'이 되어서 스스로의 삶을 통제해야 한다고 하는 (C)가 이어지고, 자녀에게 제공하는 기술제품들을 통제해야 한다는 주장에 대한 예시로 (A)가 제시되므로 (B)-(C)-(A)의 순서가 적절하다.

어휘
- ironclad 확고한
- have a grip 장악하다
- point out 지적하다
- inevitable 필연적인
- be entitled to ~할 자격이 있다
- exert 발휘하다

구문분석

① There is no need to put (in his hand) a device [that enables him to indulge his every impulse without supervision.]
- V / O / 수식

② In policy, politics, and our personal lives, it should not be taken as "inevitable" that our data will be sold to the highest bidder, our children will be addicted to online games, and our lives will be lived in the metaverse.
- 가주어 / 진주어1 / 진주어2 / 진주어3 / (that)

137

정답 ③

어휘
- reach 도달범위
- misleading 오도하는
- profound 깊은
- as long as ~하기만 한다면

해석

소셜 미디어는 우리가 소통하고 정보를 소비하는 방식을 혁신적으로 변화시켰다. 페이스북, 트위터, 인스타그램과 같은 플랫폼은 사용자들이 서로 연결되고, 업데이트를 공유하며, 전 세계의 콘텐츠와 소통할 수 있게 한다. 이러한 정보에 대한 즉각적인 접근은 분명히 글로벌 인식에 깊은 영향을 미쳤으며, 사람들이 현재 사건과 사회 운동에 대한 정보를 얻는 데 도움을 주었다. ③ 그러나 소셜 미디어의 강력함을 만들어주는 빠른 속도와 도달 범위는 문제도 발생시키는데, 특히 허위 또는 오해의 소지가 있는 정보가 급속히 퍼지는 문제를 초래한다. 이러한 플랫폼들이 잘못된 정보를 퇴치하기 위해 여러 조치를 취했지만, 사용자들이 접하는 콘텐츠를 비판적으로 평가하는 책임도 함께 있다는 점을 기억해야 한다. 이렇게 할 경우 소셜 미디어는 조심스럽고 비판적 사고를 가지고 사용한다면 여전히 귀중한 자원이 될 수 있다.

해설

주어진 문장은 소셜 미디어가 가져올 수 있는 문제점에 대해서 언급하고 있다. ③의 앞에서는 소셜 미디어의 장점에 대해서 설명하고있고, ③의 뒤에서부터 소셜 미디어의 문제점에 대처하기 위한 대책이 나오고 있으므로, ③에 주어진 문장이 들어가야 한다. 또한, 주어진 문장에서 언급된 false or misleading information이 ③ 다음 문장에서 언급되고 있는 misinformation이 된다.

구문분석

While these platforms have taken steps to combat misinformation, the responsibility also lies with users to critically evaluate the content [they encounter.]
- 목적격 관계대명사 생략 / 수식 / 수식

138

정답 ④

해석

베네치아의 복잡한 공간 네트워크는 마스터하고 표현하기가 다소 어렵고, 이는 많은 비거주자들이 이 도시를 방문할 때 발견하는 사실이다. ① 반복적인 방문과 도시를 거니는 것은 개인들이 베네치아에 대한 정신적 표현 능력과 길찾기 능력을 향상시키기 때문에 어느 정도의 안도감을 제공한다. ② 그러나, 개인이 도시를 이동할 때 여전히 방향 감각 상실의 느낌이 남아 있다. ③ 베네치아의 상업용 지도는 일반적으로 해독하기 어려우며, 많은 지도는 보행자 내비게이션에 중요할 정도로 정확하지도 않다. ④ 이 도시는 아름다운 운하와 역사적인 건축물로 유명하며, 매년 수백만 명의 관광객을 유인한다. ⑤ 도시의 불규칙한 형태, 막대한 크기, 그리고 그 안의 복잡한 길들은 확실히 어려움에 기여한다. 복잡한 번호 매기기 주소 시스템은 추가적인 혼란을 야기한다.

해설

나머지 문장들은 베네치아의 복잡한 공간적 네트워크와 그로 인한 방향 감각 상실, 길찾기의 어려움 등에 대한 내용인데, ④는 도시의 아름다운 경관과 관광객 유치에 대해 설명하고 있으므로, 전체 흐름과 관계가 없다.

어휘

- spatial 공간의
- stroll 천천히 걷기
- disorientation 방향 감각 상실
- decipher 해독하다
- pedestrian 보행자
- canal 운하
- tortuous 구불구불한, 복잡한

139

정답 ④

해석

Joseph Stalin은 Vladimir Lenin의 사망 이후인 1929년부터 1953년까지 구소련의 독재자였다. Stalin의 지배 아래, 소련은 소작농 사회에서 산업적으로, 또 군사적으로 선진화된 나라로 탈바꿈되었다. 그러나 그가 공포 정치를 했기 때문에, 그의 잔혹한 통치기간 중에 수백만의 국민이 죽었다. 가난한 집에서 태어나, 유년시절 Stalin은 범죄활동은 물론, 혁명정치에도 개입하였다. Bolshevik의 지도자인 Vladimir Lenin이 죽고 난 뒤, Stalin은 당의 지배를 위해 그의 경쟁자들을 술책으로 이겼다. 그는 권력을 얻자마자 농업을 집단화하였고, 잠재적인 적들을 처형하거나 강제 노역소로 보냈다. Stalin은 2차 세계대전에서 미국, 영국과 동맹을 맺었지만, 이는 이후 냉전이라고 알려진 서양권과 점점 더 긴장되는 관계가 되었다. 그의 죽음 뒤에 소련은 탈스탈린화 절차를 개시하였다.
① Stalin의 통치 아래 시민들은 가장 번창하고 평화로운 시대를 보낼 수 있었다.
② Stalin은 그의 정적들을 숙청함으로써 권력을 얻을 수 있었다.
③ 소련과 서양의 적대적인 관계는 2차 세계대전부터 시작되었다.
④ 가난한 가족에서 태어난 그는 급진적일 뿐만 아니라 불법적인 운동에도 관여했다.

어휘

- dictator 독재자
- transform 변형시키다, 바꾸다
- peasant 소작농
- advanced 선진의, 선진화된
- brutal 잔혹한
- reign 통치
- outmaneuver 술책으로 이기다
- collectivize 공산화하다, 집단화하다
- execute 처형하다
- align 동맹을 맺다, 나란히 하다
- engage in –를 하다
- initiate 시작하다, 개시하다
- prosperous 번영한, 번창한
- purge 숙청하다
- hostile 적대적인

해설

① However, as he ruled by terror, millions of his citizens died during his brutal reign의 문장으로 보아 그의 통치하에 많은 시민들이 희생되었으므로 일치하지 않는다.
② Once in power, he collectivized farming and had potential enemies executed or sent to forced labor camps의 문장으로 보아 권력을 얻고 난 뒤에 정적들을 숙청하였으므로 일치하지 않는다.
③ Stalin aligned with the United States and Britain in World War II but afterward engaged in an increasingly tense relationship with the West known as the Cold War의 문장으로 보아 냉전 이전에는 적대적이 아닌 동맹적 관계였으므로 일치하지 않는다.
④ Born into poverty, Stalin became involved in revolutionary politics, as well as criminal activities, as a young man의 문장으로 보아 가난한 집에서 태어났기에 범죄활동과 혁명정치에 개입하였으므로 일치하는 문장이다.

구문분석

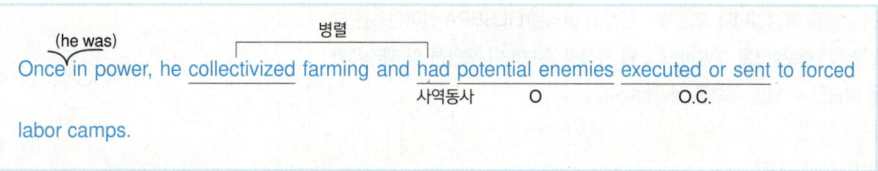

140

정답 ③

해석

현대 조각은 일반적으로 프랑스 조각가 오귀스트 로댕의 작품에서 시작된 것으로 여겨진다. 종종 조각에서의 인상파로 여겨지는 로댕은 예술적 전통에 반기를 들지는 않았지만 고전적인 범주와 기법을 무시하는 새로운 조각 방법을 포함했다. 특히, 로댕은 복잡하고 격동적이며 깊게 굴곡이 진 표면을 점토로 모델링했다. 그는 인상파라고 자처한 적은 없지만, 그가 자신의 작품에서 사용한 활기차고 제스처적인 모델링은 종종 인상주의 화가들이 스쳐 지나가는 순간을 포착하기 위해 빠르고 제스처적인 붓질을 사용하는 것에 비유되기도 한다. 로댕의 가장 독창적인 작업은 신화와 우화라는 전통적인 주제에서 벗어나 강렬한 사실주의로 인체를 모델링하고 개인의 개성과 신체를 찬양하는 데 중점을 두었다.

어휘

- set out 착수하다
- rebel against -에 저항하다
- incorporate 포함하다
- novel 새로운
- defy 무시하다
- turbulent 격동적인
- vigorous 격렬한
- depart from -로부터 벗어나다
- in favor of -을 위하여
- intense 강렬한
- fleeting 스쳐 지나가는

해설

While he never self-identified as an Impressionist,으로 보아 자신을 인상파라고 밝히지 않았다.

구문분석

While he never self-identified as an Impressionist, the vigorous, gestural modeling [he employed in his works] is often likened to the quick, gestural brush strokes aiming to capture a fleeting moment [that were typical of the Impressionists].

[141~142]

해석

2024 컨퍼런스
미국 해안 및 해변 보존 협회

장기 솔루션을 위한 단기 조치

오대호 해안 및 해변 보존 협회(GLSBPA)는 2024년 11월 14일 수요일 일리노이주 에반스턴에서 2024년 컨퍼런스를 개최한다고 발표하게 되어 기쁩니다.

GLSBPA는 미국 해안 및 해변 보존 협회(ASBPA)와 함께 해안 지역 보존을 위한 과학에 바탕을 둔 정책 및 실천방안을 모색합니다. 2024년 컨퍼런스의 주제인 "장기 솔루션을 위한 단기 조치"는 오대호 내 정책, 해변 보존 및 해안선 관리 문제와 기회에 초점을 맞출 예정입니다. 2년마다 한번씩 열리는 GLSBPA 컨퍼런스는 오대호 연안의 이해 당사자들과 관리자가 협력 네트워크를 개발하고 모범 사례를 홍보하며 해안선 및 생태계와 관련된 최신 과학, 엔지니어링 및 정책을 학습할 수 있는 기회를 제공합니다.

날짜: 2024년 11월 14일 수요일 오전 10시 중부 시간
위치: 에반스턴 공공 도서관 – 커뮤니티 회의실, 1층
　　　1703 오링턴 애비뉴. 에반스턴, 일리노이주
수수료: $25 권장 기부금 (공무원에게는 비용 없음)
등록: www.glsbpa2024.com (방문 등록 가능)

테마:
· 해변 복원 및 보존
· 전체적인 해안선 관리
· 기관 간 및 정책 조정

어휘
- preservation 보존
- biennial 2년에 한 번 열리는
- stakeholder 이해 당사자
- collaborative 협력의
- latest 최신의
- every other year 2년에 한 번씩
- in advance 미리, 사전에

141 　　　　　　　　　　　　　　　　　정답 ④

해석
① 이 컨퍼런스는 장기적인 해결책에 초점을 맞추고 있다.
② 공무원은 참가비 없이 참여할 수 있다.
③ GLSBPA 컨퍼런스는 2년에 한번씩 개최된다.
④ 등록은 사전에만 해야 한다.

해설
① 컨퍼런스 제목에서 알 수 있듯이 장기적인 해결책에 집중하는 것을 알 수 있다.
② 'No cost for public employees'으로 보아, 공무원들에게는 무료임을 알 수 있다.
③ biennial은 '2년에 한번씩'이라는 의미이므로 every other year과 같은 의미이다.
④ 'at-the-door registration available'로 보아, 현장에서도 등록이 가능하므로 일치하지 않는다.

142

정답 ①

해설
conjunction은 '결합'이라는 의미의 명사로, combination과 동의어가 되며, in conjunction with는 '-와 함께'라는 의미로 마찬가지로 in combination with와 동의어가 된다.

어휘
- in combination with -와 함께
- in comparison with -와 비교해서
- in place of - 대신에
- in case of -의 경우에

143

정답 ①

해석

> 낙수 경제학은 부유한 사람, 기업 등에게 주어지는 재정적 혜택과 이점들이 경제를 개선하고 궁극적으로 한 사회의 가난한 사람들에게 도움이 될 것이라는 경제 이론을 묘사한다. 대부분의 경우, 이러한 정책은 감세를 의미한다. 낙수 경제학은 경제 성장의 진정한 원동력이 사회에서 성공한 사람, 즉 사업주, 투자자, 저축한 사람들이라고 가정한다. 세금 감면으로 얻은 여분의 현금은 사업에 투자하거나 기업 대출에 사용할 수 있는 예비금에 추가하여 기업을 직접적으로 확장하는 데 사용된다. 낙수 경제학에 따르면, 기업이 추가 자금으로 가장 먼저 하는 일은 근로자를 고용하는 것이다. 이러한 근로자는 임금을 지출하여 수요를 창출한다. 최종 결과는 더 빠르게 성장하는 경제이다.
>
> ⇨ 낙수 경제학에 따르면, 정책을 만드는 사람들은 전체 경제를 이롭게 하기 위해서 부자들이 추가 자금을 <u>근로자들을 고용하는 데 쓰도록</u> 해야 한다.

어휘
- trickle-down 낙수
- expand 확장하다
- net 최종의
- expend 쓰다
- cut down on -을 줄이다

해설
낙수 경제학이라는 것은 위에 있는 분수에 물이 가득 차면 그 물이 자연스럽게 그 다음 분수로 흘러내려오게 된다는 의미로, 상위에 있는 대기업이나 부자들이 번성해야지 결국에는 가난한 사람들에게도 이익이 될 것이라는 논리이다. 그러나, 상위에 있는 사람들이 남아도는 여분의 돈을 자신들의 호주머니에 집어 넣는 것이 아니라, 근로자를 더 많이 고용하는 데 써야지만, 그 이익이 가난한 사람들에게도 환원이 될 수 있는 것이다.

DAY 12

144

정답 ①

해석

만약 누군가가 당신에게 제안을 하고 당신이 합법적으로 그것의 일부에 대해 염려한다면, 당신은 보통 당신의 모든 변화를 한꺼번에 제안하는 것이 좋다. "월급이 좀 적어요. 어떻게 좀 해주시겠어요?"라고 말하고 나서, 그녀가 해결하고 나면, 돌아와서 "고맙습니다. 자, 여기 제가 원하는 두 가지가 더 있습니다."라고 말하지 말라. 처음에 한 가지만 요구하면, 그녀는 당신이 그것을 얻으면 제안을 받아들일 준비가 될 것이다(혹은 적어도 결정을 내릴 준비가 될 것이다)라고 추정할지도 모른다. 만약 당신이 계속해서 "그리고 한 가지 더……"라고 말한다면, 그녀는 관대하거나 이해심 많은 기분을 유지하지 않을 것이다. 게다가, 만약 당신이 하나 이상의 요구가 있는 경우는, 단순히 A, B, C, D라고 하는 모든 것을 말하는 것이 아니라, 각각의 상대적인 중요성을 알려 주어라. 그렇지 않으면, 그녀는 당신이 가장 중요하게 여기지 않는 두 가지를 선택할지도 모른다. 왜냐하면 그것들이 당신에게 주기 꽤 쉽기 때문이고, 당신과 타협했다고 느끼기 때문이다.
① 여러 문제를 연속적이 아니라, 동시에 협상하라.
② 성공적인 협상을 위해서는 민감한 주제를 피하라.
③ 협상에 적합한 시간을 선택하라.
④ 연봉 협상을 할 때는 너무 직설적으로 하지 마라.

해설

첫 문장에서 주제가 제시되어 있다. **propose all your changes at once**, 즉 협상을 할 때 제안할 것이 있는 경우에는 한번에, 동시에(simultaneously, at once) 하라는 것이 요지가 된다.

어휘

- legitimately 합법적으로, 정당하게
- be better off -ing -하는 것이 더 낫다
- at once 한번에
- generous 관대한
- relative 상대적인
- meet halfway 타협하다
- serially 연속해서

145

정답 ②

해석

사람들이 만든 다양한 것들을 보고 그것들의 차이를 묘사하는 것은 쉽다. 분명히 시는 수학 공식이 아니며, 소설은 유전학의 실험이 아니다. 작곡가들은 분명하게 시각 예술가들과는 다른 언어를 사용하고, 화학자들은 극작가들이 결합하는 것과는 매우 다른 것들을 결합한다. 그러나, 그들이 만든 다른 것들을 가지고 사람들을 특징짓는 것은, 그들이 만든 방식의 보편성을 놓치는 것이다. 왜냐하면 창의적인 과정의 수준에서, 과학자, 예술가, 수학자, 작곡가, 작가 그리고 조각가들은 정서적 감정, 시각 이미지, 육체적 감각, 복제 가능한 패턴과 유사성을 포함하는 소위 "생각을 위한 도구"라고 불리는 공통적인 집합을 사용하기 때문이다. 그리고 모든 창의적인 사상가들은 그들의 통찰력을 표현하기 위해서 이러한 주관적인 생각의 도구로 만들어진 아이디어를 대중적인 언어로 해석하는 것을 배우며, 이것이 다른 사람들의 마음속에 새로운 아이디어를 불러 일으킬 수 있다.
① 다양한 직업들의 독특한 특징들
② 창의적인 과정의 공통성
③ 예술과 과학의 차이
④ 창의적인 사고의 장애물

어휘

- diverse 다양한
- formula 공식
- playwright 극작가
- universality 보편성
- analogy 비유
- translate 해석하다, 번역하다
- subjective 주관적인
- give rise to 일으키다, 유발하다
- distinctive 독특한
- commonality 공통성

해설

주어진 글은 창의적인 과정에서는 다양한 직업군에서 소위 "tools for thinking"라고 불리는 공통점을 가지고 있다는 것이 주제이다. 따라서, ② the commonality of the creative process(창의적인 과정의 공통성)이 정답으로 적절하다.

구문분석

1. Composers clearly use a different language from that of visual artists, and chemists combine very different things than do playwrights.
   - different from 대신 different than을 쓸 수 있다.
   - language를 지칭하는 대명사
   - do는 combine을 받는 대동사로 도치가 되거나 생략도 가능하다

2. To characterize people by the different things [they make], however, is to miss the universality of how they create.
   - 목적격 관계대명사 생략
   - S / V / C

146 정답 ③

해석

세계화가 계속해서 세계 경제를 형성해 가면서, 각국 시장의 상호 연결성은 무역과 투자에서 전례 없는 성장을 촉진해 왔다. 그러나 이러한 통합은 경제적 상호 의존성의 형태로 상당한 위험도 수반한다. 한 지역에서의 정치적 불안정, 자연 재해, 전염병 또는 금융 위기와 같은 혼란은 공급망, 주식시장, 그리고 먼 나라의 고용률에까지 빠르게 영향을 미칠 수 있다. ③ 예를 들어, COVID-19 팬데믹은 이러한 글로벌화된 시스템의 취약성을 명확하게 보여주었다. 더 나아가, 국가 간 그리고 국가 내에서의 경제적 불평등이 증가하면서 긴장이 심화되고 있으며, 이는 글로벌 질서의 안정성을 잠식할 수 있다. 국가들이 이러한 복잡성을 해결해 나가면서, 정책 결정자들은 글로벌화의 이점을 잠재적인 단점과 비교하고, 미래의 충격을 견딜 수 있도록 경제를 회복력 있게 만드는 방안을 강구해야 한다.

해설

주어진 문장의 COVID-19는 전염병으로 인해 세계화의 취약성이 극명하게 드러난 예시이므로 ③의 위치에 들어가는 것이 자연스럽다.

어휘

- starkly 명확하게
- vulnerability 취약성
- unprecedented 전례 없는
- integration 통합
- ripple 파문처럼 퍼지다
- exacerbate 악화시키다
- undermine 약화시키다
- order 질서
- weigh A against B A와 B를 저울질하다
- resilient 회복력 있는
- withstand 견디다

DAY 12

147
정답 ③

해석

> 유럽 중심주의의 기저에 깔린 전제는 서양 사람들이 역사의 대부분은 자신들과 같은 사람들에 의해 만들어졌다고 편리하게 생각한다는 데 있다. ① 때로는 이런 편협함이 비서구권 전통을 소외시키는 문학과 예술의 규정된 기준에 의해 조장되기도 한다. ② 또 다른 경우, 무지로 인해 서양의 역사가들이 세계 다른 지역의 과학기술적 업적을 무시하는 결과에 이르기도 한다. ③ 그러한 재평가는 서구와 비서구를 둘 다 공평하게 다루는 새로운 역사 문헌을 만드는 데 사용된다. ④ 어느 경우에나 결과는 유럽의 진정한 우수함을 반영하지 못하고 오히려 유럽 중심의 편견을 드러내는 왜곡된 시각이다.

해설

서구 중심주의가 생겨난 원인을 중심으로 이에 대한 비판을 담고 있는 글이다. ①, ②에서 서구 중심주의를 조장하는 요인들을 설명하고 ④에서 그 결과로 생겨난 문제점을 지적하고 있는데, ③은 이러한 서구중심에서 벗어난 새로운 역사관에 대한 글이므로 글의 흐름에서 벗어난다.

어휘

- underlying 기저에 깔린
- hypothesis 가설
- foster 조장하다
- prescribed 규정된
- canon 규범, 계율
- marginalize 소외시키다
- ignorance 무지
- slight 무시하다
- due 마땅히 받아야 할 것
- skewed 왜곡된
- reflect 반영하다
- preeminence 탁월함

148
정답 ①

해석

> 지구 기후 변화에 대한 우려가 커지면서 활동가들은 화석 연료 추출 소비에 반대하는 캠페인 뿐만 아니라 재생 에너지를 지지하는 캠페인을 조직하게 되었다.
> (C) 재생 에너지 산업의 성장을 빠르게 가속화하지 못한 영국 정부의 무능력에 좌절한 환경 활동가들은 Westmill 풍력 협동 조합을 만들었는데, 이것은 2,500개의 가구들이 1년 동안 사용할 수 있는 만큼의 많은 전기를 생산할 것으로 추정되는 육상 풍력 발전소를 소유한 2,000명 이상의 회원을 가진 공동체가 소유한 조직이다. Westmill 풍력 협동조합은 지역 주민들이 Westmill 태양광 협동조합을 설립하도록 영감을 주었다.
> (A) 이 태양광 협동조합은 1,400가구에 전력을 공급할 수 있는 충분한 에너지를 생산하여 국내 최초의 대규모 태양광 협동조합이 되었으며, 조합원들 말로는 태양광 발전이 "보통 사람들이 그들의 지붕에서뿐만 아니라 유용성의 규모로 깨끗한 전력을 생산할 수 있는 지속 가능하고 '민주적인' 에너지 공급의 새로운 시대"를 대표한다는 것을 가시적으로 상기시켜 주는 것이다.
> (B) 마찬가지로, 미국의 재생 에너지의 열렬한 지지자들은 "공익 사업에 참여하는 고객들이 집단적으로 소유하는 규모의 시설을 통해 깨끗한 전력을 전달하는 모델"을 개척한 회사인 Clean Energy Collective를 설립했다.

해설

주어진 문장은 재생 에너지를 지지하는 캠페인을 조직하였다는 내용으로 (C)에서 이에 대한 부연 설명이 나오므로 (C)가 가장 먼저 와야 한다. (A)의 **This solar cooperative**는 (C)의 the Westmill Solar Co-operative를 지칭하므로 (C)-(A)가 되어야 한다. 또한, (C)와 (A)는 영국에서의 활동이라면 (B)는 미국에서 일어나는 유사한 움직임이므로 '마찬가지로'라는 연결어와 함께 (C)와 (A) 다음에 이어져야 한다.

어휘

- extraction 추출
- cooperative 협동조합
- large-scale 대규모의
- found 설립하다
- collectively 집합적으로, 전체적으로
- accelerate 가속화하다

구문분석

1 This solar cooperative produces enough energy to power 1,400 homes, making it the first large-scale solar farm cooperative in the country and, in the words of its members, a visible reminder that solar power represents "a new era of sustainable and 'democratic' energy supply [that enables ordinary people to produce clean power, not only on their rooftops, but also at utility scale."]

2 Environmental activists (frustrated with the UK government's inability to rapidly accelerate the growth of renewable energy industries) have formed the Westmill Wind Farm Co-operative, a community-owned organization with more than 2,000 members [who own an onshore wind farm] estimated to produce as much electricity in a year as that used by 2,500 homes.

149

정답 ②

해석

문화적 해석은 일반적으로 측정 가능한 증거보다는 편견에 바탕을 두고 이루어진다. 논쟁은 순환적인 경향이 있다. 사람들은 게으르기 때문에 가난하다. 그들이 게으르다는 것을 어떻게 "알 수 있을까?" 그들은 가난하기 때문이다. 이러한 해석을 지지하는 사람들은 낮은 생산성이 게으름이나 노력의 부족에서 기인하는 것이 아니라 생산에 대한 자본 투입의 부족에서 기인한다는 사실을 거의 이해하지 못한다. 아프리카 농부들은 게으르지는 않지만, 토양의 영양소, 트랙터, 사료 공급 도로, 관개 부지, 저장 시설 등이 부족하다. 아프리카인들은 일을 거의 하지 않기 때문에 가난하다는 고정관념은 남성과 여성의 고된 노동이 일상화된 마을에서 하루를 보내 보면 즉시 잠재워진다.

어휘

- interpretation 해석
- circular 순환적인
- promoter 주창자, 옹호자
- nutrient 영양분
- and the like 기타 등등
- stereotype 고정관념, 편견
- put to rest 잠재우다
- norm 표준

구문분석

1 Promoters of these interpretations rarely understand that low productivity results not from laziness and lack of effort but from lack of capital inputs to production.

2 Stereotypes that Africans work little and therefore are poor are put to rest immediately by spending a day in a village, [where backbreaking labor by men and women is the norm.]

DAY 12

150
정답 ③

해석

1세기 전, 헨리 데이비드 소로는 멕시코 전쟁에 항의하기 위해 감옥에 갔다. 많은 사람들이 소로의 예를 따랐고 부당함에 대한 대중의 관심을 일으키기 위해 공공연히 법을 어겼다. 예를 들어, 법을 어긴 죄로 유죄판결을 받았을 때, 인도의 위대한 지도자 간디는 약간의 벌금을 내는 대신 징역형을 선고받고 단식투쟁에 들어갔다. 그는 인도의 영국으로부터 독립이라는 그의 대의명분에 관심을 끌기 위해 이 일을 했다. 매우 존경받는 사람들이 그들의 신념 때문에 감옥에 갇히게 되면, 그것은 종종 사람들로 하여금 상황의 정당성을 다시 생각하게 만든다. 마틴 루터 킹 주니어가 인종 평등을 위한 시위를 위해 감옥에 갔을 때, 그는 많은 미국인들이 인종 차별이 잘못되었다는 것을 깨닫도록 만들었다. 그의 예는 인종 차별을 계속 유지시키려는 법을 폐지하는 데 도움이 되었다.
① 정부에 저항하다
② 정치적 활동을 위해 돈을 모으다
③ 부당함에 대한 대중적인 관심을 일으키다
④ 보안을 유지하는 전쟁을 정당화하다

해설

빈칸 다음의 예시들에서 단서를 찾을 수 있다. 간디나 마틴 루터 킹 주니어가 감옥에 간 것은 자신들의 대의명분에 대한 사람들의 관심을 유도하기 위해서임을 추론할 수 있다.

어휘
- convict 유죄 선고를 내리다
- hunger strike 단식투쟁
- fine 벌금
- cause 대의명분
- segregation 인종 차별, 격리
- abolish 폐지하다
- resist 저항하다
- justify 정당화하다

151
정답 ②

해석

볼티모어의 존스 홉킨스 대학의 한 고생물학자는 대부분의 대멸종이 보통의 기후 변화에 의해 촉발되었으며 실제로는 인간에게 도움을 주었을지도 모른다는 증거가 있다고 말한다. 이런 경우로는, 기록상 가장 거대한 대멸종인 페름기는 기온이 상승하면서 생겨난 것이다. 지구의 물에서 사는 약 89%의 생명체와 거의 69%의 육상 생물의 종들이 지금보다 섭씨 1~3도 높은 온도를 형성했을지도 모르는 지구 온난화에 의해 전멸되었던 것으로 믿어진다. 그러나, 비록 기후 변화가 종들의 대량 멸종의 주요한 원인이었지만, 이것은 또한 인간과 같은 새로운 종이 탄생하게 하기도 했다.
① 과거의 생물의 다양성의 변동
② 인간과 같은 새로운 종의 탄생
③ 지구 온난화의 유해한 생태적 영향
④ 강우량, 온도 및 해수면의 변화

해설

첫 번째 문장에서 대량 멸종이 인간에게 도움이 되었을지도 모른다는 내용으로 보아, 인간에게 유리한 결과가 빈칸의 내용에 들어가야 하므로, 다른 생물들은 멸종을 했지만 인간과 같은 새로운 종이 생겨났다는 내용이 적절하다.

어휘
- paleontologist 고고학자
- spark 촉발하다
- moderate 보통의, 적절한
- bring about 유발하다
- terrestrial 지생의
- annihilate 전멸시키다
- give rise to 탄생시키다, 유발하다
- fluctuation 변동
- alteration 변화, 변경

152

정답 ②

해석

1880년대까지, 정부는 대중에게 제공되는 서비스가 거의 없었기 때문에 꽤 작았다. 그러나, 정부 서비스에 대한 요구가 증가함에 따라, 영리 단체와 마찬가지로 공무원들이 서비스를 효율적으로 제공하는 데 더 많은 책임을 져야 한다는 요구도 증가했다. (A) 게다가, 공무원이라고 불리는 정부에서 일하는 직원들은 장점에 따라 고용해야 한다는 요구가 있었다. 장점에 기반한 고용을 한다는 것은 직원들이 미리 정해진 지식, 기술, 능력에 따라 선발되어 고용 자격이 있음을 의미했다. (B) 그 이전에는, 많은 공무원들이 가족이나 친구를 고용하는 정실 제도를 통해 일자리를 얻었다.

어휘

- reasonably 꽤
- call for 요구
- accountable 책임지는
- preestablished 미리 형성된
- eligible 자격이 있는
- patronage system 정실주의

해설

(A) 정부 서비스에 대한 요구가 많아지면서 생긴 변화를 제시하고 있다. 우선, 공무원들이 서비스를 제공하는 책임이 늘어났다는 것이고, 공무원들이 merit에 따라 고용이 되어야 한다는 것이다. 같은 맥락의 두 가지 예를 열거하고 있으므로 '게다가'(in addition)이 적절하다.

(B) merit에 의거해서 고용을 하기 전에는 가족이나 친구와 같이 아는 사람을 통해서 고용을 했다는 것이므로 Before that이 적절하다.

구문분석

However, <u>as</u> demands for government services increased, <u>so</u> did calls for making government
　　　　'~함에 따라'　　　　　　　　　　　　　　= calls increased, too
　　　　　　　　　　　　　　　　　　　　　　　　[so V S 구문] '주어도 역시 그러하다'
workers more accountable for providing services efficiently — just like for-profit organizations.

153

정답 ②

해석

시립 식물원은 4월 – 9월에는 매일 오전 8시부터 오후 6시까지 운영되며, 10월 – 3월에는 9시부터 5시까지 운영됩니다. 주말에는 오전 11시와 오후 2시에 가이드 투어가 있으며, 이 투어 비용은 성인 8달러, 어린이 4달러의 일반 입장료에 포함되어 있습니다. 연례 꽃 박람회와 같은 특별 행사 티켓은 별도로 구매해야 하며, 온라인이나 입구에서 구매할 수 있습니다. 추수감사절, 크리스마스, 새해 첫날을 포함한 국경일에는 정원이 휴무입니다. 연구 센터 접근은 추가 요금이 없지만, 연구 상담을 위해서는 예약이 필요합니다. 서비스 동물을 제외한 애완동물은 정원 내 출입이 금지됩니다.
자세한 정보는 www.citybotanicalgarden.org에서 확인하거나 1-888-555-1234로 문의하십시오.

① 정원은 여름철에 오후 6시에 문을 닫는다.
② 가이드 투어는 주중에 매일 제공된다.
③ 방문객들은 꽃 박람회와 같은 특별 이벤트 티켓을 별도로 구매해야 한다.
④ 애완동물은 안내견을 제외하고는 정원에 들어갈 수 없다.

해설

가이드 투어는 주말에만 진행되므로 ②는 일치하지 않는 문장이다.

DAY 12

[154~155]

해석

> 우수 고객께
>
> 고객분들께 이처럼 좋은 소식을 전해드릴 기회가 거의 없습니다. 2024년 5월 15일에 발표된 국회의 관세 법령으로 제품의 정가를 인하할 수 있게 되었습니다. 2024년 7월 1일부터 유효하며, 그 이후에 받게 되는 모든 주문은 다음과 같이 청구될 것입니다.
>
> | 상품번호 | 과거 가격 | 새 가격 |
> |---|---|---|
> | #0134 | $57.00 | $51.30 |
> | #0135 | $53.00 | $47.70 |
> | #0136 | $49.00 | $44.10 |
>
> 이러한 할인 혜택을 여러분께 직접 전해드리게 되어 매우 기쁩니다. 10일간의 할인 기간 동안에 돈을 지불하는 고객에게 주어지는 추가적인 2퍼센트의 할인은 이 가격에 포함되어 있지 않습니다.
>
> ① 제품을 다른 나라에 수출하는 것
> ② 고객들에게 더 많은 제품을 공급하는 것
> ③ 제품의 정가를 인하하는 것
> ④ 제품의 공급 가격을 인상하는 것

어휘
- legislature 국회
- tariff 관세
- ruling 결정, 판결
- effective 효력을 발생하는
- as of ~자로
- pass on to ~에게 전해주다
- mark up 가격을 올리다

154
정답 ③

해설
가격표를 비교할 때 이전보다 가격이 내렸음을 알 수 있고, 할인 혜택을 줄 수 있어 기쁘다고 했으므로 ③이 정답이 된다.

155
정답 ③

해설
① Rarely do we have the opportunity to inform our customers of such good news.로 보아 가격을 인하하는 기회가 거의 없다고 했으므로 '종종 있다'는 것은 일치하지 않는다.
② 모든 상품이 아니라, 리스트 되어 있는 세 개의 제품에만 해당된다.
③ These prices do not include the additional 2 percent discount that is offered to our customers who pay within the 10-day discount period.로 보아, 10일 동안 추가적으로 2 퍼센트의 할인을 받을 수 있다.
④ Effective as of July 1, 2024, all full orders received after that will be billed as follows:로 보아 7월 1일 이후의 주문에만 할인이 적용된다.

구문분석

Rarely do we have the opportunity to inform our customers of such good news.
- 부정의 부사 / S / V
- inform A of B
- ~A에게 B에 대해서 알리다

156

정답 ②

해석

J.D. 샐린저의 <호밀밭의 파수꾼>과 실비아 플라스의 <유리병>은 새로운 세대의 젊은 독자들에게 호소하는 신기한 능력을 포함해서 여러가지 비슷한 점이 많다. 두 작품은 모두 매우 지적이지만 극도로 불행한 젊은이들이 주인공이다. 샐린저의 인물 홀든 콜필드는 사회로부터 고립되었다고 느끼는 자기 파괴적이며 냉소적인 십대이다. 플라스의 여주인공 에스터 그린우드는 자신에 대한 기대에 절망하고 혼란스러워하는 대학생이다. 당연하게도, <유리병>을 처음으로 읽은 평론가들은 에스터를 여자 홀든이라고 단언했다. 그러나 한 가지 점만 비슷할 뿐이다. 에스터는 완전한 정신분열을 경험하고 결국 정신병원으로 가게 된다. 대조적으로, 홀든은 그가 경멸하는 세상 속에서 그럭저럭 제 역할을 해 나간다.

① 에스터는 일부 평론가들에 의해 홀든과 대등한 지위에 있는 사람으로 여겨진다.
② 홀든과 에스터는 공통점이 많다.
③ 에스터는 정신분열증에 걸려, 결국 정신 병원에 입원하게 된다.
④ 홀든은 비록 세상을 혐오하지만 세상으로부터 도망치지 않는다.

해설

① The The Bell Jar's first reviewers declared Esther to be Holden's female counterpart.로 보아 사실임을 알 수 있다.
② They are only similar up to a point로 보아 홀든과 에스터는 유사성이 있지만, 한 가지 점에서만 비슷한 것이므로 공통점이 많다고 할 수는 없다.
③ Esther experiences a complete breakdown, and ends up in a mental institution.으로 보아 사실임을 알 수 있다.
④ Holden, in contrast, manages to function in the world he generally despises.로 보아, 세상을 혐오하지만, 세상 속에서 살아갔음을 알 수 있다.

어휘

- uncanny 이상한, 묘한
- cynical 냉소적인
- alienate 소외감을 느끼게 하다
- counterpart 상대, 대응 관계에 있는 사람
- despise 경멸하다
- loathe 혐오하다
- nervous breakdown 정신분열
- institutionalize 보호 시설로 보내다, 입원시키다
- opposite number 대응물 (= counterpart)
- end up -ing 결국 -하게 되다

157

정답 ②

해석

어린 아이들은 평균적으로 일 년에 10-12번의 감기에 걸리기 때문에, 그들은 항상 아픈 것처럼 보인다. 소아과 의사로서, 우리는 아이들의 상태를 호전시키는 데 도움을 줄 어떤 것을 추천해 줄 수 있기를 정말로 바란다. ② 안타깝게도, 처방전 없이 살 수 있는 기침약과 감기약은 해답이 아니다. 무엇보다도 그것들은 효과가 없다. 모두 여섯 번의 12세 미만의 아이들에 대한 기침약과 감기약 사용의 무작위 위약 효과 통제 연구는 기침이나 감기약을 복용하는 것과 위약을 복용하는 것 사이의 어떤 차이도 보여주지 않았다. 전문가 위원단은 이 연구들을 검토하고 이러한 약들이 아이들에게 효과가 있다고 제시하는 증거가 전혀 없다는 데 모두 동의했다. 미국 흉부내과 의사협회는 약국에서 파는 기침약에 대한 과학 문헌은 감기약이 효과가 있다는 것을 뒷받침 하지 않는다고 말했다.

해설

② 앞의 문장에서 아이들의 상태를 호전시키는 데 도움이 되는 어떤 것을 추천해 줄 수 있기를 소망한다고 했기 때문에 그 다음에 어떤 약이나 처방이 나올 수 있다는 것을 예상할 수 있는데 아무것도 언급되지 않은 채 바로 대명사 they로 이어졌기 때문에 이 they가 주어진 문장에서 언급된 처방전 없이 살 수 있는 약(over-the-counter cough and cold medicines)을 지칭한다는 것을 알 수 있다.

어휘

- pediatrician 소아과 의사
- randomize 무작위로 뽑다
- placebo 위약
- literature 문헌
- over-the-counter 처방전 없이 살 수 있는
- work 효과가 있다

158

정답 ③

해석

영장류는 일단 어미를 떠나면 그들이 마주친 새로운 먹이가 안전하고 채집할 가치가 있는지 여부에 대한 결정을 계속 내려야 한다.

(C) 스스로를 실험 도구로 사용하는 것도 한 가지 방법이지만, 사회 영장류들은 더 나은 방법을 찾았다. 케네스 글랜더는 이것을 "샘플링"이라고 부른다. 짖는 원숭이가 새로운 서식지로 이주하면, 그 무리의 한 원숭이가 나무로 가서, 나뭇잎 몇 개를 먹고, 하루를 기다린다.

(B) 식물에 특히 강한 독소가 있으면, 샘플러의 시스템이 이를 분해하려고 시도하게 되고, 그 과정에서 보통 그 원숭이를 병들게 한다. "이런 일이 일어나는 것을 본 적이 있습니다."라고 글랜더는 말한다. "그 무리의 다른 원숭이들은 큰 관심을 가지고 지켜본다 – 만약 그 동물이 병에 걸리면, 다른 동물이 그 나무에 들어가지 않을 것이다. 거기서 신호– 사회적 신호가 주어지는 것이다."

(A) 마찬가지로, 샘플러가 괜찮다고 느끼면, 며칠 안에 나무에 다시 들어가서, 조금 더 먹은 다음, 다시 기다렸다가 천천히 많은 양을 축적한다. 마침내, 원숭이가 건강하게 유지되면, 다른 구성원들은 이것이 괜찮다고 생각하고 새로운 먹이로 채택한다.

해설

새로운 식량에 마주쳤을 때, 그 식량의 안정성을 확인하는 방법으로 sampling이 있다는 것을 처음 언급한 (C)가 가장 먼저 와야 한다. 만약, 한 마리의 샘플러가 나무로 가서 음식을 먹어보고 아프면, 다른 동물들이 그 나무에 가지 않고, 마찬가지로 그 샘플러가 괜찮으면 다른 구성원들도 그 음식을 먹게 된다는 내용이므로 (C)-(B)-(A)의 순서가 적절하다.

어휘

- primate 영장류
- by the same token 마찬가지로
- dose 복용량
- harbor 품다, 포함하다
- toxin 독성물질
- break down 분해하다
- troop 무리
- habitat 서식지

159
정답 ③

해석

비타민 E는 정말 모든 것에 만병통치약일까? ① 비타민 E는 세포의 DNA에 대한 산화적 손상으로 인한 암과 같은 일부 질병의 진행을 억제할 수 있을 뿐만 아니라, 이 건강 보조제를 고용량으로 섭취하면 심장 질환이나 치매와 같은 다른 만성 질환의 치료제가 될 수 있을 것으로 보인다. ② 몇 년 전에, 연구자들은 적당히 높은 용량, 정확히 400 국제 단위(IU)의 비타민 E가 질병을 예방할 수 있다고 말했다. ③ 특히 심장 질환은 비타민 E뿐만 아니라 수술로도 치료할 수 있다. ④ 그러나 미국 의학 협회의 관찰 연구에 따르면 35,000명 이상의 남성을 대상으로 한 임상시험에서 매일 400 국제 단위 이상을 복용한 사람들은 비타민을 복용하지 않은 남성과 같은 빈도로 암에 걸린 것으로 드러났다.

해설

비타민 E가 암과 같은 일부 질환의 진행 및 심장병, 치매와 같은 만성 질환의 치료제로 사용될 수 있을 것이라는 내용의 글인데, ③은 심장병의 치료에 대한 내용으로 전체 글의 흐름과 맞지 않다.

구문분석

However, observational studies at American Medical Association revealed that those [who took 400 International Unites daily or more] in the trial involving more than 35,000 men, developed cancer as frequently as men [who did not take the vitamin.]

어휘

- panacea 만병통치약
- antioxidant 산화방지제
- curb 억제하다, 제한하다
- oxidative 산화의
- dose 복용량
- supplement 건강보조제
- dementia 치매
- observational 관찰의, 감시의

160
정답 ②

해석

전 세계 대부분의 지역, 특히 유럽에서는 물리적 지형과 지도가 모두 비교적 안정적이다. 지도의 개정은 일반적으로 건물이나 도로와 같은 인공 지형과 관련이 있다. 남극 대륙의 경우는 그렇지 않다. 남극 빙상은 역동적인 존재이며 지도 제작자는 대륙의 물리적 지형에 있어 크고 급격한 변화에 맞서 싸워야 한다. 예를 들어, 올해 초에는 영국의 남극 조사국이 지도 제작 활동을 집중하는 남극 반도 지역에서 라센 빙붕과 구스타프 왕자 빙붕의 극적인 해체에 직면하기도 했다.

⇨ 남극 대륙의 (A) 계속 변화하는 풍경은 지도 제작자들에게 (B) 어려움을 초래한다.

해설

남극 대륙은 얼음 층이 계속 붕괴되면서 지형이 변화하기 때문에, 그곳에서 활동하는 지도 제작자들에게 큰 어려움을 가져다 준다는 내용으로 요약할 수 있다.

어휘

- landscape 풍경, 경치
- relatively 상대적으로
- stable 안정된, 고정된
- revision 개정, 교정
- be concerned with ~와 관계되다
- manmade 인공적인
- feature 지형, 특징
- entity 실체, 본질
- cartographer 지도제작자

DAY 13

161
정답 ③

해석

에덴 동산이 인류가 처음으로 거주한 장소라면, 그것은 동부 아프리카에 위치했음에 틀림없다. 어머니 자연과 아버지 시간은 이 지역에서 오랜 세월 존재해 왔으며, 그들은 아프리카 동부 내륙에서 홍해까지 이어지는 거대한 리프트 밸리 시스템을 스스로 파내어 인류 기원에 대한 이후의 발견을 가능하게 한 것처럼 보인다. 리프트 밸리와 그 주변에서 발견된 화석과 암석의 특별한 언어를 해독함으로써, 고고학자들과 다른 과학자들은 수백만 년 전으로 거슬러 올라가는 인류의 조상에 대해 우리에게 알릴 수 있었다.
① 동아프리카가 수백만년 전에 살기에 가장 좋은 장소였다.
② 리프트 밸리의 발굴은 더 이상 지체할 수 없다.
③ 리프트 밸리는 인간 거주의 가장 오래된 흔적이다.
④ 인간의 출현은 몇 백만년 전으로 거슬러 올라간다.

어휘
- excavate (구멍, 터널을) 파서 만들다
- subsequent 다음의
- stretch 뻗어 있다
- decode 해독하다
- genesis 기원, 발생
- interior 오지, 내륙부
- inhabitation 거주, 서식
- date back 거슬러 올라가다
- excavation 발굴
- trace 흔적

해설
인간의 기원에 대한 글을 읽고 대의를 파악하는 문제이다. 아프리카 동부의 내륙부터 홍해까지 이어지는 대협곡에 남아 있는 화석과 암석에서 인간의 거주 흔적을 엿볼 수 있다는 내용으로 **Rift Valley**가 인간이 거주했던 가장 오래된 흔적이라는 것이 요지가 된다.

162
정답 ③

해석

실제로 우리가 매일 경험하는 중요한 프로세스 및 서비스 혁신이 많을 때, 일반적으로 혁신을 기술 및 제품과 연관시킨다. 이러한 잘못된 믿음은 생산 과정이 최종 사용자에게는 보이지 않는다는 사실에 뿌리를 두고 있으며, 마찬가지로 서비스도 무형적이다. 따라서, 생산 프로세스에 대한 관심이 거의 없다. 어떻게 무엇이 더 많은 양으로 또는 더 적은 비용으로, 더 효율적으로 생산될 수 있는지를 확인하는 것은 분명 상당한 독창성을 필요로 하며, 의심할 여지없이 진정한 가치를 창출할 것이다. 또한, 경제가 점점 더 서비스 지향적이기 때문에, 그것을 제공하는 더 나은 방법을 상상함으로써 가치를 창출할 수 있는 기회가 많다. 따라서, 프로세스와 서비스는 혁신할 수 있는 방법을 찾을 때 염두에 두어야 한다. 게다가, 서비스형 소프트웨어(SaaS)와 구독 기반의 컴퓨팅 모델의 등장으로, 이전에는 제품으로 제공되던 기능이 이제 서비스 영역으로 이동하고 있다.
① 프로세스 및 서비스 혁신을 무시하기
② 기술 혁신에만 집중하기
③ 제품 그 이상: 프로세스 및 서비스 혁신을 수용하기
④ 프로세스 및 서비스 혁신의 중요성을 생략하기
⑤ 기술 및 제품에 국한된 혁신

어휘
- associate A with B A와 B를 연관짓다
- invisible 보이지 않는
- intangible 무형의
- ingenuity 독창성
- advent 출현
- subscription 구독
- realm 영역
- embrace 수용하다
- omit 삭제하다, 생략하다

해설
이 글은 혁신이 기술과 제품에만 국한되지 말아야 하고, 덜 보이거나 무형이기 때문에 종종 간과되고 있는 프로세스와 서비스 혁신의 중요성이 더 커져가고 있다는 것이 글의 주제가 된다.

163

정답 ④

해석

우리 자신의 수준에서 객관적 현실과 그것을 지칭하는 언어적 상징을 완전히 분리하는 것은 일반적으로 어려워서, 사물, 특성, 그리고 사건은 전체적으로 그것들이 호칭되는 것으로 느껴진다. 일반인에게 있어서 실제적이든 잠재적이든 모든 경험은 언어적 표현으로 가득 차 있다. 이는 예를 들자면 너무 많은 자연 애호가들이 엄청나게 많은 꽃과 나무의 이름을 완전히 익힐 때까지 자연과 진정으로 접촉한다는 느낌을 갖지 못하게 되는 이유를 설명하는데, 이는 마치 기본적 현실 세계가 언어로 이루어진 세계인 것처럼, 그리고 사람은 먼저 어떤 식으로든 신기하게 그것(자연)을 표현하는 용어를 완전히 익히지 않으면 자연에 가까이 갈 수 없는 것처럼 보이는 것과 같다. 언어를 수학의 상징 체계나 깃발 신호와 같은 순수하고 단순하게 상징적인 체계라는 무감각한 상태에서 벗어나게 하는 것은 바로 이러한 언어와 경험 간의 끊임없는 상호 작용이다.

① 공통 언어의 상징적인 힘
② 언어 발달의 느리고 긴 과정
③ 언어와 문화 사이의 구별되는 관계
④ 언어와 경험 간의 끊임없는 상호 작용

어휘

- divorce 분리, 단절
- objective 객관적인
- reference 언급, 지칭, 참조
- on the whole 대체로
- be saturated with ~로 가득 차다
- verbalism 언어적 표현
- terminology 용어
- distinct 구별되는, 다른
- constant 끊임없는
- interplay 상호 작용

해설

사람의 모든 경험은 언어적 표현으로 이루어져서, 사람들은 사물의 이름을 완전히 익혀야 그 사물을 가까이 할 수 있고 진정으로 접촉할 수 있는 것처럼 느낀다는 내용의 글이다. 결론적으로 빈칸에는 언어가 단순하고 무감각한 상징 체계와 다른 이유를 설명할 수 있는 말이 와야 하므로 ④ '언어와 경험 간의 끊임없는 상호 작용'이 흐름상 적절하다.

구문분석

1 On our own level it is generally difficult to make a complete divorce between objective reality (A) and our linguistic symbols of reference to it, (B) and things, qualities, and events (S) are (V) (on the whole) felt to be what they are called.
- 가주어 / 진주어

2 It is this constant interplay between language and experience that removes language from the cold status of such purely and simply symbolic systems (A) as mathematical symbolism or flag signaling (B).
- it is ~ that 강조구문
- 가주어 S 진주어 V
- A such A as B = A such as B - 'B와 같은 A'로 해석

164

정답 ①

해석

지난 50년 동안, 훈련이 점점 더 전문화되고 초점이 좁아지면서, 심리학의 모든 주요 하위 분야들은 서로 점점 더 고립되어 왔다. 일부 심리학자들이 오랫동안 주장해 온 것처럼, 심리학 분야가 성숙하고 과학적으로 발전하려면, 그 이질적인 부분(예를 들어, 신경과학, 발달, 인지, 성격, 사회)이 다시 완전하고 통합되어야 한다. 과학은 단순한 이론적 프레임워크 하에서 서로 다른 주제가 이론적으로 그리고 경험적으로 통합될 때 발전한다. 과학의 심리학은 다양한 하위 영역의 심리학자들 간의 협력을 장려하여, 그 분야가 지속적인 분열이 아닌 일관성을 달성하는 데 도움이 될 것이다. 이러한 방식으로, 과학의 심리학은 분야 내의 모든 주요 부분/분파들을 하나의 학문 아래 통합함으로써 심리학 전체의 견본의 역할을 할 수 있다. 과학의 심리학이 자원을 통합하고 <u>통합된 관점에서</u> 과학을 연구하는 방법에 대한 모체 학문의 모델이 될 수 있다면 이것은 상당한 공적이며 대단히 중요한 것이 될 것이다.

① 통합된 관점에서
② 역동적인 측면에서
③ 역사 전반에 걸쳐
④ 정확한 증거를 가지고

해설

이 지문은 심리학이 다양한 하위 분야를 공통된 이론적 틀 아래 통합하여 더 일관되고 통합된 학문이 되어야 한다는 필요성을 강조하고 있으므로 "통합된 관점에서" 심리학을 연구해야 한다는 내용이 적절하다.

구문분석

In this way, psychology of science might act as a template for psychology as a whole **by** '-함으로써'
integrating (under one discipline) all of the major fractions/factions within the field.
　　V　　　　　전명구 삽입　　　　　　　　　　O

어휘
- discipline 학문
- disparate 이질적인
- integrate 통합하다
- empirically 경험적으로
- collaboration 협력, 협업
- coherence 일관성
- fragmentation 분열, 단편화
- template 템플릿, 양식
- fraction 부분, 분수
- faction 분파, 파벌
- no small feat 상당한 공적
- no small import 매우 중요한 것
- unified 통합된, 일원화
- perspective 관점, 시각
- dynamic 역동적인

165

정답 ①

해석

특정한 종류의 꽃가루가 인간에게 알레르기를 일으킬지 아닌지는 주로 화학적 구성에 의해 결정된다. 하지만, 비록 꽃가루의 화학적 구성이 사람에게 알레르기 반응을 일으킬 수 있다고 할지라도, 그것이 실제로 그렇게 될 것이라는 것을 의미하지는 않는다. 예를 들어, 알레르기 반응을 일으키는 구성을 가진 것으로 밝혀진 소나무 꽃가루는 계절성 알레르기 비염으로 알려진 건초열을 일으키지 않는 것으로 보인다. 소나무의 꽃가루는 꽤 무겁다. 그것은 보통 사람의 코로 흩어지지 않고 곧장 아래로 떨어진다. 따라서, 꽃가루가 알레르기 반응을 일으킬지 여부는 화학 성분 뿐만 아니라 알레르기가 있는 지역에 접촉할 가능성에 의해서도 결정이 된다.

어휘
- pollen 꽃가루
- makeup 구성
- composition 구성
- pine tree 소나무
- rhinitis 비염
- scatter 흩어지다
- prone -하기 쉬운

해설

첫 문장에서 꽃가루가 알레르기를 유발할지의 여부는 꽃가루의 화학적 구성에 의해 결정된다는 내용이 제시되고 있고, 이어지는 문장에서는 그뿐만 아니라 접촉의 가능성에 의해서도 결정된다는 내용이 이어지고 있다. 연결어 다음의 문장에서는 앞에서 언급된 내용을 하나의 문장으로 요약을 하고 있으므로 '그러므로, 따라서'라는 결론을 내릴 때 쓰는 연결어 Accordingly가 가장 적절하다.

구문분석

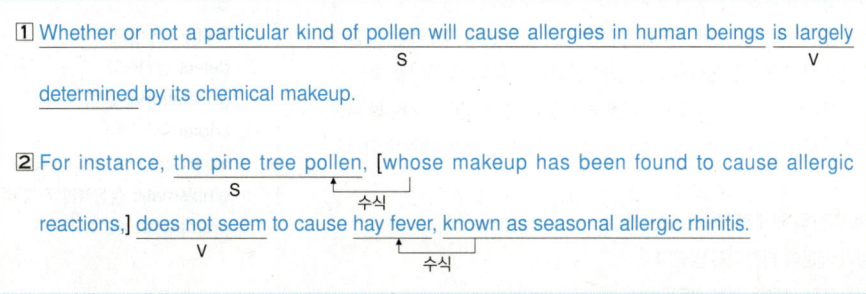

166

정답 ①

해석

겨울 휴가철에 맞추어, 리젠트 호텔은 집을 떠나 시간을 보내고자 하는 분들을 위한 새로운 가족 요금을 안내하게 되어 기쁩니다. 한정된 기간 동안, 디럭스 패밀리 스위트를 표준 요금의 절반인 160달러에 제공합니다. 각 유닛은 더블 베드와 주방 시설과 식탁이 포함된 별도의 거실 공간으로 잘 꾸며져 있습니다. 다른 사람이 요리를 해주기를 원할 때, 3관왕을 차지한 우리의 레스토랑에서 고급스러운 식사를 즐기거나 룸서비스를 이용해보세요. 그리고 음식을 너무 좋아한다면, 난방이 갖추어진 실내 수영장 두 곳 또는 완벽하게 갖추어진 피트니스 센터 중 한 곳에서 여분의 칼로리를 소모하세요. 예약을 원하시면, 1-800-333-ROOM으로 전화하세요.
① 리젠트 호텔의 디럭스 패밀리 스위트 정가는 320달러이다.
② 디럭스 패밀리 스위트에서는 요리를 할 수 없다.
③ 리젠트 호텔에는 실내 수영장과 실외 수영장이 모두 있다.
④ 리젠트 호텔에는 상을 1회 수상한 레스토랑이 있다.

해설

겨울 휴가 기간 동안 호화 가족실의 요금이 표준 요금의 절반인 160달러라고 했으므로, 표준 요금은 두 배인 320달러가 된다. 따라서, ①이 일치하는 내용이다.

어휘
- rate 요금
- facility 시설
- work off 육체적인 노력을 통해 풀다

167

정답 ②

해석

인간이 우리 자신의 행성(지구)을 탐험하는 데 수천년이 걸렸고, 이웃 행성들을 이해하는 데 수세기가 걸렸지만, 오늘날에는 매주 새로운 세계가 발견되고 있다. 현재까지, 천문학자들은 태양 이외의 별 주위를 도는 세계인 370개 이상의 "외계 행성"을 발견했다. 이런 이국적인 것들 가운데서 과학자들은 익숙한 것들에 대한 힌트를 간절히 찾고 있다: 너무 뜨겁거나 너무 춥지 않아서 생명체를 부양할 수 있을 정도의 적당한 거리에서 그들의 항성 주위를 도는 지구와 닮은 행성들(을 찾고 있다). 우리 행성과 비슷한 행성은 눈에 띄지 않기 때문에 아직 발견되지 않았다. 별의 눈부신 빛 속에서 우리만큼 작고 희미한 행성을 보는 것은 불꽃놀이에서 반딧불이를 보는 것과 같다; 별에 미치는 중력을 감지하는 것은 토네이도에서 귀뚜라미 소리를 듣는 것과 같다. 그러나 기술을 극한으로 몰아붙임으로써, 천문학자들은 다른 지구를 발견하고 생명체의 징후를 조사할 수 있는 날에 빠르게 다가가고 있다.

① 천문학자들은 태양 주위를 도는 370개 이상의 외계 행성들을 발견했다.
② 지구와 같은 행성은 쉽게 관찰할 수 없기 때문에 발견되지 않았다.
③ 지구와 같은 작은 행성이 별에 미치는 중력의 영향은 쉽게 감지된다.
④ 기술의 발전 덕분에, 천문학자들은 지구와 같은 몇몇 행성들을 발견했다.

어휘

- explore 탐험하다
- comprehend 이해하다
- to date 지금까지
- other than –를 제외한
- exotica 진기한 것
- inconspicuous 눈에 잘 띄지 않는
- firefly 반딧불이
- detect 감지하다
- gravitational 중력의
- cricket 귀뚜라미
- interrogate 심문하다, 추궁하다
- emblematic 상징적인, 전형적인
- premature 정상보다 이른

해설

① astronomers have identified more than 370 "exoplanets," worlds orbiting stars other than the sun.를 통해 태양 주위를 도는 것이 아니라 태양 이외의 별 주위를 도는 외계 행성들을 발견했음을 알 수 있다.

② No planets quite like our own have yet been found, because they're inconspicuous.를 통해 지구와 같은 행성들은 눈에 띄지 않아 발견되지 않았음을 알 수 있다.

③ to detect its gravitational influence on the star is like listening for a cricket in a tornado를 통해 중력을 감지하는 것이 토네이도에서 귀뚜라미 소리를 듣는 것과 같다고 했으므로 쉽게 감지되지 않음을 알 수 있다.

④ No planets quite like our own have yet been found, because they're inconspicuous.를 통해 지구와 같은 행성들은 발견되지 않았음을 알 수 있다.

구문분석

[1] It took humans thousands of years to explore our own planet and centuries to comprehend our neighboring planets, but nowadays new worlds are being discovered every week.
- [It takes + 사람 + 시간 to V] 시간이 ~ 걸리다
- 진행 수동 → '발견되고 있다'

[2] To date, astronomers have identified more than 370 "exoplanets," worlds (orbiting stars other than the sun.)
- 동격 / 수식

[3] To see a planet as small and dim as ours (amid the glare of its star) is like trying to see a firefly in a fireworks play;
- = our planet
- 5형식 지각동사
- O / O.C.

168

정답 ④

해석

대중 연설 워크숍

· 날짜: 11월 20일 금요일
· 시간: 9:00 a.m.-1:30 p.m.
· 장소: PI 비즈니스 스쿨(PBS)
· 입장료: $95 / $45 (PBS 재학생 외 / PBS 재학생)

코스 소개
· 프레젠테이션 및/또는 연설을 준비하고 실행하는 데 실질적인 도움을 받게 됩니다.
· 카메라에 녹화되고 일대일 피드백을 받게 됩니다. 녹음된 프레젠테이션은 이메일로 전송됩니다.

코스 종료 후
· 참가자는 요청에 따라 PBS로부터 출석 증명서를 받게 됩니다.

연사
· 바바라 리는 선도적인 학습 및 개발 조력자입니다. 그녀는 15년 이상 교육을 제공해 왔습니다.

* 온라인 등록은 www.pbs.com 에서 할 수 있습니다.
* 워크숍 날짜 이전에 전액을 지불해야 합니다.

자세한 내용은 당사 웹사이트를 참조하세요.

어휘

□ venue 장소
□ admission fee 입장료
□ practical 실용적인
□ one to one 일대일의

해설

참가비는 워크숍 이전에 지불해야 하므로, 당일에 지불해야 한다는 ④는 일치하지 않는 문장이다.

169

정답 ③

해석

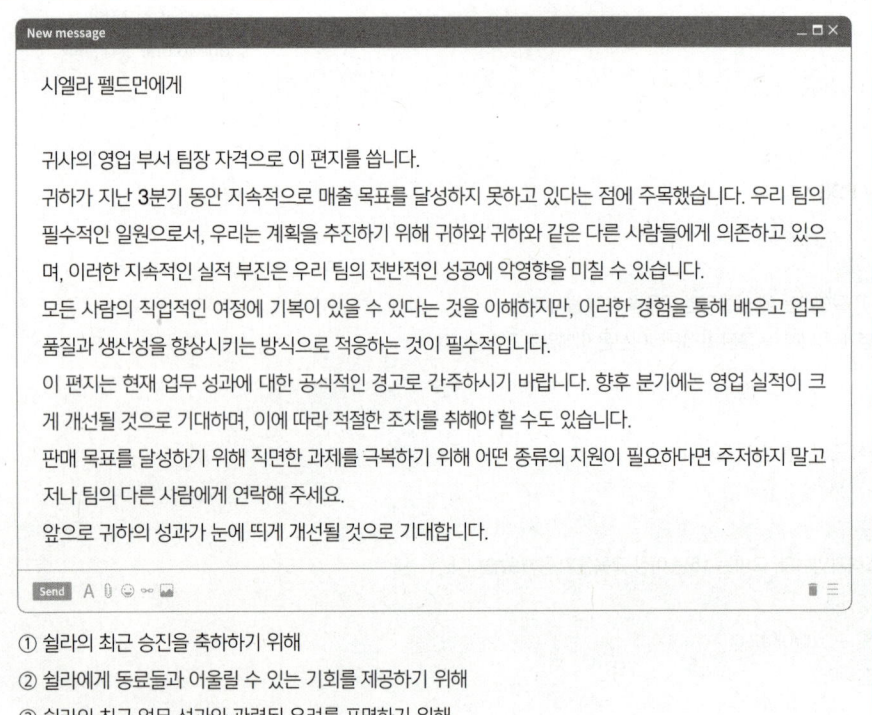

시엘라 펠드먼에게

귀사의 영업 부서 팀장 자격으로 이 편지를 씁니다.
귀하가 지난 3분기 동안 지속적으로 매출 목표를 달성하지 못하고 있다는 점에 주목했습니다. 우리 팀의 필수적인 일원으로서, 우리는 계획을 추진하기 위해 귀하와 귀하와 같은 다른 사람들에게 의존하고 있으며, 이러한 지속적인 실적 부진은 우리 팀의 전반적인 성공에 악영향을 미칠 수 있습니다.
모든 사람의 직업적인 여정에 기복이 있을 수 있다는 것을 이해하지만, 이러한 경험을 통해 배우고 업무 품질과 생산성을 향상시키는 방식으로 적응하는 것이 필수적입니다.
이 편지는 현재 업무 성과에 대한 공식적인 경고로 간주하시기 바랍니다. 향후 분기에는 영업 실적이 크게 개선될 것으로 기대하며, 이에 따라 적절한 조치를 취해야 할 수도 있습니다.
판매 목표를 달성하기 위해 직면한 과제를 극복하기 위해 어떤 종류의 지원이 필요하다면 주저하지 말고 저나 팀의 다른 사람에게 연락해 주세요.
앞으로 귀하의 성과가 눈에 띄게 개선될 것으로 기대합니다.

① 쉴라의 최근 승진을 축하하기 위해
② 쉴라에게 동료들과 어울릴 수 있는 기회를 제공하기 위해
③ 쉴라의 최근 업무 성과와 관련된 우려를 표명하기 위해
④ 쉴라에게 영업 성과를 개선하기 위해 무엇을 해야 하는지 알려주기 위해

해설

매출 목표를 달성하지 못하고 실적인 부진한 것에 대해서 경고를 하고 있는 편지글이다. 따라서, 글의 목적은 '업무 성과에 대한 우려를 표현하기 위해서'라고 할 수 있다.

구문분석

Should you need any kind of assistance to overcome the challenges [you are facing] to meet the sales targets, please do not hesitate to reach out to me or anyone else on the team.
= If you should need
(목적격 관계대명사 생략 / 수식)

어휘

- capacity 지위, 능력
- consistently 지속적으로
- fall short of 부족하다, 못 미치다
- quarter 분기
- initiative 계획
- consistent 일관성 있는
- adversely 부정적으로
- ups and downs 기복
- adapt 적응하다
- socialize with ~와 어울리다

DAY 14

170
정답 ②

해석

누군가 당신의 앞을 막거나, 당신 앞에서 불법 좌회전을 한다면 어떤 기분이 드는지 생각해 보라. 당신이 대부분의 사람들과 같다면 다시는 그 사람을 볼 수 없을 것을 알면서도, 짜증이 나서, 매우 짜증이 나서, 그 규칙 위반자를 처벌하고 싶을 것이다. 또는, 영화를 기다리는 동안 누군가가 새치기를 했을 때 기분이 어떨지 생각해 보라. 대부분의 사람들은 비록 당신이 줄의 맨 앞 근처에 서 있고 좋은 자리를 차지할 것이 확실하더라도 꽤 화를 낸다. 이러한 감정은 사회적 규칙을 위반하는 사람들에 대한 자발적이고 비공식적인 처벌을 초래할 수 있다. 그러나 복잡한 사회에서는 경찰과 법원이 규칙 위반자를 처벌하는 역할을 하기 때문에, 이러한 처벌이 사회 규범을 유지하는 데 중요한 역할을 하는지를 알기는 어렵다. 많은 단순한 사회는 공식적인 법적 제도가 없기 때문에 비공식적이고 자발적인 처벌만이 유일한 종류이다. 작은 규모의 사회에서는, 상당한 민족학적 증거에 따르면 도덕 규범이 처벌에 의해 시행된다고 한다.
① 공식적인 처벌의 이점과 단점
② 처벌과 사회 규모의 관계
③ 도덕 규범과 그것이 사회에 미치는 영향
④ 가혹한 처벌이 반사회적 행동에 미치는 영향
⑤ 국가 안보를 보호하는 법 제도의 역할

해설

사회의 규모(scale)에 따라서, 사적 처벌이 큰 의미가 있는지 없는지가 달라진다는 내용이므로 처벌과 사회의 규모의 관계가 주제로 적절하다.

어휘

- cut in line 새치기 하다
- give rise to 불러 일으키다
- voluntary 자발적인
- norm 기준, 표준
- institution 제도, 기관
- ethnographic 민족지학적인
- enforce 시행하다, 집행하다
- scale 규모
- antisocial 반사회적인
- safeguard 지키다

171
정답 ②

해석

자연재해 대비
자연재해에 대비하는 것은 수십 년간 정부 기관의 중요한 초점이었다. 허리케인, 산불, 홍수와 같은 자연재해는 많은 인명 피해와 경제적 손실을 초래하고 일상생활에 큰 혼란을 가져올 수 있다.

재난 대응 팀
정부의 재난 대응 팀은 자연재해가 발생했을 때 신속하게 대응할 수 있도록 훈련을 받는다. 이 팀들은 구호 작업이 효율적으로 이루어지도록 지방 당국과 협력한다. 재난 대응은 조기 경보 시스템이나 현장 피해와 위험에 보고에 의해 촉발될 수 있다.
① 재난 대응 팀은 지방 당국과의 협력에 중점을 둔다.
② 정부의 주요 목표는 자연재해에 효율적으로 대처하는 것이다.
③ 정부는 대응 노력보다 조기 경보 시스템을 우선시한다.
④ 정부는 재난을 예방하는 방법에 대해 대중을 교육하는 것을 목표로 한다.

해설

자연재해에 대한 정부의 주된 목표는 재난이 발생했을 때 신속하게 대응하고 피해를 최소화하는 것이므로 '자연재해에 효과적으로 대처하는 것이 정부의 목표이다'가 주제로 적절하다.

어휘

- disruption 혼란
- everyday 일상적인
- swiftly 신속하게
- coordinate 조화시키다
- authorities 당국
- relief 구호
- execute 실행하다
- trigger 촉발하다

DAY 14

172
정답 ③

해석

> 오늘날, 라마르크는 적응이 어떻게 진화하는지에 대한 잘못된 설명으로 인해 부당하게 기억되고 있다. 그는 특정 신체 부위를 사용하거나 사용하지 않음으로써 유기체는 특정한 특성을 발달시킬 수 있다고 제안했다.
> (B) 라마르크는 이러한 특징이 자손에게 전해질 것이라고 생각했다. 라마르크는 이 사상을 획득 형질 유전이라고 불렀다.
> (C) 예를 들어, 라마르크는 캥거루의 강력한 뒷다리는 조상들이 점핑으로 강화시켜서 그 힘을 자손에게 물려준 것의 결과라고 설명할지도 모른다. 그러나 후천적인 특성은 유전되기 위해 특정 유전자의 DNA를 어떻게든 수정해야 할 것이다.
> (A) 이것이 일어난다는 증거는 없다. 그럼에도 불구하고, 라마르크가 생물들이 환경에 적응할 때 진화가 일어난다는 것을 제안한 것은 중요하다. 이 아이디어는 다윈의 발판을 마련하는 데 도움이 되었다.

해설
주어진 문장의 characteristics가 (B)에서 these characteristics로 지칭되고 있으므로 (B)가 가장 먼저 배치되어야 한다. 획득 형질 유전(inheritance of acquired characterizes)의 예로 캥거루 다리가 (C)에서 제시되고 있으므로 (B)-(C)의 순서가 되어야 한다. Lamarck의 주장에 대한 증거는 없지만, 그럼에도 불구하고 의미가 있다는 내용의 (A)가 마지막에 배치되어 (B)-(C)-(A)의 순서가 적절하다.

어휘
- adapt to -에 적응하다
- pass on 넘겨주다
- offspring 자손
- acquired 후천적인
- hind leg 뒷다리
- modify 수정하다

173
정답 ③

해석

> 빈번하지는 않지만, 대규모 칼데라의 붕괴는 지구상에서 가장 파괴적인 자연 현상 중 하나이다. 칼데라의 불안정 상태를 감시하는 것은 장기적인 대규모 파괴 가능성 때문에 매우 중요하다. 다행히도, 기록된 역사에서 북아메리카에서는 대규모 붕괴가 발생한 적이 없지만, 지질학자들은 옐로스톤과 롱밸리 칼데라에서 발생하는 작은 지진의 증가와 밑에 있는 마그마에서의 활동을 나타내는 다른 징후에 대해 경계하고 있다. ③ 예를 들어, 더 깊은 지각에서 마그마가 배출되는 이산화탄소가 흘러나와 1992년부터 롱밸리 칼데라 경계에 위치한 화산인, 매머드 산에 있는 나무들을 죽이고 있다. 롱밸리 칼데라가 다시 활동을 시작했다는 다른 징후로는 지난 20년 동안 칼데라 중심부가 50cm 이상 융기한 것과 거의 지속적으로 발생하는 작은 지진 무리가 있다. 1997년에는 하루에 천 번 이상의 지진이 발생했다.

해설
주어진 문장은 마그마의 활동을 나타내는 징후의 구체적인 사례에 해당하므로 other indications of activity in their underlying magama chambers 다음의 위치, 즉 ③에 들어가야 한다.

어휘
- crust 지각
- leak 새다, 누출되다
- uplift 융기, 상승
- swarm 무리, 떼
- be wary of -을 조심하다
- indication 징후
- resurgence 재활동, 부활

174

정답 ④

어휘
- date back to ~로 거슬러 올라가다
- regiment (군대의) 연대
- plaid 격자무늬
- suitable 적절한

해석

역사가들에 따르면, 넥타이는 1660년으로 거슬러 올라간다. 그해 크로아티아에서 온 한 무리의 병사들이 파리를 방문했다. 이 병사들은 루이 14세가 매우 존경했던 전쟁 영웅들이었다. 그들이 목에 두른 색색의 스카프에 깊은 인상을 받은 왕은 Royal Cravattes라는 연대를 만들어 크로아티아 군인들을 기리기로 결정했다. 'cravat(크라바트; 넥타이처럼 매는 남성용 스카프)'라는 단어는 'Croat(크로아티아인)'라는 단어에서 유래했다. 이 연대의 모든 병사들은 목에 화려한 스카프나 cravat를 두르고 다녔다. 이 새로운 스타일의 목에 두르는 것들은 영국으로 전파되었다. 곧 모든 상류층 남성들이 cravat를 착용하게 되었다. 일부 cravat는 꽤 극단적이었다. 때로는 그것들이 너무 높아서 (그것을 착용한) 남성은 온몸을 돌리지 않고는 머리를 움직일 수 없을 정도였다. cravat는 격자무늬부터 레이스까지 매우 다양한 재료로 만들어져 어떤 상황에도 어울렸다.
① 크로아티아 군인들이 1660년에 파리를 방문했다.
② Royal Cravattes는 스카프를 착용한 크로아티아 군인들을 기리기 위해 만들어졌다.
③ 일부 cravat는 남자가 머리를 자유롭게 움직이기에는 너무 불편했다.
④ caravat를 만드는 데 사용된 재료는 제한되었다.

해설

마지막 문장에서 cravat가 격자무늬부터 레이스까지 매우 다양한 재료로 제작되었다고 언급된다. 따라서 글의 내용과 일치하지 않는 것은 ④ 'cravat를 만드는 데 사용된 재료가 제한적이었다.'이다.

구문분석

Impressed with the colored scarves [that they wore around their necks,] the king decided to honor the Croats by creating a military regiment called the Royal Cravattes.
- 분사구문
- 수식
- '-함으로써'
- 수식

175

정답 ③

해석

모든 상황이 동일하다면, 우리는 일반적으로 변화하는 것의 고통이 현재 상황에 남아 있는 고통보다 적어질 때까지 변화에 저항한다. 이것이 바로 무능하거나 심지어 적대적인 직원들이 그 자리에 예상보다 훨씬 오래 남아 있게 되는 이유인데, 왜냐하면 관리자들이 그 문제의 암적인 존재를 대신할 다른 사람을 찾는 일을 처리하고 싶어하지 않기 때문이다. 그것은 또한 사람들이 그 대가로 많은 것을 생산하지도 못하면서 에너지를 소모하게 하는 일로부터 문제 있는 관계에 이르기까지 비생산적이거나 명백히 해로운 모든 종류의 상황을 받아들이는 이유이다. 이 순환을 깨기 위해서는 미지의 것에 대한 두려움이 현재 상황에 대한 수동적인 수용보다 더 적어져야 한다. 이런 일이 일어나게 하는 두 가지 방법이 있는데 하나는 현재 상황의 고통을 늘리는 것이고 다른 하나는 원하는 상황에 대한 두려움을 줄이는 것이다.
① 그것을 견딜 수 있는 한 그 상태를 유지한다
② 우리의 현재 삶을 안정적으로 유지하기 위해 이용된다
③ 현재 상황에 대한 수동적인 수용보다 더 적어진다
④ 우리의 동료에 대한 현재 만족에 의해 압도된다

어휘
- resist 저항하다
- incompetent 무능한
- hostile 적대적인
- downright 순전히
- drain 고갈시키다
- dysfunctional 제대로 기능을 하지 않는, 고장난
- stable 안정된
- be overwhelmed 압도되다

해설

사람들이 변화에 저항하는 이유는 변화하는 고통이 현재 상황에 남아서 견뎌야 할 고통보다 더 크기 때문이고, 그런 이유 때문에 발생하는 악순환을 깨기 위해서는 미지의 것에 대한 두려움, 즉 변화에 대한 두려움이 현재 상황에 안주하여 받는 고통보다 적게 만들면 되므로, 빈칸에는 ③ '현재 상황에 대한 수동적인 수용보다 더 적어진다'가 들어가야 한다.

구문분석

It's also why people accept all kinds of situations [that are unproductive or downright harmful], from jobs [that drain their energy without producing much in return] to dysfunctional relationships.
(the reason 생략 / from A to B (A부터 B까지))

176 정답 ②

해석

19세기까지 과학자들은 종이 변하지 않는다고 생각했다. 이것은 과학자들이 종을 분류하도록 해주었다. 개별 종이 다양하기 때문에 이것은 항상 쉬운 일은 아니었지만, '종'이라는 단어의 의미에 의견의 불일치는 없었다. 18세기 무렵에, 동식물학자들은 비슷한 종과 속을 상위의 범주로 묶는 일을 하고 있었지만, 생물학자들이 종은 진화한다는 것을 깨닫게 되자 종의 정의를 다시 살펴보는 일이 필수가 되었는데, 그것은 하나의 종이 두 개의 별개의 종으로 서서히 변화할 수 있다면 종이라는 개념은 과학자들이 이전에 생각했던 것보다 더욱 유동적이기 때문이다. Charles Darwin은 그 결과로 초래된 혼란을 재미있다고 여겼다. "다양한 동식물학자들이 '종'을 말할 때 그들의 마음속에 얼마나 다른 개념들이 떠오르는지를 보는 것은 정말로 우스운 일이다."라고 그는 썼다. "내 생각에는, 이 모든 일은 정의할 수 없는 것을 정의하려고 노력하는 데서 오는 것이다."

해설

19세기까지 종이 변하지 않는다는 관념이 있었으나, 종이 진화함으로써 변할 수 있다는 것을 깨닫게 됨으로써 혼란이 초래되었다는 내용의 글이므로, 빈칸에는 ② '유동적인'이 나와야 가장 잘 어울린다.

구문분석

but <u>it was</u> not until biologists realized that species evolve <u>that</u> it became necessary to look again
  not until ~의 강조구문
at the definition, Charles Darwin found the resulting confusion amusing.
                  5형식 V   O   O.C.

어휘

- stable 안정된
- mild 가벼운, 부드러운, 온화한
- invade 침략하다
- oppress 탄압하다, 억압하다
- disrupt 방해하다, 파괴하다
- incentive 자극, 동기
- hold down ~을 억제하다
- transition 이행
- prosperous 번영한, 번창한
- numerous 많은
- indigenous 토착의

177 정답 ④

해석

언어적인 메시지와 비언어적인 메시지 사이에 차이가 있을 때, 후자가 결국 화자의 진정한 느낌을 드러내게 된다. 예를 들어, 어떤 친구가 저녁 식사 계획에 대해 말로는 "좋은데"라고 하지만 목소리에 열의가 거의 없고 활기 없는 얼굴 표정으로 응답할 수 있다. 언어적인 반응에도 불구하고, 표정에 있어서 열정의 부족은 그 계획을 긍정적으로 간주하지 않고 있음을 암시한다. 그러한 경우에, 긍정적인 말의 목적은 의견의 불일치를 피하고 친구를 지지하기 위한 것일 수 있지만, 긍정적인 표정의 부족은 자신도 모르게 그 계획에 대한 보다 솔직하고 부정적인 반응을 흘린다. 물론 무표정을 보이는 것은 또한 전략적이거나 의도적일 수도 있다. 즉, 그 비언어적 메시지는 계산된 것이고, 상대방에게 자신의 솔직한 반응을 간접적으로 알리려고 계획된 것이다. 그렇다면 그 비언어적인 메시지를 해석하고 계획을 약간의 조정하는 것은 상대방의 책임이다.
① 전자는 듣는 사람에게 전달되지 못한다
② 후자는 종종 화자의 의도를 강조한다
③ 전자가 판단을 형성하는 데 있어 더 큰 비중을 차지한다
④ 후자가 결국 화자의 진정한 감정을 드러내게 된다

해설

언어적인 메시지와 비언어적인 메시지와 상충할 때, 후자에 해당하는 비언어적인 메시지가 좀 더 솔직한 반응을 드러낸다고 했으므로, 빈칸에는 후자가 화자의 진정한 감정을 드러낸다는 ④가 적절하다.

어휘

- discrepancy 차이
- verbal 언어적인
- nonverbal 비언어적인
- weigh 비중을 차지하다, 무게가 나가다
- enthusiasm 열의, 열정
- muted 소리 없는
- unintentionally 자신도 모르게, 무심코
- leak 흘리다, 누설하다
- candid 솔직한
- strategic 전략적인
- interpret 해석하다, 통역하다
- adjustment 조정, 조절
- the former 전자
- get across 전달되다
- the latter 후자
- underscore 강조하다

DAY 14

178
정답 ③

해석

설명문은 독자에게 특정 주제를 설명하고, 정보를 제공하거나 묘사하는 것을 목표로 하는 글쓰기 유형이다. ① 이 유형의 에세이에서, 작가는 균형 잡히고 객관적인 분석을 제시하며, 주된 내용을 뒷받침하기 위해 사실적 증거에 의존한다. ② 설명문의 목적은 독자를 설득하는 것이 아니라 명확하고 간결한 정보를 제공하는 것이다. ③ 설명문에서 감정적 호소와 설득 기법을 사용하는 것은 독자를 참여시키는 데 매우 중요하다. ④ 설명문의 일반적인 유형에는 비교와 대조, 원인과 결과, 문제 해결 에세이가 있으며, 이는 모두 독자의 주제에 대한 이해를 높이는 데 목적이 있다.

해설

③은 감정적 호소와 설득 기법이 설명문에 중요하다고 말하고 있다. 하지만 설명문은 정보 전달이 목적이며, 감정적 호소나 설득 기법은 주로 논설문이나 설득적 에세이에 사용되므로 전체 글의 논지와 맞지 않다.

구문분석

not A but B - 'A가 아니라 B이다'

The purpose of an expository essay is not to persuade the reader but to provide clear and concise information.
　　　　　　　　　　　　　　　　　　　　　　A　　　　　　　　　　B

어휘
- expository 설명적인
- objective 객관적인
- factual 사실적인
- concise 간결한
- engage 참여시키다

179
정답 ②

해석

담배가 떨어진 골초의 공포는 단순한 욕구보다 더 강력한 생리적 힘이 작용하고 있음을 경고한다. 흡연을 시작한 지 얼마 지나지 않아, 흡연자들은 니코틴의 효과에 내성이 생기며, 헤로인이나 코카인처럼 빠르게 의존하게 된다. 담배는 즉각적으로 위험하지 않기 때문에 더 안전해 보일 뿐이다. 예를 들어, 니코틴은 건강한 심장을 치명적으로 과자극하거나, 혼란스러운 환각을 일으키거나, 다른 많은 약물처럼 강력한 쾌감을 주지 않는다. "사람들은 크랙을 하면 즉시 죽을 수도 있다,"고 맨해튼에 있는 뉴욕주 정신약리학 연구소의 알렉산더 글래스만은 설명한다. "하지만 담배는 20년 후에 문제가 생긴다. 아무도 첫 담배를 피우고 즉시 죽지는 않는다."

해설

Not long after taking up the habit, smokers become tolerant of nicotine's effects의 문장으로 보아, 흡연을 시작하고 오래지 않아 내성이 생기므로 ②는 일치하지 않는 문장이다.

구문분석

The panic of a heavy smoker bereft of cigarettes speaks alarmingly of a physiological force at work [that is more powerful than mere desire].
S　　　　　　　　수식　　　　　　V　　　　　　　　　　　수식

어휘
- panic 공포, 당황
- bereft of ~을 잃은, ~이 없는
- physiological 생리적인
- at force 작동하는
- as with ~와 마찬가지로
- take up 시작하다
- fatally 치명적으로
- tolerant of ~에 대한 내성이 있는
- dependence 의존, 중독
- overstimulate 과자극하다
- hallucination 환각
- euphoric punch 강한 쾌감
- psycho-pharmacologist 정신약리학자
- light up 불을 붙이다

180

정답 ②

해석

사람이 얼마나 많은 생활 공간을 필요로 할까? 그 사람의 공간에 요구가 충분히 충족되지 않으면 어떻게 될까? 사회학자와 심리학자들은 인간이 과밀한 조건에서 받는 영향을 알아내기 위해 쥐를 대상으로 실험을 진행하고 있다. 최근 연구에 따르면, 쥐의 행동은 공간에 크게 영향을 받는 것으로 나타났다. 쥐가 충분한 생활 공간을 확보하면 잘 먹고, 잘 자고, 잘 번식한다. 그러나 생활 조건이 너무 과밀해지면 행동 패턴과 심지어 건강까지 눈에 띄게 변화한다. 잘 자고 잘 먹지 못하며, 공포와 긴장의 징후가 뚜렷해진다. 쥐들이 더 많이 몰리면 몰릴수록 서로 물고 심지어 죽이기도 한다. 따라서 쥐에게는 인구 밀도와 폭력이 직접적으로 연관되어 있다. 이는 인간 사회에도 적용되는 자연 법칙이다.

① 생활 환경과 번식의 관계
② 생활 공간이 행동에 미치는 영향
③ 우주 공간에서의 동물 실험의 필요성
④ 생활 공간 확보를 위한 연구의 필요성

해설

글은 주로 쥐를 대상으로 한 실험을 통해 생활 공간이 부족할 경우 발생하는 행동 변화를 설명하고 있다. 이를 바탕으로 인간 사회에서도 유사한 현상이 발생할 수 있다는 점을 강조하고 있으므로, 이 글의 핵심 주제는 "생활 공간이 행동에 미치는 영향"이라고 할 수 있다.

어휘

- **adequately** 적절하게, 충분하게
- **overcrowded** 과밀한
- **reproduce** 번식하다
- **perceptibly** 눈에 띄게

181

정답 ②

해석

수어 수업

수어를 배우고 싶다면, 우리 수업이 최고의 방법 중 하나이다!
모든 연령대가 참여할 수 있지만, 어린이는 반드시 성인과 동반해야 함.

수업 일정
- 장소: 쿠퍼루 커뮤니티 센터
- 시간: 2020년 9월 ~ 10월 (오후 7시 ~ 9시)

레벨
- 수업 1 (월요일과 화요일) – 이전의 수어 경험이 요구되지 않음.
- 수업 2 (수요일과 목요일) – 최소 1,000개의 수어를 알고 있어야 함.

주의 사항
- 수강료는 100달러.
- 등록 인원이 적어 수업이 취소되지 않는 한 환불은 불가능함.
- 등록은 8월 31일 이전에 온라인에서만 가능.

웹사이트 www.CRsignlgs.com

① 어린이들도 어른 동반 없이 참여할 수 있다.
② 수화 경험이 없어도 참여할 수 있는 수업이 있다.
③ 환불은 예외 없이 불가능하다.
④ 어떤 경우에는 현장 등록이 가능하다.

어휘
- accompany 동행하다
- tuition 등록금, 수강료
- registration 등록

해설
어린이는 성인 없이도 참여할 수 있으며, 월요일과 화요일에 진행되는 Class #1은 수어 경험이 없는 사람도 들을 수 있으며, 등록 인원이 적으면 환불이 가능하다. 또한, 등록은 온라인에서만 가능하므로 ②만 일치하는 문장이다.

182

정답 ①

해석

공적 행동과 사적 행동 사이에 명확한 경계를 그을 수 없다 – 규칙을 세우는 것은 자의적일 것이고, 적어도 일부 부패하거나 부정직한 행동을 제외하게 될 것이다. 예를 들어, 프랑스의 미테랑 대통령은 수년 동안 자신의 암을 프랑스 유권자에게 숨겼는데, 이것이 공적인 문제인가 사적인 문제인가? 그는 또한 애인과 사생아가 있었고, 이들이 국가 비용으로 비밀리에 그의 해외 방문에 동행하기도 했다. 이것도 사적인 문제인가 공적인 문제인가? 공직자의 사생활에 대한 끊임없는 탐사는 사실 민주주의의 기능을 해친다. 잠재적인 후보들 중에서 젊고 무책임했던 시절의 부끄러운 실수들로부터 완전히 깨끗한 사생활을 가진 사람은 거의 없을 것이다.

⇨ 매서운 언론의 가차 없는 감시 가능성은 많은 사람들이 공직에 출마하는 것을 (A) 단념하게 만들 것이며, 그들의 재능이 (B) 공익을 위해 사용되지 못하게 할 것이다.

해설

공적인 인물들의 사생활을 너무 파헤치면 그 사람들이 공직에 출마하기를 꺼리게 할 것이고, 이것이 결국 그들의 재능이 공익을 위해 사용될 수 없다는 것을 의미한다고 추론할 수 있다.

어휘

- arbitrary 임의의
- exclude 배제하다
- bearing 행동거지
- electorate 유권자
- illegitimate child 사생아
- probe 조사하다
- figure 인물
- candidate 후보자
- spotless 결점없는
- indiscretion 경솔함
- deter 단념시키다
- public good 공익
- stimulate 자극하다
- press 언론
- encourage 부추기다
- the good will 선의
- divert 전환시키다

DAY 15

183
정답 ④

해석

Dr. Roossinck와 그녀의 동료들은 우연히 한 바이러스가 식물 실험에 널리 사용되는 한 식물의 가뭄 저항성을 증가시킨다는 것을 발견했다. 그들은 관련된 바이러스에 대한 추가 실험에서 다른 15종의 식물에서도 동일한 결과를 확인했다. Dr. Roossinck는 이제 다양한 식물에서 열 저항성을 증가시키는 또 다른 유형의 바이러스를 연구 중이다. 그녀는 다양한 바이러스가 숙주에게 주는 이점에 대해 더 깊이 이해하기 위한 연구를 확장하기를 원한다. 이러한 연구는 자립적이기보다는 공생에 의존하는 생물이 많다는 점점 더 많은 과학자들이 가지고 있는 견해를 뒷받침하는 데 도움이 될 것이다.

① 바이러스는 생물체의 자급자족을 증명한다.
② 생물학자들은 식물에서 바이러스를 제거하기 위해 모든 것을 해야 한다.
③ 공생 원리는 감염된 식물에 적용될 수 없다.
④ 바이러스는 때때로 숙주에게 해를 끼치기보다는 이로움을 준다.

해설

바이러스가 식물에 해롭기만 한 것이 아니라, 오히려 가뭄 저항성이나 열 저항성을 증가시키는 등 긍정적인 효과를 가져올 수 있다는 내용이므로 바이러스가 숙주에게 이로움을 준다는 것이 요지로 적절하다.

구문분석

That would help to support a view [which is held by an increasing number of biologists,] that many creatures rely on symbiosis, rather than being self-sufficient.
(동격 / 수식)

어휘

- by chance 우연히
- botanical 식물의
- be true of ~에 사실이다
- tolerance 저항성
- host 숙주
- symbiosis 공생

184
정답 ④

해석

기후 변화가 전 세계적으로 날씨 패턴에 영향을 미치면서, 해안 도시는 해수면 상승과 극단적인 기상 현상으로 인해 점점 더 큰 위험에 직면하고 있다. 과학자들은 탄소 배출을 크게 줄이지 않으면, 이번 세기 말까지 많은 저지대 지역이 물에 잠길 수 있다고 경고한다. 이러한 변화는 인명과 재산 뿐만 아니라 생태계에도 큰 영향을 미쳐 생물 다양성의 손실을 초래한다. 이러한 위험을 완화하기 위해 정부는 풍력과 태양열 같은 재생 에너지에 대한 투자를 늘리고, 더 엄격한 환경 규제를 시행해야 한다. 또한, 도시 설계자들은 홍수와 같은 기후 관련 문제에 더 강한 도시를 재설계하는 방법을 모색하고 있다. 기후 변화에 적응하기 위해서는 선제적인 정책과 혁신적인 설계의 결합이 필수적이다.

① 재생 가능 에너지가 탄소 배출 감소에 기여하는 이점
② 기후 변화 적응에서 도시 계획의 역할
③ 해수면 상승이 생물 다양성에 미치는 영향
④ 해안 지역에서 기후 변화 위험을 줄이기 위한 전략

어휘

- emission 방출
- low-lying area 저지대
- submerge 물에 잠기게 하다
- property 재산
- disrupt 파괴시키다
- mitigate 완화하다
- resilient 회복력이 있는
- proactive 선제적인

해설

기후 변화로 인한 해수면 상승과 극단적인 기상 현상에 직면한 해안 도시의 위험을 줄이기 위한 다양한 전략을 설명하고 있다. 여기에는 탄소 배출 감소를 위한 재생 가능 에너지 투자, 환경 규제 강화, 도시 설계를 통한 기후 변화 적응 방안 등이 포함되어 있다.

185

정답 ③

해석

당신의 제품이 아무리 좋은 것일지라도, 기존의 제품을 완벽하게 만드는 것이 반드시 당신이 할 수 있는 최고의 투자는 아니라는 것을 기억하라. (A) 예를 들어, 건설하는데 4년이 걸린 Erie 운하는, 당대에 효율성의 최고봉이라고 여겨졌다. 운하를 건설하는 데 고려하지 않았던 것은 철도의 출현이 운하의 즉각적인 몰락을 가져올 것이라는 사실이었다. 운하가 완성되었을 때, 철도는 이미 가장 적합한 운송 기술로 자리를 잡았다. (B) 마찬가지로, 연료 전지가 선택 가능한 자동차 엔진이 되고 있을 때, 내연 기관의 효율성을 증가시키는 데 초점을 맞추는 자동차 회사들은 스스로 뒤처져 있다는 것을 알게 될 수도 있다. 만들고 있는 것을 계속 만들어야 할 때인가? 아니면 새로운 틈새를 창조할 때인가? 혁신은 회사 그 자체의 외부에서 들려오는 신호들을 알아차릴 것을 요구한다: 즉 공동체, 환경, 전반적인 세계에서 오는 신호들.

어휘

- perfect 완벽하게 하다
- existing 기존의
- canal 운하, 수로
- advent 출현, 도래
- downfall 몰락, 붕괴
- transportation 운송, 수송
- automotive 자동차의
- internal combustion engine 내연기관
- niche 틈새
- at large 전체적인, 대체적인

해설

(A) 기존의 제품의 완성도가 최고의 투자는 아니라는, Erie 운하의 예를 통해 알 수 있으므로, 빈칸에는 For example이 들어가야 한다.
(B) 빈칸 앞에서 철도의 예를 통해 주제를 뒷받침하고, 빈칸 뒤에서 비슷한 자동차 회사의 예를 들고 있으므로, 빈칸에는 Likewise가 들어가는 것이 적절하다.

구문분석

① No matter how good your product is, remember that perfection of an existing product is not necessarily the best investment [one can make.]

② when the fuel cell becomes the automotive engine of choice, the car companies [focusing on increasing the efficiency of the internal combustion engine] may find themselves left behind.

DAY 15

186
정답 ③

해석

전 세계적으로 깨끗한 에너지에 대한 수요로 태양광과 풍력 에너지를 중심으로 재생 가능 에너지 부문이 빠르게 성장하고 있다. 그러나, 재생 가능 에너지원으로의 전환에는 어려움이 따른다. 그 중 하나는 태양광과 풍력 에너지가 간헐적이라는 점이다. 즉, 이들은 날씨 조건에 의존하므로, 안정적이고 지속적인 에너지 공급을 제공하지 못한다. 이러한 예측 불가능성은 국가들이 에너지 그리드를 균형 있게 유지하고 지속적인 전력 공급을 유지하는 데 어려움을 겪는 에너지 안정성과 신뢰성의 혼란으로 이어질 수 있다. 이 문제를 해결하기 위해, 정부와 기업들은 첨단 배터리와 같은 에너지 저장 기술에 막대한 투자를 하고 있으며, 이는 생산이 최고조에 달할 때 발생한 초과 에너지를 저장하고 수요가 높을 때 방출할 수 있다.
① 전 세계 에너지 가격의 급등
② 화석 연료의 광범위한 채택
③ 에너지 안정성과 신뢰성의 혼란
④ 재생 가능 제품에 대한 소비자 수요 증가

해설

재생 가능 에너지로 전환할 때 겪는 주요 문제는 태양광과 풍력 에너지가 날씨에 따라 변동하기 때문에 일관된 에너지 공급이 어렵다는 점이다. 이로 인해 '에너지 안정성과 신뢰성'에 문제가 생길 수 있다.

어휘

- spur 촉진하다
- renewable energy 재생 가능 에너지
- transition 전환
- intermittency: 간헐성
- consistent 지속적인
- address 다루다
- unpredictability 예측 불가능성
- energy grids 에너지망
- storage 저장
- peak production times 최대 생산 시기
- surge 급증

187
정답 ④

해석

감성 지능이란 개념은 심리학자 John Mayer와 Peter Salovey가 발표한 두 건의 논문에서 유래한다. 그들은 감성 지능을 이성적인 사고를 용이하게 하기 위해 감정을 인지하고 이해하고 관리하고 사용하는 능력이라고 정의한다. 정반대의 것으로 생각되는 일이 빈번하지만, 감정과 지성은 흔히 협력하여 작용하며 서로를 향상시킨다. Mayer는 '가장 높은 수준의 사고를 할 수 있는 능력은 미적분학 같은 지적인 추구에 한정된 것이 아니다.'라고 주장한다. '그것은 또한 감정에 관한 추론과 추상화를 포함한다. 그것은 우리가 온정이 많다거나 낭만적이라거나 친절하다고 일컫는 그런 사람들 가운데는, 정말로 매우 복잡한 정보 처리를 하고 있는 사람들이 있다는 것을 의미한다. 이런 유형의 추론은 어느 모로 보나 삼단 논법을 푸는 데에 사용되는 것만큼 형식을 갖춘 추론이다.' 그들은 더 나아가 감정이 때때로 사고를 풍성하게 한다는 것과 강렬한 감정의 경험은 사람들이 새로운 대안을 인지하고 더 나은 선택을 하고 역설적으로 안정적인 감정 상태를 유지하는 것을 도울 수 있다는 것을 주장했다.
① 행동을 촉구하기
② 스트레스를 해소하기
③ 주의를 끌기
④ 사고를 용이하게 하기

어휘

- conceive 생각하다, 상상하다
- in concert 협력하여
- calculus 미적분학
- contend 주장하다
- reason (논리적인 근거에 따라) 추론하다
- abstract 추상화하다, 추출하다
- sophisticated 복잡한
- every bit 어느 모로 보나, 모두
- enrich 풍성하게 하다
- engage in ~을 하다
- paradoxically 역설적으로
- facilitate 용이하게 하다

해설

감정과 지력은 협력하여 서로를 향상시키고 감정은 사고를 풍성하게 하고 새로운 대안 인지와 더 나은 선택을 돕는다고 설명하고 있으므로 빈칸에는 ④ '사고를 용이하게 하기'가 가장 적절하다.

구문분석

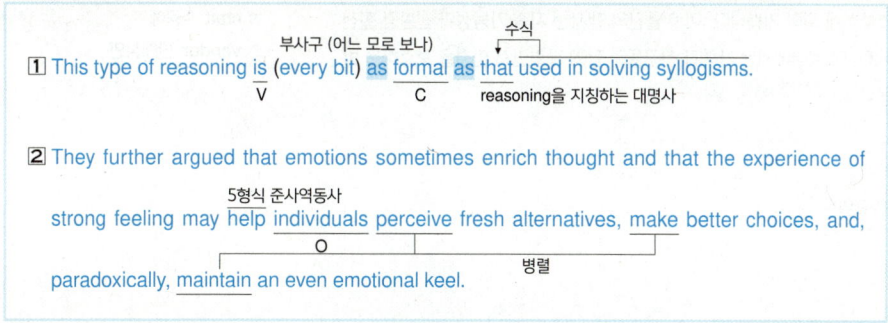

188

정답 ③

해석

비슷한 친구를 선택하는 것은 합리적인 근거가 있다. 환경에서 생존 가능성을 평가하는 것은 위험할 수 있다(예를 들어, 환경이 치명적으로 밝혀지는 경우에, 그것을 발견했을 쯤에는 너무 늦을 수 있다), 그래서 인간은 이 기능을 효율적으로 수행하기 위한 방법으로 비슷한 개인들과 어울리려는 욕구를 진화시켜 왔다. 이것은 매우 다양한 환경에서 사는 종들에게 특히 유용하다. 그러나, 특정한 환경의 환경수용력은 이 전략에 한계를 둔다. 만약 자원이 매우 제한된다면, 특정한 장소에 사는 개인들이 모두 똑같은 일을 할 수 없다. (예를 들어, 나무가 거의 없으면, 사람들이 모두 나무집에서 살 수 없거나, 망고가 부족하면, 사람들은 모두 망고만 먹고 살 수가 없다). 그러므로 합리적인 전략은 때때로 한 종의 비슷한 구성원을 피하는 것일 수 있다.

① 공동체의 예상 수요를 초과한다
② 다양한 생존수단에 의해 줄어든다
③ 이러한 전략에 한계를 둔다
④ 개인에게 적합한 세상을 만든다

어휘

- rationale 논리의 근거
- assess 평가하다
- deadly 치명적인
- carrying capacity 환경수용력
- associate with −와 교류하다
- given 특정한
- rational 합리적인
- exceed 초과하다
- dissimilar 다른

해설

빈칸 앞 문장은 비슷한 개체들과 어울리는 이점을 설명하는 내용이다. However을 기점으로 후반부의 내용은 비슷한 개체들과 어울리는 경우의 한계점에 관한 내용이므로, 빈칸에는 이러한 전략에 한계를 둔다는 ③이 적절하다.

 15

[189~190]

해석

(A)

여러분을 Green Earth Eco Fair에 초대하게 되어 기쁩니다. 이 이틀간의 행사는 지속 가능성과 친환경 실천에 대한 인식을 높이는 것을 목표로 합니다. 이 페어에서는 가족과 친구들과 함께 즐기면서 환경을 보호하는 방법을 배울 수 있는 다양한 기회가 제공됩니다.

◆ 세부 사항
· 날짜: 11월 4일 토요일 – 11월 5일 일요일
· 시간: 오전 9시 – 오후 7시(양일간)
· 장소: Central Park, Oak Street

◆ 하이라이트
· 워크숍
지역 전문가들과 함께하는 실습 워크숍에 참여하여 도시 정원 가꾸기, 재활용 기술, 에너지 절약 팁 등을 배울 수 있습니다.
· 에코 마켓
지속 가능한 제품, 유기농 식품, 지역 상인들이 만든 친환경 공예품을 만날 수 있는 에코 마켓을 둘러보세요.

더 많은 정보와 전체 활동 목록은 공식 웹사이트 www.greenearthfair.org를 방문하시거나 (800) 123-4567로 연락해 주세요.

어휘
□ awareness 인식
□ sustainability 지속가능성
□ numerous 수많은
□ hands-on 직접적인
□ craft 수공예
□ vendor 판매상인

189
정답 ②

해석

① 변화를 만들어 보세요: 우리의 지속 가능성 워크숍에 참석하세요.
② 더 깨끗한 미래를 에코 페어에서 기념하세요.
③ 에너지 효율적인 팁을 배워서 돈을 절약하세요.
④ 도시 개발의 미래를 탐험하세요.

해설
이 글은 환경 보호와 지속 가능성에 대한 인식을 높이기 위한 행사인 "Green Earth Eco Fair"에 대해 소개하고 있다. 다양한 활동과 워크숍이 포함되어 있어 환경 보호의 미래를 축하하고 알리는 내용이므로, "Celebrate a Cleaner Future at the Eco Fair"라는 제목이 가장 적절하다.

190
정답 ④

해석
지역 상인들(local vendors)은 워크숍을 진행하는 것이 아니라 에코마켓에서 판매하는 친환경 공예품을 만든다.

191

정답 ②

해석

글로벌 교육 지원 기구

목표

우리는 교육자와 학생들에게 자원과 훈련을 제공함으로써, 전 세계적으로 양질의 교육에 대한 공평한 접근을 촉진합니다. 우리의 프로그램은 다양한 교육 분야에서 평생 학습과 전문성 개발을 지원하도록 설계되었습니다.

비전

우리는 배경에 상관없이 모든 개인이 잠재력을 발휘할 수 있는 양질의 교육에 접근할 수 있는 세상을 꿈꿉니다. 글로벌 파트너들과 협력함으로써 포용적이고 혁신적인 교육 시스템을 구축하는 것을 목표로 합니다.

핵심 가치

- **형평성과 포용성**: 우리는 모든 학습자가 그들의 상황에 상관없이 성공할 수 있는 동등한 기회를 가지도록 보장하는 데 전념하고 있습니다.
- **혁신과 협력**: 우리는 혁신적인 접근 방식을 장려하고, 교육자, 기관, 정부와 협력하여 전 세계적으로 교육 시스템을 개선합니다.

① 오직 교사들만을 위한 전문성 개발을 제공하는 데 중점을 둔다.
② 글로벌 파트너들과 협력하여 수용적인 교육 시스템을 만드는 것을 목표로 한다.
③ 교육 기회를 특정 지역에만 제한한다.
④ 교육자에 대한 관심 없이 오직 학생들만을 중심으로 한다.

해설

교육의 형평성과 포용성을 중요시하며, 전 세계 파트너들과 협력하여 포용적이고 혁신적인 교육 시스템을 만들려는 목표를 가지고 있다고 설명하고 있으므로, ②가 일치하는 문장이다.

어휘

- equitable 공평한
- lifelong 평생의
- envision 꿈꾸다, 상상하다
- regardless of ~에 관계없이
- foster inclusive 포용적인
- equity 공평, 공정
- collaborate 협력하다
- institution 기관

DAY 15

192

정답 ①

해석

19세기에, 가장 존경받는 건강과 의학 전문가들은 모두 질병이 나쁜 공기를 뜻하는 용어인 "미아즈마"에 의해 발생했다고 주장했다. 서구 사회의 건강 체계는 이러한 가정에 바탕을 두고 있었다: 질병을 예방하기 위해, 방 안이나 밖에 더 많은 미아즈마가 있느냐에 따라 창문을 열어 놓았거나 닫아두었다; 신사들은 공기가 나쁜 숙소에 살지 않았기 때문에 의사들은 병을 옮길 수 없다고 믿어졌다. 그때 세균에 대한 아이디어가 나타났다. 어느 날, 모든 사람들은 나쁜 공기가 당신을 아프게 한다고 믿었다. 그리고, 거의 하룻밤 사이에, 사람들은 질병의 진짜 원인이 되는 미생물과 박테리아라고 불리는 보이지 않는 것들이 있다는 것을 깨닫기 시작했다. 이 질병에 대한 새로운 견해는 외과의사들이 항생제를 채택하고 과학자들이 백신과 항생제를 발명하면서 의학에 전면적인 변화를 가져왔다. 그러나, 중요한 것은, 세균에 대한 생각은 평범한 사람들에게 그들 자신의 삶에 영향을 미칠 수 있는 힘을 주었다. 지금은, 만약 당신이 건강을 유지하고 싶다면, 손을 씻고, 물을 끓이고, 음식을 완전히 익히고, 요오드로 상처와 긁힌 곳을 소독할 수 있다.

① 19세기에는 창문을 여는 것이 미아즈마의 밀도와 무관했다.
② 19세기에는 신사가 공기가 나쁜 곳에서 살지 않는다고 믿어졌다.
③ 미생물과 박테리아가 질병의 진짜 원인임을 깨달은 후에 백신이 발명되었다.
④ 베인 상처와 긁힌 상처를 소독하는 것이 건강을 유지하는 데 도움이 될 수 있다.

어휘

- depending on –에 따라
- quarters 숙소, 거처
- pass along 전달하다, 떠넘기다
- come along 나타나다
- sweeping 전면적인
- antiseptic 소독제, 방부제
- antibiotics 항생제
- momentously 중요하게
- germ 세균
- throughly 철저하게
- scrape 긁힌 곳
- density 밀도

해설

① Western society's system of health was based on this assumption: to prevent diseases, windows were kept open or closed를 통해 당시에는 질병을 예방하기 위해서 창문은 열려 있거나 닫혀 있어야 한다고 했으므로 일치하지 않는 문장이다.
② it was believed that doctors could not pass along disease because gentlemen did not inhabit quarters with bad air.에서 신사들은 나쁜 공기가 있는 방에 살지 않는다고 믿어졌다고 했으므로 일치하는 문장이다.
③ Then, almost overnight, people started realizing there were invisible things called microbes and bacteria that were the real cause of diseases. This new view of disease brought sweeping changes to medicine, as surgeons adopted antiseptics and scientists invented vaccines and antibiotics.에서 세균과 박테리아가 질병의 원인이라는 것을 깨닫고, 백신과 항생제를 발명했다고 했으므로 일치하는 문장이다.
④ Now, if you wanted to stay healthy, you could wash your hands, boil your water, cook your food thoroughly, and clean cuts and scrapes with iodine.에서 건강함을 유지하고자 하면, 손을 씻고, 물을 끓이고, 음식을 철저히 익혀 먹고, 상처를 요오드로 씻어야 한다고 했으므로 일치하는 문장이다.

구문분석

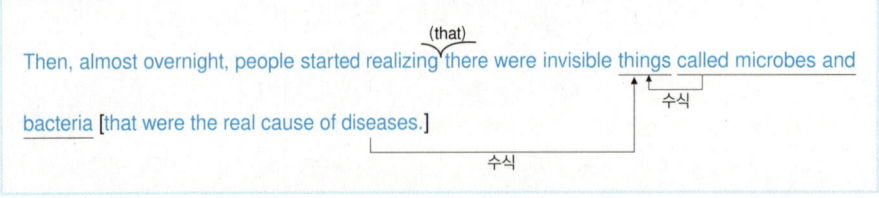

193

정답 ②

해석

사람의 모습을 그릴 때, 아이들은 종종 머리를 나머지 몸에 비해 너무 크게 그리는 경향이 있다. 최근의 연구는 아이들의 그림에서 이러한 일반적인 불균형에 대한 통찰을 제공한다. 연구의 일환으로, 연구원들은 4세에서 7세 사이의 아이들에게 어른들의 그림을 몇 장 그리도록 요청했다. ① 아이들이 어른들의 정면을 그렸을 때, 머리 크기가 현저히 커졌다. ② 어른들은 자신의 얼굴보다 아이들의 얼굴을 더 크게 그리는 경향이 있었다. ③ 그러나 아이들이 어른들의 뒷모습을 그렸을 때, 머리 크기는 그다지 과장되지 않았다. ④ 연구원들은 아이들이 얼굴의 세부 묘사를 위해 공간을 남겨두어야 한다고 인식할 때 머리를 더 크게 그린다고 제안한다.

해설

이 글은 아이들이 사람을 그릴 때 머리를 지나치게 크게 그리는 현상에 대한 연구를 설명하고 있다. ②는 어른들이 아이들의 얼굴을 크게 그린다는 내용으로, 아이들의 그림을 다루고 있는 나머지 문장들과 관련이 없다.

어휘

- figure 모습, 형상
- frontal 정면의
- rear 후면의
- exaggerate 과장하다

194

정답 ②

해석

흥미롭게도, 관찰되고 있다는 것은 수행 능력에 두 가지 매우 다른 영향을 미친다. 어떤 경우에는, 수행 능력이 심지어 존재하지 않는 지점까지, 저하된다. 이것의 극단은 무대 공포증, 대중 공연의 갑작스러운 두려움이다.
(B) 경력 중반에, 무대공포증이 생겨서 도저히 공연을 할 수 없는 유명한 배우의 사례가 많이 있다. 다른 한 극단은 관찰되는 것이 수행 능력을 향상시키고, 사람들은 다른 사람들이 보고 있다는 것을 알았을 때 그 일이 무엇이든 더 잘한다.
(C) 일반적인 규칙은 어떤 사람이 새로운 것을 하거나 처음으로 뭔가를 하고 있다면, 관찰되는 것이 수행 능력을 저하시키는 것 같다. 반면에, 잘 알고 있거나 잘 연습된 어떤 과제를 하거나 활동에 참여하는 동안에는 관찰되는 것이 수행 능력을 향상 시키는 경향이 있다.
(A) 따라서, 새로운 스포츠를 배우는 경우라면 혼자서 시작하는 것이 낫지만, 숙련된 상태가 되면, 관중이 있을 때 아마 더 잘 할 것이다.

해설

주어진 글은 관찰되고 있다는 것이 수행 능력에 두 가지 매우 다른 영향을 미친다고 하고 있고, 그 중 수행 능력이 저하되는 무대 공포증에 대한 내용으로 그에 대한 부연 설명으로 (B)가 제일 처음에 나와야 한다. (B)에서 다른 한 극단인 수행 능력을 향상시키는 경우를 설명하고 있고, (C)에서 앞에 나온 두 극단에 대한 일반적으로 설명을 하고 있으므로, (C)가 다음에 나오는 것이 적절하다. (A)에서 (C)에 대한 스포츠를 통한 구체적인 예를 통해 설명을 하고 있으므로, (C)가 마지막에 나와야 한다. 따라서, 주어진 글 다음에 (B)-(C)-(A)가 되어야 한다.

어휘

- observe 관찰하다
- distinct 구별되는, 뚜렷한
- stage fright 무대 공포증
- engage in -를 하다

구문분석

1. The other extreme is that being observed enhances performance, people doing whatever it might be better when they know that others are watching.
   - S: being observed
   - V: enhances
   - O: performance
   - 분사구문의 의미상의 주어: people
   - 분사: doing
   - doing의 목적어: whatever it

2. On the other hand, being observed (while doing some task or engaging in some activity) that is well known or well practiced tends to enhance performance.
   - S: being observed
   - 수식
   - V: tends to enhance

195

정답 ③

해석

워싱턴 올림픽 반도의 최서단에 위치한 오제트 마을에서 마카 부족의 사람들이 고래를 사냥했다. 그들은 선반과 훈제실에서 그들이 잡은 것을 훈제했고, 푸젯 사운드와 인근 밴쿠버 섬에서 온 이웃 사람들과 거래했다. 오제트는 그 지역에 수천 년 동안 기반을 둔 원주민인 마카족이 살았던 다섯 개의 주요 마을 중 하나였다. ③ 부족의 구전 역사와 고고학적 증거에 따르면, 1500년에서 1700년 사이 어느 시점에 산사태가 마을의 일부를 파괴하여 여러 개의 공동주택을 엎고 그 안의 내용물을 봉인했다고 한다. 바구니, 옷, 수면 매트, 포경 도구를 포함하여, 그렇지 않았더라면 남아있지 못했을 수천 개의 유물이 진흙 속에 보존되었다. 1970년에, 폭풍이 해안 침식을 일으켰고, 이것은 이 긴 집들의 잔해와 유물들이 드러냈다.

어휘
- tribal 부족의
- smoke 훈제하다
- inhabit 거주하다
- millennia millennium (천년)의 복수
- artifact 인공 유물
- erosion 침식
- remains 나머지, 유적, 유해

해설

주어진 문장은 mudslide가 마을의 일부를 파괴시켰다는 내용으로, 수천개의 유물들이 진흙 속에서 보존되었다는 내용의 앞인 ③에 들어가야 한다.

DAY 16

196
정답 ④

해석

20세기 후반에 사회주의는 서구와 개발도상국의 넓은 지역에서 후퇴하고 있었다. 시장 자본주의 진화의 이 새로운 국면 동안, 세계 무역 패턴은 점점 더 상호 연결되었고, 정보 기술의 발전은 규제 해제된 금융 시장이 몇 초 안에 국가 경계를 넘어 거대한 자본 흐름을 바꿀 수 있다는 것을 의미했다. '세계화'는 무역을 활성화시키고, 생산성 향상을 장려하고, 가격을 낮췄지만, 비평가들은 그것이 저임금 노동자들을 착취하고, 환경 문제에 무관심하며, 제 3세계를 자본주의라는 독점적 형태에 종속시켰다고 주장했다. 이 과정에 항의하고자 했던 서구 사회 내의 많은 급진주의자들은 좌파의 소외된 정당들이 아니라 자발적인 단체들, 자선단체들, 그리고 다른 비정부기구들에 가입했다. 환경운동 자체는 세계가 서로 연결되어 있다는 인식에서 자라났고, 분노한 국제 이익 연합이 출현했다.

① 과거 개발도상국에서의 세계화의 긍정적 현상
② 20세기 사회주의의 쇠퇴와 자본주의의 출현
③ 세계 자본시장과 좌파 정치조직의 갈등
④ 세계 자본주의의 착취적 특성과 그에 대한 다양한 사회적 반응

해설

전반부에서는 세계화가 가져온 긍정적인 측면에 대한 언급이 나오고, **but critics alleged**를 기점으로 세계화의 부정적인 측면에 대한 비판이 제기되고 있다. 또한, 이러한 세계화의 문제에 대한 반발로 이미 쇠퇴하고 있는 좌파 혹은 사회주의로 기울기보다는 자발적인 단체, 환경 단체 등이 출현하게 되는 경향에 관한 서술이 이어진다. 따라서, 세계 자본주의의 착취적인 성격과 이에 반대하는 반응이 이 글의 주제가 된다.

구문분석

'Globalization' boosted trade, encouraged productivity gains and lowered prices, but critics
 S   V1   V2   V3
alleged that it exploited the low-paid, was indifferent to environmental concerns and subjected
 S   V1   [the+분사]   V2   V3
            = 복수명사로 '저임금 노동자들'로 해석
the Third World to a monopolistic form of capitalism.

어휘

- retreat 후퇴
- phase 단계, 국면
- interlink 연결하다
- deregulate 규제를 없애다
- shift 옮기다, 바꾸다
- boundary 경계
- allege 주장하다, 혐의를 제기하다
- exploit 착취하다, 이용하다
- indifferent 무관심한
- subject A to B A를 B에 종속시키다
- monopolistic 독점적인
- voluntary 자발적인
- marginalize 소외시키다
- coalition 연합
- affirmative 긍정적인
- emergence 출현
- exploitative 착취하는

197

정답 ④

해석

당신의 지갑 안에 있는 달러 지폐를 인쇄하고, 운반하고, 세고, 분류하는 데에는 엄청난 양의 에너지가 들어간다. 대조적으로 당신이 신용카드로 계산을 한다면, 당신이 하는 일이라고는 전자들을 움직이는 것뿐이므로 신용카드가 종이지폐보다 더 환경 친화적임에 틀림없다, 그렇지 않은가? 너무 성급히 결론 내리지 마라. 신용카드는 6가지 종류의 플라스틱을 사용하여 만든다. 미국에만 20억 개 이상의 신용카드들이 있다 – 그리고 각 신용카드는 매립지에 묻히고 난 뒤 완전히 자연분해 되기까지 엄청나게 오랜 시간이 걸릴 것이다. 카드 사용을 추적하는 기계와 서버들은 모두 전기로 작동되는데, 이 전기의 대부분은 탄소가 많은 석탄을 태움으로써 발전된 것이다. 지폐는 또 다른 이점이 있다. 지폐는 주로 솜과 린넨 섬유로 만들어지는데 이 둘 모두 수확할 때, 나무를 자르는 것보다 더 적은 탄소를 배출한다. 한번 지폐가 인쇄되고 나면, 그들은 평균 5년까지도 계속 유통된다. 지폐의 초록색 색깔이 말해주듯, 종이지폐가 지불방식에 있어서 더 환경친화적인 대안이다.

① 신용카드가 미국을 파산하게 만들고 있는가?
② 신용카드가 정말로 소비를 장려하는가?
③ 신용카드는 종이지폐보다 장점이 있다
④ 지폐로 지불하는 것이 신용카드로 지불하는 것보다 더 환경친화적이다

어휘

- sort 분류하다
- alternative 대안
- biodegrade 자연분해되다
- landfill 매립지
- generate 발생시키다
- harvest 수확하다
- emit 배출하다
- circulation 유통
- in regard to –에 있어서

해설

지폐의 경우 더 적은 탄소를 배출하고 유통 기한이 상당히 길기 때문에 오히려 지불방식에 있어서 신용카드보다 더 환경 친화적인 대안이라고 하였으므로 이 글의 제목으로 가장 적절한 것은 ④ 지폐로 지불하는 것이 신용카드로 지불하는 것보다 더 환경 친화적이다(Paying with Cash Is Greener than Credit Cards)이다.

구문분석

1 It takes an enormous quantity of energy to print, transport, count and sort the dollar bills in your wallet.
- 가주어 / 진주어
- '–을 필요로 하다'로 해석

2 Once bills get printed, they stay in circulation for up to five years, on average.
- '일단 –하면'이라는 의미의 접속사
- '–까지'로 해석

[198~199]

해석

관계자분께

나는 우리 아파트 단지의 많은 주민들에게 영향을 미치고 있는 문제를 알리기 위해 이 글을 씁니다.

지난 몇 달 동안, 우리는 주로 아침과 저녁의 피크 시간대에 물 공급 중단을 자주 겪고 있습니다.

이것은 주민들에게 특히 젊은 아이들이나 일상에서 신뢰할 수 있는 물 공급이 필요한 노인 가족이 있는 사람들에게 큰 불편을 초래했습니다.

우리는 가끔씩 유지 보수가 필요하다는 것을 이해하지만, 이런 중단의 빈도가 눈에 띄게 증가했고, 관리 측으로부터 원인이나 예상 해결 시점에 대한 소통이 거의 없었습니다. 게다가 이런 중단이 일어나기 전에 공지가 없어서 많은 주민들이 준비되지 못했고 불만을 느끼고 있습니다.

오랫동안 그린뷰 아파트에 거주한 주민으로서, 나는 관리 측이 이 문제를 더 철저히 조사하고 안정적인 물 공급을 보장할 조치를 취할 것을 강력히 요청합니다. 앞으로 있을 중단에 대한 명확하고 신속한 소통도 고맙겠습니다. 우리 공동체가 중요하게 여기는 높은 생활 수준을 유지하기 위해 이 문제에 대한 신속한 관심과 해결을 기대합니다.

David Thompson 드림

어휘

- disruption 중단
- inconvenience 불편
- consistent 끊임없는
- occasional 가끔의
- measure 조치
- timely 시기적절한
- resolution 해결
- thoroughly 철저하게
- prompt 신속한

198   정답 ③

해설

이 글은 물 공급 문제로 인해 주민들이 불편을 겪고 있으며, 관리 측에 이 문제를 해결해 달라고 요청하는 내용이다. 수도 공급 문제의 해결을 요구하는 것이 글쓴이의 목적이다.

199   정답 ②

해설

implement는 '실행하다'는 의미의 동사로 execute와 동의어가 된다.

어휘

- execute 실행하다, 집행하다
- devise 고안하다
- suggest 제안하다, 시사하다
- evaluate 평가하다

200

정답 ②

해석

> 국립 역사 박물관은 월요일부터 금요일까지는 오전 9시부터 오후 6시까지, 토요일과 일요일은 오전 10시부터 오후 5시까지 운영됩니다. 방문객들은 고대 문명, 자연사, 우주 탐사 등의 주제를 다루는 다양한 상설 및 순환 전시를 탐험할 수 있습니다.
>
> 입장료는 성인 12달러, 12세 미만 어린이 6달러이며, 노인과 학생에게는 할인 혜택이 있습니다. 매달 첫 번째 일요일에는 무료 입장이 제공됩니다.
>
> 대부분의 전시 구역에서는 사진 촬영이 허용되지만, 특별 전시에서는 제한이 있습니다.
>
> 박물관은 추수감사절, 크리스마스, 부활절 등 주요 공휴일에는 휴무입니다. 단체 투어는 사전에 예약할 수 있으며, 추가 요금은 없습니다. 박물관 카페와 기념품 가게는 박물관 운영 시간 동안 열려 있습니다.
>
> 더 많은 정보는 www.nationalhistorymuseum.com에서 확인하거나 1-800-555-6543으로 문의할 수 있습니다.

① 박물관은 주말에 오전 10시에 문을 연다.
② 매달 모든 일요일에 무료 입장이 가능하다.
③ 특별 전시에서는 사진 촬영이 제한된다.
④ 단체 투어는 추가 요금 없이 제공된다.

해설
무료 입장은 매달 첫 번째 일요일에만 해당되지 매주 일요일은 아니므로 ②는 일치하지 않는다.

어휘
- permanent 상설의
- rotating 순환하는
- entry 입장
- in advance 사전에

201

정답 ③

해석

> 모든 문명은 정부 행정에 의존한다. 아마도 고대 로마만큼 이를 잘 보여주는 문명은 없을 것이다.
> (B) 사실, "문명(civilization)"이라는 단어 자체가 "시민"을 의미하는 라틴어 *civis*에서 유래했다.
> (C) 라틴어는 고대 로마의 언어였고, 로마 제국의 영토는 지중해 분지에서 북쪽으로는 영국의 일부와 동쪽으로는 흑해까지 뻗어 있었다.
> (A) 그토록 넓은 지역을 통치하기 위해, 현재 이탈리아 중부에 위치한 로마인들은 효과적인 정부 행정 시스템이 필요했다.

해설
(B)에서 civilization이 라틴어에서 기원했다고 말했으므로, 라틴어가 고대 로마의 언어였다는 (C)가 (B) 다음에 이어져야 한다. (C)에서 로마의 영토가 광활하다는 언급을 했고, 이를 (A)에서 that large로 지칭하고 있으므로 (A)가 (C) 다음에 이어져서 (B)-(C)-(A)의 순서가 논리적이다.

어휘
- administration 행정
- exemplify 전형적인 예가 되다
- territory 영토
- basin 분지

202

정답 ①

해석

최근 몇 년 동안, 직장에서 감성 지능(EQ)의 중요성이 점점 더 주목받고 있다. ① 감성 지능에 대한 관심이 증가하고 있음에도 불구하고, 연구에 따르면 EQ가 높은 사람들은 종종 강한 대인관계를 구축하지 못해 협업이 어렵다고 한다. ② 기술적 능력과 전문 지식이 여전히 중요하지만, 많은 조직들은 이제 감정을 관리하고 다른 사람의 감정을 이해할 수 있는 직원의 가치를 인식하고 있다. ③ 높은 EQ는 더 나은 팀워크, 리더십, 갈등 해결과 연관되어 있어 협업 환경에서 중요한 자산이 되고 있다. ④ 감성 지능을 개발하려면 자기 인식, 공감, 그리고 효과적인 의사소통 기술이 필요하며, 이는 긍정적인 직장 문화를 조성하는 데 기여한다.

해설

나머지 문장들은 감성 지능이 직장에서 긍정적인 영향을 미친다는 내용을 강조하고 있는데, ①의 문장은 EQ가 높을수록 대인관계를 맺기 어렵다는 반대의 내용을 다루고 있어 흐름이 어색하다.

어휘

- significance 의미, 중요성
- interpersonal 대인의
- collaboration 협력
- challenging 어려운
- expertise 전문성
- resolution 해결, 결심
- empathy 공감

203

정답 ③

해석

지금까지, 멸종 생물 복원에 대한 논의는 주로 털북숭이 매머드와 같이 대중의 상상력에 호소하는 큰 포유류에 초점이 맞춰져 왔다. 하지만, 지난 12,000년 동안 멸종된 수백만 종의 대부분은 미생물, 곰팡이, 그리고 작은 식물들이었다. "분류 편향성"이라고 불리는 카리스마적인 종에 대한 불균형적인 초점은 멸종 생물 복원 노력 뿐만 아니라 일반적으로 보존 생물학에서 확연하다. 판다나 독수리와 같은 인상적인 동물들은 곰팡이나 무척추동물과 같은 생태학적으로 더 중요한 멸종 위기에 처한 종들보다 훨씬 더 많은 대중의 관심을 받고, 따라서 더 많은 자금을 지원받는다. ③ 많은 보존 단체들은 카리스마 있는 상징적 동물을 사용하는 것이 더 많은 기부를 가져오고 이 돈은 필요에 따라 보존 노력에 분배된다고 주장한다. 그러나 이것은 실제보다 이론적으로 더 잘 작용하는 것 같다. 현재 지구상 전체 종의 79%를 차지하고 있음에도 불구하고, 무척추동물에 대한 보존 연구는 11%에 불과하다. 이와는 대조적으로, 비록 포유류는 전체 종의 3%에 불과하지만, 보존 연구의 68%는 포유류에 초점이 맞춰져 있다.

해설

주어진 문장은 많은 보존 단체들은 카리스마 있는 아이콘을 사용하는 것이 더 많은 기부를 가져오고 이 돈은 필요에 따라 보존 노력에 분배된다고 주장한다는 내용으로 ③ 뒤에서, 이것은 실제보다 이론적으로 더 잘 작용한다고 하고, 무척추동물에 대한 보존 연구는 11%에 불과하다는 내용이 나오므로 주어진 문장은 ③에 들어가는 것이 적절하다.

어휘

- de-extinction 멸종 생물 복원
- woolly 털북숭이의, 털이 뒤덮인
- wipe out 전멸시키다
- microbe 미생물
- fungi (fungus 곰팡이의 복수명사)
- disproportionate 불균형의
- taxonomic 분류의, 분류학상의
- endangered 멸종위기에 처한
- invertebrate 무척추동물
- comprise 구성하다
- make up 구성하다
- distribute 분배하다

DAY 16

204
정답 ④

해석

정밀 농업이라고도 알려진 스마트 농업은 정보통신기술(ICT)을 활용하여 농업 생산성을 향상시키고 자원 효율성을 극대화하는 것을 말한다. 드론, 센서, 인공지능(AI) 같은 기술들이 토양 상태, 기후, 작물 성장을 실시간으로 모니터링하여 농업 활동을 자동화할 수 있게 한다. 스마트 농업은 농업 생산성을 높이고 노동력을 줄여줄 뿐만 아니라, 물, 비료 등의 자원을 더 효율적으로 사용할 수 있게 만들어 준다. 이는 농업 비용을 절감하고, 농업이 환경에 미치는 부정적 영향을 최소화하는 데 기여한다. 그러나, 스마트 농업을 성공적으로 실행하기 위해서는 높은 초기 설치 비용, 기술적 지원, 농민을 위한 교육이 필요하다는 과제도 존재한다.
① 스마트 농업은 농업의 환경적 영향을 줄이는 데 도움이 된다.
② 드론과 센서를 이용해 작물과 토양을 실시간으로 모니터링할 수 있다.
③ 스마트 농업의 광범위한 도입은 높은 설치 비용과 교육 필요성으로 인해 어려움을 겪고 있다.
④ 스마트 농업은 전문 지식이나 장비 없이 쉽게 구현할 수 있다.

해설

① This helps farmers lower costs and minimize agriculture's negative environmental impact. 으로 보아, 스마트 농업은 환경의 부정적인 영향, 즉 environmental footprint를 줄인다고 할 수 있다.
② Technologies like drones, sensors, and artificial intelligence (AI) are employed to monitor soil conditions, climate, and crop growth in real time로 보아 드론이나 센서의 사용으로 실시간으로 작물과 토양을 감독할 수 있다.
③ the successful implementation of smart farming faces challenges such as high initial setup costs, the need for technical support, and education for farmers.로 보아 초기 비용과 교육의 필요성이 스마트 농업의 성공적인 수행하는 데 걸림돌이 된다는 것을 알 수 있다.
④ 마지막 문장에서 농부들을 교육시키는 것이 필요하다고 했으므로, 전문적인 지식이 없으면 스마트 농업을 구현하는 것이 힘들다는 것을 알 수 있다.

어휘
- maximize 극대화하다
- employ 이용하다
- automate 자동화하다
- fertilizer 비료
- initial 초기의
- setup 설치, 설립
- installation 설치

205
정답 ①

해석

프랑스의 해안에서 14마일 떨어진 곳에 위치한 영국의 보호령인 Little Jersey 섬은 한때 유제품으로 유명했던 목가적인 섬이다. 그것은 오늘날 일종의 국제 금융 중심지로 악명 높다. 재정적인 위력은 Jersey가 세계에서 가장 큰 조세 피난처가 된 결과이다: 오늘날에는 스위스나 다른 나라보다 더 많은 약 2조 달러의 국제 자금을 수용하고 있다. 그러나 Jersey의 금융 지도자들은 조세 피난처라는 그들의 섬의 평판을 피하고 있다. 그들은 일부 고객들이 악용하는 세금 회피 목적으로 그 섬의 뱅킹 시스템에 끌린다는 것을 인정한다. 그러나 이들은 지금까지 33개국과 조세 교류 협정을 체결하면서 투명성을 높이기 위한 노력을 하고 있다고 재빨리 지적하고 있다. 게다가, 그들은 불법적으로 얻은 돈을 본국으로 송환하면서 더 심각한 조세 회피 사례를 단속해왔다.
① 악용하는 탈세 목적으로.
② 투명하다는 명성 덕분에
③ 높은 수익률 때문에
④ 낮은 국내 조세정책 때문에

어휘
- protectorate 보호국, 보호령
- idyllic 목가적인
- infamous 악명 높은
- haven 피난처
- prowess 기량
- shelter 숨기다, 가리다
- shy away from —을 피하다
- reputation 평판, 명성
- point out 지적하다
- transparent 투명한
- crack down on —을 단속하다
- tax evasion 탈세
- repatriate 송환하다, 송금하다
- return 수익

해설
영국의 보호령인 Little Jersey 섬은 세계에서 가장 큰 조세 피난처로, 일종의 금융 중심지로 악명 높지만 금융 지도자들은 투명성을 높여 이 평판을 피하려고 노력한다는 내용으로, 빈칸에는 ① '악용하는 세금 회피 목적으로'가 들어가는 것이 적절하다.

206
정답 ③

해석
기술 혁신의 가속화는 산업을 혁신하고 일상 생활을 변화시켜 왔다. 인공지능에서부터 생명공학에 이르기까지, 새로운 기술들은 인류의 가장 시급한 문제들을 해결할 것을 약속한다. 그러나, 이러한 발전과 함께 똑같이 유의미한 위험들이, 특히 윤리 및 사회적 책임 영역에서, 따른다. 적절한 감독 없이 강력한 기술들이 급속도로 개발되면 사생활 침해, 불평등 심화, 심지어는 존재론적 위협과 같은 의도치 않은 결과가 발생할 수 있다. 혁신은 진보를 위해 필수적이지만, 강력한 윤리적 틀과 규제적 감독의 필요성은 과소평가될 수 없다. 이것이 없다면, 사회는 윤리적 딜레마에서부터 고도 기술 시스템의 오용 가능성에 이르기까지 통제되지 않은 기술 성장의 의도치 않은 여파에 직면할 수 있다.
① 기술적 돌파구를 이루기 위해 자유 시장 경쟁을 장려하는 것
② 모든 부문에서 새로운 기술의 빠른 도입을 촉진하는 것
③ 강력한 윤리적 틀과 규제적 감독을 수립하는 것
④ 단기적인 경제적 이익을 극대화하는 데만 집중하는 것

어휘
- accelerate 가속화하다
- pace 속도
- transform 변형시키다
- pressing 시급한, 긴급한
- realm 영역, 범위
- oversight 감독, 관리
- existential 존재와 관련된, 존재론적인
- fallout (의도치 않은) 결과, 여파
- unchecked 억제되지 않은, 통제되지 않은
- breakthrough 돌파구, 획기적인 발전

해설
이 글에서는 기술 혁신의 빠른 발전이 사회에 긍정적인 영향을 미치지만, 적절한 감독이 없으면 심각한 위험을 초래할 수 있음을 강조하고 있다. 따라서, 기술 혁신에 수반되는 윤리적 문제와 사회적 책임을 다루기 위해 필요한 것은 강력한 윤리적 틀과 규제적 감독의 수립이라고 할 수 있다.

구문분석
However, with these advancements come equally significant risks, particularly in the realm of ethics and social responsibility.
- with these advancements: 전명구
- come: V
- equally significant risks: S

207

정답 ③

해석

> 비록 그러한 꼬리표를 사용하지는 않지만 우리 모두는 일상 생활에서 상대성을 받아들이는 데 익숙하다. 당신의 아기가 크레용으로 벽에 그림을 그리거나, 바닥에 음식을 던지거나, 침대를 적시면, 이웃의 아기가 당신의 집에 와서 똑같은 행동을 할 때보다 그의 행동에 관대할 가능성이 훨씬 더 크다. 우리는 또한 우리의 감각이 감지하는 것에 대해 우리의 정신이 우리를 속이는 것에 익숙하다. 가령 당신이 파티에 갈 것이고 거기에 있을 X가 당신의 지역에서 여러 번의 강도 사건으로 재판을 받고 있다고 미리 듣는다고 가정하자. 파티에서 X가 당신에게 와서 자연스럽게 묻는다. "어디에 사십니까?" 청력의 역학을 통해 당신의 뇌에 도달하는 소리는 다른 사람이 같은 질문을 했을 때와는 매우 다른 반응을 일으킬 것이다.

해설

빈칸 뒤의 나의 아이의 행동을 다른 아이의 행동보다 더 관대하게 받아들인다는 것으로 보아 일상생활에서 상대적으로 행동한다는 것을 추론할 수 있다. 따라서 빈칸에는 'relativity'가 들어가는 것이 적절하다.

구문분석

> 동명사의 의미상의 주어
> We are also used to the mind's fooling us about what our senses are detecting.
> be used to -ing로 '~에 익숙하다'

어휘

- be used to -에 익숙하다
- everyday 일상의
- toddler 걸음마를 배우는 아이
- indulgent 관대한
- fool 속이다
- detect 감지하다
- let's say 가령, 예를 들면
- in advance 사전에
- trial 재판
- multiple 다수의
- burglary 강도 사건
- integrity 진실성, 온전함
- priority 우선순위
- relativity 상대성
- profanity 신성모독, 불경

208

정답 ②

해석

인간 본성에 대한 사상이나 이론은 과학에서 독특한 위치를 차지한다. 우리는 우주에 대한 우리의 이론이 우주를 변화시킬까 걱정할 필요가 없다. 행성들은 우리가 그들에 대해 어떻게 생각하고 이론화하는지 전혀 신경 쓰지 않는다. 하지만 우리는 인간 본성에 대한 우리의 이론이 인간 본성을 변화시킬 수 있다는 점을 걱정해야 한다. 40년 전, 저명한 인류학자는 인간을 "미완성된 동물"이라고 말했다. 그가 의미한 것은 인간 본성이 인간을 둘러싼 사회의 산물이라는 것이다. 인간 본성은 발견되는 것이라기보다는 만들어지는 것이다. 우리는 사람들이 살아가는 제도를 설계함으로써 인간 본성을 "설계"한다. 그래서 우리는 어떤 종류의 인간 본성을 설계하고 싶은지를 스스로에게 물어야 한다.

① 발전의 미완성 단계에 고착되어 있는
② 생물학적으로 고정된 것이 아니라 사회에 의해 형성된
③ 환경적 맥락에서 유일하게 자유로운
④ 동물적 측면과 영적 측면을 모두 타고난

어휘
- unique 독특한
- nature 본성
- distinguished 저명한
- institution 제도

해설

밑줄 친 "unfinished animals"가 의미하는 바는 인간 본성이 고정된 것이 아니라 사회적 환경에 의해 형성된다는 것이다. 글에서 언급된 내용에 따르면, 인간 본성은 발견되는 것이 아니라 만들어지며, 인간은 자신이 속한 사회의 제도에 의해 그 본성이 "설계"된다고 한다. 따라서 가장 적절한 답은 ② shaped by society rather than fixed by biology입니다.

구문분석

What he meant is that it is human nature to have a human nature [that is very much the product of the society] [that surrounds us.]

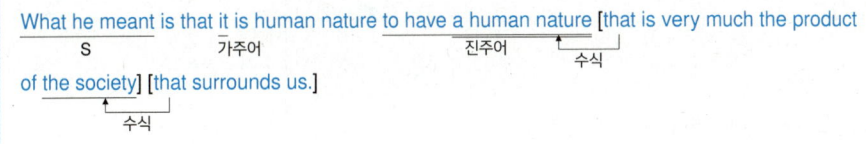

[209~210]

해석

<서비스 업데이트 알림>

친애하는 고객님,
우리는 모바일 뱅킹 서비스에 곧 있을 중요한 변경 사항을 알려드리기 위해 이 글을 작성하고 있습니다. 더 안전하고 효율적인 경험을 제공하기 위한 노력의 일환으로, 2024년 11월 1일부터 다음과 같은 업데이트가 적용될 예정입니다:
1. 강화된 보안 조치: 모든 모바일 뱅킹 거래에 대해 다중 인증이 요구되어 귀하의 계정을 추가적으로 보호합니다.
2. 새로운 사용자 인터페이스: 모바일 앱을 더 직관적이고 사용하기 쉽게 재설계하였습니다. 향상된 탐색, 더 빠른 로딩 시간, 주요 기능에 대한 간편한 접근을 경험하실 수 있습니다.
3. 거래 한도 확대: 고객들의 요구를 더 잘 충족시키기 위해 개인 및 비즈니스 계정의 일일 거래 한도를 늘리고 있습니다.
4. 예정된 유지보수: 2024년 10월 31일 오전 2시부터 오전 6시까지 예정된 유지보수가 진행됩니다. 이 기간 동안 모바일 뱅킹 서비스는 일시적으로 이용할 수 없습니다.

이 업데이트가 적용된 후 새로운 기능을 꼭 확인해 보시기 바랍니다. 추가적인 질문이나 도움이 필요하시면 저희 웹사이트를 방문하시거나 고객 지원팀에 연락해 주세요.

209
정답 ②

해석

① 모바일 뱅킹 서비스의 향상된 보안 조치를 고객에게 알리기 위해
② 모바일 뱅킹 서비스의 예정된 업데이트와 개선 사항에 대해 알리기 위해
③ 예정된 서버 점검 시간에 대한 공지를 위해
④ 모바일 앱의 새로운 사용자 인터페이스에 대한 고객의 피드백을 요청하기 위해

해설
모바일 뱅킹 서비스에 어떠한 변화가 있는지를 알려주기 위한 글이므로 정답은 ②가 된다. ①과 ③의 내용도 언급이 되어 있기는 하지만 그것이 주 목적은 아니다.

210
정답 ③

해설
글에서는 사용자 인터페이스가 더 직관적이고 사용하기 쉽게 개선된다고 했으나, 복잡해진다는 ③은 일치하지 않는다.

211

정답 ①

해석

연구에 동물을 사용하는 것에 반대하는 사람들은 또한 약물이나 기타 화합물의 안전성을 테스트하기 위해 동물을 사용하는 것에도 반대한다. 제약 업계에서는 복용 시에 인간에게 암을 유발하는 것으로 알려진 19가지 화학 물질 중에서, 국립 암연구소에서 정한 표준을 사용하여 쥐와 쥐에게 암을 유발한 화학 물질은 7가지에 불과하다고 지적했다(Barnard and Koufman, 1997). 예를 들어, 항우울제인 노미펜신은 쥐, 토끼, 개, 원숭이에게는 독성이 미미하지만 인간에게는 간 독성과 빈혈을 유발했다. 이러한 경우와 다른 경우에, 일부 화합물은 동물 실험으로 예측할 수 없었던 심각한 인체 이상 반응을 일으켜 치료받은 사람의 상태가 장애 또는 심지어 사망에 이를 수 있는 것으로 나타났다. 그리고 동물 연구 중단을 요구하는 연구자들은 인간을 대상으로 하는 임상시험, 부검 실험실의 도움을 받는 관찰 등 더 나은 방법을 가지고 있다고 말한다.

어휘
- opponent 반대자
- compound 화합물
- pharmaceutical 제약의
- antidepressant 항우울제
- adverse reaction 부작용, 역반응
- call for 요구하다
- autopsy 부검

해설

it was noted that out of 19 chemicals known to cause cancer in humans when taken, only seven caused cancer in mice and rats의 문장에서 보면, 인간에게는 암을 일으키는 것으로 알려진 19개의 화학물질 중에서, 7개만이 동물에게 암을 유발한다. 따라서, ①은 정반대의 내용이다.

구문분석

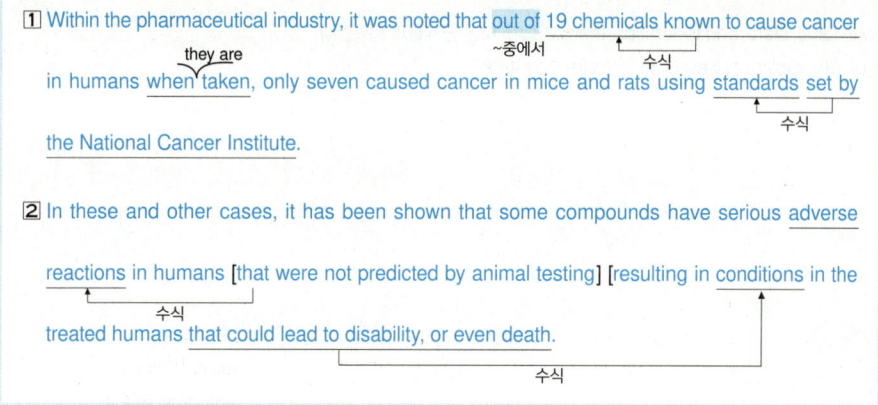

DAY 17

212
정답 ②

해석

> **환경보호청(EPA)의 임무**
>
> 환경보호청(EPA)은 인간의 건강과 환경을 보호하는 것에 집중하는 연방 기관입니다. EPA의 책임에는 대기와 수질에 대한 기준을 개발하고 집행하는 것, 유해 폐기물 처리를 감독하는 것, 그리고 오염 통제 규정 준수를 보장하는 것이 포함됩니다. 집행을 넘어서, 우리 기관은 지역, 주, 연방 정부의 파트너들과 협력하여 환경 정책을 구현하는 역할을 합니다. EPA의 또 다른 중요한 기능은 지역 사회 지원활동으로, 우리 기관은 기업과 대중에게 지속 가능한 실천과 환경 보호의 중요성을 교육합니다. 또한, EPA는 환경 문제와 혁신적인 해결책에 대한 이해를 증진하기 위해 과학 연구를 지원합니다. 중요하게, EPA는 환경 규정을 위반한 기관에 벌금을 부과하고 법적 조치를 취할 권한도 가지고 있습니다.

해설

① EPA는 federal agency로 연방 정부 기구이다.
② take legal action against entities that violate environmental regulations.로 보아 위반한 단체에 법적인 조치를 취할 수 있다.
③ the agency works in collaboration with local, state, and federal partners로 보아, 다른 단체들과 협력한다.
④ 연구 지원과 규정 시행 모두를 하고 있으며, 어느 것에 더 집중하는지는 언급되어 있지 않다.

어휘

- dedicated to ~에 헌신하는
- safeguard 보호하다
- enforce 집행하다
- oversee 감독하다
- hazardous 위험한
- compliance 준수
- stewardship 관리
- impose 부과하다
- fine 벌금

213
정답 ③

해석

> 레오나르도 다 빈치는 르네상스 시대의 예술가이자 발명가로, 역사상 가장 뛰어난 인물 중 한 명으로 널리 인정받는다. 1452년 이탈리아에서 태어난 그는 회화, 공학, 해부학, 수학 등 여러 분야에서 두각을 나타낸다. 그의 가장 유명한 작품으로는 <최후의 만찬>과 <모나리자>가 있으며, 이 두 작품은 예술의 걸작으로 평가받는다. 다 빈치는 예술에 대한 기여 뿐만 아니라 다 빈치는 선구적인 발명가였다. 그는 헬리콥터, 탱크, 그리고 기본적인 형태의 낙하산과 같은 기계 설계를 구상했지만, 그의 생애 동안 이 발명품들은 제작되지 않았다. 또한 다 빈치는 인간 해부학에 깊은 관심을 가지고 있었으며, 많은 해부를 통해 인체에 대한 이해를 발전시키는 상세한 그림을 그린다. 그의 업적에도 불구하고, 레오나르도 다 빈치는 당시 학문적 작업에 중요한 언어였던 라틴어와 그리스어의 정규 교육을 받지 않았다. 하지만 그의 이러한 교육적 결핍은 그가 예술과 과학에 영속적인 공헌을 하는 것을 막지 못했으며, 그의 작품은 여전히 영향을 미치고 영감을 준다.

해설

Leonardo da Vinci did not receive formal education in Latin or Greek, which were important languages for scholarly work at the time.로 보아, 라틴어와 그리스어의 정규 교육은 받지 않았다. 따라서, ③은 일치하지 않는 문장이다.

어휘

- excel 뛰어나다
- anatomy 해부학
- visionary 선구자
- rudimentary 기본적인
- dissection 해부
- inspire 영감을 주다

214

정답 ②

해석

성공적인 앵커가 되고 싶은가? 그렇다면 이것을 명심해라. 앵커는 뉴스 방송, 특별 보도 및 기타 뉴스 프로그램에서 시청자에게 뉴스와 정보를 전달하는 역할을 맡게 된다. 여기에는 뉴스 사건을 해석하고, 대본이 없을 때 즉흥적으로 말하며 속보를 효과적으로 전달하는 것이 포함된다. 앵커의 업무에는 또한 기사 수집 및 작성이 포함된다. 앵커는 대본을 명확하고 효과적으로 전달할 수 있어야 한다. 강력한 글쓰기 능력, 확고한 뉴스 판단력, 그리고 강한 시각적 스토리텔링 감각이 필수적인 능력이다. 이 사람은 스스로 일을 시작하고, 정보를 찾고, 새로운 소스를 개발하는 일을 정기적으로 수행할 수 있어야 한다. 즉흥적으로 말하고 사건이 발생하는 동안 속보를 설명하는 능력뿐만 아니라 실시간 보도 능력도 중요하다.

① 라이브 뉴스를 제작하는 데 어려움
② 뉴스 앵커가 되기 위한 자격 요건
③ 언론인의 사회적 역할의 중요성
④ 올바른 여론 형성의 중요성

해설

이 글은 뉴스 앵커가 되기 위한 자격 요건에 대해 설명하고 있다. 앵커가 갖춰야 할 여러 가지 능력, 예를 들어 뉴스를 해석하고, 대본 없이 뉴스 속보를 전달하는 능력, 글쓰기 실력, 시각적 스토리텔링 감각 등이 언급되고 있다.

구문분석

B as well as A → A뿐만 아니라 B도
Live reporting skills are important, as well as the ability to adlib and describe breaking news as it takes place.
　　　B　　　　　　V　　　　　　　　　　　　　　　　A

어휘

- keep in mind 명심하다
- call upon 요구하다
- deliver 전달하다
- cultivate 기르다, 육성하다

215

정답 ④

해석

인공지능(AI)은 헬스케어, 금융, 교육을 포함한 다양한 분야를 빠르게 변화시키고 있다. 기계 학습 알고리즘과 같은 AI 시스템은 방대한 데이터를 빠르게 분석하여, 더 정확한 예측과 빠른 의사 결정을 가능하게 한다. 헬스케어 분야에서는 AI가 질병을 진단하고, 환자의 결과를 예측하며, 수술을 돕는 데 사용되고 있다. 금융 분야에서는 AI 알고리즘이 사기 거래를 탐지하고 투자 전략을 최적화하는 데 기여하고 있다. 그러나, AI가 많은 기회를 제공하는 반면에, 일자리 대체, 프라이버시 문제, 윤리적 의사 결정과 같은 우려도 불러일으킨다. AI가 계속 발전함에 따라, 기술 발전과 이러한 문제들 사이의 균형을 찾고 그 문제들을 해결하는 AI의 성공적인 사회 통합에 중요할 것이다.

① AI가 헬스케어, 금융, 교육 분야를 개선하는 데 어떻게 사용되는지
② AI가 산업을 재편하는 방식과 일자리 상실과 같은 도전 과제를 제시하는 방식
③ 다양한 분야에서 작업을 자동화하고 효율성을 높이는 AI의 역할
④ AI를 다양한 사회 분야에 통합하는 것의 이점과 위험성

해설

인공지능(AI)이 헬스케어, 금융, 교육 등 여러 산업에서 사용되고 있는 방법과 함께, 그로 인한 이익뿐만 아니라 AI가 초래할 수 있는 문제점을 다루고 있다.

구문분석

As AI continues to evolve, finding the right balance between technological advancement and these problems and addressing these challenges will be crucial for its successful integration into society.
- between A and B
- S1: finding ... these problems
- A: technological advancement
- B: these problems
- S2: addressing these challenges
- V: will be crucial

어휘

- transform 변형시키다
- diagnose 진단하다
- detect 감지하다
- fraudulent 사기의
- transaction 거래
- optimize 최적화하다
- integration 통합

216

정답 ②

해석

회계 분기가 방금 끝났다. 당신의 상사가 와서 이번 분기 매출의 측면에서 당신이 얼마나 잘 했는지 물어본다. 당신의 성과를 어떻게 설명할까? 훌륭했다? 잘했다? 끔찍했다? 누군가가 객관적인 성과 지표(예를 들어, 이번 분기에 몇 달러의 매출을 올렸는지)에 대해 당신에게 물어볼 때와 달리, 당신의 성과를 주관적으로 어떻게 설명해야 할지 잘 모르는 경우가 많다. 정답은 없다. ② 그러나 그러한 자기 평가에 대한 요청은 경력 전반에 걸쳐 널리 퍼져 있다. 학교 지원서, 입사지원서, 면접, 성과 리뷰, 회의 등에서 당신 자신의 성과를 주관적으로 설명하라는 요청을 받게 되며, 그 목록은 끝이 없다. 당신의 성과를 어떻게 설명하느냐가 당신의 자기 홍보 수준이라고 말하는 것이다. 자기 홍보는 일의 전반에 걸쳐 있기 때문에, 자기 홍보를 더 많이 하는 사람들은 고용되고, 승진되고, 임금 인상이나 보너스를 받을 가능성이 더 높을 수 있다.

해설

주어진 문장의 such self-assessments는 ② 앞에서 언급된 how to subjectively describe your performance를 지칭하므로 ②에 주어진 문장이 위치해야 한다. 또한, 이러한 자기 평가는 한 사람의 경력 전반에 걸쳐 있다고 했는데, ② 다음에 이어지는 school applications, job applications 등이 이에 해당된다.

어휘

- fiscal 재정의
- quarter 분기
- objective 객관적인
- subjectively 주관적으로
- pervasive 만연한
- promotion 승진
- raise 임금인상

217

정답 ③

해석

> 매우 오랫동안 과학자들은 우리가 또 다른 생명체가 무엇을 느끼는지 확실히 알 수 없다는 이유로 다른 종에 있어서 긍정적인 감각 경험의 존재를 부정해왔다.
> (C) 그러나 그에 반대되는 설득력 있는 증거가 없는 상태에서는, 공통적인 진화 기원을 통해 우리와 매우 많은 것을 공유하는 다른 생명체들도 사실상 즐거움을 경험한다고 가정하는 것이 더 타당하다.
> (A) 물론, 우리는 나팔꽃 꿀에 대한 벌새의 반응이나 공을 쫓아가는 개의 기대감을 느낄 수는 없지만, 비슷한 상황에서 우리 자신의 경험을 바탕으로 그러한 감정을 상상할 수는 있다.
> (B) 우리 자신의 경험으로부터 나오는 공감 능력과 결합하여, 우리가 동물에게서 관찰할 수 있는 내용은 동물계가 즐거움의 풍요로운 저장소라는 것에 대해 의심의 여지를 거의 남기지 않는다.

해설

다른 종이 긍정적인 감각 경험을 하지 않는다고 부인해 왔다는 것이 주어진 문장의 내용이며, 그러나 그 반대의 증거가 없으므로 다른 종들도 즐거움을 경험한다고 보는 것이 합리적이라는 내용이 역접의 연결어 but으로 이어지는 것이 적절하다. 또한, 비슷한 상황에서 우리 인간이 경험한 것을 바탕으로 해서 다른 종의 느낌을 추론할 수 있다는 (A)의 내용이 (B)의 this capacity가 되므로, (A)-(B)의 순서가 적절하다. 따라서, (C)-(A)-(B)가 되어야 한다.

어휘

- sensory 감각의
- hummingbird 벌새
- nectar 꿀
- absence 부재
- compelling 설득력 있는
- to the contrary 그 반대로 보여주는
- empathize 공감하다
- reasonable 타당한, 합리적인
- evolutionary 진화의
- animal kingdom 동물계
- repository 저장소

218

정답 ③

해석

> 고대부터, 군인들은 빠르고 결정적으로 적을 제압할 수 있을 만큼 파괴적인 극도로 치명적인 무기를 만들기 위해 시도했다. 하지만, 21세기가 시작되면서, 반대되는 경향이 명백해졌다. ① 많은 군인들은 죽이는 것이 아닌 정상적인 생활을 하지 못하게 만들게 고안된 장치인 비치사성 무기를 시험하기 시작했다. 비치사성 무기는 긍정적인 결과를 초래할 수 있다. ② 많은 수의 적병을 파괴하는 것은 즉각적인 군사적 승리를 확보할 수 있지만, 그것은 패배한 국가를 분개하게 하고 기회가 생기면 전투를 재개하려는 열망을 남긴다. 비치사성 무기의 사용을 통해 목숨을 살려주는 것은 더 이상의 전쟁을 막을 수 있다. ③ 경찰 병력은 일반적으로 범죄 용의자를 영구적인 해를 끼치지 않고 일시적으로 눈을 멀게 하거나, 기절시키거나, 귀가 먹먹하게 만들 수 있는 다양한 비치사성 무기를 소지하고 있다. ④ 예를 들어, 군인들은 폭발하는 큰 소리를 내보내는 트럭, 일시적으로 앞을 볼 수 없게 하는 레이저, 또는 사람들을 무감각하게 하고 제자리에 가두는 거품을 시험해 왔다.

해설

주어진 글은 21세기에 들어와 더 이상의 전쟁을 예방하기 위해 적군을 파괴하는 살인이 아닌 비치사성 무기를 시험하기 시작했다는 내용으로, ③의 경찰 병력이 다양한 비치사성 무기를 소지하고 있다는 내용은 글의 전체적인 흐름에 어긋난다.

어휘

- seek to V ~하려고 시도하다
- lethal 치명적인
- destructive 파괴적인
- overwhelm 압도하다
- decisively 결정적으로, 단호히
- incapacitate 정상적인 생활을 하지 못하게 만들다
- resentful 분개하는
- further 더 이상의
- stun 기절시키다
- deafen 귀를 먹먹하게 만들다
- suspect 용의자

DAY 17

219
정답 ④

해석

왜 우리 조상들이 발효 과정을 활용하는 데에 처음으로 관심을 가지게 되었는지 이해하는 것은 어렵지 않다. 그것은 생존의 문제였다. 계절에 따른 음식 섭취에 대한 현재 우리의 대단한 관심이 성공적으로 해낸 것이 하나 있다면, 그것은 우리 조상들이 이미 알았던 것을 우리에게 상기시키는 것인데, 만일 한 철에서 다음 철까지 살아남으려면 준비를 할 필요가 있다. 당신을 보호할 장소, 당신을 따뜻하게 유지할 옷, 야생의 사냥감이 사라지고 암소 젖이 마르고 과일 나무가 생산을 끝냈을 때조차 당신을 건강하게 유지할 음식이 필요하다. 이것은 미생물을 활용하여 우유를 치즈로, 포도를 와인으로, 멸치를 생선 소스로 만드는 방법을 익힌 사람들에 의해 우리에게 전해온 인간의 유산이다.

해설

조상들이 발효에 관심을 가지게 된 이유는 한 철에서 다음 철까지 살아남기 위해서임을 알 수 있다. 따라서, 빈칸에는 생존(survival)이 들어가야 한다.

구문분석

If there is one thing [our current love affair with seasonal eating has done successfully,] it is to remind us of what our ancestors always knew.
(목적격 관계대명사 생략, 수식)
remind A of B — A에게 B를 상기시키다'

어휘

- harness 이용하다
- fermentation 발효
- shelter 보호하다
- make it 해내다, 살아남다
- wild 야생의
- game 사냥감
- heritage 유산
- pass down 물려주다
- microbe 미생물
- anchovy 멸치

220
정답 ①

해석

많은 청중들은 연사의 전달 방식이나 외모에 집중하여 이러한 요소들이 메시지에 대한 인식을 형성하게 만든다. 그들은 "이 사람은 너무 단조로워," 또는 "왜 저 사람은 대본을 읽고 있지?"라고 생각할 수 있다. 이러한 산만함은 집중력 저하나 내용에 대한 오해로 이어질 수 있다. 그러나 숙련된 청중은 다르게 반응한다. 표면적인 요소에 얽매이는 대신, "이 연사는 흥미롭지 않을 수도 있지만, 어떤 유익한 정보를 얻을 수 있을까?"라고 생각한다. 이렇게 함으로써 연사의 스타일을 판단하는 것에서 벗어나 전달되는 메시지에 집중하게 된다. 좋은 청중은 이해의 책임이 자신에게 있음을 인식하고, 적극적으로 말하는 내용에서 의미를 찾으려고 노력한다. 이 접근법은 덜 흥미로운 발표도 더 잘 이해할 수 있게 해준다. 반면, 연사의 결점에 너무 집중하는 것은 이해의 깊이를 제한할 뿐이다. 따라서 청중은 이해력을 향상시키기 위해 외부의 산만한 요소에 집중하지 않으려는 노력을 해야 한다.

① 외부의 산만한 요소에 집중하지 않도록 한다
② 연사의 스타일을 더 깊이 비판한다
③ 더 흥미로운 발표를 찾는다
④ 연사가 비효율적일 때는 메시지를 무시한다

해설

이 문장은 청중이 발표자의 전달 방식과 같은 외부적인 요소에 너무 집착하지 말고, 전달되는 메시지 자체에 집중하는 것이 중요하다는 의미를 전달하고 있다.

어휘

- delivery 전달
- appearance 외모
- monotonous 단조로운
- distraction 집중을 분산시키는 것
- dwell on 깊이 생각하다
- superficial 피상적인
- comprehend 이해하다
- engaging 흥미로운
- flaw 결함
- external 외적인
- disregard 무시하다

221

정답 ①

해석

"희소성"이라는 단어로, 우리 대부분은 물자가 부족하다는 것을 의미한다: (사람들에게) 돌아갈 무언가가 충분하지 않다는 것이다. 무엇이 "충분한"을 구성하는지에 대해서는 분명한 이해가 없지만, 지구상의 모든 사람들을 먹여 살릴 만큼의 충분한 식량이 있다는 것은 사실이다. 땅과 재생 가능한 에너지도 마찬가지다. 중요한 질문은, 그렇다면, 생명에 필수적인 것들이 왜 불평등하게 분배되었는가 하는 것이다 — 예를 들어, 왜 세계 인구의 5퍼센트 조금 넘는 인구를 가지고 있는 미국이 전 세계 자원의 약 40퍼센트를 사용하는가 하는 것이다. 부족의 문제로 보이는 것이, 자세히 조사해보면, 분배의 문제로 드러난다. 그러나, 주류 경제학자들은 <u>이러한 문제를 회피한다</u>: 그들은 특정한 시스템이 생산적인지 혹은 효율적인지에 대해서만 이야기하며, "누구를 위해서인가?"라고 질문을 던지는 것은 우리가 해야 한다.

① 이 문제를 회피한다
② 불평등을 줄이는 데 집중한다
③ 분배의 문제를 해결하는 데 집착한다
④ 효율성을 개선하는 데 관심이 없다

어휘

- scarcity 희소성
- go around (사람들에게 몫이) 돌아가다
- constitute ~를 구성하다
- renewable 재생 가능한
- staple 중요한 것
- distribute 분배하다
- approximately 대략
- scarcity 부족, 결핍
- turn out 판명되다
- inspection 조사
- distribution 분배
- mainstream 주류
- given 특정한
- avert 피하다
- pay attention to ~에 집중하다
- cling to ~을 고수하다

해설

물자가 부족해 보이지만, 사실은 물자는 충분한데 불평등하게 분배가 되지 않고 있는 것이 더 큰 문제라는 내용의 글이다. 빈칸 앞에 나오는 내용은 표면적으로는 부족의 문제이지만, 자세히 살펴보면 분배의 문제라는 것이 드러날 것이라는 내용이고, 그 다음 빈칸 앞에 역접의 연결어 but이 있으므로, 주류 경제학자들이 분배의 문제에 대해서는 신경을 쓰지 않는다는 내용이 빈칸에 필요하다. 따라서, 이 문제로부터 시선을 돌린다, 즉 회피한다는 내용이 가장 적절하다.

구문분석

<u>What appears to be a problem of scarcity</u> <u>usually turns out</u>, on closer inspection, <u>to be a</u>
　　　　S (~로 보이는 것)　　　　　　　　　　V
<u>problem of distribution.</u>
　　　　C

DAY 18

[222~223]

해석

관광 개발 사무소

미션
지속 가능한 관광을 촉진하고 개발하여 지역 비즈니스에 기회를 제공하고 방문객들에게 긍정적인 경험을 보장하는 데 전념한다. 문화 유산을 보존하면서 친환경 관광 관행을 통해 경제 성장을 촉진하는 데 초점을 맞춘다.

비전
환경, 지역 사회, 관광 산업의 요구를 균형 있게 조정하여 우리 나라를 주요 관광지로 자리잡게 한다. 책임 있는 관광을 장려하여 모든 이해관계자에게 혜택이 되는 지속 가능한 경제를 창출하고자 한다.

핵심 가치
· 지속 가능성: 모든 프로젝트에서 친환경 관행을 우선시한다.
· 지역 사회 초점: 지역 사회를 관광 개발 이니셔티브에 참여시켜 힘을 주는 것을 믿는다.
· 투명성: 모든 결정과 프로세스가 투명하고 신뢰할 수 있도록 보장한다.

어휘
- be committed to ~에 헌신하다, 전념하다
- preserve 보존하다
- strive to 노력하다
- stakeholder 이해관계자
- prioritize 우선시하다
- empower 권한을 주다
- transparency 투명성

222   정답 ②

해석

① 지역 비즈니스의 경제 성장만을 주로 다룬다.
② 문화 유산을 보존하면서 지속 가능한 관광을 촉진한다.
③ 환경 보호를 위해 관광객 수를 제한하는 것을 목표로 한다.
④ 지역 사회의 복지보다 관광 산업의 이익을 우선시한다.

해설

Our focus is on preserving cultural heritage while fostering economic growth through eco-friendly tourism practices.로 보아 문화적인 유산을 보존하면서 환경 친화적인 관행, 즉 지속가능한 관광을 촉진시키는 것이 이 조직의 미션임을 알 수 있다.

223   정답 ①

해설

responsible은 '책임 있는'이라는 의미의 형용사로 accountable과 동의어가 된다.

어휘
- accountable 책임 있는
- indifferent 무관심한
- reckless 부주의한
- profitable 이익이 되는

224

정답 ④

해석

리노베이션 공지

피너클 힐 리조트(Pinnacle Hill Resort)에서는 고객에게 뛰어난 경험을 제공하기 위해 시설을 지속적으로 개선하는 데 전념하고 있습니다. 이러한 약속의 일환으로, 리조트의 특정 지역에서 광범위한 리노베이션을 진행할 예정입니다. 아래에 자세한 내용이 있습니다.

리노베이션 기간: 2023년 8월 15일부터 9월 30일까지
리노베이션은 매일 오전 7시부터 오후 6시까지 진행됩니다.

폐쇄될 지역
메인 리셉션 구역과 옥상 테라스

추가 정보:
- 리노베이션 진행 중에는 보조 리셉션이 체크인 및 고객 문의를 위해 운영됩니다.
- 리노베이션 기간 동안 예약한 모든 스파 서비스에 대해 25% 할인 혜택이 제공됩니다.
- 야외 식사 시설은 정상적으로 운영되지만, 소음으로 인해 간헐적인 방해가 있을 수 있습니다.

리조트를 개선하는 동안 고객의 이해와 협조에 감사드립니다.

해설

공지에 따르면 야외 식사 시설은 정상적으로 운영되지만, 소음으로 인해 간헐적인 방해가 있을 수 있다는 내용이 있으므로 "모든 식사가 실내에서만 제공된다"는 내용은 사실과 다르다.

어휘

- facilities 시설
- exceptional 뛰어난, 이례적인
- undertake 착수하다
- extensive 방대한
- inquiry 문의
- as usual 평소대로
- occasional 가끔
- disruption 방해

225

정답 ③

해석

지속 가능한 도시 개발

지속 가능한 도시 개발은 환경 친화적이고 경제적으로 실행 가능하며 사회적으로 포괄적인 도시를 만드는 데 중점을 둔다. 지속 가능한 도시 개발의 주요 목표 중 하나는 재생 가능 에너지를 사용하고, 대중교통을 개선하며, 녹색 건축 관행을 시행하여 도시 지역의 환경적 영향을 줄이는 것이다. 또한, 지속 가능한 개발은 지역 비즈니스를 촉진하고 순환 경제를 지원하는 일자리를 창출하여 도시의 경제적 회복력을 보장하려고 한다. 사회적 포용성은 모든 주민에게 주택, 교육, 의료와 같은 자원에 대한 동등한 접근을 제공하는 것을 목표로 한다. 도시 계획가와 정책 입안자는 기후 변화, 인구 성장, 자원 고갈 등의 도전에 대비해 지속 가능한 도시를 만들기 위해 협력해야 한다. 지속 가능성에 집중함으로써 도시는 현재 주민들의 삶의 질을 향상시키는 동시에 미래 세대가 필요한 자원에 접근할 수 있도록 한다.

해설

사회적 포용성이 모든 주민에게 동등한 자원 접근을 제공하는 것을 목표로 한다고 강조하고 있으므로 ③은 일치하지 않는 문장이다.

구문분석

One of the primary goals of sustainable urban development is reducing the environmental impact of urban areas by encouraging the use of renewable energy, improving public transportation, and implementing green building practices.
- S: One of the primary goals of sustainable urban development
- V: is
- C: reducing
- by: '-함으로써'
- 병렬: encouraging / improving / implementing

어휘
- viable 실행 가능한
- inclusive 포괄적인
- resilient 회복력이 있는
- circular 순환의
- regardless of -에 관계없이
- status 지위
- withstand 견디다

226

정답 ②

해석

1994년 9월, 호주의 한 작은 마을에서 경주마들 사이에 치명적인 질병이 발생했다. 첫 번째 희생자는 과일 나무 아래에서 풀을 먹고 있던 암말이었다. 몇 시간 안에, 그 말의 건강은 급속도로 악화되었다. 말을 구하기 위해 세 사람이 노력했다 — 말의 훈련사, 조수, 그리고 수의사. 그럼에도 불구하고, 그 말은 이틀 후에 죽었고, 죽음의 원인은 불확실했다. 2주 안에, 마구간의 다른 말들 대부분도 아프기 시작했다. 모두 고열, 호흡 곤란, 얼굴 부종, 그리고 코와 입에서 피가 나는 증세를 보였다. 한편, 훈련사와 그의 조수도 병에 걸렸고, 며칠 안에 훈련사 또한 사망했다. 실험실 분석 결과, 문제의 근원이 발견되었다: 말과 사람들은 헨드라 바이러스에 감염되었고, 이 바이러스는 첫 번째 말이 풀을 먹고 있던 나무에 살고 있는 박쥐에서 유래한 것이었다. 바이러스는 박쥐에서 말로, 다시 다른 말과 사람으로 전염되어 끔찍한 결과를 초래했다.
① 인간에서의 증상으로 고열, 호흡 곤란, 그리고 얼굴 부종이 포함된다.
② 이 바이러스는 인간과 말 모두에게 치명적일 수 있다.
③ 말들은 마구간 근처에서 오염된 풀을 먹고 감염되었다.
④ 이 바이러스는 인간에서 동물로 전염될 수 있다.
⑤ 인간은 박쥐로부터 직접 감염되었다.

어휘
- veterinarian 수의사
- swelling 부종
- disastrous 처참한, 끔찍한

해설

① Within two weeks, most of the other horses in the stable became ill as well. All had high fevers, difficulty breathing, facial swelling, and blood coming from their noses and mouths.로 보아, 고열, 호흡 곤란, 얼굴 부종은 인간이 아니라 말에 나타나는 증상이다.
② 감염된 말과 사람이 모두 죽었으므로 인간과 말 모두에 치명적임을 알 수 있다.
③ 말이 감염된 것은 마구간 근처의 풀이 아니고 과일 나무 아래에 있는 풀을 먹고 나서였다.
④ 인간에게서 동물로 전염되는 것이 아니라 반대로 동물에서 인간으로 전염된 것이다.
⑤ 바이러스는 박쥐 → 말 → 인간에게 전염된 것이지 박쥐에서 바로 인간에게 전염된 것이 아니다.

구문분석

This virus had originated in bats [that lived in the tree] [where the first horse had been eating grass.]
  수식   수식

227

정답 ③

해석

코끼리의 사회적 행동에 대한 최근의 연구는 그들의 의사소통 방식과 사회 구조에 대한 흥미로운 통찰력을 밝혀냈다.
(B) 예를 들어, 코끼리는 다양한 발음, 몸짓 언어, 심지어 저주파 소리(장거리 이동이 가능한 낮은 주파수의 소리)를 사용하여 서로에게 정보를 전달한다.
(A) 이 정교한 의사소통 시스템은 그룹의 움직임을 조정하고, 식량을 찾으며, 포식자로부터 무리를 보호하는 데 필수적이다.
(C) 이러한 복잡한 사회적 역학을 이해하는 것은 보존 활동가들이 코끼리 개체군과 그들의 서식지를 보호하기 위한 더 나은 전략을 개발하는 데 도움을 줄 수 있으며, 이 장엄한 생물들이 야생에서 계속 번영할 수 있도록 보장한다.

어휘

- reveal 밝히다
- fascinating 흥미로운
- sophisticated 정교한
- herd 무리, 떼
- predator 포식자
- infrasound 저주파
- convey 전달하다
- dynamics 역학
- thrive 번영하사

해설

(B)는 주어진 문장에 대한 구체적인 예를 제시하고 있으므로, (B)가 가장 먼저 나와야 하며, (B)에서 언급된 원숭이들의 소통 방식이 (A)에서 this communication system으로 지칭하고 있으므로 (B)-(A)의 순서가 되어야 한다. (A)에서 나오는 coordinating group movements, finding food, and protecting the herd from predators이 (C)에서 언급된 social dynamics이므로 (B)-(A)-(C)의 순서가 적절하다.

DAY 18

228

정답 ④

해석

우리는 소비를 우리의 집단 행동을 통해 우리의 욕구를 표현하고 경제를 이끄는 경제적인 현상으로 생각하는 경향이 있다. 하지만 소비는 말 그대로 자원을 소모하는 물리적인 과정이기도 하다. ① 우리가 먹는 것, 집을 따뜻하게 하는 법, 우리가 행복을 찾아 여행하는 법은 타인이 아닌 우리만의 일처럼 보일 수 있다. ② 그러나, 그러한 소비의 의사결정의 결과와 우리가 필요로 하는 것을 충족시키는 방법들은 기후를 변화시키는 주된 요인이며, 이 기후 변화는 결국 전세계에 걸쳐 사람, 국가, 민족들에 영향을 미칠 것이다. 코뿔소의 뿔이 중동에서는 단검의 손잡이로 쓰이고 아시아에서는 전통적인 약으로 쓰여 귀하기 때문에 아프리카 코뿔소가 멸종위기에 처하게 되는 경우에서처럼 이러한 연결성은 훨씬 더 분명하다. ③ 전통적인 마케팅에서는 소비가 개인 소비자들에게 주는 이점에 주로 강조되었다. ④ 그러나 오늘날의 마케팅에서는 이것은 사회적, 환경적 공동의 혜택에 대한 관심에 의해 균형이 맞춰진다.

해설

개개인의 소비가 단순히 개인적 차원의 경제활동을 넘어서서 사회나 환경 전반에 영향을 미치는 행위임을 강조하고 있다. ①, ②에서는 이러한 내용을 자세하게 서술하고 있고 ③에서는 구체적인 사례를 통해 이러한 주장을 뒷받침하고 있다. 그리고 기존의 마케팅에서는 소비를 통한 이익을 강조한 반면 오늘날에는 이러한 소비가 사회적, 환경적으로 공동이 부담해야 할 비용을 발생시키는 데에 관심을 갖는다는 것이 이 글의 내용으로 적절하므로 ④에서 혜택이라고 언급한 것은 흐름과 관계없는 문장이다. **benefits**가 아니라 **costs**가 되어야 한다.

구문분석

1. What we eat, how we heat our homes, and how we travel for pleasure [S] may seem like [V] nobody's businesses except our own.

2. However, the collective consequences of those consumption decisions [S1], and the ways [S2] [in which our needs are met] (수식), are [V] a principal driver behind climate change [that will give consequences for people, countries, and species across the globe.] (수식)

어휘

- address 다루다
- collective 집단의, 단체의
- literally 문자 그대로
- consequence 결과
- vivid 분명한
- rhino 코뿔소
- prize 소중하게 여기다
- dagger 단도
- extinction 소멸
- conventional 관습적인

229

정답 ③

해석

COVID-19 동안의 도시 봉쇄 정책은 많은 테이크아웃, 채소 쇼핑, 커뮤니티 공동 구매 및 기타 사업의 급속한 성장을 촉진하였다. 최종 단계의 배달은 전염병 기간 동안 중요한 생계 유지의 수단이 되었다. 동시에 바이러스가 에어로졸을 통해 전염될 수 있기 때문에, 최종 단계의 비접촉 배달에 대한 필요성이 점차 증가하였고, 이로 인해 어느 정도 무인 물류의 사용이 가속화되었다. ③ 그러나, 현재의 무인 유통을 적용하는 데는 많은 문제가 있다. 예를 들어, 커뮤니티 공간은 물류 지원 인프라가 부족하여 무인 배달 시설을 운영하기에 적합하지 않다. 또한 현재의 기술은 배달 프로세스를 완벽하게 완료할 수 없으며, 무인 배달 노드를 도킹하는 데 필요한 관련 공간과 인력의 협력이 필요하다.

해설

unmanned distribution 무인 유통/배달이 얼마나 필수적이며, 또한 문제점은 무엇인지에 대한 내용의 글이다. 주어진 문장은 무인 유통의 문제점을 거론하고 있으므로 문제점이 언급되고 있는 ③에 들어가야 한다.

구문분석

In addition, the current technology is unable to complete the delivery process and requires the collaboration of relevant space as well as personnel to help dock unmanned delivery nodes.
— 병렬: B as well as A (A뿐만 아니라 B)

어휘

- distribution 분배, 배급
- lockdown 봉쇄
- facilitate 촉진하다, 용이하게 하다
- livelihood 생계, 생업
- epidemic 전염병, 유행병
- transmit 전염하다, 전달하다
- logistics 물류
- infrastructure 인프라, 기반 시설
- personnel 인력, 직원

230

정답 ③

해석

애착의 중요성을 보여주기 위한 한 대표적인 연구에서, 위스콘신 대학교의 심리학자 해리와 마가렛 할로우는 어린 원숭이의 반응을 조사했다. 아기 원숭이들은 생물학적 어미와 분리되었고, 두 마리의 대리모가 그들의 우리에 들어오게 되었다. 하나는 철사로 된 어미였고, 둥글고 나무로 된 머리와 차가운 금속 철망으로 구성되어 있었으며, 아기 원숭이가 우유를 마실 수 있는 병이 있었다. 두 번째 어미는 고무폼 형태로 뜨거운 테리 클로스 담요로 감싸져 있었다. 아기 원숭이들은 음식을 얻기 위해서는 철망 모자에게 갔지만, 따뜻한 테리 클로스 어미와 함께하는 것을 압도적으로 선호했으며, 그곳에서 훨씬 더 많은 시간을 보냈다. 따뜻한 테리 클로스 어미는 음식을 제공하지 않았지만, 위안을 제공했다.

해설

아기 원숭이가 생리적인 필요인 음식을 위해 철망 모자에게 가지만, 정서적인 안정과 위안을 제공하는 따뜻한 테리 클로스로 된 어미와 더 많은 시간을 보냈다고 언급하고 있다. 따라서 빈칸에 들어갈 단어는 "위안"을 뜻하는 "comfort"가 가장 적절하다.

어휘

- attachment 애착
- overwhelmingly 압도적으로

231

정답 ④

해석

미국에서 처음 시작되었을 때부터, 경영 대학원은 거대한 사업이 되어 세계를 정복해 왔다. MBA 협회에 따르면, 10만 명 이상이 매년 전세계에서 MBA를 획득한다. 경영 대학원의 수도 또한 급속히 늘어났다. 그러나 이렇게 명백히 드러나는 순조로운 급성장 이면에서, 근본적인 문제점들이 제기되고 있다. 먼저, 여전히 MBA의 매력은 강하게 남아 있음에도 불구하고, 경영 대학원의 수와 프로그램의 다양성이 늘어남에 따라 MBA 학위는 점점 더 일반적인 것, 즉 너무 많이 사용될 위험에 처한 상표와 유사해지고 있다.
① 중역이 될 사람들에게는 전제조건
② 학계에서 합법적인 학위
③ 성공적인 비즈니스 커리어를 보장해주는 것
④ 너무 많이 사용될 위험에 처한 상표

어휘

- massive 거대한
- mushroom 급속히 커지다
- serene 고용한, 평화로운
- lure 매력
- generic 포괄적인, 총칭의, 일반적인
- prerequisite 전제조건
- executive-to-be 중역이 될 사람
- illegitimate 불법적인

해설

경영 대학원이 많아지면서 MBA 학위를 취득한 사람도 많아지면서, 그 가치가 점점 떨어진다는 내용이다. 따라서, 너무 많이 사용되어서 가치가 떨어진 상표에 비유될 수 있다.

구문분석

1 Beneath the apparently serene progress, however, are fundamental questions to be asked.
   장소의 전명구   V   S   수식

2 First, although its lure remains strong, as the number of business schools and the variety of
   접속사 - ~함에 따라   S
   programmers have grown, the MBA qualification has increasingly resembled a generic one:
                    V

232

정답 ③

해석

최근 몇 년 동안, 원격 근무의 증가는 많은 사람이 자신의 직업에 접근하는 방식을 변화시켰다. 이러한 변화는 직원들에게 더 큰 유연성을 제공하고, 개인 생활과 직업 생활의 균형을 더 효과적으로 맞출 수 있는 능력을 주었다. 그러나 동시에 고립감과 의사소통의 어려움과 같은 도전 과제를 가져왔다. 이러한 문제를 해결하기 위해, 기업들은 팀 결속력을 유지하고 직원들이 연결되어 있다고 느끼도록 새로운 전략을 모색하고 있다. 효과적인 접근 방법 중 하나는 사회적 상호작용을 위한 기회를 만드는 것으로, 원격 근무자들 간의 소속감과 협업을 촉진한다. 규칙적인 출근, 가상의 팀 빌딩 활동, 개방적인 의사소통 경로를 시행함으로써, 조직들은 직원들이 더 많이 참여하고 지원받는 느낌을 가질 수 있도록 도와줄 수 있다. 궁극적으로, 원격 근무 내에서 강한 공동체 의식은 생산성과 직무 만족도를 향상시켜, 직원과 조직 모두에게 이익이 된다.
① 팀 내의 상호작용을 저지하다
② 개인 성취를 우선시하다
③ 사회적 상호작용을 위한 기회를 만든다
④ 의사소통을 공식 회의로 제한하다

어휘
- remote work 원격 근무
- flexibility 유연성
- isolation 고립감
- address 다루다, 해결하다
- cohesion 결속, 단결
- sense of belonging 소속감
- engaged 참여하는, 몰입하는

해설

원격 근무에서 직원들이 고립감을 느끼고 의사소통에 어려움을 겪고 있다는 문제를 다루고 있으며, 이를 해결하기 위해 기업들이 소속감과 협업을 촉진하는 방법을 찾고 있다고 설명한다. 빈칸에 들어갈 적절한 문장은 원격 근무자들 간의 사회적 상호작용 기회를 만드는 것이며, 이는 직원들이 연결되어 있다고 느끼게 하고 팀의 결속력을 강화하는 데 중요한 요소가 된다.

233

정답 ③

해석

수면은 신체적 및 정신적 건강을 유지하는 데 중요한 역할을 한다. 여러 연구에 따르면, 수면이 부족하면 면역 기능 저하, 비만, 심장병 등 다양한 건강 문제가 발생할 수 있다. 또한, 수면 부족은 기억, 의사 결정, 문제 해결 능력 등 인지 기능에 부정적인 영향을 미친다. 전문가들은 성인이 최적의 건강을 유지하기 위해 매일 밤 7시간에서 9시간의 수면을 취할 것을 권장한다. 그러나 현대 사회에서는 많은 사람들이 긴 근무 시간, 스트레스, 그리고 잠자기 전 전자 기기의 과도한 사용으로 인해 만성적인 수면 부족을 경험하고 있다. 수면 질을 개선하기 위해 전문가들은 규칙적인 수면 일정 유지, 편안한 수면 환경 조성, 그리고 잠자기 전 화면 사용 제한 등을 권장한다. 이러한 방법들은 개인이 더 나은 수면을 취하고, 결과적으로 전반적인 웰빙을 향상시키는 데 도움을 줄 수 있다. 수면의 중요성을 고려할 때, 건강한 라이프스타일의 일환으로 수면을 우선시하는 것이 필수적이다.
① 전자 기기가 수면 질에 미치는 영향
② 수면 부족이 의사 결정 능력에 미치는 영향
③ 전체 건강을 위한 충분한 수면의 중요성
④ 현대 사회가 규칙적인 수면 일정을 유지하는 데 어려움을 겪는 이유

어휘
- crucial 중요한
- inadequate 불충분한
- cognitive 인지의
- optimal 최적의
- chronic 만성적인
- deprivation 박탈
- give 고려할 때
- prioritize 우선시하다

해설

수면이 신체적 및 정신적 건강을 유지하는 데 중요한 역할을 한다고 강조하고 있으며, 수면 부족이 다양한 건강 문제를 일으킬 수 있다는 내용을 다루고 있다. 또한 전문가들이 권장하는 수면 시간과 수면 질을 개선하기 위한 방법들도 언급되어 있다. 따라서 "전체 건강을 위한 충분한 수면의 중요성"이라는 주제가 글의 핵심 내용을 잘 반영한다.

DAY 18

234

정답 ④

해석

많은 교육 분야의 발전은 초기 회의론에 직면했으며, 종종 부정행위를 위한 잠재적 경로로 낙인 찍히곤 했다. 이러한 패턴은 새로운 기술에 대한 자연스러운 반응으로, 발명 이후 사용에 대한 지침을 만드는 것이 우선 사항이 된다. 현재 인공지능(AI)은 극적인 혼란을 일으키고 있지는 않다. 그러나, AI의 도입은 사람들이 계산기나 위키피디아에 대해 처음 반응했던 방식과 유사하다. 대신 교육 당국은 AI를 효과적으로 적응시키고 그들의 학습 체계에 통합해야 한다. 처음에 AI는 학업 부정행위를 위한 간단한 도구처럼 보일 수 있다. 특히 지난해 ChatGPT의 도입으로 과제 질문이나 에세이에 대한 간단한 답변을 제공할 수 있는 효율성을 갖추게 되었다. 그러나 더 면밀히 살펴보면 그 고유한 패턴이 드러난다. 몇몇 교수들은 전문적인 AI 탐지 소프트웨어 없이도 ChatGPT가 생성한 콘텐츠를 식별할 수 있다.

① 저항을 극복하기 위한 교육에서의 기술 규제
② 새로운 기술의 발명 후 반응 부족
③ 사용 지침 없이 즉각적인 수용
④ 초기 회의론 이후 효율적인 적응
⑤ 기술 혁신으로 인한 극적인 혼란

해설

④가 새로운 기술이 도입될 때 초기에 회의론이 존재하지만, 그 후 교육 당국이 이를 효과적으로 적응시켜야 한다는 주제를 잘 나타내고 있다.

어휘

- advancement 발전
- initial 초기의
- skepticism 회의론
- avenue 경로, 수단
- novel 새로운
- priority 우선순위
- chaos 혼란
- introduction 도입
- adapt 적응하다
- authorities 당국
- incorporate 통합하다
- straightforward 단순한
- distinct 뚜렷한
- detection 탐지
- content 내용

235
정답 ②

해석

지속 가능한 패션 개념이 소비자들에게 점점 더 인식되고 있으며, 이는 의류 선택이 환경과 사회에 미치는 영향을 이해하는 데 도움을 준다. 전통적인 패션 생산 방식은 과도한 폐기물, 오염, 노동 착취와 같은 해로운 관행을 포함한다. 반면, 지속 가능한 패션은 친환경 재료, 윤리적 생산 방법, 그리고 의류를 재활용하고 업사이클링하는 것의 중요성을 강조한다. 이제 브랜드들은 공급망의 투명성에 집중하고 있으며, 소비자들이 구매에 대한 정보에 기반한 결정을 내릴 수 있도록 돕는다. 결과적으로, 지속 가능한 패션은 환경 보호를 촉진할 뿐만 아니라 소비자 행동을 보다 책임감 있는 구매 습관으로 변화시키는 데 기여한다. 그러나 지속 가능한 옵션에 대한 접근성을 높이고, 패스트 패션의 영향을 극복해야 하는 과제가 남아 있다.
① 패션 지속 가능성의 복잡성 탐색
② 패스트 패션에서 환경을 고려한 선택으로의 전환
③ 소비자 인식과 그것이 패션 산업에 미치는 영향
④ 의류 산업의 환경적 도전 과제

해설

소비자들이 환경과 사회적 영향을 인식하고 패스트 패션에서 지속 가능한 패션으로 전환하는 과정에 대한 내용을 설명하고 있으므로 정답은 ②가 된다.

어휘

- gain traction 인기를 얻다, 관심을 끌다
- exploitation 착취
- garment 의류
- transparency 투명성
- stewardship 관리
- shift 전환, 이동
- navigate 탐색하다
- apparel 의류

236
정답 ③

해석

통증을 느끼는 능력 없이 태어난 사람들은 보통 사람보다 더 많은 부상을 당한다. 예를 들어 이런 불운을 가진 어떤 사람들은 골절로 인한 고통을 느낄 수 없기 때문에 부러진 다리로 걸으려고 한다. 또 다른 사람들은 자신도 모르게 화상을 입기도 했다. 그런 부상과 관련된 감염과 손상은 심각한 장애와 죽음으로 이어질 수 있다. 다행히도, 우리 대다수는 통증을 느끼는 능력을 가지고 태어난다. 그래서 우리는 다음 번에 뼈가 부러질 때는 의사에게 가서 치료 과정을 시작할 것이다. 난로에 닿게 되면, 우리는 더 이상의 손상을 입기 전에 손을 뗀다. 다치고 있다는 것 혹은 다쳤다는 것을 아는 것은 결정적으로 중요하다. 그것은 우리에게 다치는 것을 멈추기 위해 어떤 조치를 취하게 해 주고, 그런 다음 그것은 우리에게 치유 과정을 시작하게 해 준다.
① 통증의 근원을 조사하라
② 가능한 한 빨리 통증을 피해라
③ 통증을 느끼는 능력에 감사하라
④ 부상당하지 않도록 항상 주의해라

해설

주어진 글은 통증을 느끼는 능력 없이 태어난 사람들은 보통의 사람보다 더 많은 부상을 당하고, 다행히 우리 대다수는 통증을 느끼는 능력이 있어 다치면 조치를 취하고 치유 과정을 시작하게 해준다는 통증의 긍정적인 면에 대한 글로, 글의 제목으로 가장 적절한 것은 ③ 'Appreciate the Ability to Feel Pain'이다.

어휘

- misfortune 불운, 불행
- break 골절
- infection 감염
- damage 손상, 피해
- disability 장애
- critically 결정적으로

237

정답 ②

해석

동물은 생각을 하지 않는다는 것을 우리에게 설득할 수 있는 모든 주장들 중에서, 내 생각에, 중요한 것은 다음과 같다. 말과 개의 경우에서 볼 수 있는 것처럼 단일 종에서 어떤 동물들은, 인간들 사이에서와 다를 바 없이, 다른 것들보다 더 완벽해서 그것들 중 몇몇은 다른 동물들보다 훨씬 더 빠르게 익힌다. 또한 그것들이 모두 소리나 몸의 다른 동작으로 분노, 두려움, 굶주림 등과 같은 자연적인 충동을 우리에게 쉽게 전달한다는 것을 인정한다. (A) 그럼에도 불구하고, 이성이 없는 그 어떤 동물도 진정한 언어를 사용할 수 있을 정도의 그런 완벽한 상태에 이르렀음이, 다시 말해, 자연적인 충동 때문이 아니라 오로지 사고 때문이라고 밖에는 여길 수 없는 어떤 것을 단어나 기호로 나타냈음이 관찰된 적은 없었다. 왜냐하면 말은 몸 안에 숨겨진 유일하게 분명한 사고의 표시이고, 모든 인간이 그것을 사용하지만, 어떤 동물도 그렇지 않기 때문이다. (B) 그러므로, 이것은 인간과 동물 사이의 진정한 본질적 차이로 받아들여질 수 있다.

해설

(A) 빈칸 앞에는 말과 개들이 자연적인 충동을 우리에게 쉽게 전달한다는 내용이 나오고, 빈칸 뒤에는 이성이 없는 동물들이 자연적인 충동이 아닌 사고로 단어나 기호를 나타낸 적은 없다는 내용이 나오므로 빈칸에는 'Nevertheless'가 적절하다.

(B) 빈칸 앞에는 동물과는 달리 모든 인간은 언어를 사용한다고 말하고 빈칸 뒤에는 이것이 인간과 동물의 본질적인 차이가 된다고 했으므로, 빈칸에는 'Therefore'가 들어가는 것이 적절하다.

구문분석

Granted also that they all easily <u>communicate</u> <u>(to us)</u> <u>(by voice or other bodily movements)</u> <u>their natural impulses, like anger, fear, hunger, and the like</u>.
　　　　　　　　　　　　　　　　V　　　　　　　　　　　　　전명구
　　　　　　　　　　　　　　　　　　　　　　　　　　　　　　　　O

어휘

- argument 주장
- persuade 설득하다
- beast 동물, 짐승
- chief 주된, 중요한
- no differently than ~와 다를 바 없이
- and the like 기타 등등
- attribute A to B A는 B 때문이다
- conceal 숨기다, 감추다
- make use of ~을 사용하다
- take A (to be) B A를 B로 여기다
- differentia 본질적 차이

238

정답 ②

해석

한 등장인물이 LA에서 Las Vegas로 비행기를 조종해 가는 시나리오를 썼다고 가정하자. Las Vegas에 도착하는 것이 그의 목적이다. 그가 조종석으로 올라갈 때, 그는 연료계기판, 브레이크와 조종 장치를 확인할 것이다. 그의 행동들은 Las Vegas로 비행해 간다는 자신의 목적을 향한 의도를 가지고 있다. 다른 모든 것은 그것을 지원한다. 그의 목적이 그의 행동에 영향을 미친다. 그의 행동들은 그의 목적을 나타낸다. 그리고 만약 그가 결혼하려고 Las Vegas로 비행하고 있다면, 그가 연료 계기판을 확인하는 방식이 영향을 받을 것이다. 만약 일기예보가 비행 경로를 따라 심한 뇌우가 있다고 예보하면, 조종석에 있는 그를 보는 구경꾼은 그가 불안해 보이는 것을 알아차릴지도 모른다. 아무도 그가 Las Vegas로 향하고 있다는 것을 모르겠지만, 그들은 그가 단지 조종석을 조정하고 있는지, 혹은 그가 여행을 위해 비행기를 준비하고 있는지를 그의 에너지를 통해 보여줄 수 있다. 만약 그가 목적이 있다면, 그의 동작에 합목적성이 있을 것이다. 그리고 곧 있을 여행에 대한 그의 감정이 또한 그의 신체 움직임에 영향을 미칠 것이다.

① 모든 행동에 대한 시간 절약
② 그의 동작에 합목적성
③ 그가 행동하는 물리적 배경
④ 다른 배역과의 상호작용

해설

주어진 글은 행동들은 자신의 목적을 향한 의도를 가지고 있고, 목적이 행동에 영향을 미치고, 그 행동들은 목적을 나타낸다는 내용으로, 빈칸에는 그의 동작에는 목적의식이 있을 것이라는 내용이 들어가는 것이 적절하다.

어휘

- speak of ~을 증명하다
- fuel instrument panel 연료계기판
- call for 날씨를 예보하다
- thunderstorm 심한 뇌우
- route 경로
- bystander 구경꾼
- be bound for ~행이다
- tidy 정돈하다
- purposefulness 합목적성
- setting 환경

239

정답 ①

해석

소셜 미디어, 잡지, 그리고 가게의 진열대는 매일 사람들이 구매할 것들로 넘쳐나고 있으며, 영국 소비자들은 그 어느 때보다 더 많은 옷과 신발을 구매하고 있다. 온라인 쇼핑은 고객들이 깊이 생각하지 않고 쉽게 구매할 수 있도록 하며, 주요 브랜드들은 매우 저렴한 가격의 옷을 제공하여 이를 일회용 품목처럼 취급할 수 있게 만든다. 보통 두세 번 입고는 버려지는 것이다. 영국에서는 평균적으로 한 사람이 매년 1,000파운드 이상의 새 옷을 사는데, 이는 그들의 소득의 약 4%에 해당한다. 이 숫자는 그렇게 많지 않아 보일 수 있지만, 그 수치는 사회와 환경에 대한 두 가지 훨씬 더 걱정스러운 경향을 숨기고 있다. 첫째, 그 소비 지출의 상당 부분이 신용카드를 통해 이루어진다. 현재 영국인들은 성인 한 명당 약 670파운드를 신용카드 회사에 빚지고 있다. 이는 평균 의류 예산의 66%에 해당한다. 또한, 사람들은 자신이 가지고 있지 않은 돈을 쓰고 있을 뿐만 아니라, 그들이 필요하지 않은 것들을 구매하기 위해 그 돈을 쓰고 있다. 영국은 매년 300,000톤의 의류를 버리며, 그 대부분은 매립지로 가게 된다.

① 그들이 필요로 하지 않는
② 일상의 필수품인
③ 곧 재활용될
④ 다른 사람들에게 물려줄 수 있는

어휘

- bombard 퍼붓다
- disposable 일회용의
- figure 수치
- wardrobe 옷장
- landfill 매립지
- necessities 필수품
- hand down 물려주다

해설
구매한 옷들이 버려지고 매립지로 간다는 것은 그들이 그 옷을 필요로 하지 않았음을 추론해 볼 수 있다.

구문분석

1 Online shopping means **that** it is easy for customers to buy without thinking, while major brands
   - 가주어 / to 부정사의 주어 / 진주어

   offer **such** cheap clothes **that** they can be treated like disposable items
   - such – that 구문 – '매우 –해서 ~ 하다'로 해석

2 Britain throws away 300,000 tons of clothing a year, most of which goes into land fill sites.
   - 선행사
   - = and most of the clothing goes into landfill sites.

240   정답 ④

해석

인간은 20만 년 동안 존재해왔다. 역사의 첫 99%의 기간에 우리는 자손을 낳고 생존한 것 외에는 어떤 것도 별로 한 것이 없었다.
- (C) 이것은 대체로 가혹한 지구의 기후 환경 때문이었는데, 이는 약 일만 년경 전에야 안정되었다. 그 후 얼마 안 있어 사람들은 농사와 관개를 알아냈고, 안정적인 농작물을 경작하고 돌보기 위해 자신들의 유목민 생활을 포기했다.
- (B) 그러나 모든 농경지가 다 같지는 않았다. 햇빛, 토양, 그리고 다른 환경의 지역적 차이는 한 농부가 특히 좋은 양파를 재배할 수 있었던 반면에 다른 농부는 특별히 좋은 사과를 재배했다는 것을 의미했다.
- (A) 이것은 결과적으로 전문화로 이어졌다. 가족을 위해 모든 작물을 기르는 대신 농부는 자신이 가장 잘하는 것만 재배하고 그 일부를 자신이 재배하지 않는 것과 거래할 수 있었을 것이다. 개개의 농부가 하나의 작물만을, 그리고 자신이 필요했던 것보다 더 많이 생산하고 있었기 때문에 시장과 거래가 생겨나 성장했고, 그것과 함께 도시가 세워졌다.

어휘
- procreate 자손을 낳다
- specialization 전문화
- plot 작은 땅, 대지
- condition 상황, 환경
- due to –때문에
- irrigation 관개
- nomadic 유목민의

해설
(C)는 주어진 문장에 대한 이유를 말하고 있으므로, 주어진 문장 다음에 와야 하며, (C) 안정적인 농작물을 경작하기 위해 유목민 생활을 포기했지만, (B) 모든 농경지가 다 같지는 않고, 다른 환경의 지역적 차이로 인해, (A) 결과적으로 전문화로 이어졌다는 내용이 되는 것이 글의 순서로 적절하다.

241

정답 ②

해석

고양이의 가축화에 대한 종합적인 연구는 야생 고양이에서 집 고양이로의 진행이 갑자기 일어난 것이 아니라는 것을 보여준다. 그들은 갑자기 붙잡혀, 우리에 넣어지고, 사람들과 함께 살도록 훈련받은 것이 아니다. ② <u>대신, 그들은 수천 년 동안 인간 공동체와 아주 근접하게 살았고, 인간에 대한 친숙함을 통해, 기본적으로 스스로 가축화가 되었다.</u> 야생동물의 가축화는 실제로 매우 드물다. 사실, 인간은 개, 소, 돼지, 그리고 염소를 포함한 소수의 종만을 성공적으로 길들였다. 과학자들은 어떤 유전자가 인간과 더 잘 양립할 수 있게 만들었는지 정확히 밝혀낼 수는 없지만, 그들은 계속해서 그 유전자를 확인하려고 시도하고 있다.

해설

주어진 문장의 instead가 중요한 단서가 된다. 주어진 문장은 수천년 동안 인간 공동체 부근에서 살다가 인간과의 친숙함을 통해 스스로 가축화가 되었다는 내용으로, 갑자기 인간에게 붙잡혀 인간과 살도록 훈련을 받았다는 내용과 정반대된다. 따라서, 주어진 문장은 ②에 들어가는 것이 적절하다.

어휘

- in close proximity 아주 근접하게
- domesticate 길들이다, 가축화하다
- comprehensive 종합적인
- all at once 갑자기, 동시에
- rare 드문
- goat 염소
- a handful of 소수의
- pinpoint 정확히 찾아내다
- compatible 양립할 수 있는, 서로 맞는

242

정답 ③

해석

아무도 아기로 하여금 강제로 잠자게 할 수는 없다. 아기가 더 쉽게 잠잘 수 있는 상황을 만들어 내는 것이 우리가 할 수 있는 모든 것이다. ① 한 가지 방법은 리듬감 있는 배경음을 틀어 놓는 것인데 이것은 완전히 조용한 것보다 더 효과적이다. ② 그 배경음은 아기가 세상에 나오기 전에 엄마의 자궁에서 경험했던 조건에 더 근접하다. ③ 어떠한 가정용 기계 장치, 음악, 혹은 심지어 사람 사이의 대화의 규칙적 배경음도 아기의 잠을 방해할 수 있다. ④ 아마도 이것이 음악적 흐름의 리듬과 결합된 인간 목소리의 주파수의 편안한 느낌을 주는 효과를 사용하는 자장가의 기원일 것이다.

해설

아기의 수면에 도움을 주는 배경 소리에 관한 글이다. 그러나, ③은 아기의 수면에 방해가 되는 소음에 관한 내용으로 전체 글의 흐름과 반대된다.

구문분석

All [that can be done] is to create the condition [in which it is easier for the baby to sleep.]
- 수식 / V / 수식 / 가주어 / to 부정사의 주어 / 진주어

어휘

- womb 자궁
- disturb 방해하다
- origin 기원
- lullaby 자장가
- frequency 주파수

243

정답 ②

해석

사회적 지배는 개인 또는 집단이 경쟁 상황에서 주로 다른 사람의 행동을 통제하거나 지시하는 상황을 지칭한다. 일반적으로, "미래의 상호작용의 경로나 경쟁 상황의 결과에 대한 예측이 이루어질 때" 개인이나 집단이 지배적이라고 말할 수 있다. 지배 관계를 평가하고 할당하는 기준은 상황에 따라 다를 수 있다. 사용 가능한 데이터를 간단히 요약하는 것은 어렵지만, 일반적으로 지배적인 개인은 하위 개인에 비해 더 많은 이동의 자유를 가지고, 음식에 대한 우선 접근권을 가지며, 더 양질의 휴식 장소를 얻고, 유리한 그루밍 관계를 누리고, 집단의 더 보호된 부분을 차지하며, 더 높은 품질의 짝을 얻고, 다른 집단 구성원의 관심을 받고 조절하며, 스트레스와 질병에 대한 저항력이 더 강한 경향이 있다는 것이 발견되었다. 다르게 제안하는 주장이 있지만, 개인의 지배 상태와 생애 동안의 번식 성공 사이의 관계가 얼마나 강력한지는 사실 명확하지 않다.

해설

지배적인 개인들이 하위 개인들에 비해 여러 가지 이점을 가지고 있지만, 지배 상태와 생애 동안의 번식 성공 사이의 관계가 얼마나 강력한지는 명확하지 않다고 명시하고 있으므로, ②가 이 내용을 잘 반영하고 있다.

어휘
- dictate 지시하다
- criteria 기준
- assess 평가하다
- assign 배정하다
- briefly 짧게
- subordinate 하위의
- command (응당 받아야 할 것을) 받다
- assertion 주장
- otherwise 다르게

244

정답 ③

해석

많은 가톨릭 국가에서는, 종종 성인의 이름을 따서 아이들의 이름이 지어진다. 실제로, 일부 성직자들은 부모가 아이의 이름을 드라마 스타나 축구 선수의 이름으로 짓는 것을 허용하지 않는다. 개신교 국가에서는 이 문제에 대해 더 자유로운 경향이 있지만, 노르웨이에서는 아돌프와 같은 특정 이름이 완전히 금지되어 있다. 아프리카와 같이 영아 사망률이 매우 높은 나라에서는, 부족들이 아이가 다섯 살이 되었을 때만 이름을 지어주는데, 이는 그때부터 아이의 생존 확률이 높아지기 때문이다. 그때까지는 그들은 자신의 나이로 불린다. 극동의 많은 나라에서는 아이에게 태어날 때의 상황이나 부모의 기대와 희망을 묘사하는 독특한 이름을 지어준다. 일부 호주 원주민은 중요한 경험을 통해 자신의 지혜, 창의성 또는 결단력이 증명되면 평생동안 이름을 계속 바꿀 수 있다. 예를 들어, 어떤 원주민이 극도로 잘 춤을 춘다면, 그는 '최고의 춤꾼'이나 '가벼운 발'이라는 이름으로 스스로의 이름을 다시 지을 수 있다.

① 많은 가톨릭 국가에서는 종종 성인의 이름을 따서 아이들의 이름이 지어진다.
② 일부 아프리카 아이들은 다섯 살이 되어서야 이름이 지어진다.
③ 호주 원주민 문화에서 이름을 바꾸는 것은 전혀 용납되지 않는다.
④ 다양한 문화는 다른 방식으로 아이들의 이름을 짓는다.

어휘
- name after ~의 이름을 따서 짓다
- saint 성인
- mortality 사망률
- refer to 부르다, 호칭하다
- aborigine 원주민

해설

Some Australian aborigines can keep changing their name throughout their life로 보아, 호주 원주민들은 이름을 계속 바꿀 수 있으므로 ③은 일치하지 않는 문장이다.

구문분석

Many nations in the Far East give their children a unique name [which (in some way) describes the circumstances of the child's birth or the parents' expectations and hopes for the child.]
- 4형식 V / I.C. / D.O. / 수식 / V

245

정답 ③

해석

그린필드 과학 센터는 화요일부터 일요일까지 운영되며, 운영 시간은 계절에 따라 다릅니다: 겨울에는 오전 10시부터 오후 4시까지, 여름에는 오전 10시부터 오후 6시까지입니다. 전시회 티켓은 아래 웹사이트에서 온라인으로 구매할 수 있습니다. 구매 후에는 확인 이메일을 받게 되며(스팸 폴더도 확인하세요), 이 확인서를 인쇄하거나 모바일 기기에 표시하여 전시회에 입장하면 됩니다.

· 온라인 티켓: tickets.greenfieldscience.org/exhibits
그린필드 과학 센터의 일반 입장권 가격은 성인 기준으로 $12.00입니다. 센터의 가이드 투어 티켓은 운영 시간 중 입구에서만 구매할 수 있습니다.

· 휴관일: 신년, 추수감사절, 노동절

그린필드 과학 센터의 연구 도서관은 유효한 신분증을 가진 학생들에게 무료로 개방됩니다. 더 많은 정보가 필요하면 1 (800) 555-1212로 전화하세요.

① 과학 센터는 여름에 겨울보다 늦게 연다.
② 가이드 투어의 입장 티켓은 입구에서 구매해야 한다.
③ 센터는 메모리얼 데이에 휴관한다.
④ 학생들은 유효한 신분증으로 연구 도서관에 무료로 접근할 수 있다.

해설

메모리얼 데이는 휴관일에 해당하지 않으므로 ③이 일치하지 않는 문장이다.

어휘

☐ exhibit 전시회
☐ confirmation 확인
☐ for free 무료로
☐ valid 유효한

[246~247]

해석

중요 공지

직원 여러분,

더 효율적이고 지원을 아끼지 않는 직장을 만들기 위한 노력의 일환으로, 회사 정책에 몇 가지 변경 사항을 시행할 예정입니다. 이 변경 사항은 2024년 6월 1일부터 적용됩니다. 다음은 여러분이 알아야 할 주요 업데이트입니다:

1. **유연한 근무 시간**: 직원들은 이제 핵심 업무 시간(오전 10시부터 오후 3시까지) 내에서 시작 및 종료 시간을 선택할 수 있는 옵션이 제공됩니다. 이 변경은 개인적인 요구를 수용하고 일과 삶의 균형을 개선하기 위한 것입니다.
2. **원격 근무 정책**: 원격 근무 옵션이 확대됩니다. 직원들은 직무 책임 및 팀 필요에 따라 주 3일까지 재택근무를 할 수 있습니다. 각 부서에서 구체적인 지침이 제공될 예정입니다.
3. **육아 휴직**: 육아 휴직 정책이 강화되어 부모 모두에게 최대 12주간의 유급 휴가를 제공합니다. 이 정책은 중요한 생애 이벤트 동안 직원들을 지원하기 위한 것입니다.
4. **직원 피드백 프로그램**: 직장 문제에 대한 직원 피드백을 장려하기 위해 새로운 프로그램이 시작됩니다. 매월 회의를 열어 우려 사항과 제안을 논의하며, 모든 사람이 의견을 말할 수 있는 기회를 제공합니다.

이러한 변화가 우리의 근무 환경을 상당히 향상시키고 신뢰와 협력의 문화를 조성할 것이라고 믿습니다. 더 자세한 정보는 향후 몇 주 안에 공유될 것입니다.

회사를 향한 여러분의 지속적인 헌신에 감사드립니다.

경영진 드림

어휘

- take effect 효력을 발생하다
- accommodate 수용하다
- depending on -에 따라서
- parental leave 출산 휴가
- paid leave 유급 휴가
- foster 조성하다

246

정답 ④

해석

① 직원들에게 유연한 근무 시간의 이점에 대해 알리기 위해
② 회사의 원격 근무 지침에 대한 세부 정보를 제공하기 위해
③ 직원들이 새로운 피드백 프로그램에 참여하도록 장려하기 위해
④ 직원 만족도를 향상시키기 위한 회사 정책의 변경 사항을 발표하기 위해

해설

회사 정책에 어떤 변경 사항이 있는지를 알리는 것이 주목적이다. 나머지 선택지는 이메일의 내용에 포함되어 있기는 하지만 편지의 목적으로 보기에는 범위가 한정적이다.

247

정답 ②

해설

직원 피드백 프로그램은 monthly event이므로 1년에 한 번이 아니라 한 달에 한 번 개최된다. 따라서, ②는 일치하지 않는다.

248

정답 ③

해석

개인과 공동체가 지속 가능하고 접근 가능한 방법으로 자신들의 식량을 기르려는 욕구가 커지면서 도시 정원이라는 개념은 최근 몇 년 동안 큰 인기를 끌고 있다. 식량 안전, 기후 변화, 산업 농업의 환경적 영향에 대한 우려가 커짐에 따라, 많은 사람들이 도시 정원을 해결책으로 선택하고 있다. (C) 이러한 실천은 개인이 신선한 과일과 채소를 생산하는 데 도움을 줄 뿐만 아니라, 공동체 의식도 함양시킨다. (A) 예를 들어, 커뮤니티 정원은 주민들이 함께 모여 자원을 공유하고 서로에게서 배울 수 있게 하여, 사회적 유대를 강화하는 지원 네트워크를 만든다. (B) 게다가, 지역에서 재배된 농산물은 운송이 덜 필요하기 때문에, 도시 정원은 식량 운송과 관련된 탄소 발자국을 줄이는 데 기여할 수 있다. 지역 농산물 소비를 장려함으로써, 도시 정원은 개인의 건강을 지원할 뿐만 아니라 환경 지속 가능성도 촉진한다.

해설

도시 정원이 주는 이점들을 설명하는 글이다. 제일 먼저 식량을 생산하는 데 도움을 주고, 공동체 의식도 함양시킨다. (C)에 대한 구체적인 부연설명이 (A)에서 제시되고 있으므로 (C)-(A)의 순서가 되어야 하며, 추가적으로 도시정원의 환경에 대한 기여를 설명하는 (B)가 마지막에 이어져야 한다.

어휘

- turn to 의존하다
- transport 운송하다
- produce 농산물
- foster 조성하다

249

정답 ②

해석

어떤 사회의 삶에서도 토지 그리고 토지와 인류와의 관계보다 더 중요한 측면은 거의 없다. 경제학자들은 노동, 자본과 더불어 토지를 사회의 세 가지 경제적 기초 중의 하나로 인정한다. ① 전통 사회를 조사할 때 인류학자들이 토지에 관한 그 사회의 규칙과 관행을 면밀히 조사하는 데 엄청난 에너지를 소모해 온 것은 우연한 일이 아닌데, 그 이유는 그것이 그들에게 식민지 이전 시대와 식민지 시대 모두에 있어 그 사회에 관한 많은 것을 설명해 줄 것임을 알고 있기 때문이다. ② 토지 사용과 관리에 관한 의사 결정을 하기 위해서는 토양과 토지의 여러 특성들에 관한 유용한 정보가 필요하다. ③ 모든 시대에 걸쳐서 그리고 모든 사회에 있어서, 토지 소유권은 계급 구조와 계급관계를 결정하는 데 그리고 정치권력의 할당 및 행사에 주요 요인이 되어 왔다. ④ 마찬가지로 토지 그리고 때때로 똑같은 작은 구역의 땅에 부여될 수 있는 많은 그리고 흔히 상충되는 용도는 많은 사회에서 복잡한 법을 생기게 하고 심각한 논쟁을 불러일으켜 왔다.

해설

인간이 살아 온 모든 시대와 사회의 특징을 설명할 수 있는 공통 요인으로 토지의 중요성을 설명한 글이다. ②는 토지 사용과 관리에 관한 의사 결정에 있어 토양과 토지에 관한 정보의 필요성을 내용으로 담고 있으므로 글 전체의 흐름에서 벗어난다.

어휘

- fundamental 기초, 근본
- anthropologist 인류학자
- probe 면밀히 조사하다
- pre-colonial 식민지 이전의
- allocation 할당, 배정
- conflicting 충돌하는, 대립하는
- give rise to ~을 일으키다
- dispute 논쟁, 말다툼

250

정답 ④

해석

인어공주는 작은 선실의 창문까지 바로 헤엄쳐 가서, 파도가 그녀를 들어올릴 때마다, 그녀는 맑은 유리 너머로 잘 차려 입은 사람들의 무리를 볼 수 있었다. 그들 중에는 큰 어두운 눈을 가진 가장 잘생긴 사람, 젊은 왕자가 있었다. 그날은 그의 생일이어서 이렇게 많은 흥분이 있었던 것이다. 젊은 왕자가 선원들이 춤추고 있는 갑판으로 나왔을 때, 백 개가 넘는 불꽃놀이가 하늘로 올라가 반짝이며 하늘을 낮처럼 밝게 만들었다. 인어공주는 너무 놀라서 물속으로 다이빙했다. ④ 그러나 그녀는 재빨리 머리를 다시 내밀었다. 그리고 보아라! 마치 하늘에 있는 모든 별들이 그녀에게 떨어지는 것 같았다. 그녀는 이런 불꽃놀이를 본 적이 없었다.

해설

주어진 문장은 인어공주가 '다시' 고개를 밖으로 내밀었다는 내용이므로, 그녀가 처음에 고개를 밖으로 내밀었다가 다시 물속으로 들어간 상황이 언급되어야 한다. ④ 앞 문장에서 dove (dive의 과거) down under the water이라고 했으므로 주어진 문장은 ④에 들어가야 한다.

구문분석

1 Among them was a young prince, the handsomest person there, with large dark eyes.
   부사구   V   S   동격

2 And look! It was just as if all the stars up in heaven were falling down on her. Never had she
                      마치 ~인 것처럼   부정의 부사   S
   V
   seen such fireworks

어휘

- cabin 선실
- deck 갑판
- glitter 반짝임
- startle 놀라게 하다
- fireworks 불꽃놀이

251

정답 ③

해석

사람들이 항상 의사소통을 한다는 것은 사실이다. 그것을 피할 수는 없다. 사회적 동물로서, 우리는 항상 우리가 그들의 것을 읽고, 해석하고, 응답하는 동안 다른 사람들이 읽고, 해석하고, 응답하는 신호를 보낸다. 길고 피곤한 하루 일과가 끝날 때 젊은 부부 사이에 교류가 일어난다고 상상해 보아라. "오늘 하루 어땠어?"라고 한 사람이 묻는다. 다른 사람은 어깨를 으쓱하고 한숨을 쉬며 "좋아."라고 말한다. 곧이 곧대로 "좋아"를 받아들이고 넘어가면 상대방이 감정이 상할 수 있다. "오늘 하루는 어땠어?"라는 단순한 질문이 싸움으로 확대될 수도 있다. 그것은 오해나 단절의 느낌으로 이어질 수 있다. 이것은 "메타 커뮤니케이션"이라고 불리는 것입니다. 1970년대 초, 그레고리 베이슨은 우리가 말하고 행하는 것에 숨겨진 메시지를 묘사하기 위해 이 용어를 만들었다. 메타 커뮤니케이션은 우리가 말로 하는 것을 향상시키거나 축소시키는 의미를 전달하는 목소리 톤, 몸짓, 몸짓, 그리고 얼굴 표정과 같은 모든 비언어적 단서이다. 모든 대화가 수면 아래에서 진행되고 있다.

① 다른 사람들을 곧이 곧대로 받아들여라.
② 용어의 기원: 메타커뮤니케이션
③ 메타 커뮤니케이션: 내가 말한 것은 내가 의미하는 것이 아니다
④ 말하고, 묻고, 듣고: 좋은 소통의 3단계

어휘

- interpret 해석하다
- shrug 으쓱하다
- sigh 한숨 쉬다
- at face value 액면 그대로, 곧이 곧대로
- moves on 넘어가다
- escalate 확대되다
- misunderstanding 오해
- metacommunication 초(超) 커뮤니케이션 (말이 아니라 시선·동작·몸짓·태도 등에 의한 커뮤니케이션)
- underlying 밑에 있는, 근본적인
- nonverbal 비언어적인
- cue 단서
- downplay 경시하다, 대단치 않게 생각하다

해설
주어진 글은 사람들이 의사소통을 할 때, 메타커뮤니케이션이라고 부르는, 비언어적인 단서를 통해 대화를 하지 않으면 상대방과의 오해 및 단절이 이루어질 수 있다는 내용으로, 글의 제목으로 가장 적절한 것은 ③ Metacommunication: What I Said Isn't What I Meant이다.

252
정답 ③

해석
창문을 통해 내다보면 당신이 보게 되는 것이 콘크리트, 아스팔트, 차의 풍경일 가능성이 50퍼센트 이상이다. 세계 인구의 절반이 넘는 사람들이 도시에 살고 있고, 그 비율은 증가하고 있다. 21세기로 접어들어 시간이 더 흐르면서, 지구의 지표면 곳곳에 흩어져 있던 농업 사회에서 도시의 고도로 압축된 삶으로 인구를 탈바꿈 시킬 두 세기가 지난 후에 도시화는 서서히 끝나게 될 것이다. 도시생활의 증가는 우리 시대의 가장 큰 모순 중 하나이다. 새로운 기술이 기업과 사람들에게 전례가 없는 정도의 위치 선정의 자유와 이동성을 제공한다. 심지어 우리가 수천 킬로미터 떨어져 있을 때에도 서로의 모습을 보고, 목소리를 듣고, 존재를 느끼는 것이 점점 더 가능하다. 연락을 주고 받을 다른 가능성이 전혀 없는 것처럼 사람들은 그 어느 때보다 더 서로와 이웃한 비좁은 장소에서 사는 편이 좋다고 결정한다.
① 도시의 공공용지가 우리에게 제공하는 이점
② 기술 혁신: 군중의 힘
③ 도시화: 기술 혁신의 우리 시대의 역설
④ 어떻게 기술이 인구 증가에 이바지했는가

해설
발전된 기술로 인해 전례가 없는 정도의 위치 선정의 자유와 이동성을 누리고 있는 현대에 도시화 현상이 오히려 증가하고 있는 것은 모순이라는 내용으로 ③ '도시화: 기술 혁신의 우리 시대의 역설'이 글의 제목으로 적절하다.

구문분석
As we move further into the twenty-first century, urbanization will gradually draw to a close after two centuries that transformed the human population from an agricultural society scattered over the surface of the earth to the highly compressed life of the city.

transform something from A to B
- 'something 을 A에서 B로 변형시키다

어휘
- landscape 풍경
- proportion 비율
- urbanization 도시화
- draw to a close 끝에 가까워지다
- scattered 흩어진
- compressed 압축된
- contradiction 모순
- unheard-of 전대미문의
- mobility 이동성
- quarter 구역, 지구

253

정답 ①

해석

Javelin Research는 모든 밀레니얼 세대가 현재 동일한 삶의 단계에 있지 않다는 것에 주목했다. 모든 밀레니얼이 세기 전환기 즈음에 태어났지만, 그 중 일부는 여전히 초기 성인기에 있으며, 새로운 경력을 쌓고 정착하는 데 어려움을 겪고 있다. 반면, 더 나이가 많은 밀레니얼은 집을 소유하고 가족을 이루고 있다. 자녀를 가지게 되면 관심사와 우선순위가 어떻게 바뀔 수 있는지 상상할 수 있다, 그래서 마케팅 목적으로 이 세대를 Gen Y.1과 Gen Y.2로 나누는 것이 유용하다. 두 그룹은 문화적으로 다를 뿐만 아니라 재정적인 삶의 단계에서도 크게 다르다. 젊은 그룹은 재정적으로 초보자이고, 소비 능력을 보여주기 시작한 단계이다. 후자의 그룹은 신용 기록이 있으며, 첫 주택 담보 대출을 받을 수도 있고 어린 자녀를 기르고 있다. Gen Y.1과 Gen Y.2 사이의 우선순위와 필요의 <u>차이</u>는 방대하다.

해설

이 글은 밀레니얼 세대를 두 그룹으로 나누고 그들의 삶의 단계, 관심사, 재정적 상황이 어떻게 다른지를 설명하고 있으므로, 빈칸에는 '차이, 대조'라는 의미의 **contrast**가 적절하다.

구문분석

not only A but (also) B 구문
① **Not only** are the two groups culturally different, **but** they're in vastly different phases of their financial life.
　　　　　　V　　　S

② You can imagine how having a child might change your interests and priorities, **so** for marketing purposes, it's useful to split this generation into Gen Y.1 and Gen Y.2.
　　　S　　　　　　　　　V　　　　　　　　　　　　　　　　　　　접속사
　　　　　　　　　　　　　　　　　　　　　가주어　　　　　진주어

어휘

- **wrestle with** 씨름하다
- **settle down** 정착하다, 자리잡다
- **priority** 우선순위
- **split** 쪼개다
- **mortgage** 주택담보 대출

254

정답 ②

해석

암과 싸울 새로운 방법을 개발하려면, 자연 그 자체에서 많이 배울 수 있다. 우리 몸에 있는 모든 세포의 가장 기본적인 성향은 분열하는 것이고, 수백 만 년에 걸쳐 진화는 이 이기적인 본능을 억제하고 우리의 세포가 치명적인 암의 파괴 행위에 저항할 수 있도록 하기 위해 몇 가지 현명한 방법을 만들어 놓았다 세포의 유전 물질, 즉 게놈에 잘못이 없도록 하기 위해 끊임없이 일하는 유전자가 있다. 다른 것들은 반드시 세포가 깨끗하게 분열하게 한다. 대부분의 세포는 계속해서 주변 세포가 주는 신호에 귀를 기울이고 있고 그것들이 잘하고 있을 때에는 그것들을 안심시킨다. 안심시켜 주는 이러한 화학적 속삭임을 받지 못하면 그것들은 스스로를 죽일 것이다 즉 세포는 제2안인 세포 소멸을 선택한다. 그래서, 예를 들어, 만약 간세포가 혈류에 들어와서 몸 어디 다른 곳에 머무르면, 그것은 오류 신호를 받게 되고 스스로를 파괴한다. 몸을 벌집으로 그리고 이 신호들을 순응하여 옳은 일을 하라는 또래 집단의 압력과 동일한 것으로 생각할 수 있다.
① 이기적으로 바뀌어서 암이 되라는
② 순응하여 옳은 일을 하라는
③ 세포의 자살하는 것을 막으려는
④ 몸의 한 부분에 틀어박혀 있으라는

해설

우리 몸에 있는 세포는 주변에 있는 세포들이 보내는 신호를 들으면서, 제대로 하고 있다는 안심의 신호를 받지 못하면 스스로를 파괴한다. 즉 주변에서 보내는 신호는 암처럼 몸에 이상 징후가 생기지 않게 하려는 세포들 간의 신호이자 압력이므로 빈칸에는 '순응하여 옳은 일을 하라는'이 가장 적절하다.

어휘
- combat 싸우다
- curb 억제하다
- deadly 치명적인
- tirelessly 끊임없이
- soothe 안심시키다, 진정시키다
- murmur 속삭임
- reassurance 안심시키기
- adopt 채택하다
- lodge 머무르다
- hive 벌집
- equivalent 동등한 것

255

정답 ③

해석

새들의 이주 현상은 환경 변화에 대한 적응의 놀라운 예이다. 많은 종의 새들이 매년 적합한 번식지와 식량 자원을 찾기 위해 광대한 거리를 이동한다. 이주 중에, 새들은 낮의 길이 변화, 날씨 패턴, 지리적 랜드마크와 같은 다양한 신호를 사용하여 그들의 여정을 탐색한다. 최근 연구에 따르면, 일부 새들은 이주 경로상의 환경 변화에 반응하여 그들의 이주 경로를 조정할 수 있는 능력이 있다. 예를 들어, 특정 경로가 기후 변화나 서식지 파괴로 인해 점점 더 불리해지면, 이 새들은 생존을 보장하기 위해 대체 경로를 찾을 수 있다. 이러한 적응 능력은 이 종들의 회복력을 강조할 뿐만 아니라, 그들의 지속적인 여정을 지원하기 위해 이주 서식지를 보존하는 것의 중요성을 강조한다.
① 그들의 무리 내에서의 사회적 상호작용
② 식량의 가용성에 있어서 계절적인 다양성
③ 이주 경로상의 환경 변화
④ 다른 철새와의 경쟁

해설

이주 환경이 그들에게 불리해지면 대체 경로를 찾는다는 내용이 빈칸 뒤에서 제시되고 있으므로 그들의 항로에서 나타내는 환경적인 변화에 반응을 해서 이주 경로를 조절한다고 추론할 수 있다.

어휘
- migration 이주
- breeding grounds 번식지
- cue 신호
- adjust 조절하다
- inhospitable 적대적인
- highlight 강조하다
- resilience 회복성
- underscore 강조하다

256

정답 ②

해석

맛 지도에 대한 근거없는 믿음은 혀의 다른 부분이 특정 맛을 담당한다고 주장하지만, 현대 과학에 따르면 이는 잘못된 것이다. 이 맛 지도는 1900년대 초 독일 과학자 David Hänig의 실험에서 시작되었는데, 이 실험에서는 혀가 가장자리에 있는 맛에 가장 민감하고 중앙 부분에서는 그렇게 민감하지 않다고 발견했다. 그러나, 이러한 결과는 시간이 지나면서 잘못 해석되어, 단맛이 혀의 앞쪽에 있고, 쓴맛이 뒷쪽에 있으며, 짠맛과 신맛이 옆쪽에 있다고 주장하게 되었다. 실제로, 다양한 맛은 혀 전역에 있는 미뢰에 의해 감지된다. 미뢰는 장기적인 학습과 연관성에 기반하여 특정 음식을 갈망하거나 싫어하도록 함께 작용한다. 예를 들어, 우리의 조상들은 영양소와 쉽게 섭취할 수 있는 칼로리를 위해 과일이 필요했기 때문에 우리는 자연스럽게 단맛에 끌리게 되었다. 반면에, 일부 식물에서의 쓴맛은 독성을 경고하는 역할을 한다. 물론, 동물 왕국의 다른 종들도 독특한 미각의 능력을 가지고 있다. 육식동물은 과일을 먹지 않기 때문에 인간처럼 당분을 갈망하지 않는다.

➪ "혀의 서로 다른 부분이 특정 맛을 담당한다는 주장은 현대 과학에 의해 (A) <u>틀린</u> 것으로 입증되었으며, 맛 선호도는 (B) <u>진화</u>의 역사에 영향을 받습니다."

해설

혀의 특정 부분이 특정 맛을 감지하는 것이 아니라, 혀 전역에 있는 미뢰가 여러 맛을 감지한다. 또한, 맛 선호는 진화의 역사에 영향을 받는다고 언급하고 있다.

구문분석

The myth of the taste map, [which claims that different sections of the tongue are responsible for specific tastes,] is incorrect, according to modern science.

어휘

- myth 근거없는 믿음
- misinterpret 오역하다
- crave 갈망하다
- drawn to ~에 끌리는
- carnivore 육식동물

257

정답 ④

해석

정지궤도 위성은 약 35,900 킬로미터의 높이로 지구 궤도를 돈다. 이 고도에서, 그들은 행성이 회전하는 것과 같은 속도로 궤도를 돌기 때문에, 그들은 지구 표면의 고정된 위치 위에 머무른다. 1945년, 공상과학소설 작가 아서 C. Clarke는 수천 킬로미터 떨어져 있는 지상국들 사이에 전화, 텔레비전 영상, 그리고 다른 신호들을 중계하기 위해 정지 위성을 사용할 것을 제안했다. 1963년 7월 26일, 싱콤2라고 불리는 최초의 정지궤도 위성이 케이프 커내버럴에서 발사되었다. 그것은 대서양과 브라질에 경도 55도의 실험적인 통신위성이었다. 그 이후로, 수백 개의 통신 위성이 정지 궤도에 올려졌다. 이 위성들은 지구 표면의 송신기 안테나로부터 신호를 받아 증폭시킨 다음 지상의 수신기로 송신한다.

해설

① At this altitude, they orbit at the same speed as the planet rotates, so they stay above a fixed location on the Earth's surface.를 통해 지구의 속도와 같은 속도로 궤도를 도는 것을 알 수 있다.

② In 1945, science-fiction writer Arthur C. Clarke suggested the use of geostationary satellites to relay phone calls, television images, and other signals between ground stations separated by thousands of kilometers.를 통해 공상과학소설 작가 Arthur C. Clarke가 정지 위성을 사용할 것을 제안했음을 알 수 있다.

③ It was an experimental communications satellite placed over the Atlantic Ocean and Brazil at 55 degrees longitude.를 통해 최초의 정지궤도 위성은 대서양과 브라질 상공에 발사되었으므로 일치하지 않는다.

④ hundreds of communications satellites have been put into stationary orbits.를 통해 수백 개의 정지궤도 위성이 궤도에 올라섰음을 알 수 있다.

⑤ These satellites receive signals from transmitter antennas on the Earth's surface, amplify them and then transmit them to receivers on the ground.를 통해, 지구 표면의 송신기 안테나로부터 받은 신호를 증폭시킨 다음 지상의 수신기로 전송함을 알 수 있다.

어휘

- geostationary satellites 정지 궤도 위성
- altitude 고도
- fixed 고정된
- separate 따로 떨어지다
- launch 발사되다
- experimental 실험적인
- longitude 경도
- amplify 증폭시키다

[258~259]

해석

> (A)
>
> 매년 열리는 우리 커뮤니티의 창의성과 예술적 표현을 기념하는 행사인, 아트 인 더 파크 페스티벌을 안내하게 되어 매우 기쁩니다. 온 가족이 함께 즐길 수 있는 예술, 음악, 그리고 재미로 가득한 주말에 참여하세요!
>
> **세부 사항**
> - 날짜: 7월 22일 토요일 – 7월 23일 일요일
> - 시간: 오전 9시 – 오후 5시(양일)
> - 장소: 리버사이드 공원, 메인 애비뉴 및 인근 지역
>
> **주요 행사**
> - 예술 전시
>   그림, 조각, 공예품 등이 포함된, 지역 예술가들의 다양한 작품을 탐색하세요.
> - 라이브 음악
>   공원 전역에 있는 다수의 무대에서 지역 밴드와 음악가들의 공연을 즐기세요.
> - 어린이 활동
>   어린이를 위한 특별 공간이 마련되어 있으며, 예술 워크숍, 얼굴 페인팅, 인터랙티브 게임이 진행됩니다.
>
> 추가 정보 및 행사 일정은 www.artintheparkfestival.org 웹사이트를 방문하시거나 축제 핫라인 (654) 321-9876으로 전화해 주세요.

어휘
- artworks 작품
- sculpture 조각
- craft 공예품
- multiple 다수의

258
정답 ②

해석

> ① 지역의 역사를 예술을 통해 탐구하다
> ② 창의적인 축하 행사에 함께하라
> ③ 지역 사회의 젊은 예술가들을 홍보하라
> ④ 음악과 춤의 즐거움을 발견하라

해설
예술을 감상하고 직접 참여도 할 수 있으므로 지역 사회의 예술적 창의성을 기념하자는 것이 글의 제목으로 적절하다.

259
정답 ③

해설
Explore a wide range of artworks from local artists, including paintings, sculptures, and crafts.로 보아 전시된 작품은 해외가 아니라 지역 예술가들의 작품이므로 ③은 일치하지 않는다.

260

정답 ③

해석

HealthyLiving App
https://healthylivingapp.com

건강한 생활 방식을 유지하기 위한 개인 가이드인 HealthyLiving 앱을 소개합니다. 이 혁신적인 앱은 사용자가 일일 식단, 운동 루틴, 수분 섭취량을 추적할 수 있게 해줍니다. 이 앱의 두드러진 기능 중 하나는 식사 계획 도구로, 사용자가 자신의 식단 선호도와 제한에 맞춘 균형 잡힌 식사 계획을 작성하는 데 도움을 줍니다. 이 앱은 커뮤니티 기능도 포함되어 있어, 사용자가 비슷한 건강 여정을 걷고 있는 다른 사람들과 연결되어 지원과 동기를 얻을 수 있게 합니다. 건강 여정을 시작하기 전에 앱 스토어에서 앱의 최신 버전을 다운로드하는 것을 잊지 마세요. 이 앱은 정기적으로 새로운 기능으로 업데이트됩니다. HealthyLiving은 iOS와 Android 기기 모두에서 호환되며, 더 큰 화면을 선호하는 사람들을 위해 모든 앱 기능에 접근할 수 있는 웹 버전도 제공됩니다.

① 이 앱은 사용자가 일일 식단과 운동 루틴을 추적할 수 있게 해준다.
② 사용자는 앱 내에서 다른 사람들과 연결하여 지원과 동기를 얻을 수 있다.
③ HealthyLiving은 오직 모바일 애플리케이션으로만 제공된다.
④ 이 앱에는 균형 잡힌 식단을 만들기 위한 식사 계획 도구가 포함되어 있다.

해설
더 큰 화면으로 보기를 원하는 사람들을 위해 컴퓨터에서 볼 수 있는 웹 버전도 있으므로 ③은 일치하지 않는다.

어휘
- track 추적하다
- intake 섭취
- hydration 수분
- standout 눈에 띄는
- feature 특징
- tailor 맞추다
- embark on 시작하다
- compatible with ~와 호환이 되는

MEMO

2025 손진숙 영어 독해 260제

SIMPLE & SMART,
EASY & PERFECT